DIREITOS DOS REFUGIADOS
TOMO 2

COLEÇÃO FÓRUM
DIREITO INTERNACIONAL HUMANITÁRIO

OSWALDO OTHON DE PONTES SARAIVA FILHO
LUIZ GONZAGA BERTELLI
JULIO HOMEM DE SIQUEIRA

Coordenadores

Reynaldo Soares da Fonseca
Prefácio

DIREITOS DOS REFUGIADOS

TOMO 2

1

Belo Horizonte

FÓRUM
CONHECIMENTO JURÍDICO
2024

COLEÇÃO FÓRUM DIREITO INTERNACIONAL HUMANITÁRIO

© 2024 Editora Fórum Ltda.

É proibida a reprodução total ou parcial desta obra, por qualquer meio eletrônico, inclusive por processos xerográficos, sem autorização expressa do Editor.

Conselho Editorial

Adilson Abreu Dallari	Floriano de Azevedo Marques Neto
Alécia Paolucci Nogueira Bicalho	Gustavo Justino de Oliveira
Alexandre Coutinho Pagliarini	Inês Virgínia Prado Soares
André Ramos Tavares	Jorge Ulisses Jacoby Fernandes
Carlos Ayres Britto	Juarez Freitas
Carlos Mário da Silva Velloso	Luciano Ferraz
Cármen Lúcia Antunes Rocha	Lúcio Delfino
Cesar Augusto Guimarães Pereira	Marcia Carla Pereira Ribeiro
Clovis Beznos	Márcio Cammarosano
Cristiana Fortini	Marcos Ehrhardt Jr.
Dinorá Adelaide Musetti Grotti	Maria Sylvia Zanella Di Pietro
Diogo de Figueiredo Moreira Neto (*in memoriam*)	Ney José de Freitas
Egon Bockmann Moreira	Oswaldo Othon de Pontes Saraiva Filho
Emerson Gabardo	Paulo Modesto
Fabrício Motta	Romeu Felipe Bacellar Filho
Fernando Rossi	Sérgio Guerra
Flávio Henrique Unes Pereira	Walber de Moura Agra

FÓRUM
CONHECIMENTO JURÍDICO

Luís Cláudio Rodrigues Ferreira
Presidente e Editor

Coordenação editorial: Leonardo Eustáquio Siqueira Araújo
Aline Sobreira de Oliveira

Rua Paulo Ribeiro Bastos, 211 – Jardim Atlântico – CEP 31710-430
Belo Horizonte – Minas Gerais – Tel.: (31) 99412.0131
www.editoraforum.com.br – editoraforum@editoraforum.com.br

Técnica. Empenho. Zelo. Esses foram alguns dos cuidados aplicados na edição desta obra. No entanto, podem ocorrer erros de impressão, digitação ou mesmo restar alguma dúvida conceitual. Caso se constate algo assim, solicitamos a gentileza de nos comunicar através do *e-mail* editorial@editoraforum.com.br para que possamos esclarecer, no que couber. A sua contribuição é muito importante para mantermos a excelência editorial. A Editora Fórum agradece a sua contribuição.

Dados Internacionais de Catalogação na Publicação (CIP) de acordo com ISBD

D598   Direitos dos refugiados / Oswaldo Othon de Pontes Saraiva Filho, Luiz Gonzaga Bertelli, Julio Homem de Siqueira. Belo Horizonte: Fórum, 2024.

421p. 14,5x21,5 cm – (Coleção Fórum Direito Internacional Humanitário, v. 1, t. 2)

ISBN da coleção: 978-65-5518-645-1
ISBN 978-65-5518-614-7

1. Refugiados. 2. Emergentes. 3. Asilo. 4. Refúgio. 5. Direitos humanos. I. Saraiva Filho, Oswaldo Othon de Pontes. II. Bertelli, Luiz Gonzaga. III. Siqueira, Julio Homem de. IV. Título.

CDD 341.12191
CDU 342.7

Ficha catalográfica elaborada por Lissandra Ruas Lima – CRB/6 – 2851

Informação bibliográfica deste livro, conforme a NBR 6023:2018 da Associação Brasileira de Normas Técnicas (ABNT):

SARAIVA FILHO, Oswaldo Othon de Pontes; BERTELLI, Luiz Gonzaga; SIQUEIRA, Julio Homem de (coord.). *Direitos dos refugiados*. Belo Horizonte: Fórum, 2024. (Coleção Fórum Direito Internacional Humanitário, v. 1, t. 2). 421 p. ISBN 978-65-5518-614-7.

SUMÁRIO

PREFÁCIO
Reynaldo Soares da Fonseca 13

ERA EXCEÇÃO: SERÁ A REGRA
José Renato Nalini 17
    Introdução 17
I   A fuga e o Cristianismo 18
II   O calvário dos refugiados 19
III   Uma nova tipologia de refugiados 20
IV   Bons exemplos 25
V   O que fazer? 28

THE RIGHT TO ASYLUM IN EUROPE. CHALLENGES OF THE COMMON EUROPEAN ASYLUM SYSTEM
Ana María Jara Gómez 33
1   Introduction 33
2   Migrants and refugees. An essential distinction? 34
3   Content and scope of the right to asylum and the principle of solidarity in Europe 40
4   Challenges of the Common European Asylum System 46
5   Final remarks 50
    References 51

I MIGRANTI E LA SOVRANITÀ STATALE NELL'EUROPA DEI DIRITTI UMANI
Michele Saporiti 55
1   I migranti e l'Europa delle logiche contrastanti. 55
2   Il "limes" tra santità e sacrificabilità 57
3   La forza performativa dei diritti fondamentali 59
4   Due letture del concetto di sovranità 61
5   Sovranità vs dignità 65
6   Alcune considerazioni conclusive 69
    Bibliografia 71

POLITICHE MIGRATORIE, TRA DISTRUZIONE E ECLISSI DELLA RAGIONE
Ermanno Vitale 73

1   Diritti cui non corrispondono doveri 73
2   Ius migrandi, un'invenzione cinquecentesca 75
3   Aporie delle politiche migratorie 79
4   Distruzione o eclissi della ragione? 83
5   Una postilla su pandemia e migrazioni. L'autobiografia della globalizzazione? 86

OS SISTEMAS EUROPEU E INTERAMERICANO DE DIREITOS HUMANOS E O DIREITO INTERNACIONAL MIGRATÓRIO – UMA PERSPECTIVA COMPARADA
Gabrielle Bezerra Sales Sarlet, Italo Roberto Fuhrmann 95

1   Introdução 95
2   O contexto atual das migrações 99
3   Migração e sistemas regionais de proteção dos direitos humanos ...101
3.1   Sistema europeu: o caso alemão 102
3.2   Sistema interamericano: o caso brasileiro 105
3.3   Análise comparada 107
4   Notas conclusivas 108
      Referências 110

(IN)EFETIVIDADE DOS DIREITOS DOS MIGRANTES E REFUGIADOS: DIÁLOGO COM AS OBRAS DE HANNAH ARENDT E DE CANDIDO PORTINARI
Regina Vera Villas Bôas, Gabrielle Valeri Soares, Ivan Martins Motta 111

1   Introdução 111
2   O Parecer Consultivo OC-21/14, a questão da imigração nos Estados Unidos e a crise de refugiados ucranianos 113
3   A obra de Hannah Arendt e o "direito a ter direitos" 121
4   As crianças invisíveis e as obras de Portinari 126
      Considerações finais 131
      Referências 132

REFÚGIO E DIREITO AO DESENVOLVIMENTO SUSTENTÁVEL: INSERÇÃO ECONÔMICA
Cláudio Finkelstein, Rita de Cassia Carvalho Lopes 135

      Introdução 135

1	Proteção do indivíduo no Direito Internacional Público	137
1.1	Conceito de refúgio e termos correlatos	137
1.2	Refúgio e globalização	142
2	Refúgio e desenvolvimento: inserção no mercado de trabalho	144
2.1	Direito ao desenvolvimento como direito humano	144
2.2	Participação dos refugiados no desenvolvimento econômico	149
2.3	Trabalho e refúgio como dimensões da geopolítica e da geoeconomia: déficit demográfico	152
3	Refúgio e desenvolvimento por meio do trabalho no Brasil	154
3.1	Solicitação de refúgio no Brasil	154
3.2	Refúgio e trabalho no Brasil	156
	Conclusão	159
	Referências	160

DIREITOS DE CIDADANIA DAS PESSOAS EM SITUAÇÃO DE REFÚGIO NO BRASIL
Claudia Rodrigues Emilio de Carvalho, André L. Costa-Corrêa..................165

	Introdução	165
1	Uma breve explicação sobre o conceito de refugiado	167
2	Direitos fundamentais na Constituição da República Federativa do Brasil de 1988 (CRFB/88) e demais legislações vigentes no país – direitos de cidadania	170
3	A lesão a direitos fundamentais dos refugiados e a necessidade do reconhecimento das pessoas em situação de refúgio no país	174
4	Discussão e conclusão	179
	Referências	184

OS DESAFIOS DA IMIGRAÇÃO ILEGAL BRASILEIRA NOS EUA
Priscila Gama de Mello Gomes Pamplona..................187

Crescimento do sistema imigratório ilegal americano para brasileiros	188
Processo do *Dedicated Docket*	190
Asilo	191
Status Especial Juvenil	193
Stages of the SIJ Process	194
Imigração baseada em membro familiar	195
Visa U	196
Visa Vawa	196

ANÁLISIS INTERDISCIPLINAR DE LA EFECTIVIDAD DE LA VIGENCIA DEL PACTO MUNDIAL SOBRE LOS REFUGIADOS
Jorge Isaac Torres Manrique 199

I	Introducción 199
II	¿Qué debemos entender por refugiado? 199
III	Derechos fundamentales de los refugiados 200
IV	Agencia de la ONU para los refugiados (ACNUR) 200
V	El ACNUR y la protección de la niñez refugiada 201
VI	A propósito del interés superior de los niños refugiados 201
VII	Determinación de la determinación del interés superior del niño refugiado 203
VIII	¿Por qué es necesario que la ACNUR actúe? 203
IX	Interés superior del niño en la convención sobre los derechos del niño..203
X	A propósito del pacto mundial sobre los refugiados (PMR) 204
XI	Naturaleza jurídica del PMR 204
XII	Puntos eje de materialización del PMR 205
XIII	Del seguimiento y la revisión de la implementación del pacto mundial sobre los refugiados 206
XIV	Interés de alemania en la implementación del pacto mundial sobre los refugiados..206
XV	Inicial apoyo auspicioso de España 206
XVI	Marchas y contramarchas 207
XVII	La fragilidad del pacto mundial de refugiados 212
XVIII	Cifra a la que podría llegar los refugiados ucranianos 213
XIX	Una mirada interdisciplinar 213
XX	Reflexiones desde los derechos fundamentales de los refugiados....214
XXI	Conclusiones 214
XXII	Sugerencias...214
	Referencias..215

DIREITOS HUMANOS: UMA ANÁLISE DA EFICÁCIA DA *SOFT LAW* NO DIREITO INTERNACIONAL APLICADA À QUESTÃO MIGRATÓRIA
Arthur Altoé de Araújo, Daury Cesar Fabriz 217

	Introdução..217
1	Fluxos migratórios no mundo contemporâneo 219
1.1	Fluxos migratórios e seus impactos na economia 220
1.2	Questão dos refugiados 223
1.3	Crise migratória contemporânea 226
1.4	Políticas de acolhimento no plano internacional 230

1.5	Políticas de acolhimento no Brasil	232
2	A *soft law* aplicada à questão migratória	232
2.1	*Soft law* no Direito Internacional Público	232
2.2	*Soft law* e seus efeitos práticos no Direito Internacional	235
2.3	Transconstitucionalismo e adoção da *soft law* pelos Estados-nação no debate da questão migratória	236
	Considerações finais	238
	Referências	238

SOCIAL CONTROL AND MIGRANT INTEGRATION INTO THE HOST COUNTRY. THE CASE OF GREECE
Anastasia Chalkia 243

1	Introduction	243
2	On inclusion and social control	244
3	Relationship between integration and social control	247
4	Integration as a social control tool	251
5	In conclusion	252
	References	252

POLISH LAW ON THE ASSISTANCE TO UKRAINIAN CITIZENS IN THE LIGHT OF THE EU DECISION ON TEMPORARY PROTECTION
Marcin Górski 257

1	The adoption of the TPD and its legal framework	258
2	Poland's response to previous humanitarian crises in Europe and its direct neighbourhood	262
3	Adoption of the CID	265
4	Poland's Law of 12th March, 2022, on the assistance to Ukrainian citizens and it conformity to the CID and the TPD	266
4.1	Situation before the war	266
4.2	Key elements of the LAUC and some remarks on their compatibility with the TPD/CID	268
5	Conclusions	272

FOREIGNERS NOT WELCOME. DETENTION OF FOREIGNERS AS AN EXAMPLE OF CRIMINALISATION OF MIGRATION
Witold Klaus 275

1	Introductory remarks	275
2	Various forms of violence	276
3	Organisation of detention centres in Poland	280

4	Detention as seen by foreigners	287
5	Creating the 'Other'	289
6	Conclusion	292

EUFEMISMOS DE LA CRIMINALIZACIÓN: DISPOSICIONES ATINENTES AL FENÓMENO MIGRATORIO Y AL ASILO EN EL PANORAMA ÍTALO-MEXICANO
Mario Caterini, Mario Eduardo Maldonado Smith 295

I	Introducción	295
II	El caso mexicano	296
II.1	Normativa constitucional y de orden legal aplicable en México	298
II.1.1	La 'perniciosidad' constitucional	298
II.1.2	Los eufemismos de la criminalización: la Ley de Migración	301
II.1.3	Claroscuros en la Ley sobre refugiados, protección complementaria y asilo político	307
III	El caso italiano	316
III.1	Las 'galeras' administrativas y sus perfiles críticos	316
III.2	El delito de ser migrante	319
III.3	La expulsión del migrante	321
III.4	La travesía del asilo	324
III.5	La criminalización de la ayuda humanitaria	327
IV	Reflexiones particulares	328
	Referencias	329

CORREDORES HUMANITÁRIOS: POLÍTICA DE ASILO E CONQUISTA CIVILIZATÓRIA
Douglas Luis Binda Filho, Margareth Vetis Zaganelli 333

1	Introdução	333
2	Corredores humanitários e o transporte de bens de primeira necessidade	336
3	Corredores humanitários e a transferência de refugiados para zonas seguras de outros países	339
4	Os "corredores militarizados" e o papel das forças de paz	341
5	Conclusão	342
	Referências	343

A DRAMÁTICA CONDIÇÃO DAS MIGRAÇÕES FORÇADAS E OS DIREITOS HUMANOS
Isabel Fernanda Augusto Teixeira 345

| I | Migrar: um direito humano efetivo? | 351 |

II	Direitos socioeconômicos e refúgio no contexto interamericano – caso Venezuela...354
III	Migrações no Brasil: do Estatuto do Estrangeiro à Nova Lei de Migrações...359
IV	Migrações forçadas e saúde global: interfaces entre cosmopolitismo e soberania dos Estados na ordem internacional.............362
V	Um cosmopolitismo ainda mais por vir.................................364
VI	Conclusão...365

O DIREITO MIGRATÓRIO À LUZ DO ORDENAMENTO JURÍDICO BRASILEIRO. EFETIVAÇÃO DA NORMA ATRAVÉS DA AGENDA 2030
Ana Carolina Georges e Castro, Victória Sousa Cagliari Hernandes........367

I	Introdução...367
II	Direito Migratório..368
II.1	Direito dos Refugiados...369
II.1.1	Refúgio e asilo..370
III	Políticas públicas vigentes..371
III.1	Agenda 2030 e o Objetivo de Desenvolvimento Sustentável nº 8 374
IV	Aplicabilidade da Agenda 2030 no Brasil............................375
V	Conclusão..376
	Referências..376

A PROTEÇÃO DE PESSOAS REFUGIADAS NO BRASIL – ASPECTOS LEGAIS E A EFETIVIDADE DOS DIREITOS
Paulo Sérgio de Almeida, André de Lima Madureira..........................379

	Introdução...379
1	O conceito de quem é uma pessoa refugiada......................380
2	Os direitos das pessoas refugiadas no Brasil......................384
3	O acesso ao direito ao trabalho no Brasil...........................387
	Conclusão..394
	Referências..395

APONTAMENTOS SOBRE A LEI BRASILEIRA DOS REFUGIADOS
Oswaldo Othon de Pontes Saraiva Filho..399

SOBRE OS AUTORES...417

PREFÁCIO

O deslocamento forçado de indivíduos que sofreram perseguição ou tiveram seus direitos humanos violados no seu país de origem é um fenômeno que ocorre desde os primórdios da humanidade. Contudo, até meados do século XX, o Direito Internacional não possuía regras específicas voltadas para a proteção dos refugiados.[1] Esse paradigma foi alterado após a Segunda Guerra Mundial, que culminou na aprovação da Declaração Universal de Direitos Humanos de 1948, cujo art. 14 prevê que "toda pessoa vítima de perseguição tem o direito de procurar e de gozar de asilo em outros países".

Nesse mesmo diapasão, no ano de 1950, foi criado o Alto Comissariado das Nações Unidas para os Refugiados (ACNUR) para garantir a efetividade da proteção dos refugiados no nível internacional.[2] Ato contínuo, em 1951, foi elaborada a Convenção de Genebra relativa ao Estatuto dos Refugiados, que prevê a definição de refugiado, bem como estabelece princípios e garantias mínimas para o tratamento das pessoas reconhecidas como refugiadas, que devem ser observados pelos países signatários.[3]

Todavia, na referida Convenção, o conceito de refugiado era limitado temporalmente, vez que abrangia apenas fatos relacionados à Segunda Guerra Mundial, e geograficamente, pois os Estados contratantes poderiam limitar a concessão do estatuto de refugiado caso os fatos que motivaram o pedido tivessem ocorrido na Europa.[4] Essas

---

[1] RAMOS, André de Carvalho. O princípio do *non-refoulement* no Direito dos Refugiados: do ingresso à extradição. *Revista dos Tribunais*, v. 892, p. 347-376, fev. 2010, p. 348.

[2] CARTAPATI, Maria Luiza Griggio; PAGLIARINI, Alexandre Coutinho. O Direito Internacional Humanitário dos refugiados e o Direito brasileiro. *Revista de Direito Constitucional e Internacional*, v. 135, ano 31, p. 31-72, jan./fev. 2023, p. 43.

[3] LUZ FILHO, José Francisco Sieber. Os refugiados sob a jurisdição brasileira: breves observações sobre seus direitos. In: JUBILUT, Liliana Lyra; DE GODOY, Gabriel Gualano (org.). *Refúgio no Brasil*: Comentários à Lei 9.474/97. São Paulo: Quartier Latin/ACNUR, 2017, p. 177-178.

[4] CARTAPATI, Maria Luiza Griggio; PAGLIARINI, Alexandre Coutinho. *Op. cit.*, p. 45.

limitações foram suprimidas pelo Protocolo Adicional à Convenção sobre Refugiados de 1967, conferindo maior proteção aos refugiados.

Por sua vez, a Declaração de Cartagena de 1984 ampliou a definição de refugiado, de modo que qualquer situação de violação generalizada de direitos humanos passou a ser considerada fundamento apto para solicitar refúgio.[5] Segundo o referido diploma internacional, são considerados refugiados aqueles que tenham fugido dos seus país porque a sua vida, segurança ou liberdade estiveram sob ameaça devido a violência generalizada, agressão estrangeira, conflitos internos, violação maciça de direitos humanos ou outras circunstâncias que abalem profundamente a ordem pública.[6]

No ordenamento jurídico brasileiro, a Constituição Federal de 1988 é um pilar fundamental para a proteção dos refugiados,[7] vez que conferiu destaque ao princípio da dignidade da pessoa humana, da prevalência dos direitos humanos nas relações internacionais e estabeleceu a igualdade de direitos entre brasileiros e estrangeiros.[8]

Para disciplinar o tema no plano infraconstitucional, foi promulgada a Lei nº 9.474/1997. Nos termos do art. 1º do referido diploma legal, é considerado refugiado todo indivíduo que (i) devido a fundados temores de perseguição por motivos de raça, religião, nacionalidade, grupo social ou opiniões políticas encontre-se fora de seu país de nacionalidade e não possa ou não queira acolher-se à proteção de tal país; (ii) não tendo nacionalidade e estando fora do país onde antes teve sua residência habitual, não possa ou não queira regressar a ele, em função das circunstâncias descritas no inciso anterior; e (iii) devido a grave e generalizada violação de direitos humanos, é obrigado a deixar seu país de nacionalidade para buscar refúgio em outro país.

Outra inovação relevante promovida pela referida lei foi a criação do Comitê Nacional para os Refugiados (CONARE), que possui competência para analisar o pedido e declarar o reconhecimento, em primeira instância, da condição de refugiado; decidir a cessação, em primeira instância, *ex officio* ou mediante requerimento das autoridades competentes, da condição de refugiado; determinar a perda, em

---

[5] *Idem*.
[6] RAMOS, André de Carvalho. *Ibid.*, p. 349.
[7] JUBILUT, Liliana Lyra. *O direito internacional dos refugiados e sua aplicação no ordenamento jurídico brasileiro*. São Paulo: Método, 2007. p. 179.
[8] CARTAPATI, Maria Luiza Griggio; PAGLIARINI, Alexandre Coutinho. *Op. cit.*, p. 46.

primeira instância, da condição de refugiado; orientar e coordenar as ações necessárias à eficácia da proteção, assistência e apoio jurídico aos refugiados; e aprovar instruções normativas esclarecedoras à execução da Lei nº 9.474/1997.

Nesse contexto, é fundamental ressaltar que a comunidade internacional está diante da maior crise de refugiados dos tempos modernos. De acordo com o relatório "Tendências Globais sobre Deslocamento Forçado 2022",[9] elaborado pelo ACNUR, até o final de 2022, cerca de 108,4 milhões de pessoas foram forçadas a se deslocar devido a guerra, perseguição, violência e violações de direitos humanos. Desse total, 35,3 milhões são refugiados, enquanto 62,5 milhões de pessoas foram deslocadas internamente em seus países de origem.

No ano de 2022, o principal fator de deslocamento foi a guerra na Ucrânia, que elevou o número de refugiados do país de 27.300 no final de 2021 para 5,7 milhões no final de 2022. Estima-se, também, que 4,4 milhões de pessoas em todo o mundo eram apátridas ou de nacionalidade indeterminada. Ademais, constatou-se que, até maio de 2023, o número total de pessoas forçadas a se deslocar chegou a 110 milhões, principalmente em razão dos desdobramentos do conflito no Sudão.

Esse aumento do número de deslocamentos forçados também causou impactos no Brasil, que, segundo dados do relatório "Refúgio em Números",[10] abrigava o total de 65.840 refugiados ao final de 2022. A pesquisa também relata que, somente no ano de 2022, 50.355 imigrantes, provenientes de 139 países, solicitaram refúgio no país, tendo o CONARE reconhecido 5.795 dessas pessoas como refugiadas. Dentre os pedidos, 67% foram realizados por venezuelanos, 10,9% por cubanos e 6,8% por angolanos.

Evidencia-se, portanto, que a presente obra trata de um tema extremamente relevante e atual, sendo composta por artigos que em muito contribuem para o seu debate e desenvolvimento.

---

[9] ACNUR. *Global Trends: Forced Displacement in 2022*. Disponível em: https://www.unhcr.org/global-trends-report-2022. Acesso em: 12 jul. 2023.

[10] JUNGER DA SILVA, Gustavo; CAVALCANTI, Leonardo; LEMOS SILVA, Sarah; TONHATI, Tania; LIMA COSTA, Luiz Fernando (org.). Observatório das Migrações Internacionais. Ministério da Justiça e Segurança Pública/ Departamento das Migrações. *Refúgio em números 2023*. Brasília, DF: OBMigra, 2023. Disponível em: https://portaldeimigracao.mj.gov.br/images/Obmigra_2020/OBMIGRA_2023/Ref%C3%BAgio_em_N%C3%BAmeros/Refugio_em_Numeros_-_final.pdf. Acesso em: 12 jul. 2023.

Por essas razões, fiquei muito honrado ao receber o convite para contribuir com o primeiro volume do livro "Direito dos Refugiados", no qual publiquei o artigo intitulado "O refúgio no Estado de direito fraterno", e para escrever o prefácio do segundo volume desta obra.
Desejo a todos uma excelente leitura!

Reynaldo Soares da Fonseca
Ministro do Superior Tribunal de Justiça. Professor da Universidade Federal do Maranhão, em exercício na Universidade de Brasília. Professor da UNINOVE. Pós-doutor em Direitos Humanos pela Universidade de Coimbra. Doutor em Direito Constitucional (FADISP). Mestre em Direito Público (PUCSP). Especialista em Direito Penal e Processual Penal (UNB). Especialista em Direito Constitucional (UFMA/UFSC).

ERA EXCEÇÃO: SERÁ A REGRA

JOSÉ RENATO NALINI

Introdução

O drama dos refugiados a muitos parecia algo remoto, insuscetível de afetar a vida rotineira da maioria das pessoas. De repente, converteu-se em tema recorrente e angustiante. Explodiu, e de forma catastrófica, a leva de seres humanos que precisam de abrigo e amparo, agora em ritmo crescente e pelas mais diversas razões.

Continuam a aumentar as fugas às confrontações beligerantes, algo inacreditável em pleno século 21. A Guerra da Ucrânia é emblemática. O humano é sempre o mesmo ser belicoso, disposto a enfrentar os desentendimentos com o uso da força e da violência. Porém, há novas categorias de refugiados. Algumas estão muito perto de nós, embora possamos não perceber. Além de ser assunto jurídico, político, histórico, econômico, sociológico, antropológico e filosófico, tal elenco de esferas do pensamento não exaure a prospecção possível. É também preciso pensar neles, como reflexão introdutória, à luz de uma cultura essencialmente cristã.

Inadmissível que alguém que se autodenomine "cristão" deixe de fazer algo para mitigar a situação dos refugiados. Ignorar o drama a que se sujeitam é uma postura que pode ser rotulada de anticristã.

I A fuga e o Cristianismo

O povo eleito sabe exatamente o que é fuga. De certa forma, a expulsão do primeiro casal de sua origem, o Jardim do Éden, condenou a espécie a uma existência em fuga. Logo após o primeiro homicídio, o Senhor disse a Caim: "Quando lavrares o solo não te dará ele a sua força; serás fugitivo e errante pela terra".[1] O episódio da Torre de Babel menciona mais de uma vez a dispersão do homem, o que ratifica esse destino de fuga. No mesmo Livro menciona-se a fuga de Jacó.[2]

No Êxodo, o episódio em que Moisés mata um egípcio e foge para Midiã.[3] Ao elencar os deveres dos juízes, o Velho Testamento deixa uma vedação que prevalece: aquele que está fora de sua terra merece amparo: "Também não oprimirás o forasteiro: pois vós conheceis o coração do forasteiro, visto que fostes forasteiros na terra do Egito".[4] O grande Davi, depois de fugir de diante de Saul, foi a Aquis, rei de Gate,[5] e se refugiou na caverna de Adulão.[6] Abiatar foi o único dos irmãos que conseguiu escapar e refugiar-se com Davi.[7]

Todo o Antigo Testamento está repleto de menções a fugas. Elas eram frequentes entre os judeus. E o Novo Testamento retrata a fuga de Maria, José e o Menino para o Egito, escapando à sanha de Herodes, que iria vitimar os inocentes. Os magos haviam sido solicitados a avisarem ao tetrarca o paradeiro do Messias. "Tendo eles partido, eis que aparece um anjo do Senhor a José em sonho e diz: Dispõe-te, toma o menino e sua mãe, foge para o Egito, e permanece lá até que eu avise; porque Herodes há de procurar o menino para matar".[8]

Pode-se detectar uma analogia entre a missão evangélica e uma permanente fuga. Nas instruções para os 12, Jesus é enfático: "Se nalgum lugar não vos receberem nem vos ouvirem, ao sair dali, sacudi o pó dos vossos pés, em testemunho contra eles".[9]

O próprio Cristo foi um refugiado, portanto. Os cristãos não podem se olvidar disso. Não seria absurdo enxergar o refugiado como um dos alvos preferenciais da caridade cristã: "Porque tive fome,

---

[1] Livro do Gênesis, 4,12.
[2] Livro do Gênesis, 28, 1 a 9.
[3] Livro do Êxodo, 2, 11 e ss.
[4] Livro do Êxodo, 23, 9.
[5] Livro I de Samuel, 21, 10.
[6] Livro I de Samuel, 22, 1.
[7] Livro I de Samuel, 22, 20.
[8] MATEUS, 2, 13.
[9] MARCOS, 6, 11.

e destes-me de comer; tive sede, e destes-me de beber; era estrangeiro, e hospedastes-me; Estava nu, e vestistes-me; adoeci, e visitastes-me; estive na prisão, e fostes ver-me".[10] Estaremos nós em que situação: perguntaremos quando foi que hospedei o estrangeiro? Vemos nele a personificação do Cristo?

II O calvário dos refugiados

Em geral, começamos a pensar no refugiado quando ele já atingiu um destino, embora ele possa ainda não ser o definitivo. É bem conhecida a resistência de inúmeros países, desenvolvidos e ditos civilizados, a acolher e a assimilar o diferente. Mas há o tempo anterior à chegada. Como foi deixar a origem para fugir? Pense-se no episódio da guerra da Ucrânia. Não mais que de repente, famílias inteiras tiveram de deixar tudo para trás e tentar escapar à sanha do potente arsenal bélico da Rússia.

A literatura contemplou o êxodo da imigração europeia, sobretudo a italiana, no final do século XIX, rumo à América. Não havia como deixar de se emocionar com o flagelo de uma viagem nos porões dos navios, sem higiene, sem alimentação condigna, com as enfermidades contraídas durante aquela permanência promíscua de cerca de dois meses. Mais a tristeza de ver os corpos das pessoas queridas arremessados ao mar.

Algo só comparável com a odisseia dos escravos capturados na África e trazidos à força para o Brasil. Mas aquilo que pensávamos ter acabado continua a acontecer. Há um livro de Nellie Bly, pseudônimo de Elizabeth Jane Cochrane, (1864-1922), *"Dez dias num hospício"*,[11] que, embora datado, pois escrito em 1887, oferece um relato bem crível do que acontecia.

Os fatos são reais. Uma jovem e idealista jornalista se oferece ao *New York World* a embarcar na terceira classe de um navio europeu rumo aos Estados Unidos para descrever a experiência do imigrante na chegada ao país. Ela imaginava o sofrimento dessas pessoas, transportadas em condições piores do que as ofertadas aos animais. Essa tentativa não foi aceita, mas lhe foi proposto passar dez dias num hospício, algo bem semelhante ao que pretendera explorar.

---

[10] MATEUS, 25, 35 e 36.
[11] BLY, Nellie. *Dez Dias num Hospício*. São Paulo: Fósforo, 2021.

A circunstância de se considerar o tratamento conferido aos considerados loucos análogo àquele cometido aos refugiados é significativo. Não se tem notícia de livro que se detenha sobre a saga de quem se vê obrigado a deixar seu habitat e rumar para o desconhecido.

III Uma nova tipologia de refugiados

Os refugiados de guerra ou de outros conflitos armados e insurreições, os refugiados políticos, não deixaram de existir. Ao contrário, seu número continua a crescer. Em 4 de março de 2022, apenas uma semana depois da invasão russa, a ONU calculava que os refugiados já passavam de um milhão. Foi o número divulgado pelo ACNUR, a agência especial para os refugiados.[12] Tamanha a dimensão do desastre, que países europeus resolveram conceder proteção provisória aos fugitivos. Eles podem permanecer no estrangeiro e ali trabalhar, por até três anos, sem a obrigação de atendimento a quaisquer outros requisitos formais.

Mas é importante observar se não existem hoje outras espécies de fuga, nem sempre causadas por essa insensatez da luta armada ou pela má política. Por sinal, a era do conhecimento acarretou mudança de mentalidade: a guerra não é mais lucrativa. Guerra só dá lucro para os fabricantes de armamentos. Não se obtém a riqueza deste século com a força ou a violência.

Yuval Harari observa que, desde 1945, é raro que fronteiras internacionais sejam redesenhadas por invasores estrangeiros e "nenhum país internacionalmente reconhecido foi completamente apagado do mapa por uma conquista externa. Não faltaram outros tipos de conflitos, como guerras civis e insurgências. Mas, mesmo levando em conta todos os tipos de conflito, nas primeiras duas décadas do século 21, a violência humana matou menos gente do que suicídios, acidentes de carro ou doenças relacionadas à obesidade. A pólvora tornou-se menos mortífera do que o açúcar".[13]

Pense-se, por exemplo, em refugiado ecológico e em refugiado urbano.

---

[12] Fonte: FSP, *Refugiados já passam de 1 milhão*, diz ONU, 04.03.2022, p. A10.
[13] HARARI, Yuval. *Recuo das guerras está em risco na Ucrânia*, OESP, 15.02.2022, p. A19.

III.a Refugiado ecológico

Do aquecimento global resulta a crise climática, talvez o maior perigo para a humanidade como um todo. Inundações, enchentes, precipitações pluviométricas excepcionais, vendavais, tsunamis, elevação do nível oceânico, tudo parece ocorrer em todos os lugares. Secas inclementes acabam com colheitas e trazem fome. O clima descontrolado. Tudo previsível, com a ciência alertando a insensatez reinante, que não cessa de produzir tragédias.

Assiste-se ao melancólico espetáculo de populações inteiras deixando suas ilhas, que submergem. Como são minúsculos territórios, desmerecem atenção mundial. Mas eles existem e sofrem.

A grande fuga no século XXI será aquela patrocinada pela sede e pela fome. Regiões inteiras do planeta padecerão por falta d'água. Sem petróleo sobrevive-se. Isso não acontece quando a carência é de água.

A insanidade fabrica desertos. Inclusive no Brasil. O cerrado tende a se desertificar e até mesmo a Amazônia. Sabe-se que as florestas tropicais são frágeis. A faixa de terra é mínima. Sob ela, solo árido, idêntico ao do Saara. Há mais proximidade entre a maltratada cobertura vegetal dos trópicos e os desertos africanos.

Refugiados também são os aflitos com os deslizamentos de terra que flagelaram novamente Petrópolis, que não cuidou de retirar os ocupantes de áreas de risco e viu repetir tragédias já ocorridas em 1988 e 2011. Mas não foi apenas lá. Foi também o que aconteceu na Bahia, em Minas Gerais, em Goiás e em São Paulo. O mês de fevereiro foi trágico para Franco da Rocha, Francisco Morato, Caieiras, Taboão da Serra e outras cidades paulistas. Que no ano de 2021 já haviam registrado fenômenos típicos dos desertos: vendavais de areia em várias cidades do interior bandeirante.

Desde 1988, o Brasil contabiliza quatro mil óbitos por deslizamentos. O cálculo é do IPT – Instituto de Pesquisas Tecnológicas. Petrópolis é a campeã nacional de mortes, conforme o geólogo e pesquisador do IPT Eduardo Soares de Macedo.[14] Para o que interessa aqui, os refugiados, eles são sobreviventes às mortes desnecessárias, integram a "multidão de famílias sem ter onde morar. Conforme o Atlas Digital de Desastres no Brasil, houve 18.551 ocorrências de inundações, enchentes, enxurradas e deslizamentos entre os anos de 1995 e 2019, resultando em 6.629.000 desabrigados e desalojados e 67.561.000 pessoas afetadas".[15]

---

[14] MARQUES, Júlia et al. *São quase 4 mil óbitos desde 1988 por deslizamentos*, OESP, 22.02.2022, p. A18.
[15] MARQUES, Júlia et al., *op. cit., idem, ibidem*.

Como os humanos persistem na escalada dendroclasta e aprofunda-se a miséria – a pandemia escancarou a situação de mais de 20 milhões de brasileiros passando fome! Justamente no "celeiro do mundo", na terra ufanista do "agro é pop, agro é tudo"! – tudo tende, lamentavelmente, a piorar.

Não é exercício de futurologia ou catastrofismo militante. Todas as regiões da Terra já registram aumento de 1,1ºC, antecipando em dez anos os prognósticos dos cientistas. Geram efeitos em cascata e constam de um novo relatório do IPCC – Painel Intergovernamental de Mudança de Clima da ONU, divulgado no último dia de fevereiro de 2022. Foram 270 cientistas que revisaram mais de 34 mil artigos científicos. A conclusão é unânime: as mudanças mais profundas causadas pelo aumento da temperatura global já estão em curso.

A projeção dos cenários que se vislumbram é tétrica. O avanço da ciência permitiu alavancar o grau de certeza sobre os vaticínios. Jean Ometto, pesquisador do Inpe – Instituto Nacional de Pesquisas Especiais e um dos autores do relatório, é muito incisivo ao afirmar: "O volume de informação que a gente tem hoje aumentou muito, assim como o grau de certeza sobre a atribuição dos riscos e dos danos aos sistemas naturais e sociais à mudança climática. Os impactos estão acontecendo antes do que se esperava. Certos impactos que eram previstos para 2030 no relatório anterior, neste constam como impactos que já são observados, já estão começando a acontecer".[16]

Incontestável a interdependência do clima, da biodiversidade e das pessoas, na integração entre ciências naturais, sociais e econômicas. A queda da produtividade agrícola forçará a emergência de mais movimentos migratórios. O relatório comprova que metade da população mundial já enfrenta escassez hídrica durante boa parte do ano, em virtude de fatores climáticos e não climáticos.

Em todos os pontos do planeta já se registram deslocamentos populacionais impulsionados pelo clima e pelos eventos extremos. A migração forçada é maior nas pequenas ilhas, de forma desproporcional. Todavia, idêntica é a situação dos habitantes dos biomas sob a nefasta atuação de criminosos incentivados por uma cultura de terra arrasada. É o caso da Amazônia, do cerrado e até da Mata Atlântica.

Sem falar no prejuízo econômico, letal para uma economia combalida como a brasileira. Para o Brasil, cada tonelada de gás

---

[16] AMARAL, Ana Carolina, *Crise climática eleva desnutrição, migração forçada e doenças, diz ONU*, in: FSP, 01.03.2022, p. B1.

carbônico emitida no mundo custa 24 dólares ou 124 reais. É o chamado custo social do carbono, suportado pelos mais fracos. Tanto o agronegócio como a energia são impactados pelos fatores climáticos. São âncoras de sustentação de uma estrutura econômica fragilizada e sujeita a erráticas (in)decisões governamentais. O "celeiro do mundo" tende a necessitar de ajuda externa, pois um dos resultados do aquecimento climático será tornar as regiões temperadas férteis e as tropicais impróprias para as culturas tradicionais.

O ufanismo tupiniquim pouco ou nada conseguirá fazer para obviar a tragédia. Mais da metade da população mundial, cerca de 3,3 bilhões de pessoas, sofrerão o resultado da incúria e da premeditada omissão. O Brasil que se prepare para as migrações internas e internacionais.

III.b Refugiado urbano

O aquecimento global multiplica as potencialidades de migração. Depois de várias tragédias resultantes de ocupação de áreas impróprias, que nunca deveriam ter sido destinadas a precárias construções de moradias, muitos desistirão de voltar a edificar nas zonas de risco. Perambularão rumo às periferias, engrossando o time dos informais, agora mais visíveis em sua miséria.

Os eventos extremos, tanto de inundação como de seca, prosseguirão em ritmo ascendente, tanto em ocorrências como em intensidade. As cidades não estão preparadas para receber levas de migrantes irmãos, além daqueles que vierem de outras plagas. Em busca de sobrevivência, grupos vulneráveis se arriscarão a empreitadas perigosas e de imprevisível prognóstico. Não existe um esquema confiável de trato consequente de tais fenômenos.

Pode ser que alguns estranhem, mas o "morador de rua" não deixa de ser um tipo singular de refugiado. Ele se refugia de quem? Da profunda injustiça social que prospera no Brasil, a República dos paradoxos. Tem a maior frota de helicópteros e de jatos particulares do mundo, ostenta alguns dos bilionários que dominam setores exitosos na economia planetária, mas convive com milhões de desempregados – somos o 6º país que mais possui o contingente sofrido daqueles que procuram emprego e se frustram, pois não conseguem obtê-lo. Não é só. Milhões, além dos 20 que passam fome diariamente, sofrem de insegurança alimentar. Outros milhões são informais, são subempregados, desistiram de procurar ocupação digna, são os "invisíveis" das estatísticas e do cruel sistema que nos rege. Hoje, paradoxalmente visíveis em sua miserabilidade.

Dir-se-á que o "morador de rua" é uma parcela ínfima da população. Não é a quantidade que deve trazer desconforto às mentes sensíveis. É a situação de pessoas que fogem dessa nefasta distribuição de renda, que não têm espaço no capitalismo selvagem, que perderam empregos, com eles a cidadania, a família, a dignidade.

O médico Carlos Bezerra Júnior, Secretário da Assistência Social da Prefeitura de São Paulo, no artigo "Indignação esperançada",[17] invoca lições de Dom Pedro Casaldáliga,[18] um humanista recentemente falecido, para abordar o crescimento da população de rua. Ele cita as frases "A esperança só se justifica naqueles que caminham" e "A indignação deve ser uma indignação esperançada, caso contrário estaremos vomitando bile por toda parte e não teremos nada de anúncio". Isso a respeito de refugiados dos quais nem sempre nos damos conta.

De acordo com censo recente, houve acréscimo de 31% em relação a 2019. Com isso, cadastrados 31.884 moradores de rua na capital paulista. Ele observa não desconhecer que é "um problema multifacetado, que abrange mazelas reforçadas durante a pandemia, como desemprego, desestruturação familiar, despejo e uso abusivo de álcool e drogas. Um dos dados mais assustadores do censo é o aumento de 117% do número de famílias nas ruas paulistanas".[19]

Com toda a certeza, esse contingente é também premido pela insegurança alimentar. "A grande questão que se impõe é: se a porta de entrada que leva as pessoas às ruas é muito mais larga que a de saída, como inverter as posições? Assim como ingressar nessa condição é um processo longo, sair também é. E aqui cabe bem a síntese feita pelo jornalista norte-americano Henry Louis Mencken: 'Para todo problema complexo existe sempre uma solução simples, fácil e completamente errada".[20]

Na condição de "refugiados", estão também os expelidos para as periferias e para áreas insuscetíveis de ocupação. A interação dos extremos climáticos, a insuficiência da infraestrutura urbana, o adensamento demográfico, tudo multiplica o número de verdadeiros refugiados. "Nossas cidades são verdadeiras bombas socioecológicas

---

[17] BEZERRA JR., Carlos, *Indignação esperançada*, FSP, 25.2.2022, p. A3.
[18] O bispo de Felix do Araguaia, que dedicou sua vida aos direitos humanos, nasceu em Barcelona em 1928 e morreu em Batatais-SP, em 8.8.2020.
[19] BEZERRA JR., Carlos, *op. cit., idem, ibidem*.
[20] BEZERRA JR., Carlos, *op. cit., idem, ibidem*.

urbanas, explodindo nas periferias", diz Kazuo Nakano, arquiteto e urbanista, professor do Instituto da Cidade da Universidade Federal de São Paulo – UNIFESP.[21]

Como é que a "sociedade civil", diante da incapacidade estatal, se prepara em relação a tais assombrosas constatações?

IV Bons exemplos

A densidade do problema reclama a elaboração de um projeto abrangente, que envolva o maior número possível de pessoas e entidades. Um primeiro questionamento diz com a cultura avessa ao estranho. Em regra, os indivíduos se emocionam com o relato de uma criança obrigada a viajar para outro país, se ela perdeu os pais num atentado bélico ou foi a única sobrevivente na aventura de chegar a um país numa frágil embarcação. O noticiário da TV e das redes sociais sensibiliza por um instante, até que outra notícia provoque nova emoção.

Nada obstante, a narrativa de que são milhares os fugitivos já não causa idêntica impressão. Há uma despersonalização das vítimas, aliada à sensação de impotência pessoal do indivíduo. Ele tende a repassar o problema aos governos. Para isso exerceu o seu direito-dever do sufrágio. Para ficar liberado de pensar nas grandes e problemáticas questões da contemporaneidade.

Só haverá mudança de atitude quando as coisas chegarem à porta da casa. Por isso é que o caso dos moradores de rua incomoda tanto. É, para os afeiçoados às humanidades, a prova de que nossa forma de conviver é falha. Tem fissuras e provoca injustiças. Por isso é importante que se adote uma postura proativa, que ninguém se sinta alheio a essa chaga social que é de todos. Indistintamente.

Algumas iniciativas já existem e muitas outras estão disseminadas e devem ser divulgadas. Mera menção a algumas delas pode estimular quem se proponha a participar de uma corrente solidária em favor de toda espécie de refugiados.

O holandês Triodos Bank, instituição financeira fundada em 1980, é uma dessas organizações que pensa na causa, antes do lucro. Para eles, o dinheiro tem de ser um recurso para viabilizar mudanças sociais, ambientais e culturais positivas. Sem deixar de ter lucros e de se sustentar financeiramente, nega o ingresso de novos clientes se não tiverem bons projetos. O dinheiro só é emprestado para pessoas e

---

[21] MARQUES, Júlia *et al.*, *op. cit., idem*, p. A19.

organizações que fazem o mundo melhor e atuem nos setores ambiental, cultural e social, incluindo habitação. Além disso, têm programas de treinamento e contratação de refugiados.

Também o curso de idiomas "Nós, o mundo", negócio social com professores refugiados, foi criado há seis anos pela entidade Adus, Instituto de Reintegração de Refugiados. O curso permite aprender francês com um professor nativo, seja, por exemplo, do Tongo ou de Camarões, e espanhol com um venezuelano, colombiano ou cubano.

O plano é reunir o conhecimento linguístico de refugiados que vivem no Brasil à troca cultural que sua experiência de vida pode proporcionar. Já se dispõe de 50 professores cadastrados, que podem ensinar francês, inglês ou espanhol nativo de seus respectivos países. Antes de assumirem as aulas, os professores são treinados por metodologia própria. E o valor pago pelo curso, além de justa remuneração aos profissionais, se presta à manutenção de outros projetos desenvolvidos pela organização, que há 12 anos ampara refugiados na cidade de São Paulo.

Tão eficiente é o sistema, que a escola de idiomas já recebeu por duas vezes o Selo de Direitos Humanos e Diversidade da Prefeitura Paulistana. Em 2021, foi indicado ao Prêmio Econ, na categoria "Iniciativas que inspiram". As inscrições e mais informações podem ser obtidas no site nossomundo.org.br.

Uma ONG chamada *Refúgio 343* dedica-se à reinserção socioeconômica de refugiados e migrantes. Foca no desenvolvimento social e ajuda humanitária mediante os eixos de interiorização e educação, a responder ao maior desafio migratório da história do hemisfério ocidental. O ponto fulcral é a interiorização, estratégia de deslocamento planejado que integra as famílias – principalmente venezuelanas – num destino final, por todo o território brasileiro. A ONG ativa pessoas e empresas em um sistema claro de acolhimento. Monitora as famílias com o intuito de que elas atinjam êxito nos pilares de emprego, saúde, educação e recobrem autonomia e dignidade. A Escola Refúgio oferece acesso ao direito fundamental à educação. Enfatiza a autoestima e a noção de cidadania. Há unidades em Boa Vista e em São Paulo, com base curricular comum em português e educação intercultural, além de cursos profissionalizantes.

A ONG partiu da constatação de que mais de 1% da humanidade encontra-se deslocada, ou seja, 82,4 milhões de pessoas tiveram que deixar suas origens para trás, cifra que dobrou na última década. Os venezuelanos já são o segundo maior grupo populacional deslocado no globo. São mais de seis milhões de seres humanos que migraram de seu país, em fuga da insegurança econômica, fome, violência, falta de medicamentos e serviços essenciais. Essa é considerada a maior crise humanitária da América, talvez só suplantada com a recente guerra da Ucrânia, que só aumentará o índice de expatriados em busca de um destino.

O Brasil chegou a regularizar 287 mil venezuelanos e é o quinto país que mais acolhe. Há dez abrigos em Boa Vista e dois em Pacaraima, na fronteira com a Venezuela. Comportam, juntos, mais de 9,3 mil pessoas. Apesar disso, restam ainda mais de 5,2 mil refugiados e migrantes sobrevivendo sem infraestrutura e acesso a serviços básicos. Vegetam e esmolam nas ruas de Roraima.

Ainda existem o CAMI – Centro de Apoio e Pastoral do Migrante, que procura atender a crianças e adolescentes, propiciando escola e ocupações compatíveis com a faixa etária, e a COMPASSIVA, organização social que atende refugiados em situação de vulnerabilidade em São Paulo. Oferece cursos e atividades socioeducativas, como esportes, artes e cultura.

A COMPASSIVA parte da convicção de que a atuação social efetiva não deve se limitar a trocas meramente utilitárias. Impõe-se um relacionamento consistente a fim de edificar relacionamentos saudáveis, vínculos fraternais que promovam sensibilização e compreensão profunda da realidade e do contexto dos envolvidos. Não descuida da complexidade dos problemas dos refugiados. Por isso insiste na recomposição dos sonhos, da dignidade e da noção de cidadania.

O nome COMPASSIVA surgiu de compaixão, sentimento capaz de motivar um verdadeiro trabalho de transformação. Se a missão é criar oportunidades de transformação de vida para pessoas em situação de vulnerabilidade, seus valores se baseiam em relacionamentos relevantes, humanizados, pontes de aproximação entre pessoas e união de forças. O serviço é ajudar e servir ao próximo de maneira prática e com integridade, tornando-se um exemplo ao agir com transparência e respeito em todas as relações. Em 2020, a COMPASSIVA recebeu o selo de direitos humanos e diversidade da Prefeitura de São Paulo, especificamente pelo programa LAR – Levando Ajuda ao Refugiado.

Muitas outras iniciativas estão em curso e sempre há como se identificar com uma das múltiplas vocações abertas para quem pretenda ao menos mitigar a situação aflitiva dos refugiados.

V O que fazer?

Para quem nunca experimentou a fuga forçada, é quase impossível colocar-se no lugar de quem a enfrenta. "Se não fosse a guerra, eu não teria saído do meu país. O nome do país não digo de propósito. O que importa não é ser deste ou daquele, e sim o fato de você ser obrigado a deixar o lugar onde vive, fazer depois a travessia, correndo o risco de não sobreviver. Uma desgraça atrás da outra!".[22]

Um aspecto pouco explorado é o preconceito em relação ao refugiado.

Algo que adiciona tormento à desdita. "Mas, desde sempre, o espectro da guerra rondou meu país. A ganância, o preconceito... *Como pode você pertencer a esta seita? Se vestir e se alimentar assim?* O pior é que ninguém sabe quando a coisa vai explodir e que armas vão ser usadas. Para o ódio, nenhuma arma é suficiente".[23]

Até mesmo os que se condoem e ajudam estão acostumados com a fisionomia de seres esquálidos, sofridos, geralmente negros. A invasão russa na Ucrânia mostrou essa face também desapiedada, antes despercebida. Ao comentar a cobertura racista da guerra na Ucrânia, observada pelo jornalista Alan MacLeod, a conselheira do Centro de Estudos do Trabalho e Desigualdade, Cida Bento, mencionou que o repúdio foi intensificado em virtude da condição social dos atingidos: "É muito emocionante para mim porque vejo pessoas europeias com olhos azuis e cabelos loiros sendo mortas".[24] "Elas não são como outras crianças que estamos acostumados a ver sofrendo na TV, essas crianças são loiras com olhos azuis, e isso é muito importante",[25] são alguns dos depoimentos colhidos pela mídia.

É flagrante a diferença com que são encarados os refugiados negros e os brancos: "A dor e o espanto de ver refugiados de olhos azuis e cabelos loiros, brancos e cristãos 'como nós', 'poderiam ser nossos vizinhos', explicitado em expressiva parte da cobertura da guerra, revela o quanto o pacto de branquitude de proteção e cuidados entre 'iguais' é um fenômeno mundial e eurocêntrico. Não pode ser rompido, pois os 'iguais a nós, brancos europeus', não poderiam ser atingidos pela violência que assola refugiados sírios, afegãos, iraquianos, indianos e principalmente africanos".[26]

---

[22] MILAN, Betty, *Baal*. Rio de Janeiro-São Paulo: Record, 2019, p. 15.
[23] MILAN, Betty, *op. cit.*, *idem*, p. 18.
[24] BENTO, Cida, *Quando o refugiado é branco europeu*, in: FSP, 03.03.2022, p. A26.
[25] BENTO, Cida, *op. cit.*, *idem*, *ibidem*.
[26] BENTO, Cida, *op. cit.*, *idem*, *ibidem*.

"Africanos, não! Têm de ir para o fim da fila", segundo relato do Visão, de Portugal. Em plena guerra, os próprios ucranianos impedem que negros embarquem nos trens que levam fugitivos para a Polônia. Tal situação não pode permanecer fora do radar, pois é uma ferida a mais, dentro do tumor da exclusão. A Europa respondeu à crise ucraniana de forma diversa daquela oferecida em 2015: "os refugiados da vez não precisam vagar por praças e ruas de países estrangeiros como ocorreu com os sírios. Felizmente estão sendo acolhidos por Estados vizinhos e seus cidadãos. A questão é por quê?".[27]

Pense-se que, dentro em pouco, todos os humanos – independentemente de raça, de cor, de condição social – estarão sujeitos a deslocamentos provocados pelo cataclismo ambiental e não se poderá estabelecer uma escala para o socorro que todos merecem. Isto é particularmente grave para o Brasil, campeão das diferenças e uma das nações de mais iníqua distribuição de renda, cumulada com corrupção e incompetência dos políticos profissionais.

O drama dos refugiados é apenas uma das faces da clamorosa injustiça social que se agravou num Brasil em que as desigualdades sempre foram a regra. Não entrava nas cogitações da cidadania, enquanto fenômeno circunscrito a regiões distantes. Só que a questão chegou para nós também.

Os venezuelanos precisam de nós e uma razoável rede solidária se estabeleceu para o possível enfrentamento. Não se exclui a necessidade de estender a mão também para os ucranianos. Só que essas constituem exceções clamorosas, que merecem amplo destaque na mídia. O mais difícil é administrar as migrações internas, daqueles que perderam suas moradias precárias nas catástrofes que se repetem com insidiosa pontualidade.

O agravamento da questão climática anuncia o recrudescimento de fenômenos extremos e, com eles, a proliferação de situações excepcionais. Os expulsos pelas invasões de áreas tradicionalmente ocupadas por populações nativas, ribeirinhas, de etnias ainda não completamente extintas necessitarão de acolhida.

É comum emocionar-se com ocorrências trágicas, assim como a invasão cruenta da Ucrânia, mas ignorar aquilo que está sob nossos olhos... Como assinalou Preto Zezé, Presidente Nacional da CUFA, "pelas ruas do país são milhares de pessoas em situação de rua, e não somente nas datas de Natal e Dia da Criança, mas todos os dias, são

---

[27] ROSA, Ana Cristina, *Todo Sangue é Vermelho*, in: FSP, 07.03.2022, p. A2.

exiladas de direitos básicos dentro da sua própria pátria. São migrantes de vários lugares que vagam sem rumo em busca de vida digna".[28] E a própria jornalista responde: "A mudança de atitude seguramente foi motivada pelo identitarismo entre demandantes e demandados, num evidente contraste com a xenofobia e o racismo verificados antes em casos similares e na decisão de dificultar a ultrapassagem de fronteiras por negros atualmente. Embora nem todos os olhos sejam azuis, todo sangue é vermelho".[29]

Esse nosso irmão, que preside a Central Única das Favelas, merece respeito e precisa ser ouvido. A CUFA é uma organização não governamental brasileira. Originalmente fundada em 1999 por jovens negros da favela Cidade de Deus, hoje está presente em todos os Estados brasileiros e em outros 15 países.

Seu testemunho é contundente: "As cidades que foram e ainda estão sendo atingidas pelas fortes chuvas, resultado das mudanças climáticas, saíram da mídia, mas continuam milhares de homens e mulheres sem casa, sem sonho, sem perspectiva, pois a luta de uma vida inteira foi literalmente por água abaixo". O mais atroz é ter noção de que tudo se repetirá, e com intensidade reforçada, sem que se invista na prevenção.

A sociedade civil é que terá de suprir a ausência do Estado, em todos os níveis, e socorrer migrantes que não estariam nessa condição houvera responsabilidade dos eleitos para atender às necessidades coletivas. E com obrigações potencializadas quando se cuida de vulneráveis, eis que um dos objetivos da República Federativa do Brasil é eliminar a miséria e reduzir as desigualdades.

A solidariedade não pode circunscrever-se aos mais próximos, pois ela deve ser estendida "ao povo que vive o terror das guerras, resultado de interesses das grandes potências mundiais, que estão preocupadas com poder e números na nova geopolítica mundial".[30] Ocorre que ao nosso lado, em nossas ruas, eliminadas as fronteiras que dividem o lado "civilizado" das cidades de suas pavorosas periferias, estão os refugiados dos deslizamentos, das inundações, das secas, do sistema que lhes impõe caminho errante e sem perspectivas. Essas vidas nós podemos resgatar. Não somos os artífices de guerras, para os quais "vidas são apenas detalhes. E a nossa 'guerra' diária deste

---

[28] Preto Zezé, *E a "guerra" Brasil? In:* FSP, 01.03.2022, p. A2.
[29] ROSA, Ana Cristina, *op. cit., idem, ibidem.*
[30] Preto Zezé, *op. cit., idem, ibidem.*

front chamado Brasil precisa ser enfrentada. As favelas brasileiras são a nossa Ucrânia, bombardeada de exclusão, ausência social do poder público e reguladas pela força das armas".[31]

Há um elenco de opções abertas para os humanos de boa vontade. Indignar-se, exigir do Estado que cumpra sua missão, filiar-se a uma ONG, criar uma outra, se nenhuma delas atender às suas expectativas.

O inadmissível é conformar-se com a formidável explosão das injustiças perpetradas contra os miseráveis. E com aqueles que, não sendo miseráveis, tendem a sê-lo, exatamente por força das circunstâncias em que foram premidos.

Não se pode ser contemporâneo inerte de qualquer forma de injustiça. Principalmente aquela que poderia ser evitada, houvesse consciência ética e fidelidade ao catecismo cristão.

Informação bibliográfica deste texto, conforme a NBR 6023:2018 da Associação Brasileira de Normas Técnicas (ABNT):

NALINI, José Renato. Era exceção: será a regra. *In*: SARAIVA FILHO, Oswaldo Othon de Pontes; BERTELLI, Luiz Gonzaga; SIQUEIRA, Julio Homem de (coord.). *Direitos dos refugiados*. Belo Horizonte: Fórum, 2024. (Coleção Fórum Direito Internacional Humanitário, v. 1, t. 2). p. 17-31. ISBN 978-65-5518-614-7.

---

[31] Preto Zezé, *op. cit., idem, ibidem*.

THE RIGHT TO ASYLUM IN EUROPE. CHALLENGES OF THE COMMON EUROPEAN ASYLUM SYSTEM

ANA MARÍA JARA GÓMEZ

1 Introduction

A number of factors associated with accelerated economic development processes, including a wide range of job opportunities without special skill requirements and weak labour protection mechanisms, contributed, especially from the 1990s, to the transformation of some European countries into attractive destinations for people in need and in search of better living conditions. The same general acknowledgement must now be attributed to the fact that the conflicts spreading across a considerable number of countries are at the basis of the exceptional increase in migratory flows. Not only are these flows surrounded by serious risks, hardship, insecurity and drama, but they are also, according to certain judgements, having a severe impact on the societies of Europe as a whole and on its economies.

According to the European border control agency, Frontex, 196,000 migrants arrived in the European Union in 2021, 54,000 more than in 2019 (Frontex, 2022). Migration is caused by many elements, almost all of which are preventable. Although this chapter focuses on the right to asylum, i.e., on the situation of migrants who have already left their countries, we must clearly state that efforts to effectively protect migrants should probably be focused on the places of origin. The best migration policies are those that prevent the situations that give rise to the flows of migrants fleeing. It cannot be lightly dismissed that some policies, draconian treaties and some economic and trade strategies of destination countries do cause some of these situations, in the form of conflicts, dictatorships, environmental disasters, extreme poverty, etc.

In the following pages, we will try to clearly establish the criteria used to differentiate, within these migratory flows, an immigrant from a refugee in the countries of destination and to explain the consequences that terminological confusion may entail. We will then focus specifically on the right to asylum and the general aspects of European Union policies that have to do with solidarity and responsibility towards refugees. Ultimately, it is a matter of exploring a fact from which migration policy seems to start without discussion: when it comes to migratory movements, the principles of stability and security are mutually exclusive.

2 Migrants and refugees. An essential distinction?

One of the crucial problems for the rule of law today is that the classic distinction between national and foreign citizens is clearly insufficient to identify and describe the entire population that exists in the territory of the state and is therefore subject to its legal system. As has rightly been observed, "national citizenship is too simple an artefact with which to manage a much more complex reality by virtue of all the human beings who make up the population" (Del Real Alcalá, 2010, p. 20).

In this context, the term *migrant* can be used broadly to mean any person who lives temporarily or permanently in a country where he or she was not born, and has acquired a significant social link with that country. This definition, however, may be insufficient if we consider that according to some states, a person may be regarded as an immigrant even if he or she was born in the national territory. This is a clear sign that shows *the immigrant* is constructed, and this construction is in today's Europe "the result of a well calculated intellectual and political work, elaborated with the tools of prejudice, fear and ignorance" (Naïr, 2016 p. 135).

The International Convention on the Protection of the Rights of All Migrant Workers and Members of Their Families states that "(t)he term "migrant worker" refers to a person who is to be engaged, is engaged or has been engaged in a remunerated activity in a State of which he or she is not a national" (United Nations General Assembly, 1990). However, there is no universally accepted definition of the term "migrant" in international law. It is a concept that seems to encompass all cases in which the decision to migrate is taken freely by the person concerned for *reasons of personal convenience* and without the intervention of exogenous factors that compel him or her to do so. It is a term that will thus be applied to persons and their families who travel to another country in order to improve their living conditions.

Very often, migration is a broader term, encompassing many people in a wide range of circumstances, and is identified with migration flows. Migration is the crossing of a border for a minimum and specified period of time. This includes the movement of refugees and displaced persons, uprooted people and socio-economic migrants. Internal migration refers to movement from one province, municipality or district to another, within the same country. International migration involves the movement of people between countries (International Organization for Migration, 2004). Two forms of spatial relocation are to be excluded from this broad definition: that which has no significant social or belonging consequences, e.g. tourism; and that in which the relocation of people takes place with individuals or groups who cannot be considered active agents in the process, such as the transfer of refugees from their states of origin to safe areas.

The most common forms of migration are categorized according to the causes that give rise to them: economic, family and security-related. They can also be distinguished according to the legal status of the migrants, speaking of regular or legal migration and irregular or illegal migration. It is a fact that states have categorized the legal status given to migrants in very different ways. For obvious reasons, we will not deal in this text with highly skilled migrant workers, the so-called *guest workers,* or *business migrants.*

In relation to the concept of irregular migration, it should be clarified that it is used to designate many forms of irregularity or illegality concerning the entry, residence and work of foreign nationals in other countries (Triandafyllidou, 2010, p. 2). In a narrower sense, irregular migration refers to processes that result in the illegal residence of migrants who have citizenship of another country and lack legal status in the country of destination. Terms such as *irregular, undocumented, illegal immigrant,* have few positive connotations and suggest that we explore whether we are in the presence of states with restrictive migration policies. If everyone had the right to change residence unconditionally and spontaneously, there would be no irregular migration:

(J)ust as the right to emigrate is considered a human right, the right to immigrate is not. And this is defended not only with legal arguments (such as those derived from a certain reading of Article 13 of the Universal Declaration of Human Rights), but also with arguments of a political nature (linked, for example, to public order), of an economic nature or of a cultural nature (De Asís Roig, 2004, p. 67).

In any case, without going into the myriad of situations that occur in everyday life, it can be stated that a migrant is a person who has freely chosen to migrate, because it suits his or her personal convenience and without being forced to do so by any compelling factor. This definition excludes refugees, displaced persons and others who are forced to leave their homes from the category of migrants. Migrants *choose*, to a more significant extent than refugees, when to leave and where to go, although in view of the situation that *encourages* them to choose to leave their countries, much should be considered about the voluntary and controlled nature of migrants' movements and decisions (Celís Sánchez & Aierdi Urraza, 2015). These are extremely important considerations for one reason above all: identification as a forced migrant, which in theory leads to the possibility of applying for asylum and allows a person to qualify as a refugee, brings that person closer to the status of a citizen, i.e. it grants rights. We can only imagine the right to have rights from citizenship, "such is the integrating, empowering force of belonging, of citizenship" (Ansuátegui Roig, 2015, p. 129). The citizenship-rights connection is at the heart of the debate on the inequality that exists between people who hold one status or another within the same state, or seek it while waiting at the borders. Luigi Ferrajoli considers that the idea of citizenship as a presupposition for guaranteeing rights is a thing of the past. The author states that the defence of rights requires

> having the courage to detach them from citizenship as 'belonging' and from their state character. And detaching them from citizenship means recognizing their supra-state character (...) and therefore protecting them not only within but also outside and against the states, thereby ending this great apartheid (Ferrajoli, 1998, p. 176).

Ferrajoli's proposal to overcome citizenship has not been safe from criticism, including the accusation that it breaks with the consolidated tendency in constitutionalism and in the theory of fundamental rights to establish a clear demarcation between the latter and private subjective rights (Pérez Luño, 2003, p. 53).

The Special Rapporteur of the Commission on Human Rights proposed that the following persons should be considered as migrants (United Nations General Assembly, 2002, p. 12):
1. Persons who are outside the territory of the State of which they are nationals or citizens, are not subject to its legal protection and are in the territory of another State;
2. Persons who do not enjoy the general legal recognition of rights which is inherent in the granting by the host State of the status of refugee, naturalized person or of similar status;
3. Persons who do not enjoy either general legal protection of their fundamental rights by virtue of diplomatic agreements, visas or other agreements.

This broad categorisation of migrants reflects the current difficulties in differentiating between migrants who leave their countries because of political persecution, conflict, economic problems, environmental degradation or other reasons, and those who do so to find conditions of survival or well-being that are not available in their places of residence (Posada, 2009). The latter would be considered more *voluntary* economic migrants, as opposed to the former who are categorised as forced/political migrants. This distinction underlies all migration policies in developed countries, which tend to address the two categories separately and consider one to exclude the other. However, according to the United Nations High Commissioner for Refugees (UNHCR, 2012, p. 291), migrants

> (A)re travelling together, generally in an irregular manner, using the same routes and means of transport, but for different reasons. People travelling as part of mixed movements have varying needs and profiles and may include asylum-seekers, refugees, stateless persons, victims of trafficking, unaccompanied or separated children, and migrants in an irregular situation. Mixed movements are often complex and can present challenges for all those involved.

The concentration of all these people in a single migration flow, and their distinction, prove to be very complex and extraordinarily problematic issues. Migration is mixed not only during the journey but at all stages of the process. Motivations are often wide ranging and frequently convergent: those fleeing conflict, abuse of fundamental rights or political persecution often also leave behind economic instability and poverty and will not only seek to save their lives but also to build new lives once they have arrived in safety. Similarly, those who arrive seeking employment may have been excluded from the labour market or education system in their countries of origin because of their sex, religion, ethnicity, etc. Those who arrive seeking employment may, in fact, be forced to migrate again because of further discrimination (Schuster, 2016).

All these elements make it difficult to clearly separate migrants, asylum seekers and refugees, yet despite it, there is an insistence on maintaining the distinction. Javier de Lucas explains that "asylum has been defined, as Urrecht, as the first right, because it is rooted in an original instinct, inherent to our condition as human beings and as social beings. If I have to give a name to this instinct, I will risk calling it solidarity" (De Lucas Martín, 2015, p. 274). This being the case, it is difficult to deny the practice of solidarity to those who today are deprived of asylum and labelled as *simple migrants*, bearing in mind that the reality of migratory flows is much more complex than it may seem at first glance.

According to the glossary of the European Migration Network (2018), the legal definitions of the main categories of migrants are as follows:[1]

1. *Economic Migrant:* A person who leaves their country of origin purely for economic reasons that are not in any way related to the refugee definition, in order to seek material improvements in their livelihood.
2. *Asylum seeker*: In the global context, a person who seeks protection from persecution or serious harm in a country other than their own and awaits a decision on the application for refugee status under relevant international and national instruments. In the EU context, a third-country national or stateless person who has made an application for protection under the Geneva Refugee Convention and Protocol in respect of which a final decision has not yet been taken.
3. *Refugee*: In the global context, either a person who, owing to a well-founded fear of persecution for reasons of race, religion, nationality, political opinion or membership of a particular social group, is outside the country of nationality and is unable or, owing to such fear, is unwilling to avail themselves

---

[1] The European Migration Network provides information on immigration and asylum to EU countries. Council Decision 2008/381/EC5 of 14 May 2008 established the legal basis for the creation of the European Migration Network. See http://www.emn.at/en/publikationen/glossar.

of the protection of that country, or a stateless person, who, being outside of the country of former habitual residence for the same reasons as mentioned before, is unable or, owing to such fear, unwilling to return to it. In the EU context, either a third-country national who, owing to a well-founded fear of persecution for reasons of race, religion, nationality, political opinion or membership of a particular social group, is outside the country of nationality and is unable or, owing to such fear, is unwilling to avail themselves of the protection of that country, or a stateless person, who, being outside of the country of former habitual residence for the same reasons as mentioned above, is unable or, owing to such fear, unwilling to return to it, and to whom Art. 12 (Exclusion) of Directive 2011/95/EU (Recast Qualification Directive) does not apply.

For its part, UNHCR (2012) is trying to categorise refugees in order to *ensure their adequate protection,* and states insist that the principle of asylum is best defended if access is restricted, although their concern may seem to be more linked to controlling migration flows and ensuring that asylum does not become a gateway for everyone (Schuster, 2016).

Regarding the application of the rule of legal bivalence applied by States, according to which everything (or everyone) that is not legal becomes illegal, we must echo what Professor Alberto del Real has already stated, which clarifies that this legal choice also contains a political guideline and is insufficient to qualify all the rich casuistry that immigration provides (Del Real, 2010; 2005). The consequence of this non-distinction, or of the real and frequent impossibility of distinguishing, is the customary assimilation of a refugee to the status of irregular migrant and the ever-increasing criminalisation of human beings who find themselves in this type of situation. As a result, the right to asylum that refugees may claim is neutralised, due to the blurring of the lines between the categories of migrants and refugees, many of whom find themselves in illegal status. To illustrate the previous point about the difficulties of drawing a rigid line between migrants and refugees, we will use as an example migrants from Afghanistan. Most Afghan refugees settle in precarious conditions in Iran or Pakistan. Many have been there for decades and constitute an important part of the labour force in these countries. Most Afghans living in Iran and Pakistan are both irregular migrants and registered refugees, and many have moved back and forth between these two categories several times. Driven by conflict, instability, unemployment, discrimination and violent attacks, Afghans continue to migrate and leave from these countries, many of them to Australia, Europe or the Gulf States as undocumented migrants. Those who survive the journey will be granted at least temporary legal status as asylum seekers. Thus, Afghans migrate because their government cannot protect them from persecution or directly violates their rights, or because they are unable to work, or both, and will travel mainly as irregular migrants although they may regularise their status when they apply for asylum, before becoming refugees or being rejected as economic migrants (Schuster, 2016).

3 Content and scope of the right to asylum and the principle of solidarity in Europe

Article 14 of the Universal Declaration of Human Rights states that "Everyone has the right to seek and to enjoy in other countries asylum from persecution". In 1967, the United Nations General Assembly adopted the Declaration on Territorial Asylum, which is addressed to States. The Declaration reaffirms that the granting of asylum "is a peaceful and humanitarian act and as such it cannot be regarded as unfriendly by any other State". It also specifies that it is up to the State granting asylum to determine the grounds for asylum (United Nations General Assembly, 1967).

Developed States have constructed a subgroup of *genuine refugees* who will be the migrants to whom this special protection, rights, and even services should be provided and who must be distinguished from other migrants, entitled to fewer rights, using the legal tools designed for this purpose. These legal tools are usually positive and exclusive definitions of refugee restricted to a minority -who will enjoy the right to asylum- with a well-founded fear of being persecuted for reasons of race, religion, nationality, social group or political opinion. These are persons who, moreover, are unable or unwilling to avail themselves of the protection of the State where they reside or are outside it (Schuster, 2016).

The cornerstone of the global legal framework for refugees is the 1951 Geneva Convention -and the 1967 New York Protocol, which abolished the temporal and geographical limitations-. In addition, two regional frameworks were established to meet the specific challenges of the different regions of the world: the 1969 Convention Governing the Specific Aspects of Refugee Problems in Africa and the Cartagena Declaration, adopted by Latin American countries in 1984.

International law seems to generally recognize that a refugee is a refugee from the moment he or she is forced to flee his or her country, even if he or she is not recognized as such until he or she applies for asylum in another State. In attempting to reach the destination State, refugees may travel as undocumented migrants and cross borders clandestinely, often falling victim to human smugglers. When people are on the move, they can only be migrants or asylum seekers (Siegfried, 2015).

International law does not contain a precise definition of the right to asylum; however, it has become a general concept that encompasses the protection that a country provides to refugees on its territory. Asylum appears to imply, at the very least, a basic protection: the guarantee of not being expelled or returned to the place where one's life is in danger. It is therefore important to connect international refugee law and international human rights law. Given that the 1951 Geneva Convention does not establish the procedures for acquiring/requesting/receiving the right to asylum and that there is a wide range of protection needs, the role of human rights treaties becomes fundamental, especially in establishing the standards of protection that the right to asylum entails or should entail.

Most of the rights essential to the protection of refugees coincide with the fundamental rights enshrined in the human rights treaties: the right to life, liberty and security; the right not to be tortured; the right to freedom from slavery and servitude; freedom of thought, conscience and religion; the right not to be subjected to arbitrary arrest or detention; the right to privacy, family and home; freedom of expression; the right to education and the right to participate in the cultural life of the community. We could add here that the unavoidable reflection on the social and political integration of immigrants is undoubtedly intertwined with the articulation of the European Union as a transnational community of citizens (Añón Roig, 2010, p. 627).

Nevertheless, since the existence of international refugee status, one of the most intense debates has been about the desirability of expanding the scope of protection afforded to asylum seekers in the light of new social and political contexts. Without going any further, the territorial scope of the Geneva Convention is the subject of constant debate. The aim is to maintain the application of the human rights treaties and, at the same time, to reconcile the obligation to provide effective access to protection with the actions taken by the destination States with regard to refugees on the high seas. Of particular importance is the respect of the principle of *non-refoulement*, although its extraterritorial application is rejected by some countries.[2] It was

---

[2] See the U.S. Supreme Court case *Sale v. Haitian Centers Council*, 509 U.S. 155 (1993).

accepted by the European Court of Human Rights (ECHR) in its famous judgment *Hirsi Jamaa v. Italy*.[3] In his concurring opinion, Judge Pinto de Albuquerque further proclaims that the principle of *non-refoulement* is a principle of customary international law and a norm of *ius cogens*, i.e., a fundamental principle of international law accepted by the international community of States as a norm that does not admit of any contrary agreement (Papagiani, 2016).

On this principle we must make important clarifications that have already been highlighted by the relevant doctrine: the red line of asylum is the principle of *non-refoulement* of the migrant to his or her own country, but also to an unsafe third country. Sending people fleeing in search of asylum back to an unsafe place cannot in any case be done without in fact nullifying the very meaning of asylum (De Lucas Martín, 2016). As a matter of fact, the executive director of the European border agency (Frontex), Fabrice Leggeri, resigned from his post after a thorough investigation by the European Anti-Fraud Office (OLAF) into several scandals related to migrant deportations (Abril, 2022).

The exercise of effective control over an area on foreign territory or over persons abroad, whether exerted *de jure* or *de facto*, entails state responsibility (Pérez Sola, 2011). Thus, the principle of non-refoulement applies wherever a state has jurisdiction, whether within its borders, on the territory of another state or on the high seas. Of particular importance is the fact that the same rules should continue to apply where responsibility in international law is transferred to third coastal states through operational cooperation agreements and there is a consequent shift of immigration controls (Papagiani, 2016).

In order to improve self-esteem, people usually try to enhance the salience and value of the group they belong to or try to switch the group. Highly valued social groups will restrict social mobility to retain meaningful distinctions between themselves and the out-groups (Tajfel and Turner 1979). This fact can be easily found in many migrant's daily life and exemplifies how human rights are violated almost without alarm:

> Asylum applicants were not presented as humans who, for whatever reason, were leaving their homes behind, but as frauds and even parasites sapping the affluence and security created by German society. Such statements leave little distance between themselves and

---

[3] ECtHR / Application no. 27765/09 / Judgement 23 February, 2012, *Hirsi Jamaa and others. vs. Italy*.

perspectives that would attribute the prosperity of (West) German society to some fortuitous characteristic of Germans that is lacking in other races or cultures. In short, the inflammatory rhetoric of some Union politicians bridged across the debates of acceptable politics – between libertarian concerns for individual constitutional rights and the needs of the state or national community – to the racial and cultural hierarchies espoused by far right groups (Leslie, 1998, 367).

In this regard, since the early 1990s, European states have blocked the entry of migrants by sea and air using visas, and have introduced a series of border control measures ranging from razor wire fences to naval blockades that carry out immediate returns. In the European Union, Frontex (EU Border Control Agency) is the institution coordinating operations related to the to fighting of migrant smuggling and human trafficking both by intercepting boats arriving by sea carrying suspected irregular migrants and by controlling borders.[4] In October 2013, 360 migrants drowned close to the Italian island of Lampedusa. Since then, the Mediterranean is monitored by EUROSUR, an integrated system combining intelligence and surveillance components (European Commission, 2018).

The first move towards a common external border management policy in Europe was made on 14 June 1985 when the Schengen Agreement was signed (followed, five years later, by the Convention to implement it). The Schengen area is an internal border-free zone that today comprises 26 European countries and, according to some authors, is in danger of disappearing because of the *refugee crisis* (Sánchez Montijano, 2015). A few years later, the Maastricht Treaty established the so-called "Third Pillar" of the European Union (justice and home affairs), following a German proposal for a common European asylum and migration policy. The Schengen Agreement, and the cooperation it establishes, was intensely criticised for the non-transparent cooperation that it establishes, and for the absence of any democratic or judicial control over it. The third pillar, for its part, was weakened by its blatant ineffectiveness (Papagiani, 2014).

The Treaty of Amsterdam represented a turning point in European migration policy, although its innovations have not been uncontroversial. In contrast to the previous absence of a clear goal, Amsterdam takes an overall view of migration in the framework of an *area of freedom, security and justice*, which will be one of the new main

---

[4] See http://frontex.europa.eu/.

objectives of the Union, once the internal market is achieved. The implementation was to be done in three multi-annual programmes: The first multi-annual programme on freedom, security and justice was adopted at the Tampere (Finland) summit in 1999; it was followed by the Hague Programme, in force from 2004 until the end of 2009; and finally, the Stockholm Programme was launched from 2010 to 2014. All of them were complemented by a corresponding action plan.

Throughout all these stages and programmes, from Amsterdam to Stockholm, it became clear that legislative harmonisation, based on certain shared minimum standards, was far from being sufficient. A common asylum process and a standard status valid throughout the Union were ambitious and overriding objectives, and to achieve them it became clear that other elements, mainly practical cooperation and enhanced solidarity, needed to be developed. The Lisbon Treaty changed the situation by transforming asylum measures into common policy with an objective that goes beyond the establishment of minimum standards to the creation of a system with uniform procedures for granting and withdrawing the right to asylum; uniform protection status; equal temporary protection system and uniform reception standards, as well as new partnership and cooperation processes with third countries. Lisbon made no changes to the decision-making processes within the Union, but did improve the European Court of Justice's judicial protection in asylum matters.[5]

The rules that today comprise the so-called *Schengen acquis* and govern Europe's external borders were incorporated into EU law by the Amsterdam Treaty and can be found in five different categories of management policies or measures:

1. The central element of external border management is the Schengen Borders Code, which contains the rules for the crossing of European borders and the conditions governing entry and control;

---

[5] In 2001, the Treaty of Nice provided for the Council to adopt measures in certain areas within five years of its entry into force, in particular criteria and mechanisms for determining which Member State should be responsible for examining an asylum application lodged in one of the Member States by a third-country national, as well as a set of minimum standards (reception of asylum seekers, status of refugees, procedures). It also stipulated that the Council should take its decisions unanimously, after consulting the European Parliament, when defining the common standards and fundamental principles governing these matters. The Treaty provided that, after this first stage, the Council could decide that the normal codecision procedure should apply and thereafter adopt its decisions by qualified majority. This was decided by the Council at the end of 2004; the codecision procedure has been applied since 2005.

2. As not all countries have external borders and are not equally affected by migratory flows, the EU uses a share of its funds to compensate for the costs of maintaining these external borders. For the period 2014-2020 the former "External Borders Fund" becomes "Security Fund: Borders and Visas";
3. The third category of measures concerns the establishment of migration and border management databases, the *Schengen Information System* (SIS), the *Visa Information System* (VIS) and *Eurodac*, a fingerprint database to identify asylum seekers and ensure compliance with the Dublin Regulation;[6]
4. Border-crossing measures aimed at preventing and penalising unauthorised entry into the EU;
5. Measures aimed at operational cooperation in border management, the core of which is the Frontex Agency.

The Dublin Regulation (EU) No 604/2013, also known as the Dublin III Regulation, sets out the criteria and mechanisms for determining the EU Member State responsible for examining an application for international protection lodged by a third-country national or a stateless person. Added to the Dublin Regulation, we must mention three relevant European Union directives: Directive 2013/33/EU, which states the standards and conditions for the reception of those who apply for international protection; Directive 2013/32/EU, on common asylum procedures for the grant and withdrawal of international protection; and Directive 2011/95/EU, which sets out the requirements for the recognition of non-EU nationals as beneficiaries of international protection, a uniform status for refugees or persons eligible for subsidiary protection and the content of the protection granted within the European Union (Bräuninger, 2018).

In response to the humanitarian tragedy unfolding in the Mediterranean, in May 2015 the European Commission adopted a European Agenda on Migration, aimed at strengthening the common asylum policy. In the same month of the same year, the European Council adopted Decision 2015/778 establishing the EUNAVFORM MED operation.[7] This was a key decision in judging the response to the

---

[6] In accordance with the Geneva Convention and Directive 2011/95/EU of the European Parliament and of the Council of the EU, available at: https://eur-lex.europa.eu/legal-content/EN/TXT/PDF/?uri=CELEX:32013R0604&from=EN.

[7] Council Decision (CFSP) 2015/778 of 18 May 2015 on a European Union military operation in the Southern Central Mediterranean (EUNAVFOR MED), repealed by Council Decision (CFSP) 2020/471 of 31 March 2020.

crisis in terms of risk to the security of the EU itself, given that there are serious doubts as to whether or not this was a military rather than a police operation and, above all, whether it jeopardized what should had been its primary purpose: to guarantee the lives and rights of migrants and refugees in the Mediterranean (Ramón Chornet, 2005).

In light of the above, it may appear that there is as yet no plan or strategy, proposed or under consideration, to solve the complex situations that constitute the initial causes that make people migrate, or to guarantee safe routes for refugees leaving their countries or to relocate those who have been trapped in refugee camps for long periods of time. The importance has been and continues to be given to preventing migrants from arriving. However, Europe has recently made a breakthrough in its policies in the case of refugees fleeing Russia's invasion of the Ukraine.

The EU has activated for the first time the Temporary Protection Directive (Directive 2001/55/EC) to take in the millions of refugees leaving Ukraine because of the Russian invasion (Council of the European Union, 2022). The volume of Ukrainian refugees is testing the funding, coordination and management efforts of the European Union, in a context of uncertainty about the duration of the war and the possibility of it spreading to other areas bordering Europe.

The different treatment of those fleeing Ukraine versus those seeking refuge in Europe from other parts of the world compared to those seeking refuge in Europe from other parts of the world has provoked outrage and accusations of discrimination against the European Union. The international refugee regime has been described as "a Eurocentric model designed to give protection to (mostly white) political refugees and advance the political agendas of the Global North" (Castles, 2003, p. 26).

4 Challenges of the Common European Asylum System

The Common European asylum system, which we have briefly described in these pages, is burdened with factors that delay its development and minimize its chances of success. As mentioned previously, the challenge posed by the principle of solidarity stands out as one of the most significant. "The EU's efforts in the field of solidarity are undercut by the fact that there has never been an objective assessment of what would be an equitable share of responsibility for each Member State. Therefore, any claim by a Member State that it is 'overburdened' cannot be objectively substantiated, and raises the suspicion among the others, who are also called on to carry part of the protection responsibility" (Tsourdi & Bruycker, 2015, p. 5). The institutions have stressed the "need to increase trust (between states) in order to strengthen solidarity" (European Commission, 2011, p. 2).

In this respect, the Dublin Regulation is probably the most criticised piece of legislation. The premise on which the text is based - the same standards in all EU countries - seems to be an unsound basis due to the inconsistent practice of states, which apply the criteria of the regulation in different ways. The obligation to conduct an interview and the suspensive effect of appeals against decisions to transfer persons are newly included elements, added to make the application of the regulation more diligent. Yet the progress achieved with the latest reform has been repeatedly questioned. The Dublin Regulation remains a source of tension between EU states with and without an external border, with those on the periphery calling for constant revision on the grounds of the pressures they face due to their geographical position and those on the hinterland claiming that they receive the greatest *burden* in absolute terms (Papagiani, 2016).

The mechanism established by the Dublin regulation for the determination of each State's responsibility fails to distribute this responsibility fairly among the Member States and, moreover, ignores the reality faced by those who seek protection in EU States, and certainly their preferences. EU politicians have not addressed the discussion on *fair quotas* and the effect of this is to discourage those states from fulfilling the obligations they have undertaken by law. The varying economic development performances of the Member States, combined with the different levels of investment in the reception and asylum process, have led to very different admission and protection conditions. In addition to the disparity in the numbers of refugees admitted by EU Member States or the lack of attention to the investments of some of them in border control or in saving lives on the high seas.

The principle of solidarity and the equitable distribution of responsibility are clearly stated in the Union's Treaties, yet the commitment of the European institutions in this respect has been weak and the tendency has been rather to adopt an *operational* approach, listing the measures constituting such solidarity.

It seems necessary to establish a system, based on objective indicators, to assess the individual share of responsibility of each State. A common framework agreed among all Member States would make it possible to materialize the principle of solidarity and would also reveal which States have been shirking their responsibility or have underspent in human and financial resources.

There may be room for reconsidering the intra-EU transfer of asylum seekers, so-called *relocation*. The temporary relocation initiatives in Greece and Italy as an exceptional measure within the Dublin system have served to bring the issue of fair sharing of responsibility to the top of the political debate. Despite this, the number of asylum seekers *relocated* is the result of a more or less arbitrary political decision, and not that of an assessment of the number of people who should be relocated according to a fair sharing of responsibility. It should also be mentioned that these relocation decisions are made without taking into account the personal needs and preferences of the asylum seekers, on whom they are imposed.

We appear to find ourselves further and further away from sharing the desire for solidarity. As an example of this, we would like to point out some facts that seem to us to be particularly relevant. First, the 2017 pronouncement of the Court of Justice of the European Union, which affirmed the non-mandatory nature for Member States to grant visas to persons wishing to enter their territories to seek asylum, thus understanding that the solidarity of these States with refugees is *optional*.[8] Second, the measures taken by 15 European ministers ensuring that the so-called *Balkan route* traveled by migrants to the European Union remains closed to them. The defense and interior ministers of Austria, the Czech Republic, Croatia, Hungary, Poland, Romania, Slovakia, Slovenia, Albania, Macedonia, Bulgaria, Serbia, Bosnia Herzegovina, Kosovo and Greece announced, also in 2017, their intention to implement a package of measures that would effectively close any gaps in the borders to completely block off the route.

In addition to the closure of the Balkan route in particular, the EU-Turkey Statement of March 2016[9] has contributed to alleviating the situation in the Mediterranean Sea. The number of arrivals by sea declined from some 140,000 per month in autumn 2015 to less than 2,600 p.m. on average in 2017. The number of lives lost in the Aegean Sea has also declined. As this has resulted in the Commission calling the declaration a *game changer*. One of the central elements of the treaty is the 1:1 mechanism. Under this mechanism, all irregular migrants from

---

[8] Court of Justice of the European Union. Judgment of the Court (Grand Chamber) X and X v. État belge, C-638/16 PPU, 7 March 2017.

[9] See https://www.consilium.europa.eu/en/press/press-releases/2016/03/18/eu-turkey-statement/.

outside the EU and asylum seekers crossing from Turkey to the Greek islands will be sent back to Turkey, as a basic principle. In return, the EU pledged that for every Syrian being sent back to Turkey, another Syrian will be resettled in the European Union from Turkey (Bräuninger, 2018). On the basis of the statement, the EU also provides funds to Turkey to help the country in its efforts to host (Syrian) refugees (the European Union has fully mobilized the 6 billion euros operational budget of the Facility for Refugees in Turkey to implement the statement).

On September 2020 the European Commission proposed a New Pact on Migration and Asylum. The proposal specifies for a comprehensive common European framework for migration and asylum management (European Commission, 2020), providing important legislative proposals that include:

1) An approach beyond the Dublin system with a more efficient allocation of asylum applications between member states by means of a new solidarity mechanism "so that the real needs created by the irregular arrivals of migrants and asylum seekers are not handled by individual Member States alone, but by the EU as a whole" (European Commission, 2020, p. 5).
2) Giving Member States non-permanent and extraordinary measures to respond to crisis and *force majeure* situations that involve a large number of irregular arrivals (European Commission, 2020, p. 10).
3) Enlarging the scope of Eurodac to upgrade the EU fingerprint database for asylum seekers.
4) Establishing an EU asylum agency, which was done on 19 January 2022, when the European Union Agency for Asylum replaced the European Asylum Support Office (European Parliament, 2021).
5) Introducing new compulsory pre-entry screening, consisting of identification, health and security checks, as well as fingerprinting and registration in the Eurodac database (European Commission, 2020, p. 4).
6) Replacing the Directive 2013/32/EU on common procedures for granting and withdrawing international protection.
7) Replacing Directive 2011/95/EU on standards for the qualification of third-country nationals or stateless persons as beneficiaries of international protection, for a uniform status for refugees or for persons eligible for subsidiary protection, and for the content of the protection granted.

8) Reforming Directive 2013/33/EU laying down standards for the reception of applicants for international protection.
9) Creating a Union Resettlement and Humanitarian Admission Framework Regulation (European Commission, 2020).

5 Final remarks

Reality shows that migration and asylum will continue to be global challenges throughout the 21st century. Despite much progress, there are still many stumbling blocks to effective protection for migrants.

Access to rights and protection measures, particularly with regard to mixed migration flows, is a key issue. While refugees have always started out as irregular, it is obvious that the increase in irregular migration combined with the absence of legitimate and safe migration opportunities presents a serious challenge to refugee protection and to the realization of the human rights of migrants in general. As many have explained, better than us,

> (I)mmigration is a total social phenomenon, involving all the different aspects (labor, economic, cultural, legal, political) of social relations: to confine it to a single dimension, as is often the case - labor, public order, culture - is a mistake. Our view of immigration must be complex: it requires patience in order to understand the reality of migration, without replacing it with the stereotype that best suits our interests (De Lucas Martín, 2003, p. 45).

The common European asylum system is a relatively advanced protection framework, both in legislative and policy terms. Yet the system lacks a mechanism to distribute responsibility fairly among EU Member States, and is difficult to access for those in need of protection.

The need for solidarity is usually given by the inability of a given Member State to fulfill its obligations under the Common European Asylum System and its instruments. If there were an objective assessment of each state's capacity, a clear distinction could be made between *inability* to comply and *unwillingness*, and tensions between states over the distribution of responsibility could perhaps be addressed in a more constructive way.

The challenge of migration has never been temporary, but it is even less so now. Addressing it from an exclusive security perspective is no longer feasible. The current management system places the

European Union in a position of vulnerability in the face of extortion strategies on the part of border countries to which the flow control has been outsourced, such as Turkey, and in the face of new forms of instrumentalization.

The current scenario makes it necessary to move up the pace of negotiations on the European Pact on Migration and Asylum announced in September 2020. A consensus is urgently needed on a common policy able to materialize solidarity between European Member States, with an equitable sharing of responsibilities, and a serious commitment to human rights.

References

Ansuátegui Roig, F. J. (2015). "Ciudadanía y fronteras de los derechos", In Arcos Ramírez, F. (ed.), La justicia y los derechos en un mundo globalizado, Madrid: Dykinson.

Añón Roig, M. J. (2010). "Integración, una cuestión de derechos", Revista Arbor, nº 744.

Bräuninger, D. (2018). "Reform of the Common European Asylum System. A difficult undertaking". Deutsche Bank Research. Available at: www.dbresearch.com.

Castles, S. (2003). "La política internacional de la migración forzada", Migración y Desarrollo, nº 1. Available at: http://www.redalyc.org/articulo.oa?id=66000106.

Celís Sanchez, R. & y Aierdi Urraza, X. (2015). "¿Migración o desplazamiento forzado? las causas de los movimientos de población a debate", Cuadernos Deusto de Derechos Humanos, nº 81. Available at: http://www.deusto-publicaciones.es/deusto/pdfs/cuadernosdcho/cuadernosdcho81.pdf.

Council of the European Union. (2022). Council Implementing Decision (EU) 2022/382 of 4 March 2022 establishing the existence of a mass influx of displaced persons from Ukraine within the meaning of Article 5 of Directive 2001/55/EC, and having the effect of introducing temporary protection. 4 March, 2022. Available at: https://eur-lex.europa.eu/legal-content/EN/TXT/?uri=celex:32022D0382.

De Asís Roig, R. (2004). Derechos humanos, inmigración y solidaridad razonable, Dykinson: Madrid.

De Lucas Martín, F. J. (2003). "Inmigración y globalización acerca de los presupuestos de una política de inmigración", Revista electrónica del Departamento de Derecho de la Universidad de La Rioja, REDUR, nº 1.

De Lucas Martín, F. J. (2015). "Muertes en el Mediterráneo: inmigrantes y refugiados, de infrasujetos de derecho a amenazas para la seguridad", Cuadernos del Mediterráneo, Nº 22.

De Lucas Martín, F. J. (2016). "Sobre el proceso de vaciamiento del derecho de asilo por parte de los Estados de la Unión Europea", Ars Iuris Salmanticensis, vol. 4.

Del Real Alcalá, J. A. (2005). "Problemas de gestión de la diversidad cultural en un mundo plural". In Ansuátegui Roig, F. J., López García, J. A., Del Real Alcalá, J. A. & Ruiz Ruiz, R. (eds.). Derechos fundamentales y valores en un mundo multicultural, Madrid: Dykinson.

Del Real Alcalá, J. A. (2010). "La gestión jurídica de la inmigración irregular: una zona entre medias de la legalidad y la ilegalidad", Cuadernos Electrónicos de Filosofía del Derecho, nº 20.

Abril, G. (2022). "El jefe de Frontex presenta su dimisión por las devoluciones en caliente de migrantes". El País, 29 April, 2022. Available at: https://elpais.com/internacional/2022-04-29/el-jefe-de-frontex-presenta-su-dimision-por-las-devoluciones-en-caliente-de-migrantes.html?sma=newsletter_alerta20220429.

European Commission. (2011). Communication from the Commission to the European Parliament, the Council, the European Economic and Social Committee and the Committee of the Regions on enhanced intra-EU solidarity in the field of asylum. An EU agenda for better responsibility-sharing and more mutual trust. COM (2011) 835, 2 December, 2012. Available at: https://eur-lex.europa.eu/legal-content/EN/TXT/PDF/?uri=CELEX:52011DC0835&from=ES.

European Commission. (2018). Report from the Commission to the European Parliament and the Council on the evaluation of the European Border Surveillance System (EUROSUR). COM(2018) 632 final, 12 September, 2018. Available at: https://eur-lex.europa.eu/legal-content/EN/TXT/HTML/?uri=CELEX:52018DC0632&rid=9.

European Commission. (2020). Communication from the Commission to the European Parliament, the Council, the European Economic and Social Committee and the Committee of the Regions on a New Pact on Migration and Asylum. COM(2020) 609 final, 23 September, 2020. Available at: https://eur-lex.europa.eu/resource.html?uri=cellar:85ff8b4f-ff13-11ea-b44f-01aa75ed71a1.0002.02/DOC_3&format=PDF.

European Migration Network. (2018). Asylum and Migration. Glossary 6.0. European Commission, May 2018. Available at: https://www.emn.at/wp-content/uploads/2018/06/emn-glossary-6-0_en.pdf.

European Parliament (2021). Regulation (EU) 2021/2303 of the European Parliament and of the Council of 15 December 2021 on the European Union Agency for Asylum and repealing Regulation (EU) No 439/2010. PE/61/2021/REV/1, 15 December, 2021. Available at: https://eur-lex.europa.eu/eli/reg/2021/2303/oj.

Ferrajoli, L. (1998). "Más allá de la soberanía y la ciudadanía: un constitucionalismo global", Isonomía: Revista de teoría y filosofía del derecho, nº 9.

Frontex. (2022). EU external borders in 2021: Arrivals above pre-pandemic levels (and Data Report). 11 January, 2022. Available at: https://frontex.europa.eu/media-centre/news/news-release/eu-external-borders-in-2021-arrivals-above-pre-pandemic-levels-CxVMNN.

International Organization for Migration. (2004). International Migration Law. Glossary on Migration. Geneva: IOM. Available at: https://publications.iom.int/system/files/pdf/iml_1_en.pdf.

Leslie, J. C. (1998). "Reemerging Ethnic Politics in Germany: Far Right Parties and Violence". In Crawford B. & Lipschutz R. D. (eds.)The Myth of "Ethnic Conflict": Politics, Economics, and "Cultural" Violence.. California: University of California Press.

Naïr, S. (2016). Refugiados: frente a la catástrofe humanitaria, una solución real. Madrid: Crítica.

Papagiani, G. (2014). "EU Migration Policy". In Triandafyllidou, A. & Gropas, R. European immigration: a sourcebook. Aldershot: Ashgate, Aldershot.

Papagiani, G. (2016). "Asylum in the 21st Century: Trends and Challenges". In Triandafyllidou, A. (ed.), Routledge Handbook of Immigration and Refugee Studies, Londres: Routledge.

Pérez Luño, A. E. (2003). "Ciudadanía y definiciones", Doxa, nº 25.

Pérez Sola, N. (2011). "El derecho de asilo y la condición de refugiado: balance de 26 años de desarrollos legislativos", Derechos y Libertades, Número 25, Época II.

Posada, P. A. (2009). "Refugiados y desplazados forzados. Categorías de la migración forzada creadas como medidas de contención a las migraciones no deseadas", Estudios Políticos, nº 35.

Radio Free Europe Radio Liberty, European Ministers Agree to Fortify Blockade Of Migrants' Balkans Route. 9 February, 2017. Available at: http://www.rferl.org/a/european-ministers-agree-fortify-blockade-balkans-route-eu-migrants/28299241.html?ltflags=mailer.

Ramón Chornet, C. (2015). "Sobre el impacto de la crisis de refugiados en la PCSD de la Unión Europea", Anuario Español de Derecho Internacional, vol. 31.

Sánchez Montijano, E. (2015). "Schengen al desnudo". In Morillas, P.; Sánchez Montijano, E., & Soler i Lecha, E. (coords.), Europa ante la crisis de los refugiados, Barcelona: CIDOB.

Schuster, L. (2016). "Unmixing Migrants and Refugees". In Triandafyllidou, A. (ed.), Routledge Handbook of Immigration and Refugee Studies, Londres: Routledge.

Siegfried, K. (2015). "Refugee versus migrant: time for a new label?", IRIN News, 15 de junio. Available at http://www.irinnews.org/analysis/2015/06/15/refugee-versus-migrant-time-new-label.

Tajfel, H. & Turner, J. (1979). "An integrative theory of intergroup conflict". In Austin W. G. & Worchel, S. (eds.). The social psychology of intergroup relations. Monterey: Brooks/Cole Pub.

Triandafyllidou, A. (ed.). (2010). Irregular Migration in Europe: Myths and Realities, Farnham: Ashgate.

Tsourdi E. L. & de Bruycker, P. (2015). "EU Asylum Policy: In Search of Solidarity and Access to Protection", Migration Policy Centre Working Paper Series, Florence-Italy.

UNHCR. (2012). Refugee Protection and Mixed Migration: the 10-Point Plan in Action, December 2012. Available at: http://www.unhcr.org/50ab86d09.html.

United Nations General Assembly. (1967). Declaration on Territorial Asylum. Res AG 2312 (XXII), 14 December, 1967. Available at: https://digitallibrary.un.org/record/203069/usage?ln=es.

United Nations General Assembly. (1990). "International Convention on the Protection of the Rights of All Migrant Workers and Members of Their Families". Adopted by General Assembly resolution 45/158 of 18 December 1990. Available at: https://www.ohchr.org/sites/default/files/cmw.pdf.

United Nations General Assembly. (2002). Report on the human rights of migrants prepared by Gabriela Rodríguez Pizarro, Special Rapporteur of the Commission on Human Rights, pursuant to Commission resolution 2002/62 which was adopted by the Economic and Social Council in decision 2002/266. A/57/292, August 9, 2002. Available at: https://www.iom.int/sites/g/files/tmzbdl486/files/jahia/webdav/shared/shared/mainsite/policy_and_research/un/57/A_57_292_en.pdf.

Informação bibliográfica deste texto, conforme a NBR 6023:2018 da Associação Brasileira de Normas Técnicas (ABNT):

JARA GÓMEZ, Ana María. The right to asylum in Europe. Challenges of the Common European Asylum System. In: SARAIVA FILHO, Oswaldo Othon de Pontes; BERTELLI, Luiz Gonzaga; SIQUEIRA, Julio Homem de (coord.). Direitos dos refugiados. Belo Horizonte: Fórum, 2024. (Coleção Fórum Direito Internacional Humanitário, v. 1, t. 2). p. 33-54. ISBN 978-65-5518-614-7.

I MIGRANTI E LA SOVRANITÀ STATALE NELL'EUROPA DEI DIRITTI UMANI*

MICHELE SAPORITI

1 I migranti e l'Europa delle logiche contrastanti

In questi anni così complessi e disorientanti, la storia europea si è andata intrecciando con le delicate vicende di esseri umani che cercano di giungere nel Vecchio Continente per lasciarsi alle spalle situazioni di conflitti, di guerra, di povertà. I migranti rappresentano, in tal senso, il luogo umano di contatto con lo spazio geo-politico europeo, con le sue logiche e le sue contraddizioni.

La figura del migrante si distingue non marginalmente da quelle del rifugiato o del richiedente asilo; ed è forse a causa di un'identità così liquida e disarmata che si acuisce la vulnerabilità propria di ogni soggetto di fronte agli Stati sovrani. In termini molto generali, come ha scritto Scovazzi, migrante è colui che "attraversa un confine per lasciare il territorio di uno Stato ed insediarsi in un altro Stato".[1] La

---

* Questo testo, nella sua versione originaria, è stato pubblicato per la prima volta in Italia su *Notizie di Politeia*, XXXVI, 137, 2020, pp. 104-117.

[1] Nel presente saggio riprendo e, al contempo, sviluppo alcuni profili relativi agli studi condotti nel 2018 durante la residenza di ricerca "Penser l'Europe" organizzata dal Collège International de Philosophie di Parigi e dalla Maison Heinrich Heine-Fondation de l'Allemagne. Un ringraziamento speciale va quindi alle istituzioni organizzatrici nella persona di Isabelle Alfandary, allora Presidente dell'Assemblea Collegiale, e di Christiane Deussen, Direttrice della Maison Heinrich Heine, per la preziosa opportunità. Tra il testo della conferenza di chiusura della residenza di ricerca e il presente articolo vi sono quindi,

transitorietà di tale condizione va però letta come la rappresentazione più eloquente di quanto può accadere ad un individuo nell'esercizio di un ben preciso diritto: quel diritto, riconosciuto dall'articolo 13 (2) della Dichiarazione Universale dei Diritti Umani, "di lasciare qualsiasi paese, incluso il proprio, e di ritornare nel proprio paese". Un diritto, com'è purtroppo evidente, caratterizzato da un'asimmetria profonda e stridente,[2] non corrispondendo nei fatti al diritto di emigrare l'uguale diritto di immigrare.[3]

Da queste primissime considerazioni, comincia ad emergere non solo la condizione particolare che caratterizza i migranti, ma anche la ragione che rende la loro vicenda umana un appello diretto all'identità giuridica e politica europea. Il riferimento non può che essere al regime positivo dei diritti umani, rispetto al quale ogni singolo migrante si trova, come scrive Arendt, "nella situazione contemplata dalle dichiarazioni che li proclamano".[4] La sua "astratta nudità dell'essere-nient'altro-che-uomo"[5] deve però fare i conti con le regole di un delicato ecosistema politico, nel quale l'appartenenza "a pieno titolo" ad una comunità nazionale e sovranazionale, nonché i privilegi che ne conseguono, sono ancora massicciamente ancorati allo status di cittadino. Come collocare, allora, la figura del migrante all'interno di quel luogo fisico, politico e progettuale che è l'Europa contemporanea?

Questo contributo si propone di fornire una lettura della vicenda dei migranti all'interno del perimetro politico europeo alla luce del prodursi di un singolare conflitto tra due logiche di notevole interesse sotto il profilo teorico: da un lato, la logica del "limes", ossia del confine nazionale che discrimina e seleziona tra individuo ed individuo; dall'altro, la logica dei diritti fondamentali di ogni soggetto, ossia dei diritti umani. Con riferimento a quest'ultima, cercheremo di guardare

---

necessariamente, ampi rimandi interni e assonanza di riferimenti. Infine, il saggio che qui do alle stampe rappresenta la matrice prima a partire dalla quale ho sviluppato il volume pubblicato nel 2020 dal titolo *Tra limite e fondamento. I migranti e l'Europa delle logiche incompatibili*.
Scovazzi, 2014, p. 213, mia traduzione.

[2] *Ivi*, p. 212. Negli stessi termini cfr. Ferrajoli, 2018, p. 202. Scovazzi, in particolare, sottolinea a tale proposito come il migrante (illegale) è in molti casi "a person in distress at the sea" (p. 225): esistendo una "general obligation to assist people in distress at the sea" (p. 226) lo Stato ha innanzitutto l'obbligo di soccorrere i migranti, di trattarli in modo umano (p. 238), nonché di non considerarli come criminali per il semplice tentativo di migrare (p. 239).

[3] Per un'analisi filosofico-politica sul rapporto tra immigrazione e democrazia liberale, con specifica attenzione al concetto di "membership" o "citizenship" e alle alternative percorribili cfr. Cole, 2000.

[4] Arendt, 2009, p. 416.

[5] *Ivi*, p. 415.

ai diritti fondamentali di ciascuno come ad un linguaggio comune per tutta l'Europa, capace di operare performativamente, cioè di produrre metamorfosi profonde e irreversibili in alcuni concetti giuridici e politici a loro volta fondamentali. Tra essi, la questione migratoria ci porta necessariamente a concentrare la nostra attenzione sul concetto di sovranità, nel non facile intento di fornirne una plausibile lettura che sia coerente con le regole che l'Europa, come Consiglio e come Unione, si è solennemente data.

2 Il "limes" tra santità e sacrificabilità

I concetti di "confine", di "frontiera"[6] e di "limite" sono da tempo oggetto di una rinnovata attenzione nel dibattito accademico. Con toni e scopi certamente differenti, anche i dibattiti politici di questi ultimi anni hanno fatto ampi rimandi ai dispositivi di territorializzazione e spazializzazione di cui dispongono gli Stati. Tuttavia, il concetto sul quale porteremo la nostra attenzione presenta peculiarità che non permettono di assimilarlo integralmente a quello di "frontiera" o di "confine" nazionale, soprattutto riferendolo, come brevemente tenteremo di fare, al suo originario contesto d'impiego.[7] Il concetto di "limes" ci permette infatti di individuare una logica del tutto particolare più o meno consapevolmente sottesa alle scelte compiute in questi anni da diversi Paesi europei in materia di migranti.

Studiosi di generazioni differenti hanno mostrato le origini e gli sviluppi del concetto di *limes*.[8] In termini molto generali, se originariamente il limes era il lembo di terra o lo spazio che doveva essere lasciato libero tra due campi confinanti,[9] esso arriva ad indicare la linea di confine dei domini romani nell'età imperiale. Ciò non deve però indurre nell'errore di individuare nel limes romano l'equivalente politico o giuridico di un sistema ben definito e circoscritto di frontier, come quelle dello Stato moderno e ancor più dello Stato contemporaneo. A tal proposito, Elden spiega chiaramente come il limes vada, invece, inteso quale dispositivo che nell'età imperiale separava "what was Rome and what was not yet Rome".[10]

---

[6] Per un'utile ricostruzione sulla rinnovata attenzione al tema, con ricchezza di riferimenti bibliografici e di rimandi alla riflessione teorica cfr. Verdolini, 2018.
[7] Vorrei ringraziare la prof.ssa Chiara Buzzacchi, il cui aiuto con riferimento alla breve ricostruzione qui proposta del concetto di limes è stato molto prezioso.
[8] Cfr. Kubitschek, 1934; Isaac, 1988; Elden, 2013, in particolare pp. 82-95.
[9] Sulle categorie giuridiche romane cfr. Vincenti, 2014 e Capogrossi Colognesi, 2014.
[10] Elden, 2013, p.92.

Ciò che maggiormente ci interessa sottolineare in questa sede è quanto caratterizzava il limes nella sua originaria configurazione. Quella linea di separazione che stabiliva una distanza obbligatoria tra fondi era parte, al pari delle mura, delle porte, del pomerium di una città, di una peculiare tipologia di res proprie del diritto romano: le res sanctae. Sotto la protezione delle divinità, le res sanctae non erano disponibili nell'ambito del diritto umano e quindi, ad esempio, non era in alcun modo possibile il loro trasferimento o la loro vendita.

L'impiego che abbiamo sin qui fatto del termine 'santo' e non del termine 'sacro' non è affatto casuale. Se questa linea che originariamente separava due fondi era res sancta, acquisiva diversamente la condizione di sacertà, divenendo *homo sacer*, l'individuo che si macchiava di un atto grandemente riprovevole per il diritto romano, violando la pax deorum o la fides. Come ha messo lucidamente in evidenza Garofalo[11] nella sua lettura critica della riflessione di Agamben, l'homo sacer rappresentava una precisa "condizione soggettiva", conseguente alla commissione di determinate condotte e si caratterizzava, quindi, per essere "avvolta nel diritto"[12] romano. L'espulsione, l'esilio, la cancellazione dalla società, l'uccisione impune era quanto seguiva a questa condizione soggettiva, rendendo alle divinità quanto già loro apparteneva.[13]

Vi è qualcosa in questa particolare distinzione tra quanto è santo, come una linea di separazione, e quanto è (reso) sacro, in virtù delle azioni commesse, "qui force à penser"[14] e ci può aiutare a comprendere la logica contemporanea del limes. Se oggi 'sacro' e 'santo' sono utilizzati come sinonimi, indicando un ambito di intoccabilità e di inviolabilità, l'arrivo massiccio dei migranti nello spazio geopolitico europeo genera un curioso e problematico paradosso. I confini statali, le frontiere dei singoli Paesi sembrano mantenersi "sacri" nell'accezione contemporanea, quali spazi di invalicabilità, di intoccabilità. Diversamente, i migranti, nel tentativo di forzare l'invalicabile, divengono "sacri" nell'accezione antica, ossia individui sacrificabili alla logica che governa quanto si pretende essere ancora

---

[11] Cfr. Garofalo, 2005. Risulta di particolare interesse la sua lettura critica della nozione di "homo sacer" impiegata da Agamben, 2005, assai esplicativa da un punto di vista filosofico, ma, come Garofalo stesso suggerisce, poco sostenibile da un punto di vista giuridico. Sulla medesima nozione cfr. Fiori, 1996.

[12] Garofalo, 2005, p.162.

[13] Cfr. negli stessi termini Kerényi, 1951, p.76, cit. in Agamben, 2005, p.81.

[14] Cfr. Deleuze, 1968.

inviolabile, come i confini.[15] Ecco forse spiegarsi (senza giustificarsi) il frequente abbandono delle loro vite su imbarcazioni di fortuna in mare aperto, quasi ciò rappresentasse la necessaria punizione per aver sfidato il dispositivo respingente delle frontiere. Se volessimo essere più precisi, ciò che viene sacrificato nell'ingranaggio delle frontiere protette non è in senso stretto la vita del migrante, che non è mai à la Agamben *nuda vita*, una vita che può essere deliberatamente tolta; ad essere sacrificata è piuttosto l'effettiva garanzia del diritto a continuare a vivere, nonché di condizioni degne alle quali ciò deve poter avvenire.

La santificazione dei confini[16] e la sacralizzazione degli esseri umani che osano sfidarne le logiche riguarda l'Europa non meno che altre parti del "mondo occidentale" (basti pensare a quanto avvenuto al confine tra Stati Uniti e Messico durante l'amministrazione Trump). Se concentriamo la nostra attenzione al contesto europeo, la problematicità e, sotto un profilo giuridico e politico, l'inaccettabilità della logica del limes si può cogliere appieno andando a considerare una diversa logica, che ha rappresentato l'ossatura e la direzione di sviluppo di un nuovo concetto di Europa, a partire dalla seconda metà del secolo scorso.

3 La forza performativa dei diritti fondamentali

Si contrappone in senso forte a quella logica del limes che abbiamo appena tratteggiato la logica dei diritti fondamentali, quei diritti che, con un riferimento ormai divenuto classico, configurano la ferrajoliana "sfera di indecidibilità"[17] che dà sostanza e limiti precisi al potere di decisione di qualsiasi maggioranza politica, nella più ampia cornice dello Stato costituzionale di diritto.

---

[15] Per una critica al diritto unilaterale di controllo e chiusura dei confini da parte delle comunità politiche, nel quadro di una "democratic theory of political legitimation", con accento particolare sui concetti di coercizione e giustificazione, cfr. Abizadeh, 2008. Di avviso favorevole al diritto degli Stati di controllare sovranamente i propri confini, nella cornice di un nazionalismo liberale, e in aperta polemica con Abizadeh, cfr. Miller, 2010. Per una lettura critica di queste due posizioni, in difesa dell'approccio di Miller, cfr. Saunders, 2011.

[16] Balibar (2012, p. 14) parla a questo proposito di una "linea di demarcazione" che viene "santificata o santuarizzata".

[17] Cfr. Ferrajoli, 2012 e 2013. A differenza di Ferrajoli, per il quale i diritti umani rappresentano una particolare tipologia di diritti fondamentali attribuiti sulla base dello status di persona naturale, in questo saggio le due categorie (diritti fondamentali e diritti umani) vengono impiegate in un rapporto sinonimico, allo scopo di coglierne la portata sistemica a livello europeo, senza per questo voler svilire né sottovalutare l'importanza di determinate distinzioni.

Possiamo infatti guardare alla recente storia politica e giuridica Europea come ad una serie di affermazioni reiterate della centralità dei diritti fondamentali di ogni individuo. Se dapprima l'Europa si è dotata a livello regionale della Convezione per la salvaguardia dei Diritti dell'Uomo e delle Libertà Fondamentali (CEDU) nel 1950, con la predisposizione di un meccanismo giurisdizionale di tutela affidato alla Corte Europea dei Diritti Umani, in un consesso più ristretto di Stati, l'Unione Europea ha ribadito tale centralità con la Carta di Nizza del 2000.[18] Può suonare persino pleonastico precisare che in ogni riaffermazione europea di tali diritti l'effettiva garanzia del diritto alla vita di ciascun individuo si configura come un prius sul piano logico, politico e giuridico rispetto al riconoscimento di qualsiasi ulteriore diritto. Ma per comprendere la pervasività di una tale logica sulla fisionomia e la fisiologia politica europea possiamo cercare di proporre una prospettiva differente e complementare.

Se pensiamo all'Europa come ad un luogo fisico, politico e progettuale, i diritti umani fondamentali, questi diritti "oltre lo Stato",[19] rappresentano un vero e proprio linguaggio comune europeo. Nei quasi settant'anni che ci separano da un passato che non vorremmo più si ripetesse, esso ha plasmato e trasformato la realtà politica e giuridica di un'intera area geografica. Ecco perché non ci sembra eccessivo connotare ulteriormente l'identità di questo linguaggio comune europeo ricorrendo alla categoria della performatività. In altri termini, i diritti fondamentali di ogni persona, ribaditi e cristallizzati ad ogni livello, rappresentano un linguaggio performativo poiché essi sono stati capaci di modellare, innovare e modificare dall'interno la realtà politica e giuridica nella quale sono stati così diffusamente impiegati. Ancora più specificamente, la performatività propria del linguaggio dei diritti fondamentali di ogni individuo dispiega i propri effetti nella riconfigurazione parziale o totale di alcuni concetti a loro volta fondamentali, obbligando a ridefinirne il significato in una direzione che sia con essi compatibile.

Vi è un particolare concetto, gravosamente intrecciato a doppio filo con le recenti vicende dei migranti, che permette di cogliere quanto sia profonda e non fraintendibile la performatività del linguaggio dei diritti fondamentali; un concetto, dobbiamo purtroppo precisare,

---

[18] Per un approfondimento a tutto campo sul sistema europeo di tutela dei diritti fondamentali cfr. Zagrebelsky, Chenal, Tomasi, 2016.
[19] Cfr. Borsellino, 2003.

intorno al quale si sono concentrati sforzi tenaci e preoccupanti, volti ad un suo recupero in una direzione autoritaria e spesso antistorica: la sovranità.[20] È allora non solo opportuno, bensì necessario comprendere proprio con riferimento a questa idea tipicamente europea come si dispieghino gli effetti della logica dei diritti fondamentali e in che senso si possano individuare due logiche contrastanti, in una delicata dialettica tra presenza e latenza.

4 Due letture del concetto di sovranità

È possibile distinguere analiticamente fra due livelli di performatività del linguaggio dei diritti umani sul concetto di sovranità. Tali livelli non rappresentano tanto prospettive distinte dalle quali guardare al medesimo oggetto, bensì essi rivelano in modo eloquente due possibili modalità di intendere e praticare la sovranità da parte degli Stati.

Ad un *primo livello*, il linguaggio normativo e performativo dei diritti umani agisce unicamente sul perimetro della sovranità statale, atteggiandosi come suo *limite*. In questi termini si è espresso Raz, sostenendo che i diritti umani costituiscono "rights which set limits to the sovereignty of States, in that their actual or anticipated violation is a (defeasible) reason for taking action against the violator in the international arena".[21] La centrale importanza di questi "rights against States",[22] diritti contro gli Stati,[23] è stata ribadita a livello internazionale con l'elaborazione di una dottrina che ha sollevato non marginali riserve in merito alla sua concreta modalità di applicazione: la cosiddetta "Responsibility to Protect". Questa dottrina, formulata nel rapporto della Commissione sull'Intervento e sulla Sovranità dello Stato (ICISS), istituita dal governo canadese nel dicembre 2001, sposta il centro dell'attenzione dalla dimensione dei diritti sovrani a quella dei doveri e delle conseguenti responsabilità in caso di loro inadempimento. In sintesi, si opera con questa dottrina una sostanziale identificazione della

---

[20] Per una ricostruzione in chiave storica e teorico-giuridica del concetto cfr. Ferrajoli, 1997.
[21] Raz, 2010, p. 328.
[22] Ivi, p. 329. Nella sua prospettiva, la sovranità sta ad indicare "the ability of States to block interference in their internal affairs, to deny that they are responsible in certain ways to account for their conducts to outside actors and bodies" (Raz, 2015, p. 227).
[23] Essi rappresentano un argine all'esercizio illimitato della sovranità, tanto che un autore come Patrick Macklem ha parlato proprio di "Sovereignty of Human Rights" (cfr. Macklem, 2015) ad indicare la loro funzione di bilanciamento nei confronti della sovranità dello Stato.

sovranità statale con la responsabilità connessa alla protezione di un nucleo incomprimibile di diritti umani, la cui sistematica violazione da parte di uno Stato sovrano crea le condizioni perché la comunità internazionale, nelle forme e nei modi previsti, possa intervenire per porvi fine.[24]

La reale portata di questa tradizionale riformulazione della sovranità, unicamente limitata dal rispetto del regime positivo dei diritti umani, può essere meglio compresa cercando di esplicitare quanto invece presuppone. Dobbiamo cioè chiederci quale sia la concezione di sovranità che diamo per presupposta quando guardiamo ai diritti umani soltanto come ad un limite. A tal proposito, si ha l'impressione che la nozione di sovranità alla quale ci si continua a riferire con un certo automatismo sia quella che tradizionalmente chiamiamo con l'espressione "sovranità vestfaliana". Traendo origine dalla Pace di Vestfalia del 1648, con la quale avviene la stabilizzazione e la cristallizzazione normativa del modello di Stato-Nazione a livello europeo, la sovranità vestfaliana veicola una precisa idea di Stato, territorialmente limitato da confini e saldo detentore dell'ultima parola riguardo alle decisioni concernenti le proprie limitazioni. Lo Stato vestfaliano, pieno titolare di una sovranità che non conosce, parafrasando le parole di alcuni classici, limitazioni differenti da quelle che egli stesso si pone, è custode dei propri interessi nazionali, del proprio territorio, dei propri confini ed individui. È uno Stato, in altri termini, che non solo si muove in funzione del raggiungimento dei propri scopi, ma che mantiene fermamente l'ultima parola riguardo a qualsiasi forma di vincolo che limiti la sua "sovrana" sfera di azione. Purtroppo, questa peculiare modalità di concepirsi come enti sovrani sembra essere recentemente emersa in Europa proprio con la questione dei migranti. Ne è prova l'adozione di un articolato vocabolario di chiara derivazione vestfaliana da parte di diverse maggioranze politiche con incarichi di governo: i riferimenti alla necessaria difesa del territorio nazionale, dei confini e dei porti; gli insistiti richiami alla priorità degli interessi di una specifica popolazione nazionale sui bisogni di quanti non ne fanno parte; l'accento posto sulla sicurezza e sulla minaccia creata dall'arrivo delle imbarcazioni dei migranti. Questi sono segnali poco fraintendibili della reviviscenza di un modello di sovranità che è nato e si è sviluppato, è bene precisarlo, in un contesto politico e giuridico radicalmente differente da quello contemporaneo.

---

[24] Per un inquadramento sulla Responsibility to Protect (R2P) cfr. Bellamy, 2009.

In questo quadro, la logica dei diritti fondamentali, poco più che limiti ad un potere che si autoconcepisce ancora come sostanzialmente illimitato, riesce ad ammorbidire o semmai a "indebolire"[25] la sovranità statale, senza andare oltre. Certamente, essa non riesce ad intaccare i presupposti stessi della sovranità, né tantomeno a mettere in discussione che l'ultima parola riguardo all'opportunità e alle modalità di limitazione rispetto ai diritti fondamentali è e rimane strettamente vincolata alle alterne volizioni degli Stati. Se questi sono i termini, il fondamento della protezione dei diritti umani non può che rinvenirsi in trattati o in fonti pattizie tra soggetti sovrani: in puri atti di volontà di soggetti che alla scelta di vincolarsi potrebbero sempre opporre un cambio di avviso.

Stante l'inconcludenza e la controintuitiva precarietà cui conduce questo primo approccio, spostiamo la nostra attenzione al *secondo e più radicale livello* di performatività del linguaggio dei diritti umani. Esso è riferibile in modo specifico al contesto politico e giuridico europeo, mentre difficilmente (e forse inopportunamente) sarebbe generalizzabile su scala globale. È possibile cogliere questo secondo effetto performativo dei diritti umani, pensandoli non come limite, bensì come *fondamento della sovranità statale*. Se l'Europa rappresenta il brodo di coltura e il contesto di progressiva metamorfosi della sovranità, sembriamo oggi testimoni del seguente e curioso paradosso: "la nozione tipicamente europea di sovranità [...] si rivela inapplicabile all'Europa stessa"?[26] O, per dirla diversamente, si è prodotta una sempre più profonda inconciliabilità tra l'Europa dei diritti fondamentali di ogni essere umano e l'Europa degli Stati pienamente sovrani?

Esiste una *logica latente e inespressa* dietro al concetto politico e giuridico di Europa che è andato strutturandosi negli ultimi settant'anni. Tale logica latente, però, non sembra essere quella del limite o della barriera contro la quale ogni volta il singolo soggetto si scontra con l'invadenza del potere sovrano dello Stato, in ragione dei diritti inalienabili di cui è titolare; la logica dell'argine a un potere solo modestamente e temporaneamente limitabile. Piuttosto, si tratta della logica del fondamento, inteso come orientamento vincolante di ogni "azione" dello Stato che sia espressione del potere sovrano. In questo senso, è possibile individuare nei diritti umani una funzione cromosomica rispetto alla sovranità degli Stati, proprio a partire da

---

[25] Delmas-Marty, 2004, p. 72.
[26] Balibar, 2004, p. 167.

quel momento di rottura nella storia europea rappresentato dalla metà del secolo scorso. In quel frangente, dallo scarto politico e giuridico operatosi con la fine della Seconda guerra mondiale, i diritti umani positivizzati divengono il luogo di fondazione o, se si preferisce, di rifondazione di un potere che pone l'individuo, non solo il cittadino, in un nuovo rapporto con lo Stato.[27]

Questo modo di intendere i diritti umani quali fondamento e non unicamente limite della sovranità statale va letto come il tentativo coerente di trasporre sul piano della teoria della sovranità il contenuto minimo della teoria dello Stato costituzionale di diritto,[28] successiva al Secondo conflitto mondiale, il suo autofondarsi sul riconoscimento non più negoziabile di diritti che appartengono a tutti e a ciascun individuo in quanto persona sul piano giuridico. Esso rappresenta, quindi, uno sforzo di "riabilitazione" calmierata e di ridefinizione critica della sovranità, che, nel rifiutare con vigore ogni strumentalizzazione in chiave sovranista del concetto, testimonia l'importanza di valorizzarne ed indirizzarne in modo adeguato il portato semantico. È tenendo presenti questi presupposti e questi distinguo che possiamo allora tentare di articolare l'idea che i diritti umani[29] siano fondamento della sovranità nel perimetro europeo in una triplice e collimante direzione: fondamento come *radicamento*; fondamento come *giustificazione*; fondamento come *sostegno*.

In una prima direzione, i diritti umani rappresentano il fondamento del modello europeo di sovranità nella misura in cui essi radicano una logica alternativa a quella della decisione ultimativa e arbitraria, espressione del puro esercizio di potere nel quale si sostanziava il nucleo della sovranità vestfaliana, grazie al rimando costante al diritto positivo, che limita e si autolimita secondo procedure e controlli democratici stabiliti in costituzioni rigide.

In una seconda direzione, i diritti umani sono fondamento della sovranità poiché forniscono un'autonoma e nuova giustificazione del potere sovrano, rompendo con la lunga ed infelice tradizione precedente, nell'ambito della quale l'individuo era schiacciato sotto il

---

[27] Un riferimento classico sul punto, sullo sfondo di orizzonti etici e metaetici ben identificabili, è Maritain, 2009.

[28] Scrive Ferrajoli: "il fondamento dello stato costituzionale si identifica" con "la stipulazione dei diritti fondamentali ad opera del patto costituente" e i diritti fondamentali stessi rappresentano "frammenti di sovranità" (Ferrajoli, 2013, p. 79).

[29] Per un inquadramento teorico sulla distinzione tra "diritti fondamentali" e "diritti umani", con l'articolata proposta di una teoria funzionale della fondamentalità, cfr. Palombella, 2000.

peso di dinamiche che nulla avevano a che fare con il rispetto dei suoi diritti. In altri termini, i diritti umani sono stati in grado di fornire una diversa e coerente "ragion d'essere" per la persistenza di quella forma storicamente connotata di organizzazione politica rappresentata dallo Stato. Alla domanda circa i motivi dell'esistenza, della permanenza dello Stato, dell'immenso potere che esso continua ad esercitare verso i singoli soggetti, si può allora rispondere argomentando come segue: esso dimostra quale sia la sua funzione e ribadisce la sua concreta utilità nella misura in cui non diviene un meccanismo politico per coltivare soltanto interessi nazionali e particolari, ma un sistema giuridico agganciato alla protezione dei diritti fondamentali di tutti gli individui, che si autolegittima tutelandoli.

Nella terza direzione, i diritti umani sono fondamento della sovranità degli Stati europei poiché essi fungono da sostegno portante per l'architettura dello Stato costituzionale di diritto. Più specificamente, se, come alcune forze politiche hanno proposto, sostituissimo ai diritti fondamentali di ogni soggetto i diritti fondamentali dei soli cittadini, sarebbe il modello europeo di sovranità incardinata nello Stato costituzionale di diritto a venire meno, degenerando in modelli differenti e deteriori di Stato e di Governo. In tal senso, possiamo affermare che i diritti umani sono al contempo fondamento e limite costruttivo degli Stati europei, nella stessa misura in cui essi sono fondamento e limite costitutivo dello Stato costituzionale di diritto, come Ferrajoli ha mostrato a più riprese. Ecco allora il motivo per il quale la logica puramente autolimitativa della sovranità vestfaliana non può più ritenersi valida: gli Stati europei non decidono sovranamente di auto-limitarsi per rispettare i diritti umani, poiché se essi agissero diversamente, sarebbe la loro stessa identità giuridica e politica europea a venirne compromessa. E per evitare fraintendimenti, è bene precisare che tale richiamo all'identità giuridica e politica europea non intende affatto indulgere alla "retorica dei diritti umani". Tale identità rappresenta, infatti, la sintesi concettuale di una complessa architettura normativa, da ritenersi giuridicamente e politicamente vincolante per le Alte Parti che hanno partecipato alla sua definizione e sono quindi chiamate ad implementarne in modo coerente la progressiva attuazione.

5 Sovranità vs dignità

Dopo aver tratteggiato due letture (se non contrapposte, quantomeno contrastanti) del concetto di sovranità in riferimento alla sfera dei diritti umani e alla loro forza performativa, cerchiamo ora di portare il nostro discorso su un piano ulteriore che, quasi in filigrana a quanto sin qui esposto, non è stato ancora autonomamente considerato. Il riferimento, nello specifico, è all'impatto che le logiche e le pratiche di sovranità sopra analizzate possono produrre sulla dignità umana dei migranti. Cercheremo di riflettere su questo profilo esaminando un aspetto troppo spesso sottovalutato o misconosciuto in questi mesi di dibattiti: l'effettiva tutela del loro fondamentale diritto alla salute.[30]

L'articolo 1 della Carta dei Diritti Fondamentali dell'Unione Europea esprime in modo eloquente la portata del principio di dignità: "La dignità umana è inviolabile. Essa deve essere rispettata e tutelata". Tale articolo, che ribadisce e cristallizza un modello politico ben preciso, è in continuità con una lunga tradizione giuridica e filosofica che, su presupposti assai differenti da quelli della Carta, affonda le sue radici nel giusnaturalismo razionalista. Portiamo, allora, l'attenzione sui tre elementi attraverso i quali il testo appena citato caratterizza il concetto di dignità: inviolabilità, rispetto e tutela. A ben vedere, la loro correlazione è a tal punto stretta che non solo il rispetto e la tutela della dignità sono funzionali all'affermazione della sua inviolabilità; possiamo ulteriormente spingerci ad affermare che per l'articolo 1 non può darsi dignità inviolabile senza meccanismi che ne garantiscano il rispetto, ossia il riconoscimento positivo, e la tutela, ossia la messa al riparo da comportamenti o condotte che vadano a lederla. Se, come molte volte è stato sottolineato, la prima difficoltà che si incontra quando si tenta di impiegare il concetto di dignità è l'accordo sulla sua esatta definizione, ciononondimeno, come argomenta Borsellino,[31] impegnarsi in un'opera di ridefinizione del suo contenuto non è un esercizio fine a se stesso o una perdita di tempo ed energie. Piuttosto, solo in questo modo è possibile declinare proficuamente l'idea di dignità in funzione delle situazioni differenti nelle quali si desidera applicarla. Nello specifico, rappresentando i migranti il focus della nostra riflessione, ci poniamo allora le seguenti domande: in che modo è possibile articolare il contenuto del concetto di dignità in relazione alla tutela del loro diritto alla salute? Quando è doveroso affermare che la loro dignità inviolabile di esseri umani, la quale richiede rispetto e protezione, viene invece calpestata nelle spire delle scelte sovrane degli Stati?

---

[30] Per un inquadramento a livello bioetico e biogiuridico sul diritto alla salute e sulle ricadute che la sua effettiva tutela comporta nel quadro dello Stato costituzionale di diritto cfr. Borsellino, 2018. Per una prospettiva internazionale ed europea cfr. Pineschi, 2017.

[31] Cfr. Borsellino, 2018.

Casi tristemente noti come quello della nave Sea Watch[32] mettono in evidenza, meglio di qualsiasi ragionamento, come la vita dei migranti dipenda fortemente dalle scelte sovrane degli Stati verso i quali sono diretti. Il rimpallo tra le diverse Nazioni europee delle imbarcazioni sulle quali si trovano pone in primo piano la tutela di quel diritto umano primario, o addirittura superprimario, al quale ci siamo riferiti nei paragrafi precedenti: il diritto alla vita, quale diritto-presupposto di ogni altro diritto. Vi è, tuttavia, un passaggio ulteriore che viene strategicamente omesso, in primo luogo nei discorsi della politica.

La sola garanzia, non sempre rispettata, del diritto alla vita dei migranti (ossia la sola garanzia che i migranti non perdano la loro vita) non può considerarsi sufficiente per affermare che la loro dignità sia stata rispettata dalla Comunità internazionale e in particolare dagli Stati europei. Secondo principi ben consolidati di diritto internazionale pubblico, tutti gli Stati hanno l'obbligo di salvare e soccorrere vite umane in difficoltà in mezzo al mare.[33] Il ritardo o addirittura il mancato rispetto di quest'obbligo, per ragioni primariamente di carattere politico, non rappresenta soltanto una violazione di norme del diritto internazionale, bensì essa finisce col produrre ricadute dirette sulla tutela di un altro diritto umano fondamentale: il diritto alla salute dei migranti.

Esiste, con una certa evidenza, un preciso rapporto strumentale tra la garanzia del diritto alla salute e il rispetto del principio di dignità. In altri termini, non basta che i soggetti siano ancora in vita nel momento in cui vengono soccorsi, occorre chiedersi in che misura il ritardo o il diniego dei soccorsi incida sulle loro condizioni di salute e, di conseguenza, sul rispetto della loro dignità di esseri umani, titolari di diritti fondamentali. Ma in che cosa consiste tale rapporto di strumentalità tra diritto alla salute, come diritto umano fondamentale, e principio di dignità nel caso dei migranti? Con riferimento al contesto europeo, e in modo specifico, ma non esclusivo, all'Unione Europea, si possono distinguere almeno tre diversi livelli di strumentalità.

Il *primo livello* è di tipo teorico e poggia sul seguente argomento: la fondamentalità del diritto alla salute deve essere messa in relazione con l'inviolabilità della dignità dell'essere umano, o, detto diversamente, in questa prima prospettiva il diritto alla salute gioca un ruolo

---

[32] La sua capitana, Carola Rackete, è stata accusata di svariati reati (resistenza o violenza contro nave da guerra e tentato naufragio) mentre conduceva nel porto di Lampedusa nel giugno 2019 la nave che da 17 giorni trasportava un gruppo di migranti stremati, forzando il blocco della Guardia di Finanza.

[33] Cfr. Scovazzi, 2014.

fondamentale perché venga concretamente garantita l'inviolabilità, come connotato imprescindibile e caratterizzante della dignità umana.

Il *secondo livello* di strumentalità è di tipo giuridico. Se la dignità richiede rispetto e protezione, come leggiamo nell'articolo 1 della Carta dei Diritti Fondamentali dell'Unione,[34] il primo imprescindibile ambito di protezione e rispetto dell'essere umano è proprio quello della salute, ossia delle sue concrete condizioni psico-fisiche. In questo senso, la dignità richiede molto più del semplice dovere di fare in modo che i migranti non muoiano o del dovere di intervenire solo quando la morte diviene la conseguenza imminente delle critiche condizioni a bordo delle imbarcazioni. Sotto un profilo strettamente causale, inoltre, occorre valutare quanto il permanere di quelle condizioni critiche incida sul sorgere di problemi di salute fisica o mentale per i migranti, nonché quanto tali condizioni limitino la futura capacità di un individuo di perseguire i propri progetti di vita.

Il *terzo livello* di strumentalità è di tipo politico. Il criterio informatore dell'Unione Europea in materia di tutela del diritto alla salute è ben enunciato nell'articolo 35 della Carta dei Diritti Fondamentali: "Ogni individuo ha il diritto di accedere alla prevenzione sanitaria e di ottenere cure mediche alle condizioni stabilite dalle legislazioni e prassi nazionali. Nella definizione e nell'attuazione di tutte le politiche ed attività dell'Unione è garantito *un livello elevato* di protezione della salute umana". Se la graduazione del livello di tutela della salute umana viene fatta dipendere dallo status politico dei soggetti (i migranti, come spesso sentiamo sottolineare, non sono cittadini dello Stato che dovrebbe soccorrerli), si genera un'incoerenza di fondo tra progetto politico europeo e concrete modalità della sua realizzazione. Si crea, ci permettiamo di dire, un'antinomia di tipo politico tra progetto e realizzazione, tra filosofia ispiratrice e scelte pratiche con essa incompatibili. Ma ancor più, sembra crearsi una nozione variabile di dignità, dipendente da status politici a loro volta differenziati. Chiediamoci, infatti, se noi, come cittadini europei, e non come semplici esseri umani, considereremmo rispettoso della nostra dignità l'essere lasciati a vagare per giorni o settimane alla ricerca di un porto disponibile, o il diniego di soccorsi mentre si è in condizioni critiche in mare.

---

[34] Si veda anche il Protocollo 13 alla Convenzione per la salvaguardia dei Diritti dell'Uomo e delle Libertà Fondamentali (approvato a Vilnius il 3 maggio del 2002), dove si fa riferimento alla "dignità inerente a tutti gli esseri umani", con un'espressione che richeggia la Dichiarazione Universale del 1948.

In sintesi, in termini stridenti con l'identità e la vocazione europea che sopra abbiamo tratteggiato, le dinamiche appena descritte a partire dalla prospettiva del diritto alla salute dei migranti identificano soggetti la cui dignità sembra essere protetta in modo inversamente proporzionale alla propria condizione di vulnerabilità.[35] Nella creazione o nel mantenimento di tale fragilità un ruolo importante è giocato dalla sottovalutazione o dalla mancata considerazione dell'impatto che le scelte degli Stati sovrani hanno sulla garanzia del diritto fondamentale alla salute, concentrandosi unicamente sulla mera garanzia della permanenza in vita di un gruppo pressoché indistinto di soggetti. Quando l'effettiva garanzia del diritto alla salute di *ogni* singolo individuo, e non di una massa indifferenziata di persone, non viene sufficientemente considerata o soppesata, è la dignità stessa di un essere umano ad essere chiamata in causa, soprattutto se tale essere umano è vulnerabile, indifeso e completamente esposto ai capricci sovrani di chi, invece, dovrebbe aiutarlo.

6 Alcune considerazioni conclusive

Nel corso di questo saggio abbiamo cercato di inquadrare la questione dei migranti, tratteggiando le logiche più o meno inconsapevolmente sottese a determinate scelte o politiche di gestione del loro arrivo. Nel ricostruire i possibili livelli di trasformazione dell'idea di sovranità operata dal linguaggio performativo dei diritti fondamentali di ogni individuo, e sottolineate le ragioni per poter sottoscrivere l'adesione ad una visione della sovranità statale fondata sui e non solo limitata dai diritti umani in Europa, abbiamo poi portato la nostra attenzione sulla tensione non risolta tra l'esercizio delle prerogative di scelta degli Stati e la tutela effettiva della dignità dei migranti, offrendo una lettura in grado di valorizzare l'importanza strumentale della garanzia del loro diritto alla salute.

Nella riflessione che qui è stata proposta non vi è alcuna sottovalutazione delle complessità del fenomeno migratorio, né tantomeno delle difficoltà di ordine organizzativo ed economico legate alla predisposizione di misure che possano salvaguardare la coerenza di un sistema come quello europeo, che ancora rappresenta, a livello globale, un ambito di esemplare avanzamento rispetto alla protezione

---

[35] Per una riflessione filosofica sulla vulnerabilità come categoria nelle sue differenti espressioni cfr. Zanetti, 2019.

dei diritti incomprimibili di ogni soggetto, e non soltanto dei cittadini di singoli Paesi.[36] In questa riflessione, piuttosto, occorre leggere un appello a non sottovalutare la profondità e la radicalità delle conseguenze che determinate decisioni, imputabili ad un richiamo troppo leggero ed ideologico al dogma della sovranità statale, possono produrre sulla tenuta e sugli sviluppi di quel concetto di Europa che si è andato costruendo con gradualità e convizione.

Per riportare le nostre considerazioni e gli interrogativi sin qui sollevati ad indagini e dati oggettivi, può essere utile, in chiusura, dare uno sguardo al Fundamental Rights Report, la relazione stilata annualmente dalla European Union Agency for Fundamental Rights. Nell'edizione del 2019 si legge che "some 2,299 people are estimated to have died or gone missing at sea in 2018 while crossing the sea to reach Europe to escape war or persecution or to pursue a better life. This is on average more than six people per day".[37] A ciò si aggiunge che nel 2017 si è registrato "an increase in alleged mistreatment of migrants and refugees who crossed borders by circumventing border controls. This trend continued in 2018. Allegations of abusive behaviour by police or border guards concerned, in particular, Belgium, Croatia, France, Greece, and Italy".[38] Si comprende allora l'invito finale che l'Agenzia rivolge ai Paesi membri dell'Unione: "EU Member States should reinforce their efforts to ensure that people granted international protection fully enjoy the rights to which they are entitled under the 1951 Convention, international human rights law, and relevant EU law, so as to foster their successful integration into the host society".[39]

Se, dai dati disponibili, più di sei persone ogni giorno perdono la vita in mare nel tentativo di raggiungere l'Europa; se si sono registrati, da parte delle associazioni umanitarie che cercano di dare supporto e accoglienza, casi di maltrattamenti dei migranti e dei rifugiati presenti sul suolo europeo; se occorre ancora ribadire l'importanza che gli Stati europei garantiscano effettivamente i diritti che hanno solennemente proclamato, allora le nostre riflessioni intorno alle logiche dei confini[40]

---

[36] Sull'importanza del superamento dello status della cittadinanza in una direzione egualitaria, nella cornice di una più ampia riflessione sulla vicenda dei migranti, cfr. Ferrajoli, 2018.
[37] European Union Agency for Fundamental Rights, p.128.
[38] Ivi, p. 133.
[39] Ivi, p. 142.
[40] Per una lettura dei confini come dispositivo funzionale all'ascrizione della responsabilità collegata alla protezione dei diritti umani cfr. Saporiti, 2020, in particolare il capitolo 1.

e all'inutilità di determinate manifestazioni muscolari della sovranità possono essere un valido strumento perché l'Europa dei diritti fondamentali di ogni soggetto non perda di vista il percorso sin qui fatto e corregga la rotta in una direzione coerente con la propria origine e la propria vocazione.

Bibliografia

Abizadeh, A. (2008), "Democratic Theory and Border Coercion. No Right to Unilaterally Control Your Own Borders", in *Political Theory*, 36, 1: 37-65.

Agamben, G. (2005), Homo Sacer. Il potere sovrano e la nuda vita. Torino: Einaudi.

Arendt, H. (2009), "Il tramonto dello stato nazionale e la fine dei diritti umani", in ID., *The Origins of Totalitarism* (1951), tr. it. *Le origini del totalitarismo*, Torino: Einaudi.

Balibar, E. (2004), Nous citoyennes d'Europe?, tr. it. Noi cittadini d'Europa?, Roma: Manifestolibri.

Balibar, E. (2012), *Cittadinanza*, Torino: Bollati Boringhieri.

Bellamy, A. (2009), Responsibility to Protect. The Global Effort to End Mass Atrocities, Cambridge: Polity.

Borsellino, P. (2003), "I diritti fondamentali oltre lo Stato. Le implicazioni metateoriche di un recente dibattito", in Diciotti E., Velluzzi V. (a cura di), *Ordinamento giuridico, sovranità, diritti*, Torino: Giappichelli.

Borsellino, P. (2018), *Bioetica tra 'morali' e diritto*, Milano: Cortina.

Capogrossi Colognesi, L. (2014), *Storia di Roma tra diritto e potere*, Bologna: il Mulino.

Cole, P. (2000), Philosophies of Exclusion: Liberal Political Theory and Immigration, Edimburgh: Edinburgh University Press.

Deleuze, G. (1968), *Différence et Répétition*, Paris: Puf.

Delmas-Marty, M. (2004), Le relatif et l'universel. Les Forces imaginantes du droit, 1, Paris: Seuil.

Elden, S. (2013), *The Birth of Territory*, Chicago and London: The University of Chicago Press, 2013.

European Union Agency for Fundamental Rights (2019), *Fundamental Rights Report*.

Ferrajoli, L. (1997), *La sovranità nel mondo moderno*, Roma-Bari: Laterza.

Ferrajoli, L. (2012-2013), *Principia iuris. Teoria del diritto e della democrazia*, 2 voll., Roma-Bari: Laterza.

Ferrajoli, L. (2013), *La democrazia attraverso i diritti*, Roma-Bari: Laterza.

Ferrajoli, L. (2018), *Manifesto per l'uguaglianza*, Roma-Bari: Laterza.

Fiori, R. (1996), Homo sacer. Dinamica politico-costituzionale di una sanzione giuridico-religiosa, Napoli: Jovene.

Garofalo, L. (2005), *Studi sulla sacertà*, Padova: Cedam.

Isaac, B. (1988), "The meaning of the Terms Limes and Limitanei", in *The Journal of Roman Studies*, 78: 125-147.

Kerényi, K. (1951), La religione antica nelle sue linee fondamentali, Roma: Astrolabio.

Kubitschek, W. (1934), "Limes", in *Enciclopedia Italiana*, Roma: Treccani.

Macklem, P. (2015), *The Sovereignty of Human Rights*, Oxford: Oxford University Press.

Maritain, J. (2009), *L'Homme et l'Etat* (1953), Paris: Desclée De Brouwer.

Miller, D. (2010), "Why Immigration Controls Are Not Coercive : A Reply to Arash Abizadeh", in *Political Theory*, 38, 1 : 111-120.

Palombella, G. (2000), "Diritti fondamentali. Per una teoria funzionale", in *Sociologia del diritto*, 1: 51-88.

Pineschi, L. (2017) (a cura di), La tutela della salute nel diritto internazionale ed europeo tra interessi globali e interessi particolari, Napoli: Editoriale Scientifica.

Raz, J. (2010), "Human Rights without foundations", in Besson S., Tasioulas J. (eds), *The Philosophy of International Law*, Oxford: Oxford University Press.

Raz, J. (2015), "Human Rights in the Emerging World Order", in Cruft R., Liao S. M, Renzo M. (eds), *Philosophical Foundations of Human Rights*, Oxford: Oxford University Press.

Saporiti, M. (2020), Tra limite e fondamento. I migranti e l'Europa delle logiche incompatibili, Torino: Giappichelli.

Saunders, B. (2011), "Immigration, Rights and Democracy", in *Theoria: A Journal of Social and Political Theory*, 58, 129: 58-77.

Scovazzi, T. (2014), "Human Rights and Immigration at the Sea", in R. Rubio-Marín, (ed.), *Human Rights and Immigration*, Oxford: Oxford University Press.

Verdolini, V. (2018), "Quale spazio per i diritti? Dispacci sul confine", in *Rivista di Filosofia del diritto*, 1: 51-72.

Vincenti, U. (2014), Categorie del diritto romano. L'ordine quadrato, Napoli: Jovene.

Zanetti, G. (2019), *Filosofia della vulnerabilità*, Roma: Carocci.

Zagrebelsky, V., Chenal R., Tomasi L. (2016), *Manuale dei diritti fondamentali in Europa*, Bologna: il Mulino.

Informação bibliográfica deste texto, conforme a NBR 6023:2018 da Associação Brasileira de Normas Técnicas (ABNT):

SAPORITI, Michele. I migranti e la sovranità statale nell'Europa dei diritti umani. *In*: SARAIVA FILHO, Oswaldo Othon de Pontes; BERTELLI, Luiz Gonzaga; SIQUEIRA, Julio Homem de (coord.). *Direitos dos refugiados*. Belo Horizonte: Fórum, 2024. (Coleção Fórum Direito Internacional Humanitário, v. 1, t. 2). p. 55-72. ISBN 978-65-5518-614-7.

POLITICHE MIGRATORIE, TRA DISTRUZIONE E ECLISSI DELLA RAGIONE

ERMANNO VITALE

1 Diritti cui non corrispondono doveri

A proposito del diritto a migrare, così stabilisce, all'art. 13, secondo comma, l'architrave del diritto delle genti contemporaneo, ovvero la *Dichiarazione universale dei diritti dell'uomo*: "Ogni individuo ha diritto di lasciare qualsiasi paese, incluso il proprio, e di ritornare nel proprio paese". In tutta evidenza il diritto a lasciare qualsiasi paese – in un mondo che già nel 1948 non poteva ragionevolmente prevedere che si emigrasse *in vacuis locis*, come avrebbe ancora potuto dire Locke al § 121 del *Secondo trattato*[1] – comporta il fatto che si emigri in un altro paese, e che in qualche modo esista un dovere, dei singoli stati firmatari e della comunità internazionale nel suo insieme, di garantire l'esercizio del diritto a migrare. Solo un'interpretazione farisaica potrebbe sostenere che ogni persona ha diritto di lasciare il proprio paese ma nessun altro paese ha un dovere di accoglienza. Altrettanto chiaro è però che questa norma non comporta assumere una posizione radicalmente "no borders", negando l'esistenza e la ragionevolezza dei confini. In epoca moderna i confini definiscono via sempre più nettamente le collettività politiche, con i loro diversi sistemi giuridico-amministrativi e socio-economici, nonché con quell'insieme di tradizioni, usi e costumi cui

---

[1] J. Locke, *Secondo trattato sul governo civile*, Editori Riuniti, Roma, p. 139.

talvolta, forse per consuetudine forse per pigrizia mentale, facciamo riferimento con il sostantivo "identità". Lo stesso Kant, nume tutelare del cosmopolitismo, riconosceva che un governo mondiale sarebbe impraticabile, e rischierebbe perfino di essere un rimedio peggiore del male, tanto da considerare infine preferibile una soluzione meno impegnativa, ovvero il "surrogato negativo di una confederazione": "Per Stati che sono in rapporti reciproci non può esserci, secondo la ragione, nessun altro modo di trarsi fuori dallo stato senza legge, in cui c'è soltanto guerra, se non che rinuncino, proprio come i singoli uomini, alla loro libertà selvaggia (senza legge), si adattino a leggi pubbliche coattive e così formino (certo progressivamente) uno stato di popoli (*civitas gentium*) che infine comprenderà tutti i popoli della terra. In quanto però, secondo la loro idea del diritto dei popoli, non vogliono affatto questo, e rigettano *in hypothesi* ciò che è giusto *in thesi*, in luogo dell'idea positiva di una repubblica universale (se non si vuole perdere tutto), solo il surrogato negativo di una confederazione che respinga la guerra, che sia permanente e che si ampli sempre più, può trattenere il vortice delle inclinazioni bellicose e contrarie al diritto, ma certo con costante pericolo della sua rottura".[2]

Tuttavia, altrettanto improbabile appare anche la risposta di chi invoca i confini come rigide barriere che separano i popoli sulla base di identità etnico-culturali. Infatti, chiunque faccia un uso non ideologico della facoltà di ragionare e discernere, sarà costretto a riconoscere che queste "identità" – gli stati-nazione costruiti o che si vorrebbero costruire – non sono ipostasi, ma realtà dinamiche, in continua trasformazione in quanto immerse nel fluire del tempo e della storia, come Habermas non si è stancato di ripetere in questi ultimi decenni ai sostenitori del comunitarismo più radicale.[3] I confini delle comunità politiche, così come le forme della loro interna ridefinizione, sono sempre provvisori e... imprevedibili. Altrettanto si può dire dei processi culturali che alimentano e sono alimentati da tali trasformazioni sociali e politiche. In questi primi due decenni del ventesimo secolo sembra che l'avvento di quell' "età dei diritti" in cui Bobbio confidava e di cui individuava un *signum prognosticum* nel diffondersi della democrazia – la triade pace, diritti e democrazia considerata come sinergica – stia diventando una chimera, mentre l'involucro delle istituzioni democratiche pare

---

[2] I. Kant, *Per la pace perpetua* in *Scritti di storia, politica e diritto*, a cura di F. Gonnelli, Laterza, Roma-Bari 1995, p. 176.

[3] J. Habermas, "Lotte per il riconoscimento" nello stato democratico di diritto in "Ragion pratica", II, 3, 1994.

appunto esposto a un vortice di inclinazioni autoritarie, isolazioniste e xenofobe, più interessate a recuperare la lezione di Gobineau che quella di Kant. All'ideale kantiano della *Weltrepublik* Gobineau opponeva un'altra idea regolativa, totalmente opposta, quella della supremazia razziale, e auspicava istituzioni politiche con essa coerenti: "Se i tre grandi tipi, restando rigorosamente separati, non si fossero uniti fra loro, indubbiamente la supremazia sarebbe restata sempre alle più belle tribù bianche, e le varietà gialle e nere avrebbero strisciato in eterno ai piedi delle nazioni inferiori di questa razza. E' uno stato in qualche modo ideale, poiché la storia non l'ha mai visto. Noi possiamo solo immaginarlo riconoscendo l'incontestabile predominanza di quei nostri gruppi che sono rimasti più puri".[4]

Mi domando se la visione del mondo di Gobineau non rappresenti una latenza tribale, insista in ogni essere umano, di cui sono possibili variazioni o rovesciamenti cromatici, ma di cui è difficile sbarazzarsi completamente. Alla luce di questo dubbio, solo un cosmopolitismo ingenuo può pensare di abolire i confini con un tratto di penna, come se fossero un'invenzione diabolica, senza la quale tutti i problemi delle migrazioni sarebbero risolti come per incanto. Un cosmopolitismo più maturo può esigere che i confini siano, a certe condizioni, valicabili anziché invalicabili, siano punti di passaggio e scambio tra le collettività politiche anziché muri o barriere frutto di una sindrome da "invasione", cioè di trasformazioni rapide e incontrollabili che al momento non si registrano ma che potrebbero divenire realtà qualora non si voglia fare lo sforzo di analizzare le cause dei processi migratori in atto e le ragioni che in un futuro prossimo potrebbero spingere un numero di persone assai più ingente a lasciare paesi e regioni divenute a vario titolo sempre più inospitali.

Ma non anticipiamo le conclusioni.

2 Ius migrandi, un'invenzione cinquecentesca

Il "diritto a migrare" e dunque a attraversare confini, contrariamente a quanto per lo più si pensa, non è un diritto "nuovo", che si affaccia per la prima volta alla ribalta della teoria giuridico-politica nel secolo scorso e diventa vigente con la Dichiarazione del 1948. E' in realtà un diritto "antico", la cui prima chiara rivendicazione precede sia il *Bill of Rights* del 1689 sia la *Dichiarazione dei diritti dell'uomo e del*

---

[4] A. de Gobineau, *Saggio sulla diseguaglianza delle razze umane*, Rizzoli, Milano, 1997, p. 245.

cittadino del 1789. Come ci ricorda Ferrajoli, l'argomentazione a favore dello "ius migrandi" viene costruita nel 1539 da Francisco de Vitoria. Per quanto prodotta allo scopo specifico di legittimare la Conquista spagnola delle Americhe, tale argomentazione non si fonda sulle circostanze contingenti e particolari di quella brutale colonizzazione ma pretende di avere valore universale, di essere ciò valida sempre e dovunque. Sarà semmai la Conquista a essere un caso, un fenomeno storico in cui si è realizzato il diritto universale alla migrazione. Lo stesso si potrà dire per tutte le altre forme di migrazione individuali o collettive.

Ripercorriamo, per linee essenziali, l'argomentazione di Vitoria. Il punto di partenza è il principio della "naturale socialità e comunicazione fra gli uomini":[5] mediante l'accento sulla comunicazione, l'uomo animale sociale di aristotelica memoria esce dalla sua polis, dai suoi confini, per estendere il principio della socialità e della fratellanza a tutto il genere umano. Di conseguenza, alzare barriere e impedire la circolazione che realizza il principio della naturale socialità e comunicazione fra gli uomini è non solo contro il diritto delle genti, ma è anche un atteggiamento che in qualche modo eticamente esclude chi lo manifesta dal consorzio umano, se è vero che gli uomini sono naturalmente fatti per stare in società capaci di comunicare fra loro. Quindi, viene al punto Vitoria, "gli spagnoli hanno il diritto di circolare (*ius peregrinandi*) in quei territori e stabilirvisi (*ius degendi*), senza però procurare danno agli indigeni, i quali non possono opporvisi".[6] E non costituisce affatto danno servirsi e godere dei "beni comuni" – come l'acqua, il mare, i fiumi, i porti, e altre risorse naturali, ovunque questi ultimi si trovino sul pianeta. A nessuno è consentito privare qualcun altro del godimento di tali beni: "Ne deriva che gli indigeni recherebbero offesa agli spagnoli se vietassero loro l'accesso ai loro territori".[7]

La conclusione è pertanto la seguente: "Qualora gli indigeni ostacolassero gli spagnoli nelle questioni suddette, per esempio nel commercio o nelle altre attività sopra menzionate, gli spagnoli dovranno dapprima, con gli argomenti della ragione e della persuasione, rimuovere ogni equivoco e mostrare comunque di non essere venuti per danneggiarli, ma solo per essere ospitati pacificamente e poter circolare liberamente [...] Se poi, esauriti tutti gli argomenti della ragione, gli

---

[5] F. de Vitoria, *De Indis recenter inventis relectio prior* in *De Indis et iure belli relectiones. Relectiones theologicae XXII*, a cura di E. Nys, Oceana, New York 1964, p. 257.
[6] *Ibidem*.
[7] Ivi, p. 258.

indigeni non si mostrassero acquiescenti ma volessero reagire con la violenza, allora gli spagnoli ben potranno difendersi e fare tutto ciò che si conviene alla loro sicurezza, in forza del principio secondo cui è lecito respingere la violenza con la violenza".[8]

Come si può vedere, il diritto a migrare è considerato da Vitoria, agli albori della modernità politica, un'estensione oltre i confini (materiali o immateriali) delle comunità politiche del diritto alla libera circolazione delle persone, che all'interno dei confini nessuno, almeno mi pare, mette oggi in discussione. Il diritto a migrare è, in forza del principio della comunicazione universale fra i membri del genere umano, semplicemente il diritto alla libera circolazione delle persone preso sul serio. Così sul serio che non è considerato danno agli autoctoni, per Vitoria, non solo transitare e risiedere ma anche servirsi *ad libitum* delle risorse naturali del territorio, compresa, nel caso specifico, l'estrazione di oro e argento dai ricchi giacimenti che gli indigeni non sfruttavano a dovere. Addirittura, a chi ostacolasse con la forza tutti questi diritti – *migrandi, peregrinandi, degendi* e così via – è lecito rispondere con lo stesso mezzo, dunque con la guerra.

Che questi diritti – elencati puntigliosamente da Vitoria aggiungendo ai già citati lo *ius occupationis,* lo *ius commercii* e lo *ius praedicandi et annuntiandi Evangelium* – fossero al tempo completamente asimmetrici e sotto l'apparenza di universalità fossero, quanto all'esercizio, riservati in tutta evidenza soltanto agli spagnoli, è osservazione storicamente inappuntabile quanto, tutto sommato, banale. Ci avrebbe pensato Kant, due secoli e mezzo più tardi, a denunciare i misfatti, gli abusi e l'ipocrisia delle potenze colonizzatrici, proprio là dove rivendicava un più moderato "diritto cosmopolitico" – concepito come un "diritto di visita", a sua volta fondato sul "possesso comune della superficie della Terra", per cui "originariamente nessuno ha più diritto che un altro a stare in un luogo di essa" – come terzo pilastro delle condizioni giuridico-politiche che avrebbero reso possibile la "pace perpetua" mediante il progressivo affermarsi di una "costituzione cosmopolitica": "Si confronti con ciò – scrive Kant – la condotta inospitale degli stati civilizzati del nostro continente, soprattutto di quelli commerciali, e si vedrà che l'ingiustizia che essi dimostrano nella visita a territori e popoli stranieri (che per loro è tutt'uno con la conquista) giunge sino all'orrore".[9] E questo orrore – conclude Kant

---

[8] Ivi, p. 260.
[9] I. Kant, *Per la pace perpetua*, cit, p. 178.

dopo averne in dettaglio illustrate le modalità[10] – è frutto della condotta ipocrita di potenze "che fanno gran mostra di devozione, e che mentre compiono ingiustizie come se si trattasse di bere un bicchier d'acqua vogliono essere elette quanto all'ortodossia di fede".[11]

Tuttavia, sotto il profilo teorico, il diritto a migrare è meglio – nel senso di più coerentemente e radicalmente – difeso da Vitoria che da Kant (non a caso Ferrajoli riprende il primo piuttosto che il secondo, e non solo perché precedente). Non è infatti quello affermato da Vitoria soltanto un diritto di visita, cioè un diritto dello straniero "a non essere trattato ostilmente" finché "sta pacificamente al suo posto", come sosterrà Kant, ma un vero e proprio diritto a stabilirsi permanentemente, a prendere cittadinanza e a godere delle risorse che il luogo mette a disposizione considerate "beni comuni" a tutti, e non proprietà delle comunità autoctone. L'asimmetria dell'epoca, che rendeva esercitabile questo diritto solo dalle potenze europee, permetteva, per così dire, a Vitoria di essere perentorio nell'affermare la titolarità universale del medesimo, senza poter prevedere l'effetto boomerang nei tempi lunghi...

Tuttavia, pur memori della cinica lezione di Gobineau, delle pulsioni razziali e xenofobe che carsicamente riemergono nello spazio che si autodefinisce civile dell'Europa e dell'Occidente, si può e, a mio avviso, si deve prendere fino in fondo sul serio l'argomento universalista di Francisco de Vitoria per difendere ancora oggi – e forse soprattutto oggi – il diritto a migrare come diritto della persona, indipendentemente da ogni considerazione di utilità e necessità (sia essa di natura economica o geopolitica, riguardi essa i migranti o la società di accoglienza, o entrambi). Se il diritto a migrare, con i diritti che Vitoria vedeva ad esso coessenziali, è un diritto universale, allora questo vale sempre e dovunque, e quindi riguarda anche i migranti che arrivano ai nostri confini, ai confini dell'Italia, dell'Europa e dell'Occidente, non importa se essi siano una risorsa o meno per il paese cui tocca riceverli. Essi hanno infatti gli stessi diritti che Vitoria attribuiva ai *conquistadores* spagnoli. Per chiarire meglio, prendo a prestito le parole di Luigi Ferrajoli: "Oggi che l'esercizio del diritto a migrare è divenuto possibile

---

[10] "Nelle Indie orientali (Hindustan) – scrive Kant – con il pretesto di filiali commerciali soltanto progettate [le potenze europee] introdussero truppe straniere, e con queste l'oppressione degli indigeni, l'istigazione dei diversi stati della regione a guerre sempre più estese, e così carestie, insurrezioni, tradimenti e tutto il resto che può venir aggiunto alla litania dei mali che opprimono il genere umano" (*ibidem*). Oggi in luogo di Hindustan cosa potremmo scrivere? Libia, Siria, Yemen?

[11] *Ibidem*.

per tutti ed è per di più la sola alternativa di vita per milioni di esseri umani affamati, non solo se ne è dimenticato il fondamento sia storico che giuridico nella tradizione occidentale, ma lo si reprime con la stessa feroce durezza con cui fu brandito alle origini della civiltà moderna. Nel momento in cui si è trattato di prenderne sul serio il carattere universale quel diritto è insomma svanito, capovolgendosi nel suo contrario. Il capovolgimento è avvenuto in anni relativamente recenti. Ancora fino a oltre la metà del secolo scorso, l'emigrazione si è svolta con relativa libertà, entro l'area dei paesi occidentali, con uguali vantaggi così dei paesi di emigrazione come di quelli di immigrazione. La rigida chiusura delle frontiere è avvenuta solo negli ultimi decenni, allorché il fenomeno si è sviluppato per effetto della crescita esponenziale della diseguaglianza tra paesi ricchi e paesi poveri prodotti dai processi di globalizzazione".[12]

Paradossalmente, osserva ancora Ferrajoli, "il veicolo teorico e giuridico di questa mutazione è stato offerto dalla categoria della cittadinanza. La cittadinanza, che alle origini dello stato moderno ha operato come un fattore di eguaglianza e di inclusione, annullando le vecchie differenze per nascita, si è trasformata, allorché l'immigrazione in Occidente dai paesi poveri del mondo è divenuta un fenomeno di massa, in un fattore di esclusione: nell'ultimo privilegio di status, che discrimina gli individui nella libertà di movimento e, conseguentemente, in tutti gli altri diritti fondamentali, ancorati all'identità nazionale anziché alla semplice identità di persone".[13]

3 Aporie delle politiche migratorie

Queste considerazioni del giurista e filosofo del diritto Ferrajoli introducono tuttavia un'altra dimensione, non meno importante, a proposito del diritto a migrare, dimensione che guarda all'effettività di tale diritto e si interroga sulle cause sociali, economiche e ambientali dei fenomeni migratori contemporanei. Infatti, al di là delle affermazioni di principio, e se vogliamo del tradimento che l'Occidente che si raffigura come patria dei diritti e delle libertà anche in questo caso ha operato rispetto alla sua stessa autorappresentazione – una storia antica, che

---

[12] L. Ferrajoli, *Libertà di circolazione e di soggiorno. Per chi?* in M. Bovero (a cura di), *Quale libertà. Dizionario minimo contro i falsi liberali*, Laterza, Roma-Bari 2004, p. 180.
[13] *Ibidem*. Questi temi sono costantemente presenti negli scritti di Ferrajoli, almeno a partire da *La sovranità nel mondo moderno. Nascita e crisi dello stato nazionale*, Anabasi, Milano 1995.

risale almeno alle guerre contro i Persiani[14] –, rimane la questione della lungimirante, per quanto possibile, comprensione e gestione di un fenomeno dai consolidati caratteri strutturali, nient'affatto contingenti o emergenziali, che è addirittura controproducente affrontare con provvedimenti securitari di cortissimo respiro. La comprensione delle ragioni strutturali del fenomeno, che a qualcuno pare enorme ma che al momento è solo l'inizio di prevedibili e previste "grandi fughe" dagli inferni in terra che gli odierni squilibri sociali, economici e ambientali stanno producendo, dovrebbe orientare verso misure che, da un lato, provino a contrastare tali cause ponendo rimedio alle ingiustizie planetarie (le diseguaglianze in crescita esponenziale, le popolazioni vittime di guerre endemiche, la desertificazione di vasti territori, solo per fare qualche esempio) e, dall'altro, rendano effettivo il diritto a migrare mediante accordi politici internazionali che regolino, anziché cercare di impedire, le migrazioni, come pretende chi concepisce i migranti come potenziali delinquenti e, in fondo, nemici da cui proteggersi alzando i muri della fortezza Europa e del fortino Italia.

A proposito, come vanno le cose nella fortezza Europa e in particolare nel fortino Italia, o meglio lungo il bastione Italia? Non è mia intenzione, sia chiaro, esprimere alcuna valutazione contingente sull'azione di quel o quel governo, ma mi pare opportuno ricordare gli elementi del *fil rouge* della politica migratoria perseguita dalla nostra Repubblica negli ultimi due decenni, a partire dalla legge Turco-Napolitano del 1998 per arrivare, passando per la Bossi-Fini del 2002, gli accordi Berlusconi-Gheddafi del 2008 e poi quelli Gentiloni-Serraj del 2017 e i provvedimenti del ministro Minniti, ai più recenti decreti sicurezza fortemente voluti da Matteo Salvini.

In un articolo comparso online su "Volere la luna" il 7 febbraio 2019 Francesco Pallante individua, a mio avviso con ragione, tre assi che costituiscono il filo conduttore della politica migratoria italiana: 1. Limitare il più possibile, sino alla negazione, le possibilità di accesso legale, 2. Mantenere la posizione di vantaggio dell'Occidente nelle relazioni internazionali (che è la causa principale, bellica, economica, climatica, delle migrazioni); 3. Agire nel tendenziale rispetto, o almeno non in aperta violazione, dei diritti umani. "Centrodestra e centrosinistra – osserva Pallante – hanno variamente modulato le loro posizioni intorno a questi tre assi, senza mai metterli in discussione. In tal modo, hanno

---

[14] Cfr. N. Bobbio, *Grandezza e decadenza dell'ideologia europea* in *Teoria generale della politica*, a cura di M.Bovero, Einaudi, Torino 1999, pp. 604-18; cfr. anche G. Preterossi, *L'occidente contro se stesso*, Laterza, Roma-Bari 2004.

infilato il Paese in un *cul-de-sac* logico, dal momento che i tre obiettivi, lungi dall'essere tutti contestualmente realizzabili, lo sono a coppie. E infatti: se non si vuole dare sbocco legale alle migrazioni senza violare i diritti umani dei migranti, allora si deve intervenire per rimuovere la cause delle migrazioni; se non si vuole intervenire per rimuovere la cause delle migrazioni senza violare i diritti umani dei migranti, allora si deve dare sbocco legale alle migrazioni; se, infine, non si vuole dare sbocco legale alle migrazioni né intervenire per rimuovere le cause delle migrazioni stesse, allora si devono violare i diritti umani dei migranti: esattamente la situazione in cui – da alcuni anni, non da adesso – si è venuta a trovare l'Italia, sia pure non apertamente".[15] Questa concessiva è forse svanita sotto il primo governo di Giuseppe Conte.

Ma nella sostanza questa situazione dura da tempo, almeno dai primi accordi con la Libia per fermare l'odissea dei migranti prima dell'ultima tappa, quella dell'attraversamento del Mediterraneo, facendo tesoro della saggezza popolare per cui "occhio non vede, cuore non duole". A proposito del rispetto dei diritti umani dei migranti in Libia, vale la pena riprendere ancora da Pallante un passo di una sentenza del tribunale di Milano: "Condannando all'ergastolo un torturatore, la Corte d'Assise di Milano così descrive, in una sentenza del 10 ottobre 2017, il campo di Bali Walid: «dotato di un grandissimo hangar all'interno del quale venivano tenute recluse circa 500 persone. Intorno a questo capannone c'era un cortile sorvegliato da uomini libici armati di fucili, rinchiuso a sua volta da mura di cinta. I migranti dormivano tutti insieme, uomini e donne, ed erano così ammassati che non c'era neanche lo spazio per muoversi (cercavano solo di mantenere un corridoio al centro per facilitare gli spostamenti). L'hangar non era areato, le condizioni igieniche erano del tutto scadenti, c'erano pidocchi ovunque, molti migranti soffrivano di malattie della pelle. Non potevano lavarsi, il cibo fornito era scarso. La notte il capannone veniva chiuso dall'esterno con un lucchetto e da quel momento veniva negato anche l'accesso ai due bagni che si trovavano subito fuori dal capannone ma sempre all'interno delle mura. Fuori del capannone vi erano anche delle piccole costruzioni: una stanza detta Amalia o anche stanza delle torture» e altre in cui abitavano il responsabile del campo e le guardie libiche. [...] La libertà, sia all'interno che all'esterno dell'hangar era inesistente. I profughi erano costretti a rimanere chiusi

---

[15] F. Pallante, *Politiche migratorie: il razzismo del Governo, l'ambiguità dell'opposizione*, pubblicato online su "Volere la luna" il 7 febbraio 2019.

dentro al capannone giorno e notte, senza nemmeno poter parlare fra di loro. [...] Le porte rimanevano sempre chiuse, venivano aperte solo in tre occasioni: quando bisognava pagare, quando veniva comunicato che qualcuno aveva pagato, quando doveva essere picchiato qualcuno o presa qualche ragazza». La sentenza documenta torture con scariche elettriche, ustioni provocate da plastica incandescente, incaprettamenti, pestaggi di persone legate e appese per i piedi con bastoni, tubi di gomma e spranghe di ferro. Per terrorizzare i reclusi, alcuni prigionieri venivano uccisi e lasciati esposti per giorni. Ogni giorno ragazze, anche minorenni, erano sottoposte a interminabili violenze sessuali, rese ancora più dolorose per via delle infibulazioni".[16]

Credo che ogni commento sia superfluo e che l'accostamento con i lager nazisti, eccezion fatta per le camere a gas, non sia fuori affatto luogo. Ma forse vale la pena ricordare, citandole ancora una volta, quelle pagine di Primo Levi che dovrebbero essere stampate indelebilmente nella memoria collettiva, e che invece per prime le classi dirigenti di questo Paese paiono aver dimenticato, realizzando negli atti, ma spesso anche mediante le dichiarazioni, un vero e proprio "arco incostituzionale". Primo Levi descrive il risultato ultimo del campo, al di là della somma delle singole violenze e sofferenze gratuite finalizzate a terrorizzare e privare di qualsiasi dignità i prigionieri, come "una gigantesca esperienza biologica e sociale",[17] ossia la messa a nudo di una grande dicotomia, quella tra i sommersi e salvati, che annulla d'un colpo e rovescia nel suo contrario quel secolare processo di contenimento della violenza e delle forme di sopraffazione dell'uomo sull'uomo che convenzionalmente chiamiamo civilizzazione, tant' è vero che "viene considerato tanto più civile un paese, quanto più savie e efficienti vi sono quelle leggi che impediscono al misero di essere troppo misero, e al potente di essere troppo potente":[18] invece nel Lager – scrive ancora Levi – "la lotta per sopravvivere è senza remissione, perché ognuno è disperatamente e ferocemente solo. Se un qualunque Null Achtzehn vacilla, non troverà chi gli porga una mano; bensì qualcuno che lo abbatterà a lato, perché nessuno ha interesse a che un 'mussulmano' di più si trascini ogni giorno al lavoro".[19] Il campo di Bali Walid torna a esemplificare, appena fuori le mura della fortezza Europa, con la stessa

---

[16] Pallante, cit.
[17] P. Levi, *Se questo è un uomo*, Einaudi, Torino 1958, p. 117.
[18] Ivi, p. 118.
[19] Ivi, pp.118-19. Queste pagine appartengono al capitolo "I sommersi e i salvati", tema che Levi amplierà nell'omonimo libro del 1986.

elementarità del Lager, il ritorno in grande stile della vita "misera, brutale e breve" che secondo Hobbes caratterizzava lo stato di natura. Solo che a generare questa condizione sono, paradossalmente, proprio quei grandi Leviatani che lo stesso filosofo riteneva fossero la soluzione del problema.

4 Distruzione o eclissi della ragione?

Ovviamente sarebbe sciocco negare che i fenomeni migratori sono complessi, e generano reale malessere nelle società di "accoglienza", soprattutto negli strati più disagiati delle popolazioni, che tendono a vedere i nuovi arrivati come competitori, come predatori di risorse scarse, e alla fine come "non persone",[20] fomentati in questa convinzione dagli imprenditori politici della paura, che soffiano sul fuoco di tali sentimenti ai fini di ottenere consenso anziché fare, per così dire, pedagogia politica, o uso pubblico della ragione, illustrando le ragioni profonde di quelle "fughe dall'inferno" cui assistiamo e che ben più consistenti, come prevedono gli studiosi, ci attendono alle porte e dentro i nostri confini nel prossimo futuro. A mero titolo di esempio, un report del 2018 commissionato dalla Banca Mondiale – non propriamente un'agenzia della sovversione internazionale – stimava che nel 2050, se non si interverrà con determinazione per cambiare la situazione, saranno almeno 143 milioni nel mondo i soli migranti ambientali, cioè coloro che saranno in fuga a causa del cambiamento climatico che avrà reso invivibili le loro regioni di origine.

Riaffermare non solo la titolarità del diritto a migrare per tutte le persone ma anche renderlo un diritto effettivamente godibile, creando percorsi agibili di accesso legale ai paesi dell'occidente opulento, e al tempo stesso impegnare la comunità internazionale a ridurre le ragioni delle fughe trasformando non dico in paradisi ma almeno in purgatori gli inferni che abbiamo contribuito a costruire, sembrerebbe una prospettiva ragionevole, per non dire necessaria. Sarebbe, in fondo, anche se non si volessero ammettere i vantaggi dell'incontro fra culture, l'applicazione di un principio evita-disastri, che suggerisce la solidarietà, se non come proveniente dal cuore, come proveniente da una considerazione lungimirante del proprio interesse beninteso. Per spiegare come occorra rinunciare ai presunti superiori vantaggi dello

---

[20] Riprendo la formula da A. Dal Lago, *Non-persone. L'esclusione dei migranti in una società globale*, Feltrinelli, Milano 2004.

stato di natura in vista della duratura condizione di pace assicurata dall'entrata nella società civile, il diciottesimo capitolo del Leviatano ammoniva a considerare il problema utilizzando il cannocchiale della scienza politica anziché la lente d'ingrandimento del proprio interesse particolare: "Tutti gli uomini sono per natura provvisti di notevoli lenti d'ingrandimento (cioè le loro passioni e l'amor proprio) attraverso le quali ogni piccolo pagamento appare un grande gravame, ma sono privi di quei cannocchiali (cioè la scienza morale e civile) per vedere a distanza le miserie che sono sospese sopra di loro e che non si possono evitare senza pagare".[21]

Un argomento analogo potrebbe essere adottato per comprendere oggi i fenomeni migratori e le loro cause di fondo – tra cui primeggiano l'eccesso di diseguaglianza e le catastrofi ambientali. In altri termini, la comunità internazionale – ma in particolare i paesi ricchi, il cosiddetto Nord del mondo – non dovrebbe pensare di poter evitare i rischi che incombono sul pianeta senza pagare, ovvero senza correggere significativamente le aberrazioni dell'ordine economico mondiale e senza rinunciare al mito dello sviluppo senza limiti che tali rischi hanno generato.

Max Horkheimer, alla ricerca di una spiegazione del disastro culturale ancor prima che politico culminato nella seconda guerra mondiale, nel 1947 pubblicava, in inglese, *Eclipse of Reason*, distinguendo tra la ragione soggettiva, strumentale, tecnica, che conosce solo i mezzi utili per raggiungere i fini desiderati e di tali fini è acriticamente al servizio, e la ragione oggettiva, che s'interroga anche sulla bontà o meno dei fini che si perseguono e dei mezzi con cui si perseguono, prendendosi, per così dire, la responsabilità etica di allargare l'orizzonte della riflessione a considerare gli effetti collaterali e perversi che possono accompagnare il raggiungimento di questo o quel fine, o almeno ci prova. Per quanto Hobbes sia considerato un alfiere della ragione utilitaria o strumentale – la ragione come facoltà di calcolo – l'accento sulla necessaria lungimiranza delle decisioni, in particolare sulle decisioni collettive, per certi versi anticipa la preoccupazione etica che sarà di Horkheimer. In fondo, che cos'è una preoccupazione etica se non quella che vuole tenere in considerazione le ragioni di medio-lungo periodo di tutti i soggetti coinvolti in un processo decisionale? Una preoccupazione che sarà ripresa anche da Bobbio proprio tirando le conclusioni della sua riflessione sul rapporto tra etica e politica: "Il

---

[21] T. Hobbes, *Leviatano*, a cura di G. Micheli, la Nuova Italia, Firenze, 1976, p. 180.

fine giustifica i mezzi. Ma chi giustifica il fine? Ogni fine che si proponga l'uomo di stato è un fine buono? Non deve esservi un criterio ulteriore che permetta di distinguere fini buoni da fini cattivi? E non ci si deve domandare se i mezzi cattivi non corrompano per avventura anche i fini buoni?".[22]

L'eclisse della ragione è il trionfo, all'apparenza paradossale, di una ragione soggettiva che si mette al servizio di pulsioni e sentimenti primitivi, incapace di analizzarli e superarli, miope nel non riconoscere scopi e interessi diversi dai propri, chiusa in una dimensione particolaristica e di breve periodo. Come l'individuo hobbesiano che, nello stato di natura, continua a apprestare strategie per la propria sopravvivenza e sicurezza senza rendersi conto che la strategia migliore per aumentare le probabilità di non morire di morte violenta è cessare di agire strategicamente, superando la dimensione meramente conflittuale come dispositivo per risolvere tensioni e controversie con l'altro da sé.

Ma forse per dire che cos'è l'eclissi della ragione basta ritornare un attimo con la mente alla sentenza che descrive il campo di Bali Walid. In conclusione, le migrazioni, soprattutto internazionali, ci pongono ancora una volta, con forza, di fronte allo scacco della ragione soggettiva su cui rifletteva Horkheimer appena trascorsa l' "era delle tirannie", appena concluso il delirio del fascismo e del nazismo, i cui lager erano stati l'acme del trionfo della ragione soggettiva: l'organizzazione scientifica di un genocidio. Le misure meramente securitarie di ipocrita presunta blindatura dei confini, di contrasto contingente, fra il poliziesco e il militare, di fenomeni migratori che non hanno natura emergenziale e criminale bensì hanno cause strutturali che vedono l'Occidente corresponsabile, sono espressioni di questa incapacità di pensiero e azione riflessivi, cioè di interrogarsi sui fini, e successivamente sui mezzi idonei a non capovolgere fini magari buoni attraverso l'uso di mezzi cattivi.

Se tuttavia vogliamo tenere accesa la fiammella della provvidenza laica, per così dire di matrice kantiana, allora possiamo ricordare che nel 1934, a metà del decennio in cui il fascismo e il nazismo sembravano invincibili, Lukacs scrisse *La distruzione della ragione* (*Der Zerstörung der Vernunft*). Tredici anni dopo, con Horkheimer quella distruzione era diventata un'eclissi, un fenomeno di oscuramento magari totale ma temporaneo, per quanto destinato di tanto in tanto a ripresentarsi ineluttabilmente e a segnare – *sub specie aeternitatis* – la condizione umana.

---

[22] N. Bobbio, *Etica e politica* in *Teoria generale della politica*, cit, p. 145.

5 Una postilla su pandemia e migrazioni. L'autobiografia della globalizzazione?

A fronte della pandemia, la prima osservazione imposta dalla tematica delle migrazioni – che dominava fino a qualche mese fa il discorso pubblico controllato dai grandi media – è come sia improvvisamente quasi scomparsa dallo stesso discorso pubblico. Il nemico numero uno era diventato il covid-19. Nei mesi del cosiddetto *lockdown* i migranti sono stati dimenticati come d'incanto, resi invisibili all'opinione pubblica. La politica delle destre italiane e europee,[23] e la grancassa mediatica che aveva per decenni corroborato la retorica dell'invasione e consolidato i meccanismi della paura e della conseguente ostilità e marginalizzazione, veniva di fatto sbugiardata dalla pandemia. Un'emergenza reale smascherava un'emergenza fittizia, artefatta, e con essa l'ipocrisia delle nostre società del benessere.

Ciò che non è cambiato è che le vite dei migranti e più in generale dei marginali non valgono nulla. Nessuno, o quasi, si è chiesto che cosa avrebbero potuto fare coloro che non potevano stare a casa, semplicemente perché una casa non l'avevano, o come avrebbero potuto vivere tutti i migranti occupati in nero rimasti improvvisamente senza lavoro, o se fosse conforme alle prescrizioni dei vari Decreti del Presidente del Consiglio dei Ministri la situazione sanitaria nei CPR, nelle strutture di "accoglienza" di migranti e richiedenti asilo. Solo quando, a metà aprile di questo *annus horribilis*, arriva il grido di dolore delle aziende agricole che senza quelle vite prive di valore non possono raccogliere la frutta e la verdura dai campi, con conseguente enorme danno economico, allora il tema dei migranti ritorna all'attenzione pubblica.

"Con la stessa velocità di scomparsa, e aggiungo disinvoltura – osserva Omid Firouzi Tabar – le/i migranti tornano su tutte le pagine e i siti dei quotidiani. La Ministra [Bellanova] e alcuni membri delle istituzioni politico-economiche non usano giri di parole e con stucchevole spudoratezza affermano che il settore della produzione è in grave crisi, che c'è l'urgenza di rintracciare braccia disponibili (leggi forza lavoro altamente ricattabile e a buon prezzo) e l'utilizzo di qualche centinaio di migliaia di clandestini attraverso una temporanea regolarizzazione sarebbe una soluzione adatta. Ecco allora manifestarsi quella che possiamo considerare la seconda *ratio* principale che anima

---

[23] Utilizzo il termine "destra" nell'accezione proposta da M. Revelli, *Le due destre*, Bollati Boringhieri, Torino 1996, estendendola al quadro politico europeo e occidentale.

il governo delle migrazioni e cioè l'uso funzionale della forza lavoro migrante. Rimanendo sul piano delle rappresentazioni pubbliche ecco che la/il migrante si trova mediaticamente visibilizzato soltanto in una duplice veste, dentro due opzioni caratterizzanti: socialmente ostracizzato, marchiato e costruito in quanto entità minacciosa che mette in pericolo la nostra sicurezza e, in taluni casi, si approfitta in termini parassitari della "nostra" bontà oppure, e talvolta simultaneamente, candidata/o ideale a "coprire" esigenze di manodopera, e più in generale di forza lavoro ad alto coefficiente di sfruttamento. Insomma, detta in altre parole, esisti come nemico e capro espiatorio oppure in quanto parte di una sorta di "esercito di riserva" più che mai in modalità "just in time", in quanto carne da macello ad altissima ricattabilità che Confindustria, Confagricoltura, Confcommercio e compagnia cantante tengono in grande considerazione sfregandosi le mani sporche. Eccola l'inclusione differenziale, nella sua semplice materialità".[24]

La pandemia smaschera, mette definitivamente a nudo la vergognosa ipocrisia degli "utili invasori", per riprendere l'efficace titolo di Maurizio Ambrosini.[25] Uno smascheramento che non porta con sé nulla di nuovo: semplicemente rende ancora più evidente l'ipocrisia delle grandi nazioni europee già denunciata da Kant nel commento al terzo articolo definitivo per la pace perpetua[26] e pone fine all'illusione che il secondo Novecento mostrasse come *signum prognosticum* quella sinergia fra pace, diritti e democrazia che sarebbe fiorita nel ventunesimo secolo, dando finalmente luogo a quella che Bobbio auspicava fosse, sulla scorta di Walter Kasper, l'età dei diritti.[27]

Ma la funzione di smascheramento ideologico incarnata dalla pandemia non riguarda solo i fenomeni migratori e la loro narrazione. A cascata, è tutta l'architettura della società di mercato così come è andata trasformandosi negli ultimi quattro decenni – ovvero del turbocapitalismo finanziario – che è interessata dal processo di disvelamento messo in moto dalla pandemia.

---

[24] O. Firouzi Tabar, *Le migrazioni nella pandemia. Rappresentazioni, marginalità e nuovi spazi di lotta*, in "Euronomade", 7 maggio 2020 (http://www.euronomade.info/?p=13396).

[25] M. Ambrosini, *Utili invasori. L'inserimento degli immigrati nel mercato del lavoro italiano*, Angeli, Milano 1999.

[26] Cfr. *supra*, nota 10.

[27] N. Bobbio. *L'età dei diritti*, Einaudi, Torino, 1990, in part. pp. 45-65; vedi anche Id., *Teoria generale della politica*, cit., in part. p. 645.

Provo a spiegarmi meglio. La mia impressione è che il discorso pubblico *mainstream* abbia considerato e consideri questo periodo, la cui conclusione si immagina prossima ma a fine giugno 2020 è ancora indefinita, come appunto un incidente di percorso, vale a dire una fatalità, o una parentesi – riproponendo in qualche modo l'interpretazione crociana del fascismo – che non inficia un percorso di progresso e di sviluppo, che deve riprendere al più presto e continuare come prima, forse più di prima, dimenticando che il "racconto interrotto" dalla pandemia non era propriamente paradisiaco, che in realtà numerose spade di Damocle sociali, politiche, economiche e ambientali pendevano sulle nostre teste anche prima che arrivasse il "meteorite" covid-19.

Gobetti riteneva che il fascismo fosse l'autobiografia della nazione, vale a dire l'emersione, il disvelamento, di una latenza, di una tendenza autoritaria e illiberale, di un desiderio dell'uomo del destino che tutto risolve, che sottotraccia albergava nel cuore di molti italiani, innervando la storia profonda della penisola. Inguaribilmente gobettiano, mi chiedo se questa pandemia non sia anch'esso un annuncio, un triste "arcangelo Gabriele", un momento di disvelamento di tutto quanto era già implicito, latente, in quel largo movimento storico che, a partire dalla fine del Settecento, abbiamo chiamato trionfalmente prima civilizzazione e progresso, poi sviluppo economico, e infine globalizzazione o mondializzazione. Chissà, Hegel avrebbe forse detto che la pandemia è la "verità" della globalizzazione. Più prosaicamente, un campanello d'allarme, forse l'ultimo, che ci invita a riflettere se non sia il caso di correggere profondamente la rotta della globalizzazione, una nave che appare senza timone né timoniere. O magari proprio a imparare nuovamente a bordeggiare, evitando il mare aperto e le sue tempeste. Nel 1972 un gruppo di giovani scienziati del MIT redasse per il Club di Roma, allora guidato da Aurelio Peccei, il primo report che avvertiva il mondo del rischio concreto di andare verso un punto di non ritorno, qualora non si fosse messo mano rapidamente ai problemi demografici, di disuguaglianza planetaria, di inquinamento e di consumo delle risorse non rinnovabili del pianeta.[28] Qualora la politica non avesse saputo mettere un freno all'economia. Furono inascoltati e derisi.

---

[28] D.H. Meadows, D. L. Meadows, J. Randers, W.W. Behrens III, *I limiti dello sviluppo*, Mondadori, Milano 1972.

Questa pandemia, che ha mostrato come il capitalismo finanziario che ha pervaso e intossicato le nostre società sia un gigante dai piedi d'argilla, potrebbe essere interpretato, gobettianamente, come l'autobiografia della globalizzazione.

Nel mondo globalizzato tutto ciò che non può essere messo al lavoro, e generare profitto, tutto ciò che non risponde alla logica della domanda solvibile e alle formulette del totalitarismo neoliberista cui Gallino dedicò la sua lucida analisi, non conta nulla, non ha valore, è escluso da qualsivoglia ragionamento di progettualità politica e sociale. Il finanzcapitalismo è, nella sua essenza, "una mega-macchina costruita per estrarre valore".[29] Non solo gli ideali di solidarietà e cooperazione sono oramai fuori corso: lo stesso principio di precauzione che dovrebbe essere tenuto in onore nelle decisioni pubbliche è diventato residuale.

Propongo, in conclusione, tre situazioni di abbandono del principio di precauzione che sollevano al contempo il dubbio che stiamo vivendo una nuova eclissi della ragione, forse persino più pericolosa dei totalitarismi novecenteschi:

1. la concreta possibilità che arrivasse una pandemia era non solo un evento prevedibile, ma tutto sommato previsto dall'OMS fin dal 2007.[30] In seguito, a fine 2014, dopo che il virus Ebola aveva falciato l'Africa, gli Stati Uniti sotto la presidenza Obama avevano pensato di costruire "un'infrastruttura", un'unità di crisi specifica, capace di collaborare con analoghe strutture di altri paesi.[31] anche la Francia – sostiene Flores d'Arcais in un recente video-intervista[32] – in passato si era mossa in questa direzione, ma da un punto di vista della dottrina liberista che ha inquinato l'economia e le scienze

---

[29] L. Gallino, *Finanzcapitalismo. La civiltà del denaro in crisi*, Einaudi, Torino 2011, p. 5.

[30] Questo rischio e le relative precauzioni sono contenute in un report dell'OMS e riprese da Epicentro, il portale dell'epidemiologia per la sanità pubblica, a cura dell'Istituto Superiore della Sanità (https://www.epicentro.iss.it/globale/oms_2007).

[31] Obama aveva proposto di prendere precauzioni per prevenire una prossima pandemia. "*Per consentirci di affrontarla in modo efficace* – afferma –, *dobbiamo creare un'infrastruttura, non solo qui negli Usa, ma a livello globale, che ci consenta di individuarla rapidamente, isolarla rapidamente e reagire rapidamente*".
"*È un investimento intelligente. Non è solo un'assicurazione* – conclude Obama –. *Sappiamo che in futuro continueremo ad avere problemi come questo. Quindi è importante ora, ma è anche importante per il nostro futuro, il futuro dei nostri figli e il futuro dei nostri nipoti*" (https://video.lastampa.it/esteri/coronavirus-se-gli-usa-avessero-ascoltato-obama-nel-2014-il-discorso-profetico-che-avrebbe-salvato-migliaia-di-vite/113053/113067).

[32] http://temi.repubblica.it/micromega-online/flores-arcais-la-prevedibile-pandemia-e-il-virus-liberista-video/ (pubblicato il 7 maggio 2020).

sociali questo avrebbe significato immobilizzare circa cento milioni di euro l'anno. Prendere collettivamente precauzioni pare costare molto senza promettere un profitto immediato. Lo stesso stiamo facendo con le catastrofi ambientali e sociali che pendono sulle nostre teste. Per provare a evitarle, occorre inevitabilmente "pagare" come collettività politiche responsabili, impiegando risorse, ossia rimettendo al centro dell'attenzione l'interesse pubblico anziché il profitto privato, le serie politiche di Welfare e non la folla corsa alle mere dinamiche del mercato. Hobbes – insisto – per spiegare perché lo Stato politico fosse necessario anche se andava a limitare la libertà assoluta degli individui nello "stato di natura", si accalorava, come di rado traspare dai suoi scritti, invitando gli uomini a non lasciarsi distrarre dalle passioni egoistiche che impediscono di "vedere a distanza le miserie che sono sospese sopra di loro e che non si possono evitare senza pagare" (Lev., XVIII, cit., p. 180). Una lezione che stiamo tragicamente dimenticando?

2. La pandemia ci ha mostrato, se ce ne fosse stato ancora bisogno, che non è una "livella", che anche in questa occasione non è vero che siamo tutti nelle stesse condizioni, come vuole la retorica imperante. Per nessuno è (stato) un periodo piacevole, ma in alcuni casi la pandemia ha gettato sul lastrico, o letteralmente sulla strada, persone e intere famiglie. La forbice delle diseguaglianze, già prima decisamente aperta, sembra destinata a aprirsi ancora di più. Se poi allarghiamo lo sguardo al mondo che una volta si diceva dei "dannati della terra" (F. Fanon), allora possiamo scoprire che la nostra "pandemia", che tanto ci ha terrorizzato, è qualcosa di normale in altre regioni del mondo, regioni di cui evidentemente non ci importa nulla. Di malaria, ci ricordano i report dell'OMS, ancora oggi muoiono più di quattrocentomila persone l'anno, soprattutto bambini, una cifra superiore ai nostri morti di o con covid-19, e in vaste regioni del pianeta la speranza di vita è di circa 30 anni inferiore alla nostra.

Secondo il report 2020 di Oxfam,[33] la manciata degli individui più ricchi della terra (2153 miliardari) ha un patrimonio superiore al 60% più povero del pianeta, cioè a circa quattro miliardi e mezzo di persone. Il virus che piega o incrina il nostro benessere, i nostri consumi spesso superflui e scriteriati sotto il profilo ambientale, ci interroga su come questa misura di diseguaglianza sia possibile e tollerabile. se non sia essa stessa una grave emergenza planetaria. Di nuovo, cercando di andare all'origini e ai fondamenti del problema, occorre forse riflettere sull'individualismo che è stato il segno distintivo dell'età moderna, che sta alla base tanto dell'economia di mercato quanto delle società democratiche, non senza qualche tensione fra i due aspetti che la signora Thatcher risolveva sostenendo che la società non esiste, ma soltanto gli individui. Affermava Bobbio: "c'è individualismo e individualismo. C'è l'individualismo della tradizione liberale-libertaria, e quello della tradizione democratica. Il primo recide il singolo dal corpo organico della società e lo fa vivere fuori dal grembo materno immettendolo nel mondo sconosciuto e pieno di pericoli della lotta per la sopravvivenza, dove ognuno deve badare a se stesso, in una lotta perpetua esemplificata dall'hobbesiano *bellum omnium contra omnes*. Il secondo lo ricongiunge a altri individui simili a lui, che considera suoi simili, poiché dalla loro unione la società venga ricomposta non più come il tutto organico da cui è uscito ma come un'associazione di individui liberi. Il primo rivendica la libertà dell'individuo dalla società. Il secondo lo riconcilia con la società facendo della società il risultato di un libero accordo tra individui intelligenti".[34] Tra individualismo liberal-libertario (*fame futura famelicus*) e individualismo dei diritti e della cooperazione solidale siamo di fronte a una scelta di campo, tutto sommato chiara. Intendiamo continuare a distruggere quel poco di welfare che rimane

---

[33] La ricchezza globale, in crescita tra giugno 2018 e giugno 2019, resta fortemente concentrata al vertice della piramide distributiva: l'1% più ricco, sotto il profilo patrimoniale, deteneva a metà 2019 più del doppio della ricchezza netta posseduta da 6,9 miliardi di persone.
Nel mondo 2.153 miliardari detenevano più ricchezza di 4,6 miliardi di persone, circa il 60% della popolazione globale.
Il patrimonio delle 22 persone più facoltose era superiore alla ricchezza di tutte le donne africane.
Se le distanze tra i livelli medi di ricchezza dei Paesi si assottigliano, la disuguaglianza di ricchezza cresce in molti Paesi.
In Italia, il 10% più ricco possedeva oltre 6 volte la ricchezza del 50% più povero dei nostri connazionali. Una quota cresciuta in 20 anni del 7,6% a fronte di una riduzione del 36,6% di quella della metà più povera degli italiani. L'anno scorso inoltre, la quota di ricchezza in possesso dell'1% più ricco degli italiani superava quanto detenuto dal 70% più povero, sotto il profilo patrimoniale.

[34] Bobbio, *Teoria generale della politica*, cit., p. 334.

dopo quarant'anni di ideologia liberista insegnata in gran parte delle università del mondo che conta, come accusava Luciano Gallino,[35] o vogliamo provare a immaginare un "incivilimento" del capitalismo finanziario, opponendogli una rete cosmopolitica della solidarietà?

3. La globalizzazione senza regole ha portato con sé l'occupazione/distruzione di ambienti prima selvaggi, dove esistono sconosciuti agenti (per noi "umani") patogeni;[36] i viaggi rapidi di larga portata (e alla portata di molti); le mega-cities, in cui si concentrerà sempre di più la popolazione del pianeta, il cambiamento climatico, con tutti gli effetti devastanti (siccità, inondazioni, migrazioni climatiche, perdita di biodiversità ecc.). Tutti problemi che ben conosciamo ma che tendiamo a ignorare, a non prendere davvero sul serio. Un po' perché ci appaiono "sovrumani", un po' perché in cuor nostro sappiamo che imporrebbero una seria revisione del nostro stile di vita e di consumo. Ma non è mai il momento buono, forse perché in fondo la nostra vita di abitanti del primo mondo non pare (ancora) direttamente "contagiata" da questi fenomeni. Stiamo persino perdendo gli insetti impollinatori, da cui dipende la produzione di gran parte dei nostri alimenti, ma continuiamo a usare i prodotti chimici che uccidono o invalidano tali insetti. In fondo, il Covid-19 è venuto a annunciarci proprio questo: che altre emergenze sono dietro l'angolo, e non è detto che presto riguardino direttamente anche noi e non solo i migranti o i dannati della terra. Distogliere lo sguardo, perché non si vuole pagare in termini di cambiamento di stili di vita, di rinuncia a una quantità di cose superflue e spesso nocive, è anche questa una scelta. Miope e irresponsabile, per non dire criminale.

---

[35] Gallino, Finanzcapitalismo, cit., pp. 24-31.

[36] Già nel 2016, d'altra parte, l'Agenzia delle Nazioni Unite per l'Ambiente (UNEP) spiegava che il 60% delle malattie infettive nell'uomo è di origine animale. Quota che sale al 75% nel caso delle patologie emergenti. Il tutto ha comportato un costo diretto, negli ultimi due decenni, di 100 miliardi di dollari. Calcolo che non tiene conto, ovviamente, della pandemia attuale.
«Invadiamo le foreste tropicali e altri luoghi selvaggi che ospitano specie animali e vegetali e, assieme ad esse, numerosi virus sconosciuti. Perturbiamo gli ecosistemi, facendo sì che quei virus cerchino nuovi organismi che, spesso, sono i nostri. Quelli degli esseri umani», ha confermato sulle colonne del New York Times David Quammen, giornalista scientifico americano autore nel 2012 del saggio "Spillover. Animal Infections and the Next Human Pandemic" (tr.it *Spillover. L'evoluzione delle pandemie*, Adelphi 2017).

Il saggio ricostruisce per linee essenziali le origini e i fondamenti del diritto a migrare per tutto il pianeta, attraverso il pensiero di autori come Francisco de Vitoria e Kant. Da tale ricostruzione emerge non solo che il diritto a migrare non è un diritto recente ma anche che è un diritto elaborato nella tradizione del pensiero occidentale, sia esso religioso (Vitoria) o laico (Kant). Un diritto che accompagnava e sosteneva ideologicamente la colonizzazione delle potenze europee. Oggi che i flussi migratori hanno destinazione le nostre società del benessere, osserva Ferrajoli, il diritto a migrare è disconosciuto e il pensiero mainstream riscopre i confini e le identità culturali come barriera contro la cosiddetta "invasione". L'inospitalità arriva al punto di promuovere accordi per spostare queste barriere fuori d'Europa, di modo da poter allontanare lo sguardo e attribuire a questi paesi la responsabilità morale e politica delle gravissime violazioni dei diritti fondamentali dei migranti, come ha fatto l'Italia con la Libia.

Queste politiche migratorie, oltre che disumane, sono tuttavia miopi, perché non affrontano le cause profonde delle migrazioni, presenti ma soprattutto future. Sono politiche di corto raggio, non solo distanti da una visione cooperativa e solidale delle relazioni globali, ma anche inadeguate, come osserva Pallante, a realizzare sia politiche di contenimento di povertà e diseguaglianze sia un'efficace programmazione dei flussi ispirata da un principio di precauzione che abbia obiettivi di medio-lungo termine. Insomma, davvero utili a proteggere gli autoctoni dai rischi d'invasione. Analoghe pulsioni irrazionali, come osservarono Lukacs e Horkheimer, sono sfociate nei totalitarismi del ventesimo secolo.

A partire da queste considerazioni, nel paragrafo finale si riflette sugli effetti di disvelamento, di smascheramento dell'irrazionalità intrinseca della mega-macchina della globalizzazione neoliberista prodotti dalla pandemia che questa volta ha colpito direttamente anche le società dell'affluenza.

The essay reconstructs for essential ways origins and grounds of the right to migrate, analyzing above all Francisco de Vitoria's reflexions on Spanish american colonization. This analysis underlines the right to migrate is not only an ancient right but also a right conceived and claimed in European and overall Western tradition, either by religious thought or by secular one (e.g., Kant). Today, as Ferrajoli observes, one of the target of migration flows is our societies of affluence. By consequence, these societies disawow the right to migrate and the mainstream public discourse rediscovers boundaries and supports many other forms of cultural, economical and legal barriers against the so called "invasion". The inhospitality goes as far to sign international conventions to put these barriers out of European Union: in this way it's posible to attribute hipocritically to these no european countries the moral and political responsibility of the human rights massive violations to the detriment of migrants.

These migration policies are nevertheless blind, othe than inhuman, becouse they don't face the deep reasons of migration, in this historical moment as well as in the future. They are short range policies, as F. Pallante points out, not only far from a cooperative and solidary vision of global relations, but also inadequate to realize efficacious migration flows programmes inspired by a precationary principle targeting to the medium-long term. In other words, making migration policies really useful to protect the "natives" by the "invasion risk". Similar irrational instincts, as Lukacs and Horkheimer pointed out, lead to twentieth century totalitarianisms.

Starting from these considerations, in the last paragraph the author makes some remarks about unmasking effects produced by the Covid-19 pandemic. First of all, the pandemic that hardly stroke our affluent societies unmasks the deep irrationality of neoliberal globalization.

Informação bibliográfica deste texto, conforme a NBR 6023:2018 da Associação Brasileira de Normas Técnicas (ABNT):

VITALE, Ermanno. Politiche migratorie, tra distruzione e eclissi della ragione. *In*: SARAIVA FILHO, Oswaldo Othon de Pontes; BERTELLI, Luiz Gonzaga; SIQUEIRA, Julio Homem de (coord.). *Direitos dos refugiados*. Belo Horizonte: Fórum, 2024. (Coleção Fórum Direito Internacional Humanitário, v. 1, t. 2). p. 73-94. ISBN 978-65-5518-614-7.

OS SISTEMAS EUROPEU E INTERAMERICANO DE DIREITOS HUMANOS E O DIREITO INTERNACIONAL MIGRATÓRIO – UMA PERSPECTIVA COMPARADA

GABRIELLE BEZERRA SALES SARLET

ITALO ROBERTO FUHRMANN

1 Introdução

A conscientização universal da doutrina dos direitos humanos tomou grande relevo a partir do término da Segunda Guerra Mundial, na condição de um verdadeiro fenômeno cultural.[1] Pela primeira vez na história da Humanidade, fez-se presente a necessidade de um *standard* mínimo comum normativo de proteção dos direitos humanos aplicável em todos os países, independente do contexto social, econômico ou mesmo cultural. Trata-se de um arquétipo jurídico internacional balizador das leis, políticas públicas e decisões judiciais dos Estados-membros pertencentes ao sistema internacional das Nações Unidas e aos sistemas regionais de direitos humanos que, malgrado as dificuldades de institucionalização e implementação fática, bem como as resistências pontuais de viés político, representa hoje uma conquista sedimentada

---

[1] BARACHO, José Alfredo de Oliveira. A prática jurídica no domínio da proteção internacional dos direitos do homem. In: *Revista de Informação Legislativa*, 35, n. 137, p. 91, jan./mar. 1998.

no âmbito do direito internacional público. A título exemplificativo, o Conselho da Europa, surgido a partir da hecatombe da Segunda Guerra Mundial e da correlata aluição quase integral do continente europeu, vem alcançando resultados e conquistas surpreendentes no campo dos direitos humanos, em especial por meio da atividade judicante da Corte Europeia de Direitos humanos, sediada em Estrasburgo.[2]

Sem embargo, o bom augúrio da conformação de uma ordem pública europeia moldada pela fundação e sedimentação do Conselho da Europa (05.05.1949), na esteira da contextura de uma sociedade internacional configurada em Estado de Direito, e o valor correlato dos direitos humanos como arquétipos normativos universalizantes foram desafiados com a recente invasão militar russa no território ucraniano. O Direito Internacional Público, focalizado e ancorado em três pilares insofismáveis, o *Jus Cogens*, o *pacta sunt servanda* e a boa-fé, defronta-se, em território europeu, com os interesses políticos sobrepujantes dos Estados soberanos. A invasão russa na Ucrânia tornou a problemática dos refugiados ainda mais complexa e intrincada, sobremodo nos países limítrofes como Polônia, Hungria, Moldávia, bem como nos países bálticos.

Impende ressaltar, em termos de breviário, que o Direito Internacional, pelo menos desde a promulgação da Convenção de Viena sobre o Direito dos Tratados, de 1969, proscreve a alegação do direito interno para a inobservância e a inaplicação de um tratado, que deverá, em caso de antinomias normativas ou axiológicas, prevalecer em última análise.[3]

Nesta senda, o presente artigo tem como escopo analisar o Direito Migratório, em termos comparados, nos sistemas europeu e interamericano, desde a perspectiva do direito ao refúgio. O termo "refugiado" ganhou contornos políticos de larga expressão nos últimos anos, vinculado indissociavelmente ao atual processo massivo migratório no cenário europeu e americano. O termo, malgrado o uso técnico-dogmático do Direito internacional público, desde sempre se impregnou de uma conotação crassamente depreciativa; tanto é assim que um dos primeiros

---

[2] O Conselho da Europa foi instituído aos 5 de maio de 1949, por intermédio do assim chamado Tratado de Londres, e é a mais antiga instituição europeia em funcionamento. Foi fundado por Reino Unido, Itália, Bélgica, Países Baixos, Suécia, Dinamarca, Luxemburgo e Irlanda. Atualmente, 46 Estados-membros compõem o Conselho e oito Estados na condição de observadores. O Conselho da Europa é presidido por Marija Buric (Bósnia).

[3] Cf., Convenção de Viena sobre o Direito dos Tratados (1969), art. 27, *verbis*: "Uma parte não pode invocar as disposições de seu direito interno para justificar o inadimplemento de um tratado". O Brasil internalizou o sobredito tratado através do Decreto nº 7.030, de 14 de dezembro de 2009.

textos escritos em língua inglesa pela filósofa alemã Hannah Arendt, intitulado "We Refugees",[4] propõe a descaracterização dos judeus da década de 1940 da condição de refugiados para imigrantes comuns. Por certo, Hannah Arendt já havia antevisto a significativa dificuldade de inserção e de discriminação dos "refugiados" na condição de pessoas "inferiores" ou de "segunda classe" num novo país.

Sem embargo, o Direito Constitucional vem se modificando adrede em direção a um sistema normativo supranacional, de regulação jurídica unificada de diversos países ou regiões, e de cooperação institucional entre Estados para a consolidação de uma comunidade jurídica internacional com poderes jurídicos (judiciais) vinculatórios.[5]

Neste compasso, basta à referência às Convenções europeia (1950), interamericana (1969) e africana (1981) de direitos humanos e a atuação cada vez mais abrangente e eficaz de suas Cortes de Justiça para a constatação do entrelaçamento inextricável das ordens jurídicas internas e internacionais, afastando-se de um sistema binário de outrora, tudo a engendrar uma era do Direito Constitucional *Internacional*.

As Constituições do século XX, na maioria dos casos, forjadas em um ambiente político de ruptura institucional com o regime autoritário pretérito,[6] incluindo aqui a Constituição brasileira de 1988, consubstanciadoras de uma espécie de *entronização* jurídico-positiva dos direitos fundamentais, e dimanantes do contexto da tensão política da chamada Guerra Fria, a qual o próprio nacionalismo era sobremaneira galvanizado pela doutrina da segurança (interna) nacional, não encontram lastro normativo para esta nova ambiência internacional do Direito e das relações institucionais.

Nada obstante, há alguns pontos específicos de abertura nas Constituições para um diálogo entre as nações, mormente os relacionados ao direito de nacionalidade, a competência internacional jurisdicional, bem como os princípios que regem os Estados nas suas relações internacionais,[7] porém muito longe de conformar uma rede normativa

---

[4] ARENDT, Hannah. We Refugees. *The Jewish Writings*. Schocken Books: New York, 1943. p. 264.
[5] Cf., por todos, PETERS, Anne. *Global Constitutionalism* – the social dimension. Cambridge: CUP, 2018.
[6] Basta, nesta senda, citarmos os exemplos da Alemanha (Lei Fundamental de Bonn, de 1949), da Itália (Constituição da República Italiana, de 27 de dezembro de 1947), de Portugal (Constituição da República Portuguesa, de 2 de abril de 1976), da Espanha (Constituição Espanhola, de 31 de outubro de 1978) e do próprio Brasil (Constituição da República Federativa do Brasil, de 5 de outubro de 1988).
[7] Na Constituição brasileira de 1988, por exemplo, há previsão expressa da forma como o Estado brasileiro deve se relacionar no âmbito das relações internacionais, como a de dar

internacional apta a dar respostas adequadas e eficazes às questões prementes, como, por exemplo, as que exsurgem do Direito Migratório. Na esteira das lições do filósofo alemão Ernst Tugendhat, um direito humano especialmente controverso é, sem dúvida, hoje, o direito à livre circulação. Este direito, que é um direito negativo, é atualmente reconhecido em geral nas ordens jurídicas internas, bem como o direito a emigrar, porém não o direito à *imigração*. A pergunta fulcral se refere à possibilidade de reconhecimento da existência de direitos humanos universais; dentro de um contexto de interdependência econômica os Estados teriam o direito de se "encapsularem"?[8]

O processo de internacionalização dos direitos humanos, ou mesmo de humanização do Direito Internacional,[9] contribuiu para um entendimento transnacional da questão migratória, em especial nas últimas décadas. O influxo da "viragem conceitual" da concepção do Direito e do Estado depreende-se da intensificação jamais vista dos descolamentos em massa de migrantes, em especial nos continentes europeu e americano. Defronte aos quase 280 milhões de migrantes existentes atualmente no mundo,[10] dentre os quais 26 milhões de refugiados,[11] consoante dados extraídos do Relatório da Organização Internacional para Migração da ONU,[12] uma solução monolítica e individualizada dos Estados nacionais é simplesmente impraticável e contraproducente. Assim como preceitua Jürgen Habermas em alusão a uma democracia transnacional cosmopolita para tentar "controlar"

---

prevalência aos direitos humanos (art. 4º, inciso II), a possibilidade de equiparação dos tratados e convenções sobre direitos humanos às emendas constitucionais (art. 5º, §3º), as competências institucionais do Congresso e da Presidência da celebração de acordos internacionais, e sua forma de internalização (art. 49, inciso I c/c art. 84, inciso VIII), e as formas de aquisição da nacionalidade originária e derivada (art. 12).

[8] Cf., TUGENDHAT, Ernst. Die Kontroverse um die Menschenrechte. *In:* GOSEPATH, Stefan; LOHMANN, Georg (org.). *Philosophie der Menschenrechte.* STW: Frankfurt am Main, 1998. p. 60.

[9] Cf., PIOVESAN, Flávia. *Direitos Humanos e Justiça internacional.* Um estudo comparativo dos sistemas regionais europeu, interamericano e africano. São Paulo: Saraiva, 2006. p. 7 e ss.

[10] Com a irrupção dos conflitos na Síria, em 15 de março de 2011, a crise envolvendo os refugiados se tornou alarmante, de modo que, atualmente, de cada três refugiados no mundo, um é sírio. Hannoversche Allgemein, disponível em: http://www.haz.de/Nachrichten/Politik/Deutschland-Welt/In-welchen-Laendern-Fluechtlinge-Zuflucht-suchen.

[11] Consoante a Organização Internacional para Migração da ONU, são 20,4 milhões de refugiados sob o mandato do Alto Comissariado das Nações Unidas para os Refugiados e 5,5 milhões de refugiados sob o mandato da Agência das Nações Unidas para os Refugiados da Palestina.

[12] International Organization for Migration (IOM): World Migration Report 2020.

politicamente os mercados internacionais,[13] torna-se necessário, e urgente, uma reconfiguração jurídico-normativa em nível internacional para enfrentar adequadamente a situação, na maioria das vezes vulnerável, dos migrantes.

Para a realização da presente investigação, circunscrita na possível existência de *standards* mínimos e cogentes (vinculativos) de proteção aos migrantes, em especial dos refugiados, em nível regional e internacional, efetivou-se uma pesquisa notadamente comparativa, auferindo a atuação política dos Estados nacionais, por intermédio de criação legislativa ou adoção de determinadas políticas públicas, e, num segundo aspecto, a busca pela jurisprudência internacional correspectiva a fim de engendrar baldrames protetivos contra Estados violadores dos direitos dos refugiados. No caso concreto, desde uma análise de Direito Comparado e indutiva, investiga-se o caso do Direito alemão e do Direito brasileiro, exatamente por serem dois dos países mais afetados pela atual onda de deslocamento populacional forçado. *Ad exemplum*, uma das consequências prioritárias da investigação é fornecer um panorama contributivo para o Direito alemão e para o Direito brasileiro, em termos de aperfeiçoamento legislativo e constitucional mútuo, aferindo os déficits e os avanços de cada ordenamento jurídico em específico, sem descurar, obviamente, das idiossincrasias próprias de cada contexto jurídico, político, social e cultural.

2 O contexto atual das migrações

O fenômeno das migrações[14] está indissociavelmente relacionado à formação cultural e econômica da sociedade contemporânea mundial,[15] bem como consubstancia-se num elemento característico da própria personalidade humana, atrelada a uma perspectiva de

---

[13] HABERMAS, Jürgen. *Zur Verfassung Europas: Ein Essay*. Frankfurt a.M: Suhrkamp Verlag, 2011.

[14] O conceito de imigração, e de imigrante, é definido, em termos de Direito brasileiro, pela Lei nº 13.445/17, a assim designada Lei das Migrações, segundo a qual "imigrante é a pessoa nacional de outro país ou apátrida que trabalha ou reside e se estabelece temporária ou definitivamente no Brasil (art. 1º, §1º, inciso II). Em relação ao Direito Internacional Público, o Departamento para as Relações Sociais e Econômicas das Nações Unidas define imigrante como aquele que troca de país para residência habitual, distinguindo o imigrante de curto prazo (entre 3 meses e um ano) e o imigrante de longo prazo (acima de 1 ano). *United Nations Recommendations on Statistics of International Migration*.

[15] V., por todos, PERRY, John; PERRY, Erna. Contemporary Society: A Introduction to Social Science. 13. ed. New York: Person Education, 2016. p. 264 e ss.

mudança e de busca constante por crescimento pessoal e material.[16] A partir da segunda década do século XXI,[17] houve um significativo recrudescimento do fluxo migratório, em especial para o continente americano e europeu,[18] decorrente, em grande escala, da irrupção dos conflitos no Oriente Médio, em especial na Síria,[19] do desastre natural, e da subsequente guerra civil, no Haiti e da crise econômica, política e social na América Latina, em especial na Venezuela. Esta crise de descolamento intenso de grandes contingentes populacionais está afetando de forma abrupta e intensa países como a Alemanha, onde os requerimentos por asilo e refúgio crescem substancialmente a cada ano,[20] provenientes, em grande escala, de países com formação social, cultural e religiosa diametralmente oposta.

Por outro lado, na América Latina ocorre fenômeno similar, especialmente no caso brasileiro face à imigração venezuelana no norte do país, bem como da imigração boliviana e africana na região sudeste. Não raras vezes, os Estados nacionais isolados não conseguem dar respostas adequadas, seja do ponto de vista do Direito Internacional, seja na perspectiva pessoal dos migrantes, quase sempre em situação de vulnerabilidade econômica e psicológica, e acabam por ser decididas, em última análise, pelas instâncias judiciais internacionais de proteção dos direitos humanos.

Consoante o último relatório publicado pela Organização Internacional para Migração da ONU (World Migration Report, 2020), o número de migrantes internacionais chegou à marca de 272 milhões,

---

[16] No âmbito da dogmática do Direito Internacional Público, importantes textos acadêmicos abordam a temática desde o século XIX, atrelando-a substancialmente ao processo de expansão e desenvolvimento do capital no contexto europeu, especialmente na Inglaterra. Por todos, v. RAVENSTEIN, E. G. The Laws of Migration. *In: Journal of Statistical Society of London*, vol. 48, n. 2, p. 167-235, Jun. 1885.

[17] Consoante o relatório mundial da Organização das Nações Unidas para Migração, o número de migrantes ultrapassou, no ano de 2010, a marca de 200 milhões e já representa 3,5% da população mundial. Cf., World Migration Report, 2020 (ONU).

[18] Por conta deste processo migratório, estão surgindo, de forma sistemática, novas leis e atos normativos no âmbito do Direito positivo nacional e no Direito Internacional, com o escopo de "racionalizar" este intenso deslocamento de pessoas, tanto no contexto europeu quanto americano.

[19] A guerra civil na Síria começou com uma série de protestos populares em 26 de janeiro de 2011 e se tornou um levante armado em 15 de março de 2011..

[20] Consoante dados fornecidos pelo Ministério de Estado Alemão para Migração e Refugiados (BAMF), de janeiro a abril de 2019, foram requeridos 51.370 novos pedidos de refúgio ao governo alemão, provenientes, em sua maioria, da Síria, Iraque e Nigéria. Disponível em: http://www.bamf.de/SharedDocs/Anlagen/DE/Downloads/Infothek/Statistik/Asyl/aktuelle-zahlen-zu-asyl-april-2019.pdf;jsessionid=E3D8A5D108BD1BE9A4386361805F2E8B.2_cid286?__blob=publicationFile. Acesso em: 7 jun. 2019.

dentre os quais dois terços são de migrantes que se deslocam por razões de trabalho[21] – *Labour Migrants*. Em termos estritamente econômicos, foi enviado pelos migrantes aos seus países de origem um total de 689 bilhões de dólares no ano de 2018, e os países que mais se receberam este aporte foram Índia, China e México, respectivamente.[22] Atualmente, no mundo, há um contingente de 25,9 milhões de refugiados, dentre os quais 20,4 milhões estão sob o mandato do Alto Comissariado das Nações Unidas para os Refugiados (ACNUR) e 5,5 milhões sob o mandato da Agência das Nações Unidas para os Refugiados da Palestina (UNRWA).[23] Um dado de elevada importância e que redimensiona a problemática para um patamar mais alarmante é que, dos 25,9 milhões de refugiados, 52% são crianças e adolescentes com menos de 18 anos de idade. Digno de nota é o açambarcamento de um grande número de refugiados provenientes de um mesmo país. Nesta senda, 57% dos refugiados sob o mandato do Alto Comissariado das Nações Unidas para os Refugiados (ACNUR) são oriundos de apenas três países, a saber, da República Árabe da Síria, do Afeganistão e do Sudão.[24] Na grande maioria dos casos, são pessoas acossadas nos seus países de origem ou residência e que procuram refúgio em países limítrofes.

3 Migração e sistemas regionais de proteção dos direitos humanos

Há, paralelamente ao sistema global de justiça da ONU, sistemas regionais de proteção dos direitos humanos no continente europeu, americano e africano, lastreados respectivamente por suas convenções de direitos.[25] A seguir, será esboçado um panorama acerca dos sistemas judiciais europeu e americano de direitos humanos, em perspectiva comparativa, desde o caso empírico do direito migratório e, em especial, do direito ao refúgio.

---

[21] Cf., World Migration Report, 2020, (ONU), p. 2.
[22] Cf., World Migration Report, 2020, (ONU), p. 3.
[23] *Ibidem*.
[24] Disponível em: https://www.acnur.org/portugues/dados-sobre-refugio/, acesso em: 1 abr. 2020.
[25] No cenário europeu, a Convenção Europeia para a proteção dos direitos do homem e das liberdades fundamentais de 4 de novembro de 1950 (em vigor desde 03 de setembro de 1953) é aplicável a mais de 800 milhões de europeus em todo o continente. Nas Américas, a Convenção Americana de Direitos Humanos foi assinada aos 22 de novembro de 1969, em São José da Costa Rica, entrando em vigor em 18 de julho de 1978. No Direito Internacional africano, a Carta Africana dos Direitos Humanos e dos Povos (Carta de Banjul) foi aprovada pela Organização da Unidade Africana em 1981 e vige desde 21 de outubro de 1986.

3.1 Sistema europeu: o caso alemão

O continente europeu detém um sistema próprio de resolução de conflitos envolvendo direitos humanos, estruturado a partir da Convenção Europeia para a Proteção dos Direitos Humanos e das Liberdades Fundamentais, assinada no Palácio Barberini (Roma), aos 4 de novembro de 1950,[26] sob a presidência do conde Sforza. Após o desfecho da Segunda Guerra Mundial, mediante a capitulação incondicional da Alemanha em 08.05.1945, as potências vencedoras (aliados) decidiram criar um sistema internacional de proteção jurisdicional dos direitos humanos como medida profilática face as atrocidades perpetradas pelo regime nacional-socialista.

Tal sistema foi arquitetado para facilitar, de forma mais abrangente e eficaz possível, o acesso individual e simplificado dos europeus à tutela jurisdicional internacional concernente a seus direitos e prerrogativas. Desta forma, o sistema judicial europeu não possui mecanismos abstrusos, herméticos, de difícil acepção, inclusive para leigos; muito ao contrário, qualquer cidadão pode ingressar individualmente, e de modo direto, com uma petição junto à Corte Europeia de Direitos Humanos, sem qualquer formalidade ou requisitos de índole jurídico-normativa processual, ou mesmo da postulação de advogado particularmente constituído.[27] Dos sistemas regionais existentes, de fato, o europeu é o mais consolidado e amadurecido, exercendo influência significativa sobre os demais, a saber o interamericano e o africano.[28]

Importante referir que o sistema de Estrasburgo de proteção dos direitos humanos é muito mais abrangente e complexo do que o sistema jurídico da União Europeia. De fato, o Conselho da Europa congloba 47 Estados membros, profundamente distintos entre si. Basta referirmos aqui alguns países como Armênia, Azerbaijão, Chipre, San Marino, Bósnia e Herzegovina, Islândia, Albânia e Geórgia, para notarmos o grau de heterogeneidade que estrutura o atual Conselho da Europa, o mais antigo e representativo do continente. Face a tal heterogeneidade, formulou-se a designada doutrina da margem de apreciação reservada aos Estados. Deste modo, a Convenção não visa consagrar um Direito

---

[26] A Convenção Europeia de Direitos Humanos entrou em vigor aos 3 de setembro de 1953.
[27] A Corte Europeia de Direitos Humanos, fundada em 1959, e com jurisdição nos 46 países do Conselho da Europa, se tornou um órgão jurisdicional permanente e de acesso individual através do Protocolo Adicional nº 11, de 1994, que entrou em vigor em 1º de novembro de 1998.
[28] PIOVESAN, Flávia. *Direitos Humanos e Justiça Internacional*. 2. ed. São Paulo: Saraiva, 2011. p. 99.

uniforme e equalizador, mas pretende alcançar um *standard* mínimo de proteção em uma sociedade pluralista e democrática.[29] No contexto político e jurídico europeu, um avanço significativo foi dado pela assinatura do Tratado de Lisboa, aos 13 de dezembro de 2007, uma tentativa exitosa de consolidação da União Europeia para além de uma união monetária.[30] Não há dúvida de que o principal problema jurídico e político hodierno no contexto europeu, e em especial no contexto alemão, é designadamente o processo massivo de imigração proveniente, em grande medida, da Síria e da rota do mediterrâneo, entre a Líbia e a ilha de Lampedusa, causando impacto ingente na política eleitoral interna dos países.[31] No cenário judicial internacional europeu, já há alguns anos, a jurisprudência da Corte Europeia de Direitos Humanos tem se perfilhado no sentido da concessão de refúgio, por violação ao art. 3º da Convenção,[32] nos casos em que o retorno do refugiado ao seu país de origem possa causar-lhe violação à sua integridade física (*chacal vs. The United Kingdom, 1996*).

No caso Hirsi Jamaa e outros *vs.* Itália, julgado aos 23 de fevereiro de 2012, a Corte Europeia de Direitos Humanos, sediada em Estrasburgo, proferiu a emblemática decisão e, desde então, *landmark case* acerca da condição do refugiado em trânsito para os países de destino. Com efeito, o caso envolveu 11 imigrantes nacionais da Somália e 13 da Eritréia, que foram interceptados em alto mar pela guarda costeira italiana e conduzidos compulsoriamente a Trípoli, em 6 de maio de 2009.

O governo italiano argumentou, embasado em um tratado bilateral com a Líbia que entrara em vigor no mesmo ano, que este concedia a possibilidade de interceptação e de envio automático de imigrantes em rota para a Itália, em especial para a ilha de Lampedusa. Malgrado

---

[29] BARACHO, *op. cit.*, p. 102.

[30] Em 30 de junho de 2009, o segundo senado do Tribunal Constitucional Federal da Alemanha decidiu, por maioria de votos, a favor da constitucionalidade do Tratado de Lisboa, porém impôs fortes limites constitucionais à transferência de soberania nacional à União Europeia, bem como ampliou o seu direito de controlar a constitucionalidade do Direito Comunitário europeu, fortalecendo as competências parlamentares da Alemanha face aos assuntos ligados ao Direito Internacional.

[31] Na Alemanha, o partido popular de direita (Alternativa para a Alemanha – AfD) está ascendendo abruptamente e já é considerado a terceira força política do país, com 13% do apoio eleitoral. Disponível em: https://www.dw.com/pt-br/pesquisa-confirma-ascens%C3%A3o-da-afd/a-40650350.

[32] Consoante predispõe o art. 3º da Convenção Europeia sobre a Proteção dos Direitos Humanos e das Liberdades Fundamentais, "ninguém pode ser submetido à tortura ou a tratamento desumano ou degradante".

a existência do referido tratado bilateral, a Corte decidiu que tal política de interceptação e devolução forçada viola a Convenção Europeia de Direitos Humanos, designadamente pelo não acesso às instâncias administrativas e judiciais do país de destino para a formalização do pedido de refúgio e pela violação ao art. 3º, que proscreve quaisquer atos de tortura e de lesão à integridade física, o que também pode ser estendido como paradigma a ser observado pelo Estado alemão.

Em síntese, foram estipulados quatro *standards* a serem observados pelos Estados membros do Conselho da Europa: a) o princípio do *non-refoulement*, que informa os direitos dos refugiados; b) a proibição da tortura ou de outros tratamentos desumanos ou degradantes; c) a proibição de expulsões coletivas e d) a garantia de acesso às instâncias administrativas do país de destino.

A Alemanha possui um Ministério de Estado com atribuições para assuntos relacionados à migração (Bundesamt für Migration und Flüchtlinge). O tema, no Direito Constitucional alemão, remonta à data original da promulgação da Constituição alemã de 1949. Até 1992, existia um direito de asilo amplo, e quase irrestrito, em termos constitucionais, para perseguidos políticos.[33] No decorrer do tempo, este preceptivo constitucional acabou por aumentar desmesuradamente o número de requerimentos por asilo na Alemanha, chegando ao número de 400.000 (1992), o que também provocou uma sobrecarga na jurisdição administrativa alemã. Tal munificência causou igualmente um açambarcamento para a Alemanha do total dos pedidos direcionados a países europeus (78%).

O novo art. 16a da Lei Fundamental alemã restringe o alcance do asilo político numa dupla perspectiva: apenas em casos de perseguição política específica e em casos em que não há saída possível no país de origem do requerente. Nesta senda, "não é qualquer violação aos *standards* jurídico-constitucionais, que a Constituição alemã garante como liberdade política na Alemanha, que pode ser tida como perseguição política no sentido do art. 16a da Lei Fundamental".[34]

O Conselho da Europa (Conseil de l'Europe), principal e mais antigo órgão jurídico e político europeu, excluiu a Federação Russa de

---

[33] A amplitude generosa da Constituição alemã para a concessão de asilo político pode ser compreendida, de um lado, como uma forma de agradecimento pela acolhida em outros países de alemães perseguidos pelo regime nazista e, de outro, como um gesto de boa ação face à política nacional-socialista de deportação massiva de pessoas. Cf., por todos, MICHAEL, Lothar; MORLOK, Martin. *Grundrechte*. Nomos Verlag: Baden-Baden, 2008. p. 213.

[34] Cf., MICHAEL, Lothar; MORLOK, Martin. *Grundrechte*. Nomos Verlag: Baden-Baden, 2008. p. 214.

sua agremiação no último dia 16 de março.³⁵ Isto significou a segregação imediata de 144 milhões de cidadãos russos do acesso à Corte Europeia de Direitos Humanos, instância jurisdicional mais avançada do mundo na tutela dos direitos. Com isso, tornou-se quimérico o projeto de universalismo de direitos humanos mínimos como parâmetros irredutíveis, pelo menos no contexto momentâneo europeu.³⁶

3.2 Sistema interamericano: o caso brasileiro³⁷

Como produto da Convenção Americana de Direitos Humanos, de 22 de novembro de 1969, a Corte Interamericana, fundada em 22 de maio de 1979, com sede em São José da Costa Rica, constitui-se de 7 juízes de diferentes nacionalidades, pertencentes à Organização dos Estados Americanos. O Tribunal exerce, simultaneamente, uma função jurisdicional³⁸ e consultiva.

A Corte Interamericana de Direitos Humanos,³⁹ com judicatura efetiva desde 1979, já se posicionou amiúde sobre a temática, como no caso Wong Ho Wing *vs*. Peru, 22 de junho, 2016, no qual foram garantidos os direitos do estrangeiro no processo extradicional, que, também reproduzida na Lei brasileira sobre refúgio (art. 33 da Lei nº 9.474/97), impediu a extradição com fundamento idêntico que serviu de base para a concessão de refúgio. Na condição de *leading case* está a decisão Pessoas Dominicanas e Haitianas Expulsas *vs*. República Dominicana, de 28 de agosto de 2014, que vedou, em termos categóricos, a política de expulsão coletiva (não individualizada) dos haitianos e dominicanos descendentes de haitianos por parte dos governantes da República Dominicana, garantindo-lhes igualmente o direito à nacionalidade e à residência.

---

³⁵ O comitê de ministros do Conselho da Europa excluiu a Federação Russa com base no art. 8º do seu estatuto. Disponível em: https://www.coe.int/en/web/portal/home. Acesso em: 16 mar. 2022. Ademais, o Conselho da Europa suspendeu todas as suas relações com autoridades de Belarus.
³⁶ TEIXEIRA, Carla Noura. *Direito Internacional para o Século XXI*. São Paulo: Saraiva, 2013. p. 31.
³⁷ Para uma análise pormenorizada, cf., por todos, PIOVESAN, Flávia; FACHIN, Melina Girardi; MAZZUOLI, Valério de Oliveira. *Comentários à Convenção Americana sobre Direitos Humanos*. Rio de Janeiro: Forense, 2019.
³⁸ Os Estados Unidos não ratificaram sua adesão à jurisdição da Corte Interamericana, embora sejam membros efetivos da Organização dos Estados Americanos.
³⁹ A Corte Interamericana de Direitos Humanos já julgou casos emblemáticos envolvendo o Brasil, como, por exemplo, Damião Ximenes Lopes, Brasil (Caso 12.237, 1º de outubro, 2004); Julia Gomes Lund e outros (Guerrilha do Araguaia), Brasil (Caso 11.552, 26 de março, 2009); Vladmir Herzog e outros, Brasil (Caso 12.879, 22 de abril, 2016).

Com efeito, também no ano de 2014, a pedido de Brasil, Argentina, Paraguai e Uruguai, a Corte Interamericana de Direitos Humanos emitiu um parecer sobre o padrão protetivo mínimo das crianças refugiadas nos Estados de origem, de trânsito e nos de destino.[40] Foi asseverada, nesta oportunidade, que, não obstante os Estados possuam um âmbito de discricionariedade ao determinar suas políticas migratórias, os objetivos perseguidos por estas devem respeitar os direitos humanos das pessoas migrantes, ainda mais quando se trate de crianças, em que deve prevalecer inelutavelmente a proteção integral de seus direitos. Igualmente foi consignado o princípio da não devolução *non-refoulement*, conceituando-o como um princípio que permite dotar de eficácia o direito de buscar e receber asilo, mas também como um direito autônomo estabelecido na Convenção e uma obrigação derivada da proibição da tortura e outras normas de direitos humanos e, em particular, da proteção da infância.

A Constituição brasileira predispõe de um amplo acervo normativo sobre a incorporação de tratados internacionais, bem como sobre o correlativo diálogo institucional entre o Brasil, os países estrangeiros e as organizações internacionais.[41] Ademais, adota-se, entre nós, um sistema ambivalente, no qual o Brasil só se obriga, em regra,[42] a respeitar o Direito Internacional e Comunitário após a celebração formal pelo Executivo da União e a subsequente ratificação congressual (art. 84, inciso VIII, da CF/88), nada impedindo, contudo, o juízo de aferição de sua constitucionalidade pelo STF. Impende ressaltar que o Brasil, por imperativo constitucional, adota um regime de facilitação apriorística para a acolhida de estrangeiros por meio do asilo político (art. 4º, inciso X, da CF/88), constituindo-se em verdadeiro princípio constitucional regente das relações internacionais nas quais o Brasil faça parte.

Recentemente, no ano de 2017, o Brasil aprovou uma nova regulamentação legislativa sobre a situação do estrangeiro no Brasil e a do brasileiro no exterior, revogando-se o vetusto cognominado "Estatuto do Estrangeiro; Lei nº 6.815/80". Sem entrar no mérito propriamente político do novel diploma legal, é indubitável que este avançou ex-

---

[40] Parecer Consultivo OC-21/14, de 19 de agosto de 2014, emitido pela Corte Interamericana de Direitos Humanos, a pedido da República Argentina, República Federativa do Brasil, República do Paraguai e República Oriental do Uruguai.

[41] Cf., SARLET, Ingo Wolfgang; MARINONI, Luiz Guilherme; MITIDIERO, Daniel. *Curso de Direito Constitucional*. 4. ed. São Paulo: Saraiva, 2015. p. 203 e ss.

[42] A Convenção de Viena sobre Direito dos Tratados prevê, designadamente em seu art. 53, a existência de normas imperativas de Direito Internacional geral, reconhecidas pela comunidade internacional dos Estados como um todo, e que são insuscetíveis de derrogação por tratados, acordos e convenções internacionais.

ponencialmente em pelo menos três pontos, a saber: a regulação da condição jurídica do apátrida, a não criminalização do migrante e a promoção da sua participação cidadã (art. 1º, inciso VI, art. 3º, inciso III e XIII, da Lei nº 13.445/17). Ainda que haja avanços pontuais da política legislativa interna dos Estados nacionais, é notório que apenas mediante uma *concertação* supranacional a problemática do processo migratório atual lograr ser efetivamente solvida.

3.3 Análise comparada

Malgrado as assimetrias entre ambos os sistemas regionais protetivos de direitos humanos, é possível chegar à conclusão de que tanto o sistema interamericano quanto o europeu indicam diretrizes sedimentadas no que atine à proteção e ao acolhimento dos migrantes em condição de refúgio e/ou asilo, de tal modo que o princípio do *non-refoulement* está sendo aplicado indistintamente e em larga escala em ambos os modelos de jurisdição. O sistema judicial internacional europeu deve ser, neste compasso, um exemplo a ser seguido pela judicatura da Corte de São José, especialmente tendo em vista o caso paradigmático Hirsi Jamaa e Outros *vs.* Itália. Um dos pontos fulcrais do entendimento consolidado neste caso é a proibição enfática e categórica da deportação/expulsão coletiva de imigrantes refugiados, ainda que não haja o pedido formal de refúgio. A análise dos casos individualizados e o acesso às instâncias administrativas e judiciais do país de destino já podem ser considerados direitos humanos sedimentados na jurisdição internacional.

Ambos os sistemas regionais protetivos de direitos humanos, a saber o europeu e o interamericano, são assimétricos, possuindo peculiaridades e idiossincrasias concernentes às questões geográficas e culturais. Na Europa, o sistema tem que lidar com 46 países distintos, alguns com traços culturais e políticos bastante díspares entre si. Neste diapasão, um instrumento de suma relevância é a assim chamada "margem de apreciação",[43] segundo a qual a Corte pode realizar um sopesamento e um juízo de proporcionalidade consoante a estrutura jurídica interna do Estado e o contexto político no qual se insere, justamente para tentar evitar a ruptura do sistema, e a manutenção da

---

[43] Para uma abordagem minudente e extensiva da designada "margem de apreciação", cf. NUSSBERGER, Angelika. A Convenção Europeia de Direitos Humanos – uma Constituição para a Europa? *In: Revista Direitos Fundamentais & Justiça*, ano 14, n. 42, jan./jun. 2020.

autoridade e credibilidade das decisões perante os Estados membros. No sistema interamericano, embora igualmente haja discrepâncias entre os Estados signatários, há um número menor de países membros, comparativamente ao sistema europeu, bem como as distinções políticas e culturais internas não são tão dissonantes entre si como na Europa. Destarte, reputamos ser o sistema interamericano mais propício às decisões uniformes e impositivas, de modo a alterar a legislação interna dos Estados membros quando incompatíveis com a Convenção, relegando a doutrina da "margem de apreciação" apenas para casos específicos em que possa ser dada interpretação conforme a Convenção de Direitos Humanos e desde que não se trate de violações ao direito à vida, à liberdade e à dignidade dos jurisdicionados.

4 Notas conclusivas

Após quase duas décadas no século XXI, a questão migratória, imersa em um contexto político de recrudescimento dos discursos nacionalistas, exsurge como tema prioritário na pauta das democracias mais importantes do mundo. Já constitui um truísmo no debate político contemporâneo, bem como desponta nos trabalhos acadêmicos de pesquisa científica. O processo hodierno migratório na Europa está na iminência de entrar em colapso, sobretudo pelos índices crescentes de deslocamento involuntário ocasionado pelos conflitos no Oriente Médio e pela atual guerra na Ucrânia.

Nem a Constituição alemã nem a Convenção Europeia de Direitos Humanos preveem, em termos normativos, uma alternativa exclusivamente jurisdicional que resolva, em definitivo, a problemática dos migrantes na Alemanha, bem como no continente europeu. Para tanto, torna-se necessária uma atuação conjunta dos Estados europeus, ancorada no chamado *princípio da solidariedade internacional*, em uma dupla perspectiva; seja entre os Estados, de modo que o problema não poderá ser solucionado apenas por um Estado nacional, de forma isolada, seja na relação Estado de destino e estrangeiro migrante.

No Brasil, e no cenário interamericano em geral, o panorama para a solução do problema pela via exclusiva jurisdicional também se mostra insuficiente. O fluxo migratório para o norte do Brasil (Roraima e Amazonas), em especial de venezuelanos, pôs em xeque toda uma política voltada apenas para assuntos internos. Já há, no Brasil, 128 mil venezuelanos com *status* de refugiados (IBGE). Segundo a Organização dos Estados Americanos (OEA), a estimativa é que haja mais de 5 milhões de migrantes e refugiados venezuelanos nos próximos anos, situação análoga às provocadas por guerras como a da Síria e a do Afeganistão. Defronte a malfadada guerra no leste europeu entre Ucrânia e Rússia, podemos testificar que a Europa está atualmente na trincheira entre a incivilidade do arbítrio do mais forte e a lógica da ordem internacional dos direitos humanos, que, na essência, deveria conformar uma ordem pública supranacional na consciência dos povos e dos governantes, independente dos interesses políticos e econômicos dos atores nacionais. Malgrado o ideal, cada vez mais utópico, da paz perpétua e de uma federação de Estados europeus, quiçá de uma Constituição global, retrocedemos décadas nos últimos tempos, em face de uma guerra que desnudou um sistema jurídico internacional ainda em construção, cujos baldrames, ancorados na Europa em 1949, sofreram um duro golpe, de dimensão ainda imensurável, aumentando a desconfiança no Direito Internacional e causando uma nódoa indelével na história recente europeia.

Para além da atual conflagração em território europeu, o uso das novas tecnologias e a aplicação ilimitada da inteligência artificial trarão igualmente desafios ingentes à tutela adequada e eficaz dos direitos dos refugiados, no plano nacional e internacional, máxime quanto à liberdade de locomoção e à isonomia, assim como diante dos postulados democráticos da não discriminação.

Em termos conclusivos, e desde a doutrina de Ian Brownlie, existe, enquanto um princípio de Direito Internacional público, um "critério moral mínimo para os Estados civilizados", que proscreve qualquer ato estatal que corresponda a um ultraje, ao não cumprimento voluntário de um dever ou a uma ação governamental insuficiente em relação aos estrangeiros, o qual qualquer homem razoável e imparcial reconheceria prontamente como inadequado.[44] Assim, a *questão migratória* assume contornos de direito humano inconteste na arquitetura do atual Direito Internacional Público, carecendo, por seu turno, de um adensamento no que se refere às estruturas sociais e jurídicas que perfaçam medidas inclusivas com a devida eficácia que o atual cenário exige. Para tanto, entende-se, por oportuno, amplo debate sobre a condição do imigrante, sobretudo no que concerne à prognose de um futuro em que esse tema deve entrar em *status* de relevância no radar internacional.

---

[44] BROWNLIE, Ian. *Princípios de Direito Internacional Público*. Fundação Calouste Gulbenkian: Lisboa, 1997. p. 550.

Referências

ARENDT, Hannah. We Refugees. *The Jewish Writings*. Schocken Books: New York, 1943.

BARACHO, José Alfredo de Oliveira. A Prática Jurídica no Domínio da Proteção Internacional dos Direitos do Homem. In: *Revista de Informação Legislativa*, 35, n. 137, jan./mar. 1998.

BROWNLIE, Ian. *Princípios de Direito Internacional Público*. Fundação Calouste Gulbenkian: Lisboa, 1997.

MICHAEL, Lothar; MORLOK, Martin. *Grundrechte*. Nomos Verlag: Baden-Baden, 2008.

NUSSBERGER, Angelika. A Convenção Europeia de Direitos Humanos – uma Constituição para a Europa? In: *Revista Direitos Fundamentais & Justiça*, ano 14, n. 42, jan./jun. 2020.

PERRY, John; PERRY, Erna. *Contemporary Society*: an introduction to social science. 13. ed. New York: Person Education, 2016.

PETERS, Anne. *Global Constitutionalism* – the social dimension. Cambridge: CUP, 2018.

PIOVESAN, Flávia. *Direitos Humanos e Justiça Internacional*. Um Estudo Comparativo dos Sistemas Regionais Europeu, Interamericano e Africano. 2. ed. São Paulo: Saraiva, 2011.

PIOVESAN, Flávia; FACHIN, Melina Girardi; MAZZUOLI, Valério de Oliveira. *Comentários à Convenção Americana sobre Direitos Humanos*. Rio de Janeiro: Forense, 2019.

RAVENSTEIN, E. G. The Laws of Migration. In: *Journal of Statistical Society of London*, vol. 48, n. 2, Jun. 1885.

SARLET, Ingo Wolfgang; MARINONI, Luiz Guilherme; MITIDIERO, Daniel. *Curso de Direito Constitucional*. 4. ed. São Paulo: Saraiva, 2015.

STEINER, Henry J.; ALSTON, Philip. *International Human Rights in Context*. Law, Politics, Morals. 2. ed. Oxford: Oxford University Press, 2000.

TEIXEIRA, Carla Noura. *Direito Internacional para o século XXI*. São Paulo: Saraiva, 2013.

TIEDEMANN, Paul. *Flüchtlingsrecht*. Die materiellen und verfahrensrechtlichen Grundlagen. Berlin-Heidelberg: Springer Verlag, 2014.

TUGENDHAT, Ernst. Die Kontroverse um die Menschenrechte. In: GOSEPATH, Stefan; LOHMANN, Georg (org.). *Philosophie der Menschenrechte*. STW: Frankfurt am Main, 1998.

WEISSBRODT, David; AOLÁIN, Fionnuala Ní; FITZPATRICK, Joan; NEWMAN, Frank. *International Human Rights*: Law, Policy, and Process. New York: LexisNexis, 2009.

WORLD MIGRATION REPORT. International Organization for Migration. ONU, Genebra, 2020.

Informação bibliográfica deste texto, conforme a NBR 6023:2018 da Associação Brasileira de Normas Técnicas (ABNT):

SARLET, Gabrielle Bezerra Sales; FUHRMANN, Italo Roberto. Os sistemas europeu e interamericano de direitos humanos e o Direito Internacional Migratório – uma perspectiva comparada. In: SARAIVA FILHO, Oswaldo Othon de Pontes; BERTELLI, Luiz Gonzaga; SIQUEIRA, Julio Homem de (coord.). *Direitos dos refugiados*. Belo Horizonte: Fórum, 2024. (Coleção Fórum Direito Internacional Humanitário, v. 1, t. 2). p. 95-110. ISBN 978-65-5518-614-7.

(IN)EFETIVIDADE DOS DIREITOS DOS MIGRANTES E REFUGIADOS: DIÁLOGO COM AS OBRAS DE HANNAH ARENDT E DE CANDIDO PORTINARI[1]

REGINA VERA VILLAS BÔAS

GABRIELLE VALERI SOARES

IVAN MARTINS MOTTA

"A vida é uma tarefa a ser feita e que levamos para casa para conclui-la!"

Mário Quintana

1 Introdução

O presente texto compõe o segundo tomo da obra *Direitos dos refugiados*. Agradecemos aos coordenadores, doutores Oswaldo Othon de Pontes Saraiva Filho, Luiz Gonzaga Bertelli e Julio Homem de Siqueira, o honroso convite que nos foi dirigido, o qual foi aceito com muita alegria.

---

[1] O presente artigo é produzido no contexto do projeto de pesquisa "Diálogo de fontes: efetividade dos direitos, sustentabilidade, vulnerabilidades e responsabilidade", coordenado pela professora doutora Regina Vera Villas Bôas, e integra a área de concentração "A efetividade dos direitos de terceira dimensão e a tutela da coletividade, dos povos e da humanidade", agregada aos programas de graduação e pós-graduação em Direito da Pontifícia Universidade Católica de São Paulo.

O tema, ora abordado, diz respeito à matéria atual e relevante, tendo em vista referir-se à temática dos migrantes e refugiados, com foco central na infância migrante nos Estados Unidos da América, e se vale de estudos e reflexões sobre o Parecer Consultivo OC-21/14, que foi elaborado pela Corte Interamericana de Direitos Humanos (CIDH). Refere-se, também, à situação de conflitos enfrentada pelos refugiados ucranianos na Europa.

Para refletir sobre a contemporaneidade da matéria e concluir sobre a inefetividade dos direitos humanos em âmbito internacional e a necessidade de serem construídos instrumentos capazes de garantir a efetividade desses direitos, o presente estudo se vale de ricos diálogos entre o conteúdo da obra "Origens do Totalitarismo", de Hannah Arendt, os quadros "Retirantes", "Criança morta" e "Enterro na rede", de Candido Portinari, e o filme "Crianças invisíveis". Utiliza, para tanto, metodologia que compreende abordagem qualitativa, dialética, de natureza básica, contendo um objetivo explicativo e um procedimento bibliográfico, documental, histórico e observacional.

Pois bem. A Corte Interamericana de Direitos Humanos, em agosto de 2014, exarou o Parecer Consultivo OC-21/14, respondendo solicitações efetuadas pela Argentina, Brasil, Paraguai e Uruguai. O mencionado parecer trata dos "direitos e garantias de crianças no contexto da migração e/ou em necessidade de proteção internacional". Recorda-se que, em 24 de fevereiro de 2022, a Rússia invadiu a Ucrânia, causando uma expressiva crise de refugiados na Europa: mais de três milhões de ucranianos, principalmente mulheres e crianças, deixaram seu país, segundo informação divulgada pela CNN Brasil no dia 18 de março de 2022.

A partir dessas informações, o presente texto traça um diálogo entre as realidades soerguidas e os clássicos referenciados: 1) o livro "Origens do totalitarismo", de Hannah Arendt; 2) os quadros "Retirantes", "Criança morta" e "Enterro na rede", de Candido Portinari; e 3) o filme "Crianças invisíveis".

As reflexões se valem do contexto da imigração nos Estados Unidos, traçando referências sobre o chamado "complexo de Ursula", e das crianças que foram separadas de seus familiares. Posteriormente, extrai duas importantes observações do Parecer Consultivo OC-21/14, dizendo respeito: 1) ao princípio de não privação de liberdade de crianças por sua situação migratória irregular; e 2) às condições básicas dos espaços de alojamento de crianças migrantes e as obrigações estatais correspondentes à custódia por razões migratórias. Enfrenta, em seguida, esclarecimentos sobre a motivação da guerra empreendida pela Rússia em face da Ucrânia, bem como traça um panorama geral sobre a atual situação dos refugiados ucranianos.

A temática sobre "os refugiados e o refúgio" é abordada com maior verticalidade no momento em que o estudo se refere ao livro "Origens do totalitarismo", de Hannah Arendt, relevando a questão do "direito a ter direitos". Os diálogos estabelecidos entre as obras "Retirantes", "Criança morta" e "Enterro na rede", de Portinari, com o filme "Crianças invisíveis" reforçam as reflexões sobre a infância migrante nos Estados Unidos da América pelo estudo do Parecer Consultivo OC-21/14, elaborado pela Corte Interamericana de Direitos Humanos. Assim, também, reforçam a questão da crise de refugiados ucranianos na Europa, enfrentando as questões sobre a (in)efetividade dos direitos humanos em âmbito internacional.

O presente texto se vale de elementos da "teoria do pensamento da complexidade", de Edgar Morin, porquanto perquire sobre a ser humano, envolto em realidades multidimensionais, que levam em conta aspectos históricos, culturais, econômicos e psicológicos, entre outros. A ramificação do conhecimento, advinda de concepção cartesiana, embora seja uma realidade, "esquece-se que no âmbito econômico, por exemplo, há as necessidades e os desejos humanos". De fato, "atrás do dinheiro, há todo um mundo de paixões, há a psicologia humana" (MORIN, 2005, p. 68).

Por derradeiro, a metodologia utilizada compreende uma abordagem qualitativa, dialética, de natureza básica, contendo um objetivo explicativo e um procedimento bibliográfico, documental, histórico e observacional, objetivando gerar conhecimento relevante para a área jurídica, propiciando terreno fértil para as futuras pesquisas sobre a temática e os temas ora abordados.

2   O Parecer Consultivo OC-21/14, a questão da imigração nos Estados Unidos e a crise de refugiados ucranianos

Segundo reportagem da BBC (*British Broadcasting Corporation*) News Brasil, do ano de 2018, crianças foram separadas de seus pais na fronteira entre os Estados Unidos e o México em virtude da política de tolerância zero levada a cabo pelo Procurador-Geral dos Estados Unidos, Jeff Sessions (BBC NEWS BRASIL, 2018).

Com efeito, a política de "tolerância zero" impõe aos adultos que tentem cruzar ilegalmente a fronteira sua submissão ao regime de custódia e enfrentamento de processos criminais. Logo, como consequência da adoção dessa política, tem-se que duas mil crianças são separadas de seus pais ao cruzarem a fronteira, ficando abrigadas em centros de detenção. (BBC NEWS BRASIL, 2018).

A BCC também divulgou em 2018 que a instalação do estado do Texas, chamada de "Ursula", é conhecida pelos imigrantes como "O Canil", porquanto se refere às gaiolas que foram instaladas com o objetivo de albergar crianças separadas de seus pais, os quais, ilegalmente, atravessaram as fronteiras do país. Divulgou, ainda, que o senador democrata Jeff Merkley teria liderado uma equipe de parlamentas em uma visitação ao complexo de Ursula, ocasião em que teria dito à CNN que um grande número de menores de idade estava dentro de "uma gaiola de arame de cerca de 10x10 metros trancada com cadeados" (BBC NEWS BRASIL, 2018).

Nessa esteira, importante o conteúdo do Parecer Consultivo OC-2014, que traz uma série de diretrizes acerca do princípio de não privação de liberdade de crianças por sua situação migratória irregular e das condições básicas dos espaços de alojamento de crianças migrantes, bem como a respeito das obrigações estatais correspondentes à custódia por razões migratórias, asseverando que

> A Corte Interamericana foi consultada sobre a interpretação que deve ser dada ao princípio de *ultima ratio da detenção* como medida cautelar no âmbito de procedimentos migratórios quando estão envolvidas crianças desacompanhadas ou separadas de seus progenitores, à luz dos artigos 1, 7, 8, 19 e 29 da Convenção Americana e do artigo XXV da Declaração Americana dos Direitos e Deveres do Homem (CIDH, 2014, p. 51).

Importante ressaltar que a Corte Interamericana não utiliza o vocábulo "detenção" com o mesmo significado empregado por muitos sistemas jurídicos nacionais. Para a Corte Interamericana ocorre a detenção quando a criança, por sua própria vontade, não pode e nem possui possibilidades de sair ou de abandonar o recinto ou estabelecimento no qual foi ou se encontra alojada (CIDH, 2014, p. 53). A questão *sub examine*, segundo infere a Corte, submete-se a duas premissas fundamentais no Direito Internacional dos Direitos Humanos, quais sejam, "o princípio de *ultima ratio* da privação de liberdade de crianças" e, ainda, "a exigência de motivar a necessidade de recorrer às medidas privativas de liberdade de caráter cautelar por infrações à lei migratória, como medida excepcional" (CIDH, 2014, p. 54).

A Corte Interamericana entende que o princípio de *ultima ratio* da privação de liberdade de crianças encontra amparo no Direito

Internacional dos Direitos Humanos, na Convenção sobre os Direitos da Criança e na jurisprudência da própria Corte, nos casos que envolvem processo penal relacionado aos menores de idade, razão pela qual a Corte entende que

> Como as infrações relacionadas com o ingresso ou permanência em um país não podem, sob nenhuma hipótese, ter consequências iguais ou similares àquelas que derivam do cometimento de um delito, e em atenção às diferentes finalidades processuais existentes entre os processos migratórios e os penais, a Corte considera que o princípio de *ultima ratio* da privação de liberdade de crianças não constitui um parâmetro operativo no âmbito submetido à consulta, isto é, aos procedimentos migratórios (CIDH, 2014, p. 55).

Extrai-se da Corte sobre o caso *Vélez Loor Vs. Panamá* a determinação de que "a detenção de pessoas por descumprimento das leis migratórias nunca deve ser feita com fins punitivos", de sorte que "medidas privativas de liberdade só devem ser utilizadas quando necessárias e proporcionais ao caso concreto para assegurar comparecimento da pessoa ao processo migratório ou garantir a aplicação de ordem de deportação", observado sempre o menor tempo possível (CIDH, 2014, p. 55).

A Corte Interamericana decide pelo não cabimento da privação de liberdade das crianças independentemente de estarem ou não acompanhadas por seus progenitores, pelos motivos: caso a criança esteja desacompanhada ou separada de sua família, a privação de liberdade é improcedente porque o "Estado é obrigado a promover prioritariamente as medidas de proteção especial orientadas pelo princípio do interesse superior da criança, assumindo sua posição de garantia com maior cuidado e responsabilidade". Assim, não resta autorizada a detenção de crianças pelo fato de estarem desacompanhadas (CIDH, 2014, p. 57).

De outro lado, quando está acompanhada, a criança não pode sofrer privação de liberdade, sob o argumento de que atende a seu interesse superior a manutenção da unidade familiar. Ressalta-se que, exigida a manutenção do núcleo familiar como interesse superior da criança, a não privação de liberdade se estende a seus progenitores, compelindo, inclusive, às autoridades "optarem por medidas alternativas à detenção para a família e que, por sua vez, sejam adequadas às necessidades das crianças" (CIDH, 2014, p. 56), anotando-se, na mesma linha

Em conclusão e a juízo da Corte, a privação de liberdade no âmbito da justiça penal juvenil – isto é, quando se relaciona com o cometimento de uma conduta tipificada como delito – apenas excepcionalmente poderá ser justificada nos casos previstos na lei e sempre que se aplique como uma medida de último recurso e pelo tempo mais breve possível.

Por outro lado e também a critério da Corte, os Estados não podem recorrer à privação de liberdade de crianças que se encontram com seus progenitores, assim como daqueles que se encontram desacompanhados ou separados de seus progenitores, para garantir os fins de um processo migratório, nem tampouco podem fundamentar essa medida no descumprimento dos requisitos para ingressar e permanecer em um país, no fato de que a criança se encontre sozinha ou separada de sua família, ou na finalidade de assegurar a unidade familiar, uma vez que podem e devem dispor de alternativas menos lesivas e, ao mesmo tempo, proteger de forma prioritária e integral os direitos da criança (CIDH, 2014, p. 58).

Ressalta-se, também, que a Corte Interamericana de Direitos Humanos foi instada a se manifestar a respeito das condições básicas a serem atendidas pelos alojamentos das crianças migrantes, considerada referência às "obrigações estatais principais com relação às crianças em situação de custódia, por razões migratórias, à luz dos artigos 1, 2, 4.1, 5, 7, 17 e 19 da Convenção Americana e dos artigos I e XXV da Declaração Americana dos Direitos e Deveres do Homem" (CIDH, 2014, p. 62). Assinala a Corte que o Estado assume uma posição de garantia naquilo que se refere às pessoas sob a sua custódia ou cuidados, de sorte que o fornecimento de condições necessárias à manutenção de uma vida digna lhe seja ofertado. No caso de crianças migrantes, quando necessário, o Estado deve providenciar o correspondente albergamento ou alojamento, conforme exposto a seguir

> Em determinadas circunstâncias, como por exemplo quando a criança se encontra junto de sua família e se comprova uma necessidade excepcional, inescapável ou imperativa de proteger de forma preferencial os fins do processo migratório e não há outra opção menos lesiva que a institucionalização em um centro onde se permita a convivência entre as crianças e seu grupo familiar, ou quando a criança se encontre desacompanhada ou separada de sua família e não existir a possibilidade de outorgar uma medida baseada em um entorno familiar ou comunitário de tal forma que seja necessário acolhê-la em um centro, é possível que os Estados recorram a medidas tais como o alojamento ou albergamento da criança, seja por um período breve ou durante o tempo que for necessário para resolver a situação migratória (CIDH, 2014, p. 64).

Nesse sentido, os estabelecimentos que correspondem aos albergamentos ou alojamentos podem ser públicos ou privados. O Estado tem o dever de fiscalização dos albergamentos ou alojamentos privados, objetivando garantir o preenchimento das condições mínimas dos seus direitos humanos. Caso, por exemplo, a criança esteja desacompanhada ou separada, deverá ficar em estabelecimento distinto daquele em que se encontram os adultos, devendo o Estado garantir uma divisão, conforme as necessidades específicas de cada grupo etário, entendido, todavia, que, se a criança estiver em companhia de seus familiares, persiste a regra de que deve com eles permanecer (CIDH, 2014, p. 65).

Infere a Corte Interamericana que "qualquer medida de alojamento deve permitir a saída do estabelecimento onde a criança se encontre, isto é, deve ser desenvolvido em um ambiente não privativo de liberdade" (2014, p. 65/66). O alojamento deverá assegurar o desenvolvimento da criança em todos os seus aspectos (étnico, cultural, linguístico e religioso), além de atender a todas as peculiaridades, inclusive de crianças com deficiência, crianças vítimas de tráfico, lactantes ou, ainda, que possuírem HIV/aids. No mesmo sentido:

> A Corte considera que, para que um espaço de alojamento cumpra as condições para o exercício dos direitos estabelecidos na Convenção sobre os Direitos da Criança, deve contar com uma infraestrutura física que permita o desenvolvimento mencionado. Algumas dessas condições são as seguintes: garantir que as crianças tenham certo nível de privacidade para que sua intimidade seja respeitada; o espaço de alojamento deve prover um lugar onde guardar suas coisas de forma segura; deve assegurar-se a alimentação completa e nutritiva durante o tempo de estadia; deve ser fornecido acesso a serviços de saúde, seja física e/ou psicossocial; deve ser fornecido acesso contínuo à educação fora do estabelecimento; deve existir um local para o lazer e recreação, e as crianças que queiram participar de atividades culturais, sociais e religiosas, devem contar comum tutor que os acompanhe. Quanto ao pessoal do centro, deverá ser especializado e receber formação em psicologia infantil, proteção da infância e direitos humanos das crianças (CIDH, 2014, p. 66/67).

Apesar das orientações dispostas no referido Parecer Consultivo OC-2014, a situação das crianças migrantes nos Estados Unidos está distante de ser considerada digna. Em notícia publicada no dia 27 de maio de 2021, por intermédio de entrevistas com crianças e funcionários, a BBC divulgou denúncias de doença, negligência, piolhos e baixas temperaturas nos centros de detenção espalhados pelos Estados Unidos. Ainda, conforme a mesma reportagem, o Serviço de

Alfândega e Proteção de Fronteiras divulgou imagens perturbadoras das condições da instalação localizada em Donna, no Texas. E, não tendo sido autorizados a conversar com as crianças dentro da instalação, os jornalistas rastrearam aquelas que foram libertas, objetivando conhecer a realidade dos centros de detenção pelos quais elas passaram (ANDERSSON; LAURENT, 2021).

Nessa seara, relata Ariany, uma criança de dez anos, ter dormido em um cubículo de plástico com cobertor de emergência prateado. Cindy, adolescente de 16 anos, informa que, juntamente com outras crianças, esteve na instalação de Donna, local em que ficavam molhadas em razão do gotejamento de canos. E, ainda, relatos de outras crianças dão conta de que receberam comida vencida, estragada e/ou não cozida adequadamente.

Recorda-se que a maior parte dos adolescentes chega aos Estados Unidos vindos da Guatemala, Honduras e El Salvador, alegando, na maioria das vezes, que fogem do crime organizado, de desastres naturais ou, então, de perseguições e violências praticadas por gangues. Relato de funcionário entrevistado afirma que algumas crianças chegaram a considerar a hipótese de suicídio, em razão das precárias condições a que estavam submetidas, entre outras, a ausência de luz solar e recreação adequada (ANDERSSON; LAURENT, 2021).

A imagem, a seguir exposta, exibe o estabelecimento temporário de Donna, fotografado no final de março de 2021. A fonte de divulgação é o Serviço de Alfândega e Proteção de Fronteiras dos EUA, conforme informado pela BBC News Brasil, em reportagem exposta em 2021 (ANDERSSON; LAURENT, 2021).

IMAGEM 1 – Instalação temporária de Donna, fotografada no final de março de 2021[2]

---

[2] Fonte: Imagem divulgada pelo Serviço de Alfândega e Proteção de Fronteiras dos EUA, segundo reportagem da BBC News Brasil (ANDERSSON; LAURENT, 2021).

Questão relevante envolvente da temática dos refugiados, trazida pela BBC News BRASIL 2022, diz respeito à famigerada guerra que se arrasta atualmente entre a Rússia e a Ucrânia, esta última invadida pela primeira, motivada por razões, entre outras, como a possibilidade de a Ucrânia aderir à OTAN (Organização do Tratado do Atlântico Norte); o desejo do Presidente Vladimir Putin de reconstruir a zona de influência da antiga União das Repúblicas Socialistas Soviéticas (URSS), o suposto (e sem evidências) genocídio empreendido pelo governo ucraniano contra russos que vivem nas regiões separatistas de Luhansk e Donetsk e uma pretensa necessidade da Rússia de empreender a chamada "desmilitarização e desnazificação" da Ucrânia.

À invasão russa respondem os Estados Unidos da América (EUA), a União Europeia, o Reino Unido, o Japão, Canadá, Austrália e Coreia do Sul, que passam a impor diversas sanções econômicas à Rússia, entre outras: o congelamento de bens de Vladimir Putin na União Europeia, EUA e Reino Unido; a retirada dos bancos russos do sistema de pagamentos internacionais Swift; a restrição de capacidade de destacadas empresas à economia russa, entre outras: a Gazprom, considerada a maior empresa de gás natural do mundo; a Transneft, empresa de oleodutos; a RusHydro, empresa de energia; a Sovcomflot, maior empresa de transporte marítimo e de carga da Rússia; a Russian Railways, empresa de ferrovias; a Rostelecom, operadora de comunicações; a Alrosa, maior empresa de mineração de diamantes do mundo; além de variadas outras sanções impostas a oligarcas e membros do governo russo (NOLSOE; POP, 2022).

A CNN Brasil (2022) relata a existência de nações apoiadoras do Presidente Vladimir Putin, entre as quais a Belarus, com posição estratégica no Leste Europeu, devido a sua fronteira com a Ucrânia; a Venezuela, conforme pronunciado por Nicolás Maduro; a Nicarágua, cujo presidente Daniel Ortega foi um dos primeiros a declarar apoio à Rússia; Cuba, em que pese o apoio ofertado a uma saída diplomática para a guerra, tece críticas aos Estados Unidos; a Síria, aliada da Rússia, desde a ajuda prestada a Bashar al-Assad, em uma guerra civil; o Irã, a Índia e, em tese, a China, cujo governo deixa de se posicionar a favor da Rússia de maneira expressa, mas que, todavia, deixa de classificar o episódio como "uma invasão", responsabilizando os EUA pela sua postura.

Fato é que a invasão empreendida pela Rússia não encontra amparo nas normas internacionais vigentes desde 1945. Extrai-se do artigo 1º da Carta das Nações Unidas, assinada em São Francisco, que um dos propósitos da ONU é

Manter a paz e a segurança internacionais e, para esse fim: tomar, coletivamente, medidas efetivas para evitar ameaças à paz e reprimir os atos de agressão ou outra qualquer ruptura da paz e chegar, por meios pacíficos e de conformidade com os princípios da justiça e do direito internacional, a um ajuste ou solução das controvérsias ou situações que possam levar a uma perturbação da paz (ONU, p. 04, 1945).

Referida Carta das Nações Unidas repudia veementemente o uso da força para a solução das controvérsias, adotando, ao mesmo tempo, métodos pacíficos de solução dos conflitos, como mediação, arbitragem e recursos à própria Corte Internacional de Justiça. Vê-se que o uso da força somente pode ser entendido como "justificável" nas hipóteses de legítima defesa e autorização do Conselho de Segurança da ONU, apresentando-se na mesma linha o conteúdo do inciso I do artigo 33, que dispõe

As partes em uma controvérsia, que possa vir a constituir uma ameaça à paz e à segurança internacionais, procurarão, antes de tudo, chegar a uma solução por negociação, inquérito, mediação, conciliação, arbitragem, solução judicial, recurso a organismos ou acordos regionais, ou a qualquer outro meio pacífico à sua escolha (ONU, 1945, p. 24).

O artigo 42, do mesmo documento, dispõe que

No caso de o Conselho de Segurança considerar que as medidas previstas no artigo 41 seriam ou demonstraram que são inadequadas, poderá levar a efeito, por meio de forças aéreas, navais ou terrestres, a ação que julgar necessária para manter ou restabelecer a paz e a segurança internacionais. Tal ação poderá compreender demonstrações, bloqueios e outras operações, por parte das forças aéreas, navais ou terrestres dos membros das Nações Unidas (ONU, 1945, p. 28/29).

E arremata o artigo 51, do mesmo documento, que

Nada na presente Carta prejudicará o direito inerente de legítima defesa individual ou coletiva no caso de ocorrer um ataque armado contra um membro das Nações Unidas, até que o Conselho de Segurança tenha tomado as medidas necessárias para a manutenção da paz e da segurança internacionais. As medidas tomadas pelos membros no exercício desse direito de legítima defesa serão comunicadas imediatamente ao Conselho de Segurança e não deverão, de modo algum, atingir a autoridade e a responsabilidade que a presente Carta atribui ao Conselho para levar a efeito, em qualquer tempo, a ação que julgar necessária à manutenção ou ao restabelecimento da paz e da segurança internacionais (ONU, 1945, p. 33/34).

Observa-se que, até o presente momento, a guerra iniciada pela Rússia provocou, como já assinalado na introdução do presente texto, uma crise de refugiados na Europa, principalmente de mulheres e crianças – a saída de homens entre 18 e 60 anos foi proibida pelo governo ucraniano –, totalizando mais de três de milhões de pessoas, observado que "os refugiados enfrentam dificuldades que podem levar ao desenvolvimento de quadros de depressão, ansiedade e transtorno pós-traumático", o que afeta, principalmente, as crianças (reportagem que traz entrevista com psicóloga da Organização Médicos Sem Fronteiras – CNN BRASIL, 2022).

O cenário exposto, até esse momento do presente estudo, remete o pesquisador a algumas questões relevantes do Direito Internacional dos Direitos Humanos, questões essas que podem ser refletidas com bastante presteza e atualidade a partir do conteúdo da obra *"Origens do totalitarismo de Hannah Arendt"*, conforme será abordado então.

3 A obra de Hannah Arendt e o "direito a ter direitos"

A Primeira Guerra Mundial (1914-1918) teve o condão de, concomitantemente, destruir toda a classe de pequenos proprietários (inflação), aumentar o desemprego (não limitado às classes trabalhadoras, todavia abrangendo nações inteiras) e propiciar terreno fértil para a ocorrência de guerras civis, estas responsáveis pela migração e pelo processo de desintegração de compactos grupos humanos. Recorda-se que os grupos humanos migratórios, afastados de seus respectivos países de origem, tornavam-se apátridas e que o processo de desintegração da vida política podia ser representado pelo "ódio universal vago e difuso de todos e de tudo, sem um foco que lhe atraísse a atenção apaixonada, sem ninguém que pudesse ser responsabilizado pelo estado das coisas [...]". Nesse sentido, especialmente, os dois grupos de vítimas, os apátridas e as minorias, foram destituídos dos direitos que, até então, eram tidos como inalienáveis, os chamados "direitos do homem" (ARENDT, 1989, p. 300-301).

Referidos grupos – minorias e apátridas – enfrentaram situação pior do que aquela vivenciada pelas "classes médias desapossadas, os desempregados, os pequenos *rentiers*, os pensionistas aos quais os eventos haviam privado da posição social, da possibilidade de trabalhar e do direito de ter propriedade" (ARENDT, 1989, p. 301). Referidos grupos não gozavam de representatividade, sendo enquadrados nos Tratados das Minorias, cujas estipulações não eram, de fato, assumidas e praticadas pelos governos, conforme explicado, a seguir, por Arendt (1989, p. 303)

> Os tratados aglutinaram vários povos num só Estado, outorgaram a alguns o *status* de "povos estatais" e lhes confiaram o governo, supuseram silenciosamente que os outros povos nacionalmente compactos [...] chegassem a ser parceiros no governo, o que naturalmente não aconteceu, e, com igual arbitrariedade, criaram com os povos que sobraram um terceiro grupo de nacionalidades chamadas minorias.

As minorias passaram a enxergar os tratados como sendo um mecanismo que favorecia alguns, conferindo-lhes poder, ao mesmo tempo em que relegava outros à servidão. Os Estados recém-criados, que receberam a independência com a promessa de terem plena soberania nacional, consideravam os Tratados das Minorias como uma óbvia quebra dessa promessa, já que somente eles ficavam subordinados aos referidos tratados (ARENDT, 1989, p. 304). Referidos Tratados de Minorias preocupavam-se com o amparo das nacionalidades, que apresentavam um número considerável de integrantes, deixando, todavia, outras nacionalidades sem governo próprio, à margem dos direitos, apontando, inclusive, que em alguns Estados, aproximadamente 50% da população total era composta por povos nacionalmente frustrados, assim explicando Arendt (1989, p. 305)

> O pior aspecto dessa situação não era o fato de que se tornava natural às nacionalidades serem desleais com governo que lhe fora imposto, e aos governos oprimirem suas nacionalidades do modo mais eficiente possível, e sim que a população nacionalmente frustrada estava firmemente convencida – como, aliás, todo o mundo – de que a verdadeira liberdade, a verdadeira emancipação e a verdadeira soberania popular só podiam ser alcançadas por meio da completa emancipação nacional, e que os povos privados do seu próprio governo nacional ficariam sem a possibilidade de usufruir dos direitos humanos.

Anota-se que a verdadeira função dos Tratados de Minorias foi a de reconhecer que milhões de pessoas precisavam de uma entidade externa para garantir os seus direitos elementares, ou seja, os tratados demonstraram, quando foram implantados, que a situação das minorias, até então, era implícita no sistema dos Estados-nações, isto é, "que somente os 'nacionais' podiam ser cidadãos, somente as pessoas da mesma origem nacional podiam gozar de toda proteção das instituições legais", de sorte que "os indivíduos de nacionalidade diferente precisavam de alguma lei de exceção [...]" (ARENDT, p. 308).

Ainda, segundo Arendt (1989, p. 302), o segundo período de desintegração alastrado pela Europa se consubstancia na desnacionalização. Os governos totalitários, diante da incapacidade dos Estados europeus de protegerem os direitos humanos dos grupos, cujos direitos nacionais haviam sido perdidos, puderam impor sua própria escala de valores, valendo-se da desnacionalização.

A Liga das Nações – composta por estadistas nacionais que se entrelaçavam com seus próprios governos – era considerada responsável pela proteção das minorias, apesar de não inspirar confiabilidade nos povos desamparados.

Nesse cenário, as minorias se agruparam e formaram o "Congresso dos Grupos Nacionais Organizados nos Estados Europeus" (ARENDT, 1989, p. 305-307), o qual objetivava atender aos interesses nacionais de cada minoria, diferentemente do atendimento do interesse comum entre as minorias, fato este que propicia a adesão das minorias e das outras nacionalidades à ideia do Congresso, promovendo, assim, um número de nacionalidades minoritárias maior do que o número dos povos estatais (ARENDT, 1989, p. 307).

A partir do fim da Primeira Grande Guerra Mundial, os apátridas começam a crescer como um grupo, obtendo, todavia, a necessária atenção após a Segunda Grande Guerra Mundial. Nesse contexto eram relevados como pessoas sem Estado, que viviam fora do âmbito da lei e em uma posição similar à dos refugiados – os quais eram expulsos de seus países pela revolução social e desnacionalizados pelos governos vitoriosos (ARENDT, 1989, p. 310-311).

Arendt (1989, p. 311) afirma que o fenômeno da desnacionalização em massa foi considerado algo novo e imprevisto na medida em que demonstrava a incapacidade da estrutura estatal de tolerar quaisquer oposições, já que o Estado preferia "perder seus cidadãos a abrigá-los com opiniões diferentes da vigente". Entende, ainda (1989, p. 313), que, por ser crescente o aumento do grupo de apátridas, torna-se um problema aos Estados, os quais, possuindo autoridade para repatriar referidas pessoas, podem deportá-las aos seus países de origem, local em que recebem respectivas punições, podendo se desenvolver como cidadãs. Essas pessoas eram conhecidas, durante a guerra, pela expressão "displaced persons" ou "pessoas deslocadas", ocasião em que se ignorava a existência desse grupo e o consequente retorno aos Estados dos quais partiram (ARENDT, 1989, p. 313).

Os Estados-nações sofreram dois choques com a chegada dos apátridas, sendo o primeiro a abolição do direito de asilo – direito este que protegia os refugiados contra situações e circunstâncias que os "forçassem a colocar-se fora da lei" –, componente internacional e símbolo dos direitos do homem; o segundo se refere ao resultado da "constatação de que era impossível desfazer-se" dos refugiados e de que "era impossível transformá-los em cidadãos". Nesse sentido, como maneira de solucionar a situação dos refugiados, os Estados decidiam pela repatriação ou naturalização (ARENDT, 1989, p. 313-314), falhando a primeira, porque nenhum Estado aceitou repatriar ou acolher essas pessoas (tanto o Estado de origem quanto o Estado receptor), da mesma maneira falhando a naturalização porque o serviço público europeu não conseguia atender aos pedidos de naturalização em massa, cancelando as naturalizações já concedidas, fato este assim exprimido por Arendt (317-319)

> A diferença entre um cidadão naturalizado e um residente apátrida não era suficientemente grande para justificar o esforço de se naturalizar, pois o primeiro era frequentemente privado de direitos civis e ameaçado a qualquer momento com o destino do segundo. As pessoas naturalizadas eram, em geral, equiparadas aos estrangeiros comuns, e, como o naturalizado já havia perdido a sua cidadania anterior, essas medidas simplesmente ameaçavam tornar apátrida um outro grupo considerável (ARENDT, p. 318-319).

Observa-se que até mesmo os criminosos possuíam mais direitos do que os apátridas, chegando-se a concluir, absurdamente, que somente como transgressor da lei o apátrida poderia ser por ela protegido. Nesse sentido, afirma Arendt (1989, p. 319-320) que "pode tornar-se um cidadão completo graças a um pequeno roubo. Mesmo que não tenha um vintém, pode agora conseguir advogado, queixar-se contra os carcereiros e ser ouvido com respeito". A Declaração dos Direitos do Homem é considerada como marco relevante que coloca o homem como fonte da lei, independentemente de sua posição ocupada na sociedade ou dos privilégios que possuía.

Os direitos do homem são considerados importantes notadamente quando os indivíduos não se encontravam protegidos nos países de origem e quando não se sentiam seguros de sua igualdade perante Deus (ARENDT, 1989, p. 324). Esses direitos foram tidos como "inalienáveis" porque permaneciam independentemente do governo vigente, recordando-se do fato de que, ao não terem mais governo próprio, ficavam referidos indivíduos desprovidos de instituições promotoras dessa proteção. Nessa seara, quanto às minorias, não havia uma entidade internacional investida de autoridade governamental e, no caso dos apátridas, não havia mais a garantia de seus direitos nacionais, significando uma perda de seus direitos humanos, porque estavam convencidos de que a perda de seus direitos nacionais se equiparava à perda de direitos humanos (ARENDT, 1989, p. 325).

Nesse passo, para Arendt (1989, p. 327) os direitos do homem

> [...] supostamente inalienáveis, mostraram-se inexequíveis – mesmo nos países cujas constituições se baseavam neles – sempre que surgiam pessoas que não eram cidadãos de algum Estado soberano. A esse fato [...] deve acrescentar-se a confusão criada pelas numerosas tentativas de moldar o conceito de direitos humanos no sentido de defini-los com alguma convicção.

As pessoas que foram privadas de seus direitos sofreram duas perdas: a perda de seus lares – textura social na qual nasceram –, além da impossibilidade de encontrarem novos lares, e a perda da proteção governamental e da respectiva condição legal em todos os países. Nesse cenário, os refugiados eram perseguidos porque "nascidos na raça errada (como no caso dos judeus na Alemanha), ou na classe errada (como no caso dos aristocratas na Rússia) ou convocados pelo governo errado (como no caso dos soldados do exército republicano espanhol)" (ARENDT, 1989, p. 327-328). A privação dos direitos humanos inicia-se com a privação de um mundo que torne a opinião significativa e a ação eficaz – quando o indivíduo é privado de seu direito de participar da vida comunitária, perde o seu direito de ação e de opinar e, perdendo, assim, os seus direitos humanos. A supressão desses direitos aponta a perda da relevância do pensamento do homem, importando prejuízo das características da vida humana, o que importa um "direito a ter direito do indivíduo" – o que significa viver numa estrutura, em que se é julgado pelas ações e opiniões –, e "um direito de pertencer a algum tipo de comunidade organizada" (ARENDT, 1989, p. 329-330).

Logo, o grande problema nesse cenário não é a privação de um direito, a exemplo do direito à igualdade, mas sim o fato de já não existirem mais leis, governos ou instituições a se importarem com referidos grupos. Arendt (1989, p. 329) explica que os "próprios nazistas começaram a sua exterminação dos judeus privando-os, primeiro, de toda condição legal [...] e separando-os do mundo para ajuntá-los em guetos e campos de concentração", todavia, tendo "verificado, para sua satisfação, que nenhum país reclamava aquela gente". E o que importou foi "que se criou uma condição de completa privação de direitos antes que o direito à vida fosse ameaçado" (1989, p. 329).

As lições de Hannah Arendt, extraídas da obra "Origens do totalitarismo", levam a reflexões a respeito da sistemática violação dos direitos humanos, ocorridas no plano internacional, as quais, aliadas à crise dos refugiados – sejam eles vindos da Ucrânia, ou não –, propiciam solo fértil ao surgimento de governos totalitários. Outra importante reflexão – agora sim, considerada a presente guerra entre a Rússia e a Ucrânia – é que as sanções econômicas impostas à Rússia podem piorar, ainda mais, a situação da fome e da pobreza no mundo, já que ambos os países são responsáveis por grande parte da exportação de grãos, que alimentam grandes territórios. E, claro, já consideradas todas as mortes e misérias que a referida guerra vem causando ao mundo e, notadamente, aos ucranianos e aos russos.

Afinal, todos têm, ou não, direito de ter direitos?

4 As crianças invisíveis e as obras de Portinari

"Crianças invisíveis" é o título de um filme, sem fins lucrativos, formado por sete curtas-metragens, produzido em 2005, que retrata as múltiplas maneiras de violência infantil. Fato relevante é que o dinheiro arrecadado com o filme foi doado à UNICEF e a um programa de combate à fome (*World Food Program*) e, na esteira da afirmação de Pereira e Williams (2009, p. 89-91), a seguir exposta,

> Percebe-se que o filme como um todo aborda a definição de violência explicitada pela Organização Mundial da Saúde (1988), a qual divide a violência em três categorias: 1) a auto afligida: a violência contra si mesmo, sendo o suicídio o modo mais fatal, 2) a interpessoal: o comportamento violento entre indivíduos, os quais podem ser íntimos ou não e 3) a organizada: o comportamento violento de grupos sociais ou políticos, motivados por objetivos políticos, econômicos ou sociais (PEREIRA; WILLIAMS, 2009, p. 89-91).

De um lado, apresenta-se o primeiro curta-metragem, que foi filmado na África e dirigido por Mehdi Charef, retratando a vida de crianças e adolescentes em combates armados. O segundo curta-metragem expõe a realidade de garotos que tiveram a liberdade cerceada, em razão de conflitos com a lei penal, e que se encontram em uma instituição de reabilitação – curta-metragem filmado na Sérvia Montenegro e dirigido por Emir Kusturica. De outro lado, o terceiro curta-metragem, dirigido por Spike Lee, faz referência às crianças expostas a determinados fatores de risco, entre outros "ser portador do vírus HIV, ter pais que fazem uso/abuso de substâncias ilícitas, residir em bairros pobres e violentos e serem vítima de violência escolar" (PEREIRA; WILLIAMS, 2009, p. 89-91).

O quarto curta-metragem é brasileiro e expõe o cenário de violência em que as "crianças devem trabalhar para manter o seu sustento e ajudar a pagar as despesas familiares, expostas a situações de perigo ao seu desenvolvimento físico e psicológico". O quinto, dirigido por Ridley e Jordon Scott, "faz o exercício de um adulto, o qual fotografa guerras, de se colocar numa postura infantil, compreendendo o mundo como uma criança o faria". O sexto curta-metragem, filmado na Itália, conta com a direção de Stefano Veneruso e mostra "o personagem principal que sofre de negligência por parte dos cuidadores, sendo violentado psicologicamente, xingado e depreciado [...]" (PEREIRA; WILLIAMS, 2009, p. 89-91).

O último curta-metragem foi filmado na China, dirigido por John Woo, e retrata a realidade de duas crianças: uma com poder aquisitivo alto, mas que sofre com a separação dos pais; a outra, dotada de poder aquisitivo muito baixo, e que foi abandonada ainda na primeira infância. A "história apresentada é marcante na alusão a sonhos, fantasias e gestos simples que adquirem importância como geradores de esperança e motivadores de mudanças positivas significativas" (PEREIRA; WILLIAMS, 2009, p. 89-91).

O vocábulo "invisíveis" utilizado como título do filme é providencial, porquanto as crianças que efetivamente vivenciam as situações retratadas no filme são invisibilizadas e, numa concepção própria da filosofia de Hannah Arendt, suas respectivas situações são banalizadas e normalizadas. Nesse sentido, a arte – nela compreendidos, também, o cinema e a literatura – é capaz de retratar e capturar a atenção das pessoas para perceberem e refletirem sobre situações que são ignoradas ou normalizadas, apesar de corriqueiras.

Cita-se, também, no contexto, a obra "Retirantes", de Candido Portinari, pintada em 1944, na cidade de Petrópolis, a qual é materializada por óleo sobre a tela. Esse quadro que, atualmente, faz parte do acervo do Museu de Arte de São Paulo Assis Chateaubriand (MASP), apresenta dimensões de 190 x 180 x 2,5 cm.

Referida obra de Candido Portinari retrata uma família de migrantes, provavelmente de origem nordestina, que busca fugir da fome e da seca, sonhando encontrar possibilidades de trabalho e de uma vida digna. Fabris & Fabris (1995) afirmam que, "estilisticamente, os retirantes de 40 estão mais próximos de Vidas Secas do que os retirantes retratados pouco antes da feitura dos contos que originaram o romance", conforme se pode depreender da imagem a seguir exposta.

IMAGEM 2 – "Retirantes", de Candido Portinari[3]

Candido Portinari pintou, também, o quadro "Criança morta", o qual merece alusão no contexto apreciado. O quadro retrata uma família de migrantes nordestinos que choram a morte de uma criança, sendo as lágrimas derrubadas assemelhadas a pequenas pedras. A técnica da pintura utilizada no quadro é a do óleo sobre a tela, com dimensões de 180 x 190 x 3,5 cm. O quadro, atualmente, pertence ao acervo do MASP e, assim como no quadro "Retirantes", as pinturas exibem pessoas com formas esqueléticas ou fantasmagóricas.

---

[3] Fonte: Acervo Museu de Arte de São Paulo Assis Chateaubriand/MASP. Créditos da fotografia: Pedro Campos/ Elizabeth Kajiya/ Marcia Rizzuto (IFUSP).

IMAGEM 3 – Criança morta, de Candido Portinari[4]

Observada a série de quadros de Candido Portinari num crescendo: *Criança morta, Menino morto, Família de retirantes, Enterro na rede*, a sua visão pessimista parece mitigar-se, conforme observado por Fabris & Fabris (1995).

Ao retratar a família de migrantes nordestinos em suas pinturas, busca Portinari clarificar a realidade do sofrimento, miséria, fome e seca dessas famílias e de tantas outras espalhadas pelo mundo. E o vocábulo "retirantes", utilizado pelo artista, pode ensejar a situação dos imigrantes nos Estados Unidos, das realidades soerguidas no filme "Crianças invisíveis" e da crise vivenciada, notadamente, pelos refugiados ucranianos. Ambos os quadros de Candido Portinari possuem o condão de imprimir nas pinturas concretizadas nas telas todas as reflexões traçadas no presente estudo a respeito da temática dos refugiados.

---

[4] Fonte: Acervo Museu de Arte de São Paulo Assis Chateaubriand/MASP. Créditos da fotografia: Pedro Campos/ Elizabeth Kajiya/ Marcia Rizzuto (IFUSP).

Interessante atentar-se para a pintura "Enterro na rede", de Candido Portinari, que se direciona na contramão da normalização das realidades retratadas nas duas telas, já citadas "Retirantes" e "Criança morta", eis que na tela "Enterro na rede" a tônica é bastante distinta. Isso porque a pintura "do punho cerrado e das mãos espalmadas parece remeter à dimensão na qual a morte não é mais aceita como algo natural, na qual se interrogam as possibilidades de vida que são dadas ao sertanejo", conforme explicam Fabris & Fabris (1995).

IMAGEM 4 – *"Enterro na rede"* de Candido Portinari[5]

A imagem trazida por Portinari na obra "Enterro na rede" revela, em tese, uma postura ativa do artista de não acolher as realidades exibidas nas outras telas pintadas "Retirantes" e "Criança morta", cujos cenários revelam e questionam a dignidade do homem retirante. O inconformismo e a interrogação podem ser transpostos para o que, de fato, vem acontecendo com os imigrantes nos Estados Unidos,

---

[5] Fonte: Acervo Museu de Arte de São Paulo Assis Chateaubriand/MASP. Créditos da fotografia: Pedro Campos/ Elizabeth Kajiya/ Marcia Rizzuto (IFUSP).

notadamente com crianças e adolescentes que, separados de seus pais, são levados a estabelecimentos que não respeitam as condições expostas no parecer consultivo; também, no que diz respeito às situações de indignidade vividas pelos refugiados ucranianos. Os "invisíveis" que foram citados devem ser pensados enquanto crianças que efetivamente vivem situações indignas (banalizadas), conforme retratadas no filme.

O estudo dessas realidades expostas, a partir de uma visão complexa, nos moldes lecionados por Edgar Morin (2005, p. 59), revela visão transdisciplinar da situação, diversamente do que é proposto pelo paradigma da simplificação, conforme se pode extrair de suas palavras: "vamos, pois, estudar o homem biológico no departamento de biologia, como um ser anatômico, fisiológico etc. e vamos estudar a mente, *the mind*, como função ou realidade psicológica", advertindo, ainda, que "esquecemos que um não existe sem a outra, ainda mais que um é a outra ao mesmo tempo, embora sejam tratados por termos e conceitos diferentes".

Desvela-se, nesse sentido, a necessidade de se refletir sobre a (in)efetividade dos direitos humanos em âmbito internacional com o recorte conferido à imigração e ao refúgio.

Considerações finais

O Parecer Consultivo da Corte Interamericana de Direitos Humanos foi realizado com o intuito de auxiliar os Estados solicitantes no resguardo dos direitos das crianças migrantes. Porém, mesmo com a consulta à Corte, os migrantes ainda não tiveram seus direitos efetivados, tendo como exemplo os Estados Unidos da América, com a sua política migratória "Tolerância Zero". Em que pese o disposto na Carta das Nações Unidas, na mesma linha, a Rússia iniciou a invasão do território ucraniano, dando origem à enorme crise de refugiados da Europa. Ambos os cenários implicam (in)efetividade dos direitos humanos em plano internacional.

Reflete-se, a partir da obra "Origens do totalitarismo", que os mecanismos de proteção internacional de direitos humanos se tornaram ineficazes para os grupos migratórios, classificados como "apátridas", no período existente entre as guerras. Igualmente, ficou demonstrado que a crise de refugiados, aliada às precárias condições sociais e econômicas propiciadas pela guerra, tornam o cenário propício ao aparecimento de regimes totalitários.

A pesquisa buscou demonstrar que a arte pode auxiliar a "visualização" e as reflexões de realidades invisibilizadas e normalizadas, conforme exibido nos comentários acerca do filme "Crianças invisíveis" e das obras de Candido Portinari, quais sejam, "Retirantes", "Criança morta" e "Enterro na rede".

A situação dos refugiados ucranianos assume vieses complexos, posto que implica o abandono da textura social em que estavam inseridos e a inserção em um cenário incerto. A guerra empreendida pela Rússia ainda é recente, tornando sem contornos certos a verdadeira realidade dos refugiados, a longo prazo na Europa – a qual, até o momento, tem se mostrado solícita.

Nesse sentido, é importante ressaltar que a realidade da infância migrante é também desafiadora, principalmente quando se refere a alojamentos dignos, capazes de oferecer à criança todos os recursos de que ela necessita, algo que foi realizado de modo diferente nos Estados Unidos da América, onde, no complexo prisional Ursula, um grande número de menores de idade estava dentro de "uma gaiola de arame de cerca de 10x10 metros trancada com cadeados" (BBC NEWS BRASIL, 2018).

Por derradeiro, retoma-se a pergunta, já proferida no presente estudo: todos têm, ou não, direito de ter direitos?

Referências

ANDERSSON, Hillary; LAURENT, Anne. Crianças enfrentam frio, piolho e sujeira em campo de detenção de imigrantes nos EUA. *BBC News Brazil*. Texas, 2021. Disponível em: https://www.bbc.com/portuguese/internacional-57245499. Acesso em: 28 maio 2021.

NOLSOE, Eir; POP, Valentina. Veja a lista de sanções à Rússia que o Ocidente impôs pela invasão da Ucrânia. *Folha de São Paulo*, São Paulo, 2022. Disponível em: https://www1.folha.uol.com.br/mercado/2022/02/veja-a-lista-de-sancoes-a-russia-que-o-ocidente-impos-pela-invasao-da-ucrania.shtml. Acesso em: 18 mar. 2022.

ARENDT, Hannah. *Origens do totalitarismo*. São Paulo: Companhia das Letras, 1989.

BBC NEWS BRASIL. A comovente gravação que mostra o sofrimento das crianças separadas da família pela Imigração nos EUA. *BBC News Brasil*, 2018. Disponível em: https://www.bbc.com/portuguese/internacional-44532068. Acesso em: 28 maio 2021.

BBC NEWS BRASIL. Como são as 'jaulas' em que os EUA estão detendo filhos de imigrantes sem documentos. *BBC News Brasil*, 2018. Disponível em: https://www.bbc.com/portuguese/internacional-44526519. Acesso em: 28 maio 2021.

BBC NEWS BRASIL. Por que motivos a Rússia invadiu a Ucrânia: resumo. *BBC News Brasil*, 2022. Disponível em: https://www.bbc.com/portuguese/internacional-60606340. Acesso em: 18 mar. 2022.

CORTE INTERAMERICANA DE DIREITOS HUMANOS (CIDH). *Parecer Consultivo OC-21/14, de 19 de agosto de 2014.* Direitos e garantias de crianças no contexto da migração e/ou em necessidade de proteção internacional: Redigido em espanhol e em português, tendo fé o texto em espanhol, em San José, Costa Rica, 19 ago. 2014.

CNN BRASIL. Conheça os países que apoiam Putin no conflito com a Ucrânia. *CNN Brasil*, 2022. Disponível em: https://www.cnnbrasil.com.br/internacional/quais-sao-os-paises-que-apoiam-putin-no-conflito-com-a-ucrania/. Acesso em: 18 mar. 2022.

CNN BRASIL. Dor pela perda e separação afeta saúde mental de refugiados, diz psicóloga. *CNN Brasil*, 2022. Disponível em: https://www.cnnbrasil.com.br/internacional/dor-pela-perda-e-separacao-afeta-saude-mental-de-refugiados-diz-psicologa/. Acesso em: 18 mar. 2022.

FABRIS, A.; FABRIS, M. A função social da arte: Candido Portinari e Graciliano Ramos. *Revista do Instituto de Estudos Brasileiros, [S. l.]*, n. 38, p. 11-19, 1995. DOI: 10.11606/issn.2316-901X.v0i38p11-19. Disponível em: https://www.revistas.usp.br/rieb/article/view/71350. Acesso em: 29 maio 2021.

MORIN, Edgar. *Introdução ao pensamento complexo*. Porto Alegre: Sulina, 2005.

Museu de arte de São Paulo Assis Chateaubriand. *Candido Portinari: Retirantes, 1944*. MASP. São Paulo. Disponível em: https://masp.org.br/acervo/obra/retirantes. Acesso em: 29 maio 2021.

Museu de arte de São Paulo Assis Chateaubriand. *Candido Portinari: Criança morta, 1944*. MASP. São Paulo. Disponível em: https://masp.org.br/acervo/obra/crianca-morta. Acesso em: 29 maio 2021.

ONU. Carta das Nações Unidas. 1945. Disponível em: https://brasil.un.org/pt-br/91220-carta-das-nacoes-unidas. Acesso em: 18 mar. 2022.

PEREIRA, Ana Carina Stelko; WILLIAMS, Lúcia Cavalcanti de Albuquerque. Crianças invisíveis: Um filme sobre a violência em suas múltiplas formas. *Revista Argumento*, Curitiba, p. 89-91, jan./mar. 2009.

VILLAS BÔAS, Regina Vera; MARTINS, Priscila M.; ALVARENGA, Paulo. (In)efetividade dos direitos dos catadores de materiais recicláveis em tempos de pandemia de covid-19. *Revista Jurídica Unicuritiba*, Curitiba, vol. 2, n. 64, p. 734-762, 2021.

VILLAS BÔAS, Regina Vera; COSTA, Hirdan K. M. Discussões sobre os refugiados e a justiça climática. *Revista dos Direitos Sociais e Políticas Públicas (UNIFAFIBE)*, vol. 19, n. 2, p. 401-417, 2021. Disponível em: www.Unifafibe.Com.Br/revista/index.Php/direitos-sociais-politicas-pub/index.

Informação bibliográfica deste texto, conforme a NBR 6023:2018 da Associação Brasileira de Normas Técnicas (ABNT):

VILLAS BÔAS, Regina Vera; SOARES, Gabrielle Valeri; MOTTA, Ivan Martins. (In)efetividade dos direitos dos migrantes e refugiados: diálogo com as obras de Hannah Arendt e de Candido Portinari *In*: SARAIVA FILHO, Oswaldo Othon de Pontes; BERTELLI, Luiz Gonzaga; SIQUEIRA, Julio Homem de (coord.). *Direitos dos refugiados*. Belo Horizonte: Fórum, 2024. (Coleção Fórum Direito Internacional Humanitário, v. 1, t. 2). p. 111-133. ISBN 978-65-5518-614-7.

REFÚGIO E DIREITO AO DESENVOLVIMENTO SUSTENTÁVEL: INSERÇÃO ECONÔMICA

CLÁUDIO FINKELSTEIN

RITA DE CASSIA CARVALHO LOPES

Introdução

O início do século XXI já assistiu ao maior movimento de deslocamentos forçados da história. As fronteiras europeias estão testemunhando o maior fluxo desses deslocamentos involuntários desde a Segunda Guerra Mundial, em decorrência da guerra da Ucrânia, iniciada em 2022, e de outros fluxos ocorridos desde 2015. O Brasil, por sua vez, não ficou apartado dessa tendência, em razão de situações ocorridas no Haiti e na Venezuela.

De certo, um elemento mais sensível no fluxo de deslocados é o movimento realizado de forma involuntária por indivíduos que sofrem perseguição ou têm temor de algum tipo de perseguição, os quais atravessam fronteiras em busca de proteção internacional qualificada em documentos internacionais.

Perante essa realidade, a importância do tema relativo aos refugiados configura-se irrefutável.

Neste cenário, as fronteiras são as áreas mais afetadas, o que obriga os Estados a formularem políticas de controle de fronteiras e de acolhimento de pessoas.

A travessia resulta, muitas vezes, num acolhimento, mas tem potencial para mais do que isso, pois se não implementada ordenadamente pode ter impacto no desenvolvimento do ser humano, na economia do país de destino e no equilíbrio demográfico do espaço ocupado.

A parte inicial deste texto enfrenta as formas teóricas e contemporâneas de tratamento do fenômeno do refúgio pelo Direito Internacional, encarando alguns conceitos jurídicos correlatos que circundam a mobilidade humana, por meio da apreciação de convenções internacionais e documentos políticos. Nessa análise, constata-se que o Estado e o processo de globalização não têm sido suficientes para responder à questão do refúgio de maneira satisfatória.

Relaciona-se a temática dos refugiados ao desenvolvimento por meio da inserção desses indivíduos no mercado de trabalho na segunda parte. Num primeiro momento, aborda-se a perspectiva do direito ao desenvolvimento, no bojo dos direitos humanos; prossegue-se na implementação desse direito como meio de atingir o desenvolvimento econômico do Estado de acolhida, o que pode ser feito por meio da gestão do fenômeno do refúgio, com potencial para alcançar as dimensões geopolítica e geoeconômica, através do poder demográfico resultante do ingresso de refugiados.

Em continuidade, discorre-se sobre o cenário brasileiro concernente ao procedimento de solicitação de refúgio, no qual se demonstra uma legislação inovadora, de condições de tratamento equitativas em relação ao estrangeiro e ao nacional quanto ao trabalho no Brasil. Porém, constata-se que essas condições não atingem o sucesso na implementação do direito positivo, tendo em vista as crises econômicas sucessivas, a baixa remuneração e a informalidade que dominam o cenário do trabalho no Brasil.

Por fim, conclui-se que o refúgio é um instituto que pode não só acolher o ser humano com o fim de proporcionar-lhe dignidade, como também é possível que através dele o indivíduo atinja autossuficiência no local de acolhida. Evidenciando-se, desta forma, que esse Estado de recepção não terá só ônus, na medida em que, se gerir adequadamente o fenômeno, é possível avançar no desenvolvimento econômico ao incorporar a mão de obra refugiada de forma plena, além de alcançar novas dimensões geopolíticas e geoeconômicas por meio do preenchimento de lacunas demográficas e laborais.

1 Proteção do indivíduo no Direito Internacional Público

A fim de contextualizar a proteção do ser humano no plano internacional, é importante esclarecer que, em termos doutrinários, ela pode estar inserida em três vertentes do Direito Internacional Público, quais sejam: o Direito Internacional dos Direitos Humanos, o Direito Internacional Humanitário e o Direito Internacional dos Refugiados.[1] Da mesma forma, é apenas teoricamente que se aparta o sistema de proteção universal dos sistemas regionais de proteção, pois, de fato, como afirma Flávia Piovesan, os sistemas de proteção global e regional são complementares e não realidades diferentes.[2] Essas divisões, contudo, servem para auxiliar na contextualização do tema do refúgio e cumprir função didática, pois a prática contemporânea aplica, simultaneamente, todas as normas de proteção do indivíduo.[3]

1.1 Conceito de refúgio e termos correlatos

Partindo da premissa de tratamento abrangente dos direitos humanos, é importante entender que, apesar do termo refúgio ser preciso, como se verificará, o indivíduo será um estrangeiro ou apátrida, cuja proteção pode estar inserida em muitos contextos.

Segundo André de Carvalho Ramos, o refúgio, de forma muito genérica, seria uma das espécies de asilo, na medida em que esse último termo é amplo e "[...] consiste no conjunto de institutos que asseguram o acolhimento de estrangeiro que, em virtude de perseguição odiosa (sem justa causa), não pode retornar ao local de residência ou nacionalidade".[4]

Entretanto, importa observar que, na América Latina, faz-se distinção entre asilo e refúgio, mas os documentos de proteção universal

---

[1] CARVALHO RAMOS, André de. *Teoria geral dos direitos humanos na ordem internacional*. 6. ed. São Paulo: Saraiva, 2016, p. 69-70.

[2] PIOVESAN, Flávia. Internacionalização dos direitos humanos e do direito internacional: desafios contemporâneos. *Boletim da Sociedade Brasileira de Direito Internacional*, n. 125-130, v. 103, p. 357, jul./dez. 2017. Disponível em: http://www.direitointernacional.org/boletimsbdi/. Acesso em: 4 abr. 2022.

[3] CASELLA, Paulo Borba. *Direito internacional dos espaços*. São Paulo: Atlas, 2009, p. 805-806.

[4] CARVALHO RAMOS, André de. Asilo e refúgio: semelhanças, diferenças e perspectivas. *In*: CARVALHO RAMOS, André de; RODRIGUES, Gilberto; ALMEIDA, Guilherme Assis de (Orgs.). *60 anos de ACNUR*: perspectivas de futuro. São Paulo: CL-A Cultural, 2011, p. 15. Disponível em: https://www.acnur.org/portugues/wp-content/uploads/2018/02/60-anos-de-ACNUR_Perspectivas-de-futuro_ACNUR-USP-UNISANTOS-2011.pdf. Acesso em: 7 abr. 2022.

e de proteção regional europeu não os distinguem. O conceito de asilo, na América Latina, foi previsto pela primeira vez, no Tratado de Direito Penal Internacional de Montevidéu de 1889. Nesta parte do continente americano, entende-se o asilo como sendo de dois tipos: o diplomático, no qual o requerente está no exterior e pede asilo à embaixada do país em que pretende ser acolhido; e o territorial, no qual o solicitante está em território nacional.[5]

Noutro aspecto, a Declaração dos Direitos do Homem de 1948 dispõe, no seu artigo 14º que existe um direito de procurar asilo[6] quando o indivíduo é vítima de perseguição. No entanto, não afirma que há um direito de asilo. Portanto, o asilo é uma prerrogativa do indivíduo, enquanto a Resolução nº 2.312 (XXII) de 1967 afirma que conceder asilo é um direito do Estado.[7]

Porém, no sistema de proteção, o Estado tem a obrigação legal de não devolver o indivíduo para o local em que esse sofre perseguição ou temor de perseguição,[8] nos termos da Convenção de Genebra relativa ao Estatuto dos Refugiados de 1951. Contudo, tal dever não é sinônimo de obrigação de acolhida.

Neste ponto sensível, verifica-se que o Estado, muitas vezes, faz a "burocratização da segurança"[9] como uma dupla política, ou seja, de proteção do espaço e, simultaneamente, de contenção da entrada de indivíduos, desconsiderando, portanto, que a solicitação de refúgio é o

---

[5] BRASIL. Ministério da Justiça e Segurança Pública. *Entenda as diferenças entre refúgio e asilo*. Disponível em: https://www.gov.br/mj/pt-br/assuntos/noticias/entenda-as-diferencas-entre-refugio-e-asilo. Acesso em: 4 abr. 2022.

[6] "Artigo 14. 1. Toda a pessoa sujeita a perseguição tem o direito de procurar e de beneficiar de asilo em outros países. 2. Este direito não pode, porém, ser invocado no caso de processo realmente existente por crime de direito comum ou por atividades contrárias aos fins e aos princípios das Nações Unidas". ONU. *Declaração Universal dos Direitos Humanos* (1948). Disponível em: https://brasil.un.org/sites/default/files/2020-09/por.pdf. Acesso em: 4 abr. 2022.

[7] ONU. *Declaração das Nações Unidas sobre o Asilo Territorial* (1967). Disponível em: https://www.acnur.org/fileadmin/Documentos/portugues/BD_Legal/Instrumentos_Internacionais/Declaracao_ONU_Asilo_Territorial.pdf?file=fileadmin/Documentos/portugues/BD_Legal/Instrumentos_Internacionais/Declaracao_ONU_Asilo_Territorial. Acesso em: 4 abr. 2022.

[8] Princípio da proibição da devolução ou proibição do rechaço ou *non-refoulement*. Cf. Convenção sobre o Estatuto dos Refugiados de 1951, artigo 33, item 1, segundo o qual nenhum dos Estados Contratantes expulsará ou rechaçará, de maneira alguma, um refugiado. ONU. *Convenção relativa ao Estatuto dos Refugiados* (1951). Disponível em:https://www.acnur.org/fileadmin/Documentos/portugues/BDL/Convencao_relativa_ao_Estatuto_dos_Refugiados.pdf. Acesso em: 4 abr. 2022.

[9] VELASCO, Suzana. *Imigração na União Europeia*: uma leitura crítica a partir do nexo entre securitização, cidadania e identidade transnacional. Campina Grande: Eduepb, 2014, p. 53.

último recurso do indivíduo para eliminar a perseguição.[10] Isto numa afronta à forma ampla e contemporânea de como o Direito Internacional deve ser interpretado, no que diz respeito à proteção do indivíduo.[11] Nesse encadeamento, as questões fáticas e teóricas que dão fundamento às disfunções da concretização do refúgio são as mesmas que costumam permear a implementação dos direitos humanos, as quais Flávia Piovesan chama de "sete desafios": 1. universalismo *vs.* relativismo cultural; 2. laicidade estatal *vs.* fundamentalismos religiosos; 3. direito ao desenvolvimento *vs.* assimetrias globais; 4 proteção dos direitos econômicos, sociais, culturais e ambientais *vs.* dilemas da globalização econômica; 5 respeito à diversidade *vs.* intolerância; 6. combate ao terrorismo *vs.* preservação de direitos e liberdades públicas; 7. direito da força *vs.* força do Direito (desafios da justiça internacional).[12]

De forma específica, retomando a conceituação do instituto, a mencionada Convenção de Genebra relativa ao Estatuto dos Refugiados de 1951 é o documento central quando se trata do conceito de refugiado, concebido como a pessoa que teme perseguição por motivos particularizados, nos termos do artigo 1º, item 2:

> Art. 1º - Definição do termo "refugiado". A. Para os fins da presente Convenção, o termo "refugiado" se aplicará a qualquer pessoa:
> [...] 2) Que, em conseqüência dos acontecimentos ocorridos antes de 1º de janeiro de 1951 e temendo ser perseguida por motivos de raça, religião, nacionalidade, grupo social ou opiniões políticas, se encontra fora do país de sua nacionalidade e que não pode ou, em virtude desse temor, não quer valer-se da proteção desse país, ou que, se não tem nacionalidade e se encontra fora do país no qual tinha sua residência habitual em consequência de tais acontecimentos, não pode ou, devido ao referido temor, não quer voltar a ele.[13]

---

[10] RODRIGUES, José Noronha. *Política única de asilo na União Europeia*. Tese de Doutorado em Direito Público e Teoria do Estado. Universidade de Santiago de Compostela, 2012, p. 53. Disponível em: http://bibliobase.sermais.pt:8008/BiblioNET/Upload/PDF7/004943_Tesis%20Doctoral.pdf. Acesso em: 7 abr. 2022.

[11] CARVALHO RAMOS, André de. *Teoria geral dos direitos humanos na ordem internacional*. 6. ed. São Paulo: Saraiva, 2016, p. 142.

[12] PIOVESAN, Flávia. Internacionalização dos direitos humanos e do direito internacional: desafios contemporâneos. *Boletim da Sociedade Brasileira de Direito Internacional*, n. 125-130, v. 103, p. 359-384, jul./dez. 2017. Disponível em: http://www.direitointernacional.org/boletim-sbdi/. Acesso em: 4 abr. 2022.

[13] ONU. Convenção relativa ao Estatuto dos Refugiados (1951). Disponível em:https://www.acnur.org/fileadmin/Documentos/portugues/BDL/Convencao_relativa_ao_Estatuto_dos_Refugiados.pdf. Acesso em: 4 abr. 2022.

Da análise deste dispositivo denota-se que a Convenção de Genebra abrange uma gama de acontecimentos sociopolíticos, no entanto, limita o conceito de refúgio a critérios temporal e geográfico, ao considerar refugiado somente aquele que, em consequência de acontecimentos ocorridos antes de 1º de janeiro de 1951, que com fundado temor de perseguição, não pudesse retornar ao país de sua residência. Tal definição é alargada na sua esfera de abrangência por meio do Protocolo de Nova Iorque de 1967.[14]

Além disso, a exigência de que o temor de uma pessoa perseguida esteja fundado na Convenção sobre Refugiados estabelece um tipo de nexo de causalidade. Em outras palavras, a proteção dos refugiados é limitada às razões elencadas na Convenção, portanto, não está disponível a todos os tipos de violações.

Atualmente, é fato que tal definição não abarca todas as ameaças e perseguições que são possíveis, como, por exemplo, a dos deslocados por questões ambientais, como é o caso dos habitantes de ilhas que desaparecerão com o aumento dos oceanos, e dos deslocados em função de conflito armado, como os sírios e ucranianos.[15] Por outro lado, é fato, também, que o contexto mundial de polarização, nacionalismo, terrorismo e pandemia não favorece uma negociação de ampliação do dito conceito neste momento.

Diante disso, o Alto Comissariado das Nações Unidas para Refugiados (ACNUR) promove a proteção internacional de pessoas deslocadas através das fronteiras[16] e esclarece os critérios para a determinação da condição de refugiado.

---

[14] "Artigo 1º. Disposições Gerais. [...] § 2. Para os fins do presente Protocolo, o termo 'refugiado', salvo no que diz respeito à aplicação do § 3 do presente artigo, significa qualquer pessoa que se enquadre na definição dada no artigo primeiro da Convenção, como se as palavras 'em decorrência dos acontecimentos ocorridos antes de 1º de janeiro de 1951 e...' e as palavras '... como consequência de tais acontecimentos' não figurassem do § 2 da seção A do artigo primeiro". ONU. *Protocolo Adicional à Convenção sobre Refugiados* (1967). Disponível em: https://www.acnur.org/fileadmin/Documentos/portugues/BDL/Protocolo_de_1967_Relativo_ao_Estatuto_dos_Refugiados.pdf. Acesso em: 4 abr. 2022.

[15] COSTA, Felipe Gomes Dias; OLIVEIRA FILHO, João Glicério de; SCHMITT, Matheus Manhães. Uma análise econômica da crise de refugiados: possíveis soluções baseadas no (des)incentivo aos Estados receptores e perseguidores. Anais do XV Congresso Brasileiro de Direito Internacional, 30 de agosto a 2 de setembro, Florianópolis. *In*: MENEZES, Wagner (org.). *Direito internacional em expansão*. Belo Horizonte: Arraes Editores, 2017, v. 11, p. 623.

[16] ACNUR. *Manual de procedimentos e critérios para a determinação da condição de refugiado*. Disponível em: https://www.acnur.org/portugues/wp-content/uploads/2018/02/Manual_de_procedimentos_e_crit%C3%A9rios_para_a_determina%C3%A7%C3%A3o_da_condi%C3%A7%C3%A3o_de_refugiado.pdf. Acesso em: 4 abr. 2022.

O refúgio pode trazer uma discussão a respeito da sua natureza. Não resta dúvida, no entanto, que um dispositivo constante de uma convenção internacional tem uma "proteção contratual",[17] obrigatória para os seus signatários, mas não terá essa consequência imediata quando a proteção advier de um documento apenas político.

No que concerne ao sistema regional de proteção dos refugiados, merecem destaque a Convenção da Organização da Unidade Africana de 1969 e a Declaração de Cartagena de 1984. Ambas ampliam a definição de refugiado para além das hipóteses da Convenção de 1951 e do Protocolo de 1967. Por sua vez, a Declaração de Cartagena, na América Latina, contempla no conceito de refugiado as pessoas que fugiram dos seus países porque a sua vida, segurança ou liberdade foram ameaçadas por violência generalizada, agressão estrangeira, conflitos internos, violação maciça dos direitos humanos ou outras circunstâncias que tenham perturbado gravemente a ordem pública. Este último documento, contudo, não é vinculante.[18]

Em contrapartida, a Convenção Europeia para a Proteção dos Direitos Humanos e das Liberdades Fundamentais de 1950 inaugura o sistema de proteção do continente; porém, não trata de conceitos como migração, refúgio ou asilo. Atualmente, a Diretiva nº 2.011/95/EU estabelece o Estatuto para Refugiados e prevê, no item 3 do seu preâmbulo, que haverá a aplicação integral da Convenção de Genebra de 1951, complementada pelo Protocolo de Nova Iorque.[19] Ademais, a partir de 2009, torna-se vinculante a Carta dos Direitos Fundamentais da União Europeia de 2000,[20] na qual há a previsão do direito de asilo nos termos da Convenção de Genebra de 1951 e do Protocolo de 1967 (art. 18º).

Por outro lado, é importante ressaltar que o conceito de migrante internacional não é exatamente sinônimo de refugiado,

---

[17] CASELLA, Paulo Borba. Refugiados: conceito e extensão. In: ARAÚJO, Nádia de; ALMEIDA, Guilherme Assis de (org.). O direito internacional dos refugiados – uma perspectiva brasileira. Rio de Janeiro: Renovar, 2001, p. 20.

[18] CARVALHO RAMOS, André de. Asilo e refúgio: semelhanças, diferenças e perspectivas. In: CARVALHO RAMOS, André de; RODRIGUES, Gilberto; ALMEIDA, Guilherme Assis de (org.). 60 anos de ACNUR: perspectivas de futuro. São Paulo: CL-A Cultural, 2011, p. 91. Disponível em: https://www.acnur.org/portugues/wp-content/uploads/2018/02/60-anos-de-ACNUR_Perspectivas-de-futuro_ACNUR-USP-UNISANTOS-2011.pdf. Acesso em: 7 abr. 2022.

[19] EUR-LEX. Diretiva 2011/95/EU. Disponível em: https://eur-lex.europa.eu/eli/dir/2011/95/oj. Acesso em: 4 abr. 2022.

[20] EUR-LEX. Carta dos Direitos Fundamentais da União Europeia. Disponível em: https://eur-lex.europa.eu/legal-content/PT/TXT/?uri=celex%3A12016P%2FTXT. Acesso em: 21 abr. 2020.

por ter motivações genéricas no seu deslocamento, pois, segundo a Organização das Nações Unidas (ONU), migrante internacional será qualquer pessoa que mude de seu país,[21] com motivações diferentes das justificativas dos refugidos.

Desta forma, verifica-se que um refugiado terá um estatuto específico porque será uma pessoa que busca proteção por sentir-se perseguida por causas delimitadas, que não guardam relação direta com a busca de uma vida melhor ou de melhoria econômica, mas essas são consequências possíveis na integração do refugiado.

1.2 Refúgio e globalização

Em relação ao refúgio, a soberania do Estado permanece a serviço da limitação da entrada ou da permanência do estrangeiro no território. Por este viés, portanto, a soberania nacional está preservada, já que o seu exercício se realiza por meio de limitação voluntária,[22] quando e apenas se o Estado fizer parte de um tratado internacional.

Sendo assim, o Estado continua, juridicamente, na posição de agente regulador da mobilidade do indivíduo, na posição de protetor de suas fronteiras, quanto à entrada de indivíduos.

Apesar dessa posição privilegiada, não são todas as demandas contemporâneas que o Estado consegue responder sozinho com êxito, senão vejamos com relação à questão climática, à crise pandêmica sanitária e ao deslocamento forçado de pessoas além-fronteiras.

Ademais, não se pode negar que existem desafios na inserção do indivíduo refugiado no Estado de acolhimento, seja no confronto com sentimentos semelhantes à crise de identidade nacional, que, por seu turno, pode culminar em reações de xenofobia, pois há fatores que influem no comportamento dos países receptores a depender das suas condições internas de mercado de trabalho, estrutura étnica e institucional; seja, ainda, na confrontação da possibilidade ou não de prestação de serviços sociais de acolhimento. Ambas as situações podem tornar o espaço reativo ao refugiado.[23]

---

[21] IOM *cita* The United Nations Recommendations on Statistics of International Migration. IOM. *The World migration report 2020.* Disponível em: https://publications.iom.int/system/files/pdf/wmr_2020.pdf. Acesso em: 7 abr. 2022.

[22] VAN KLEFFENS, Eelco Nicolaas. Sovereignty in international law. *Collected courses of Hague Academy of International Law*, v. 82, p. 118, 1953.

[23] CASELLA, Paulo Borba. Refugiados: conceito e extensão. *In*: ARAÚJO, Nádia de; ALMEIDA, Guilherme Assis de (org.). *O direito internacional dos refugiados* – uma perspectiva brasileira. Rio de Janeiro: Renovar, 2001, p. 24.

Mesmo num contexto de regionalização da economia[24] com as liberdades consolidadas, como no caso do bloco europeu, também não é plena e efetiva a resposta à questão da proteção internacional ampla ao indivíduo refugiado, o que deixa claro que a globalização é um processo eminentemente econômico,[25] em que há a livre circulação de bens, serviços e capitais, mas não de pessoas.

Cabe destacar que a Sociologia, no entanto, entende a globalização de outra forma, isto é, como um processo no qual as pessoas estão inseridas numa sociedade mundial única, em que há redução dos espaços e isto traz consequências de todas as ordens, inclusive, as econômicas.[26]

Esta perspectiva de centralidade do ser humano no espaço é, exatamente, a perspectiva em que se acredita como a do refúgio, pois, quando há perseguição, o indivíduo é obrigado a entender o mundo como um espaço único, sem fronteiras, no qual o que importa é a busca por um local de proteção.

Por outro lado, a fim de que o indivíduo permaneça nesse novo lugar, será necessário, num primeiro momento, que condições materiais sejam acionadas pelo local de acolhida e, no momento seguinte, para garantir que essa permanência seja digna, indispensável acionar condições de autopromoção de manutenção com consequências econômicas, o que só é possível por meio do trabalho.

Como se vê, o processo de globalização pode ser analisado a partir de inúmeras perspectivas; contudo, o que lhe parece comum é a presença da ideia de espaço, segundo a qual existe uma intensificação das relações sociais mundiais conectando localidades distantes:

[...] Globalisation can thus be defined as the intensification of worldwide social relations which link distant localities in such a way that local happenings are shaped by events occurring many miles away and vice versa.[27]

---

[24] FINKELSTEIN, Cláudio. *O processo de formação de mercados de bloco*. São Paulo: IOB Thomson, 2003.

[25] CASELLA, Paulo Borba. *Direito internacional dos espaços*. São Paulo: Atlas, 2009, p. 602. Segundo Cláudia Perrone, a globalização no campo econômico pode ser traduzida de duas formas: como entrelaçamento de Estados e economias, o que gera a cooperação internacional, formando uma sociedade global, ou o fenômeno pode ser sinônimo de um mercado global. MOISÉS, Cláudia Perrone. *Direito ao desenvolvimento e investimentos estrangeiros*. São Paulo: Oliveira Mendes, 1998, p. 5.

[26] PERKISS, Stephanie; HANDLEY, Karen. Making sense of contemporary disasters: a liquid development perspective. *International Journal of Sociology and Social Policy*, v. 37, n. 9/10, p. 8-912, set. 2017. Disponível em: https://doi.org/10.1108/IJSSP-06-2016-0069. Acesso em: 7 abr. 2022.

[27] "A globalização pode, assim, ser definida como a intensificação das relações sociais mundiais que ligam localidades distantes de tal forma que os acontecimentos locais

O deslocamento involuntário, característico do refúgio, é resultado de um fato ocorrido num espaço e que vem a ter consequências em outro espaço, com efeitos econômicos. Isto é globalização.

Apesar de se constatar que o Estado não tem sido capaz de responder totalmente ao fenômeno, é fato que o Estado é o espaço primário da realização dos direitos do indivíduo.[28]

Entretanto, não se deve perder de vista que o trabalho do refugiado é a resposta da concretização da dignidade humana de autossustento que aciona toda uma engrenagem na economia para o Estado de acolhida.

2 Refúgio e desenvolvimento: inserção no mercado de trabalho

Assim que acolhido, o refugiado deve ser integrado e acredita-se que a inserção pode se dar por meio do trabalho. Inclusive, desde 1951, a Convenção de Genebra já havia previsto o trabalho do refugiado a ser executado em igualdade de condições em relação ao nacional do Estado de acolhida.[29]

É certo afirmar que essa mão de obra é significativa para a questão do desenvolvimento, com impactos na realização de um direito humano fundamental, na participação efetiva no desenvolvimento econômico do Estado de acolhida, bem como no equilíbrio demográfico dos Estados, como novas dimensões geopolítica e geoeconômica do fenômeno.

2.1 Direito ao desenvolvimento como direito humano

O desenvolvimento é um conceito que evoluiu da dimensão meramente econômica, que discutia o direito do desenvolvimento para vincular-se aos direitos humanos, em que se discute o direito ao desenvolvimento.[30]

---

são moldados por eventos que ocorrem a muitos quilômetros de distância e vice-versa" (tradução nossa). GIDDENS, Antony. *The consequences of modernity*. Cambridge: Polity Press, 1990, p. 64.

[28] JUBILUT, Liliana Lyra. Migrações e desenvolvimento. In: AMARAL JÚNIOR, Alberto do (org.). *Direito internacional e desenvolvimento*. Barueri, SP: Manole, 2005, p. 123.

[29] Conferir Capítulo III – Empregos remunerados, artigos 17, 18 e 19 da Convenção das Nações Unidas relativa ao Estatuto dos Refugiados de 1951. ONU. *Convenção relativa ao Estatuto dos Refugiados* (1951). Disponível em:https://www.acnur.org/fileadmin/Documentos/portugues/ BDL/Convencao_relativa_ao_Estatuto_dos_Refugiados.pdf. Acesso em: 4 abr. 2022.

[30] MOISÉS, Cláudia Perrone. *Direito ao desenvolvimento e investimentos estrangeiros*. São Paulo: Oliveira Mendes, 1998, p. 15.

Häberle comenta essa transformação fundamental da ordem econômica internacional, que era, em princípio, marcada por ideias liberais e converteu-se numa ordem social de relações econômicas internacionais.[31]

Nessa acepção, a Declaração sobre o Direito ao Desenvolvimento, adotada pela Resolução nº 41/128 da Assembleia Geral da ONU, de 4 de dezembro de 1986, afirma que o direito ao desenvolvimento é um direito humano inalienável,[32] imprimindo a mudança de paradigma ao afirmar que o indivíduo "é o sujeito central do desenvolvimento".[33] Essa Declaração posiciona o indivíduo, mas não retira o Estado dessa dinâmica, visto que ambos continuam a ser sujeitos da realização[34] do direito ao desenvolvimento.[35]

Posteriormente, o direito ao desenvolvimento como direito humano fundamental é confirmado pela Declaração de Viena de 1993[36] e combinado com o conceito de desenvolvimento sustentável,[37] [38] o que resulta numa relação de interdependência e complementaridade entre direitos humanos e desenvolvimento.[39]

---

[31] HÄBERLE, Peter. *Estado constitucional cooperativo*. Trad. Marcos Augusto Maliska e Elisete Antoniuk, São Paulo: Renovar, 2007, p. 38-39.

[32] Artigo 1º, item 1. ONU. *Resolution nº 41/128*. Declaration on the right to development. Disponível em: https://documents-dds-ny.un.org/doc/RESOLUTION/GEN/NR0/496/36/IMG/NR049636.pdf?OpenElement. Acesso em: 4 abr. 2022.

[33] Artigo 2º, item 1. *Ibidem*.

[34] TRINDADE, Antônio Augusto Cançado. *International law for humankind towards a new jus gentium*. The Hague Academy of International Law. Martinus Nijhoff Publishers: Boston, 2010, p. 359.

[35] Artigo 2º, item 3. ONU. *Resolution nº 41/128*. Declaration on the right to development. Disponível em: https://documents-dds-ny.un.org/doc/RESOLUTION/GEN/NR0/496/36/IMG/NR049636.pdf?OpenElement. Acesso em: 4 abr. 2022.

[36] Item 10. ONU. *Vienna Declaration and Programme of Action* (1993). Disponível em: https://www.ohchr.org/en/professionalinterest/pages/vienna.aspx. Acesso em: 07 nov. 2020.

[37] Em 1983, por meio da Resolução nº 38/161, a Assembleia Geral da ONU criou uma comissão especial, presidida pela ex-Primeira Ministra da Noruega, Gro Harlem Brundtland, com o escopo de analisar a questão ambiental e propor estratégias para alcançar o desenvolvimento sustentável até o ano 2000, com vistas à cooperação entre países em diferentes estágios de desenvolvimento para a consecução de objetivos comuns para comunidade mundial (item 8). ONU. *Resolution nº 38/161*. Process of preparation of the Environmental Perspective to the Year 2000 and Beyond. Disponível em: https://documents-dds-ny.un.org/doc/RESOLUTION/GEN/NR0/445/53/IMG/NR044553.pdf?OpenElement. Acesso em: 4 abr. 2022.

[38] Procurou-se um conceito que tivesse a finalidade precípua de preservar os recursos naturais para as gerações futuras, apresentado no Relatório Brundtland – "Nosso futuro comum", segundo o qual: "desenvolvimento sustentável é o desenvolvimento que atende às necessidades da presente geração sem comprometer a capacidade de as gerações futuras satisfazerem suas necessidades" (capítulo I, item 3). ONU. *Our common future, from one earth to one world*. Disponível em: http://www.un-documents.net/ocf-ov.htm#I. Acesso em: 4 abr. 2022.

[39] Esta é a conclusão do Programa das Nações Unidas para o Desenvolvimento (PNUD) em seu Relatório de Desenvolvimento Humano para o ano de 2000.

Nesse contexto do desenvolvimento, o refugiado iniciará a sua integração com a superação de necessidades básicas e terminará esse processo na efetivação da dignidade da pessoa humana.

Em 2016, aprovou-se a Declaração sobre Migração Internacional e Desenvolvimento (A/RES/71/237), que reconhece a contribuição positiva desses indivíduos para o crescimento e o desenvolvimento sustentável dos Estados envolvidos, ao passo que afirma que nenhum Estado consegue gerir o fenômeno isoladamente.[40]

Assim, a implementação do direito humano ao desenvolvimento resultará da equação entre a proteção internacional do refugiado e o cumprimento dos deveres do Estado quanto à realização da dignidade humana e imporá um "engajamento intersetorial ou equilibrado entre a economia, a sociedade e o meio ambiente,[41] próprio do desenvolvimento sustentável.

Entretanto, as estatísticas revelam um enorme desafio. Em 2019, eram 272 milhões de deslocados internacionais no mundo, dentre migrantes internos, internacionais e refugiados,[42] e esse total, em 2021, foi de 281 milhões, ou seja, 3,6% da população mundial.[43] Estima-se que, nos quatro primeiros meses de 2022, apenas em decorrência da guerra da Ucrânia, aproximadamente 5 milhões de pessoas deixaram o país.[44]

Nesse desiderato, além da visão puramente humanitária sobre os refugiados, foram realizadas tentativas de reformular essa perspectiva com vistas ao desenvolvimento ao longo da história, a fim de promover soluções mais sustentáveis[45] para as populações deslocadas

---

[40] Item 2. ONU. *Resolution nº 71/237*. International migration and development. Disponível em: https://www.un.org/en/development/desa/population/migration/generalassembly/docs/globalcompact/A_RES_71_237.pdf. Acesso em: 7 abr. 2022.

[41] PERKISS, Stephanie; HANDLEY, Karen. Making sense of contemporary disasters: a liquid development perspective. *International Journal of Sociology and Social Policy*, v. 37, n. 9/10, p. 12, 12 set. 2017. Disponível em: https://doi.org/10.1108/IJSSP-06-2016-0069. Acesso em: 7 abr. 2022.

[42] IOM. *The World Migration Report 2020*, p. 2. Disponível em: https://publications.iom.int/system/files/pdf/wmr_2020.pdf. Acesso em: 7 abr. 2022.

[43] IOM. *World migration report 2022*: chapter 2 - migration and migrants: a global overview. Disponível em: https://publications.iom.int/books/world-migration-report-2022-chapter-2. Acesso em: 14 abr. 2022.

[44] ACNUR. *Operational data portal* – Ukraine refugee situation (dados até 18 abr. 2022). Disponível em: https://data2.unhcr.org/en/situations/ukraine#_ga=2.258107722.1183238986.1650378081-2086764269.1650378081&_gac=1.146467270.1650412417.CjwKCAjwu_mS-BhAYEiwA5BBmf9O6JCYp4Huxl9oxtF9ku56GyxL2VQ2dwXq0QVmIU4ehw_mDNZfZL-BoCcjAQAvD_BwE. Acesso em: 19 abr. 2022.

[45] BETTS, Alexander et al. *Refugee economies*: forced displacement and development. Oxford: Oxford University Press, 2017, p. 13.

involuntariamente. A lógica seria capacitar os refugiados para serem um benefício:

> [...] In the simplest of terms, the logic of these approaches has been that if development assistance can be used to support refugees and hosts simultaneously, then this can lead to 'win–win' outcomes, empowering refugees to be a 'benefit' rather than a 'burden' and reducing the long-term drain on finite humanitarian assistance budgets.[46]

Afinal, o reconhecimento das habilidades e aspirações dos refugiados pode ser uma forma de se verificar oportunidades para aumentar a autossuficiência desses indivíduos. No entanto, a realização dessas oportunidades, por sua vez, depende de uma nova maneira de entender o impacto das populações deslocadas.[47]

Nesse âmbito, o refugiado é classificado como migrante forçado, na medida em que sofre perseguição qualificada. Contudo, apesar de categorizados de maneira diversa, migrantes e refugiados são detentores dos mesmos direitos humanos. Por conseguinte, será a partir da aceitação do desafio de se efetivarem os processos de ingresso e acolhida internacionais geridos com menos barreiras e mais inserção que a sociedade internacional poderá almejar um patamar de desenvolvimento sustentável.

Nessa conjuntura, foi aprovada a Declaração de Nova York de 2016 para Refugiados e Migrantes (A/RES/71/1),[48] documento político, adotado em decorrência do fluxo sem precedentes da mobilidade humana, bem como da necessidade de reforçar a proteção dessa mobilidade e estabelecer o compromisso para a formalização do Pacto Global para as Migrações Seguras, Ordenadas e Regulares (A/RES/73/195)[49] e, também, do Pacto Global sobre Refugiados (A/RES/73/12 – Part II),[50] em 2018.

---

[46] "Nos termos mais simples, a lógica dessas abordagens tem sido que, se a assistência ao desenvolvimento pode ser usada para apoiar refugiados e anfitriões simultaneamente, isso pode levar a resultados de 'ganha-ganha', capacitando os refugiados a serem um 'benefício' em vez de um 'fardo' e reduzindo o dreno de longo prazo nos orçamentos finitos de assistência humanitária" (tradução nossa). *Ibidem*, p. 13-14.

[47] *Ibidem*, p. 39.

[48] ONU. *Resolution nº 71/1*. New York Declaration for Refugees and Migrants. Disponível em: https://documents-dds-ny.un.org/doc/UNDOC/GEN/N16/291/97/PDF/N1629197.pdf?OpenElement. Acesso em: 4 abr. 2022.

[49] ONU. *Resolution nº 73/195*. Global Compact for Safe, Orderly and Regular Migration. Disponível em: https://documents-dds-ny.un.org/doc/UNDOC/GEN/N18/451/99/PDF/N1845199.pdf?OpenElement. Acesso em: 4 abr. 2022.

[50] ONU. *Resolution nº 73/12 – part. II*. Global compact on refugees. Disponível em: https://documents-dds-ny.un.org/doc/UNDOC/GEN/G18/238/37/PDF/G1823837.pdf?OpenElement. Acesso em: 4 abr. 2022.

O Pacto Global de Migrações, por sua vez, é um projeto de cooperação internacional que requer uma conjunção de forças em todos os âmbitos, buscando a harmonização da soberania dos Estados para determinar as suas políticas de migração com preceitos de direitos humanos.[51] O objetivo 23 desse Pacto afirma a necessidade de fortalecer a cooperação internacional e as parcerias globais para garantir uma migração segura, ordenada e regular.

Por seu turno, o Pacto Global sobre Refugiados não é documento vinculativo, contudo, pretende apresentar uma base para o compartilhamento equitativo de responsabilidades entre todos os Estados-Membros das Nações Unidas sobre a temática.

Este Pacto sobre Refugiados está em consonância com a Convenção de 1951 ao reconhecer "que uma solução satisfatória para os refugiados não pode ser alcançada sem a cooperação internacional",[52] pois a concessão de refúgio pode colocar peso excessivo em certos países. A consecução do refúgio para realizar o desenvolvimento sustentável, portanto, só será possível por meio de um dever de cooperação para o desenvolvimento.

Nesse sentido, Trindade reforça a necessidade de cooperação internacional para as novas demandas e desafios do Direito Internacional,[53] cuja humanização dos últimos tempos está em conformidade com esse novo *ethos*.[54]

Há, desta forma, a necessidade da "consciência da cooperação",[55] como diria Häberle, para a efetivação dos direitos humanos relacionados ao refúgio e, assim, buscar a efetivação da equação que leva ao desenvolvimento sustentável.

---

[51] Item 15, (b) (c). ONU. *Resolution nº 73/195*. Global Compact for Safe, Orderly and Regular Migration. Disponível em: https://documents-dds-ny.un.org/doc/UNDOC/GEN/N18/451/99/PDF/N1845199.pdf?OpenElement. Acesso em: 4 abr. 2022.

[52] ONU. *Global compact on refugees 2018*, p. 1. Disponível em: https://www.unhcr.org/5c658aed4.pdf. Acesso em: 7 abr. 2022.

[53] TRINDADE, Antônio Augusto Cançado. *International law for humankind towards a new jus gentium*. The Hague Academy of International Law. Martinus Nijhoff Publishers: Boston, 2010, p. 158.

[54] *Ibidem*, p. 161.

[55] HÄBERLE, Peter. *Estado constitucional cooperativo*. Trad. Marcos Augusto Maliska e Elisete Antoniuk. São Paulo: Renovar, 2007, p. 19.

2.2 Participação dos refugiados no desenvolvimento econômico

O trabalho e o emprego são as ferramentas que garantem proteção, dignidade e autossuficiência econômica para o refugiado.

O Pacto Internacional dos Direitos Econômicos, Sociais e Culturais de 1976, juridicamente vinculante, dispõe no artigo 7º que o trabalho assegura uma existência digna. Com esse tratado internacional não restam dúvidas de que efetivar o direito ao trabalho é de responsabilidade dos Estados que aderiram ao documento, independentemente das questões de nacionalidade do indivíduo.[56]

Contudo, a efetivação do trabalho do refugiado, como direito econômico e social, fica comprometida, na medida em que inexiste gerenciamento sobre o ingresso daquele deslocado, o que evidencia que não se levou em consideração a dimensão socioeconômica do direito humano ao desenvolvimento, contida no refúgio, como estratégia adaptativa de sustentabilidade.

Nesse aspecto, o ACNUR estima que 70% dos refugiados vivem em países que restringem seu direito ao trabalho.[57] As razões para as restrições estão relacionadas ao possível impacto no mercado de trabalho e no bem-estar das populações do país de acolhimento.

O acolhimento do indivíduo qualificado, depois de ultrapassadas as burocracias para o reconhecimento de diploma e qualificação profissional,[58] poderia ser uma forma na inserção de trabalhadores em áreas carentes de mão de obra.

Já os refugiados com baixa qualificação ou sem experiência profissional[59] enfrentam dificuldades ainda maiores na inserção no mercado de trabalho, situação que pode ser agravada no caso daquele critério estar combinado com o de falta de documentação, pois o indivíduo fica sujeito a um estatuto precário. Porém, esse processo também é passível de gerenciamento.

Com vistas à solução desse problema, o Pacto Global sobre Refugiados prevê como meta[60] aumentar a autossuficiência dos refugiados

---

[56] Artigos 1º, item 2; e 2º, item 1 e 2. ONU. *Pacto Internacional dos Direitos Econômicos, Sociais e Culturais* (1976). Disponível em: http://www.unfpa.org.br/Arquivos/pacto_internacional. pdf. Acesso em: 7 abr. 2022.
[57] UNHCR. *Livelihoods and economic inclusion.* Disponível em: https://www.unhcr.org/livelihoods.html#roadmap. Acesso em: 7 abr. 2022.
[58] *Ibidem*, p. 28-31.
[59] LACERDA, Nádia Demolier. *Migração internacional a trabalho.* São Paulo: LTr, 2014, p. 27.
[60] ONU. *Global compact on refugees 2018*, p. 4. Disponível em: https://www.unhcr.org/5c658aed4.pdf. Acesso em: 7 abr. 2022.

por meio do trabalho decente, da criação de empregos e de programas de empreendedorismo para refugiados,[61] o que deve levar em consideração a análise do mercado de trabalho para identificar oportunidades, considerando o mapeamento de habilidades entre os refugiados.[62] Neste ponto, não só o Estado de acolhimento, mas a comunidade internacional e o indivíduo refugiado, num movimento de cooperação, deveriam agir conjuntamente.

Tradicionalmente, há uma suposição de que o regime global de refugiados é, principalmente, realizado de forma bilateral entre Estados, pois o país de origem não garantiria os direitos de seus cidadãos, que, por sua vez, cruzariam as fronteiras para buscar proteção em outro Estado.[63]

Contudo, é possível incrementar essa lógica com o apoio ao Estado de acolhimento a fim de compartilhar responsabilidades.[64] A gestão conjunta poderia ser pensada de forma multilateral com instrumentos que não sejam apenas relacionados à segurança, mas também ponderando dados sobre o contingente de indivíduos e de Estados dispostos e necessitados desses indivíduos, numa cooperação para superar problemas comuns. Portanto, a inserção do refugiado no mercado de trabalho requer abordagem local e global.

Não se pode imaginar, contudo, que há uma ligação automática, sem esforços, entre acolhimento de refugiados e desenvolvimento.[65] O processo exige planejamento.

Além de exigir cooperação, o recrutamento é uma ferramenta segura e ordenada que pode suprir expectativas do indivíduo e favorecer a ausência de profissionais ou a ocupação de espaços. Segundo Nádia Demolier, o recrutamento é uma forma de gestão integrada entre os Estados,[66] a fim de que o processo não ocorra ao acaso.

Para se obter efeitos positivos da inserção do deslocado forçado, refugiado, no mercado de trabalho, é possível fazer um recrutamento sistemático como forma de planejamento, um paralelo do refúgio com

---

[61] ONU. *Global compact on refugees 2018*, p. 27. Disponível em: https://www.unhcr.org/5c658aed4.pdf. Acesso em: 7 abr. 2022.
[62] *Ibidem*, p. 27.
[63] BETTS, Alexander *et al*. *Refugee economies*: forced displacement and development. Oxford: Oxford University Press, 2017, p. 198.
[64] *Ibidem*, p. 198.
[65] MARTIN, Philip. Labour migration and development indicators in the post-2015 global development framework. In: IOM. *Migration and the United Nations post-2015 development agenda*, 2013, p. 70.
[66] LACERDA, Nádia Demolier. *Migração internacional a trabalho*. São Paulo: LTr, 2014, p. 176.

a migração, que também é um processo a gerir, de acordo com Philip Martin.⁶⁷ Na busca de coordenar essa gestão, o ACNUR publicou o primeiro relatório de indicadores do Pacto Global sobre Refugiados, em 2021. Ao fazer um balanço sobre a autossuficiência dos refugiados, constatou que três em cada quatro refugiados têm acesso ao trabalho legal, sendo que, dos 11,2 milhões de refugiados acompanhados pelo ACNUR, 8,4 milhões têm acesso total (52%) ou parcial (23%) aos principais atributos do trabalho digno.⁶⁸

Tais dados afastam o receio de que os acolhidos como refugiados, que necessitam de assistência na chegada, representarão um peso social e econômico no país de acolhida.

Além dos dados positivos, destaca-se que todos os documentos citados estão fundados na Carta das Nações Unidas (CNU), na seção sobre desenvolvimento econômico (art. 55),⁶⁹ e na Declaração Universal dos Direitos Humanos, quanto ao direito ao trabalho (art. 23º, item 1).⁷⁰ Ademais, esses documentos são reflexo da Agenda 2030 para o desenvolvimento sustentável (A/RES/70/1),⁷¹ que lançou os Objetivos de Desenvolvimento Sustentável (ODS), em 2015.⁷²

O ODS que pode inspirar a inserção do refugiado no mercado de trabalho seria o ODS 8, que estabelece a meta de "promover o crescimento econômico sustentado, inclusivo e sustentável, emprego pleno e produtivo e trabalho decente para todas e todos".⁷³

Verifica-se, assim, que o acolhimento do refugiado tem uma perspectiva estabilizadora da paz e das condições econômicas pelo

---

⁶⁷ MARTIN, Philip. Labour migration and development indicators in the post-2015 global development framework. *In:* IOM. *Migration and the United Nations post-2015 development agenda,* 2013, p. 87.
⁶⁸ UNHCR. *Global compact on refugees:* indicator report 2021. Disponível em: https://www.unhcr. org/global-compact-refugees-indicator-report/#_ga=2.73100947.1407728551.1649359498-66472089.1645528175. Acesso em: 7 abr. 2022.
⁶⁹ ONU. *Carta das Nações Unidas* (1945). Disponível em: https://brasil.un.org/sites/default/files/2022-04/A%20Carta%20das%20Na%C3%A7%C3%B5es%20Unidas.pdf. Acesso em: 4 abr. 2022.
⁷⁰ ONU. *Declaração Universal dos Direitos Humanos* (1948). Disponível em: https://brasil.un.org/sites/default/files/2020-09/por.pdf. Acesso em: 4 abr. 2022.
⁷¹ ONU. *Resolution nº 70/1.* Transforming our world: the 2030 agenda for sustainable development. Disponível em: https://www.un.org/en/development/desa/population/migration/generalassembly/docs/globalcompact/A_RES_70_1_E.pdf. Acesso em: 4 abr. 2022.
⁷² ONU. *Objetivos de desenvolvimento sustentável.* Disponível em: https://nacoesunidas.org/pos2015. Acesso em: 7 abr. 2022.
⁷³ *Ibidem.*

mundo,[74] vez que, no país de acolhimento, o refugiado complementa a força de trabalho local ao invés de competir com ela; além de contribuir com a manutenção populacional desses espaços.[75]

Os Estados Unidos são o exemplo mais evidente de inovação realizada por imigrantes. Estes são responsáveis por 30% da inovação nos Estados Unidos desde 1976, há alto número de pessoas ganhadoras do Prêmio Nobel e membros da Academia Nacional de Ciências Americanas,[76] além da capacitação dessa mão de obra estar relacionada à inovação com o aumento de patentes no país.[77] Essa também é a realidade de contribuição para o aumento de patentes no Reino Unido, França e Alemanha.[78]

Portanto, com seu trabalho, os refugiados contribuem para a inovação e economia locais.

2.3 Trabalho e refúgio como dimensões da geopolítica e da geoeconomia: déficit demográfico

Até o século XX, o gráfico demográfico tinha, normalmente, a configuração de uma pirâmide, com a representação de muitos jovens na base, e percebia-se um estreitamento por faixa etária, que culminava com o topo estreito. Esta não é mais representação da população de muitos países.

O acentuado envelhecimento e a baixa taxa de natalidade marcam alguns lugares do planeta. A expectativa de vida na Europa e nos Estados Unidos alcançou os 78,7 anos, em 2019, e está projetada para 83,2 anos, em 2050.[79]

Certamente, a questão demográfica impacta nessa criação da força de trabalho em alguns países, pois se a população é envelhecida e as pessoas em idade produtiva são em menor número, o refugiado pode ser a resposta para equilibrar crescimento demográfico e a equação da mão de obra.

---

[74] Thomas Piketty afirma que a imigração é uma forma, *"a priori*, mais pacífica de redistribuição e regulação da desigualdade mundial do capital", na medida em que permite que o trabalho se desloque em busca de salários mais dignos. PIKETTY, Thomas. *O capital no século XXI*. Trad. Mônica Baugarten de Bolle. Rio de Janeiro: Intrínseca, 2014, p. 524.

[75] *Ibidem*, p. 524.

[76] IOM. *The World migration report 2020*, p. 176. Disponível em: https://publications.iom.int/system/files/pdf/wmr_2020.pdf. Acesso em: 7 abr. 2022.

[77] *Ibidem*, p. 178.

[78] *Ibidem*, p. 178.

[79] *Ibidem*, p. 92.

O cenário brasileiro não difere do cenário mundial, pois a redução da população em idade economicamente ativa pressiona a economia e o sistema de seguridade social, logo o acolhimento do refugiado pode compensar a diminuição dos nascimentos, o envelhecimento e declínio da população economicamente ativa.

Diante desse quadro, que aumenta o número de dependentes do sistema de segurança social, constata-se que o número de pessoas que contribuem para ele é cada vez menor, o que torna imprescindível que o trabalho, que pode ser decorrente do refúgio, altere a pirâmide e contribua para a manutenção do sistema.

O refugiado, desta forma, pode ser responsável pela revitalização demográfica e, sobretudo, econômica na reposição dos postos de trabalho.

Os aspectos positivos impactam profundamente e vão desde fornecimento de mão de obra para países com população envelhecida e com baixa taxa de natalidade, passando pela inserção de mentes pesquisadoras ou de executivos de alto nível de qualificação.

O exemplo mais recente dessa realidade ocorre no Reino Unido, que depende de imigrantes para manter o equilíbrio de força de trabalho braçal. O pós-Brexit[80] tem demonstrado que falta mão de obra, enquanto uma das retóricas pró-Brexit era a que afirmava que os imigrantes eram responsáveis pelo desemprego no Reino Unido.

A covid-19 foi outro fator que reduziu a expectativa de vida em vários países. Estados Unidos, Brasil, Reino Unido, Espanha e França sofreram com esse declínio, o que trará consequências demográficas e econômicas.

Levando-se em conta a situação da demografia global: baixa taxa de natalidade, aumento da longevidade e envelhecimento, bem como uma irregularidade na concentração da população pelo mundo, verifica-se que a equação impacta na manutenção dos níveis de crescimento econômico projetado para os países.

Portanto, os Estados que conseguirem identificar o refúgio como fator positivo sairão fortalecidos porque "o poder demográfico é uma nova dimensão da geopolítica", nas palavras de Bertrand Badie,[81] e

---

[80] *Brexit* é o termo que adveio da junção de *Britain* com *exit*, e remete à retirada do Reino Unido como membro da União Europeia.
[81] BADIE, Bertrand. Desigualdades – uma pluralidade de tendências demográficas (aula 2, módulo 3). *In*: SciencesPo – Instituto de estudos políticos de Paris. *Espaço mundial*: perspectivas Brasil-França. Disponível em: https://www.coursera.org/learn/global-studies. Acesso em: maio 2021.

por que não dizer da geoeconomia, uma vez que os Estados terão um ativo populacional para incrementar o desenvolvimento econômico. Senão vejamos:

> [...] As populações europeia e japonesa estão envelhecendo. Se o Japão quiser ter a mesma população em 2030, terá que ter 30% de migrantes. Ao mesmo tempo, o crescimento da população jovem criou outros problemas, nos países em desenvolvimento. Por exemplo, em 2030, na Repúlica do Niger, 74% da população terá menos de 30 anos.[82]

Portanto, a proteção dada pelo refúgio poderá ser um fator de equilíbrio e sustentabilidade demográfica, política e econômica, no mundo.

3 Refúgio e desenvolvimento por meio do trabalho no Brasil

O século XXI tem se destacado por conflitos mundiais e catástrofes naturais cuja consequência é um fluxo migratório muito intenso. Seria intuitivo que, ao procurar um local, o refugiado viesse a cogitar países desenvolvidos, contudo, esses impõem restrições cada vez maiores à entrada, o que dificulta o acolhimento e a posterior inserção laboral. A solução tem sido buscar refúgio em países de acolhimento possível e com condições econômicas inferiores. É nesse cenário que o Brasil aparece.

3.1 Solicitação de refúgio no Brasil

O Brasil tem uma legislação de refúgio considerada moderna porque a Lei nº 9.474, de 22 de julho de 1997, adota um conceito ampliado para o reconhecimento do *status* de refugiado,[83] segundo o sistema regional de Cartagena, uma vez que, para além das hipóteses da Convenção de Genebra e seu Protocolo, a caracterização da situação de refúgio inclui "a grave e generalizada violação de direitos humanos". Além disso, a lei brasileira é considerada inovadora "por ter instituído um órgão colegiado para analisar e julgar os pedidos de

---

[82] *Ibidem*.
[83] ACNUR. *Legislação*. Disponível em: https://www.acnur.org/portugues/acnur-no-brasil/legislacao/. Acesso em: 7 abr. 2022.

refúgio: o Comitê Nacional para os Refugiados (CONARE), órgão de deliberação coletiva".[84] As características do refúgio são, portanto, no Brasil, a proteção de um estrangeiro perseguido ou com fundado temor de perseguição motivada por raça, religião, nacionalidade, grupo social e opinião política e, ainda, devido a violações graves e sistemáticas de direitos humanos.[85]

Recentemente, ainda, foi sancionada a nova Lei de Migração, Lei nº 13.445/2017, que prevê a concessão de visto a pessoas oriundas de países com problemas humanitários, como desastres naturais e crises econômicas severas, as quais não receberão o *status* de refugiado, mas receberão proteção semelhante.[86]

O procedimento do pedido de refúgio inicia-se com a sua solicitação junto à Polícia Federal, especialmente nas fronteiras. Posteriormente, é feita a análise desse pedido pelo CONARE, é então proferida a decisão a respeito dessa proteção internacional.[87]

A partir do protocolo provisório, nos termos do artigo 21 da Lei nº 9.474/1997, é possível inscrever-se no registro de contribuintes mantido pela Receita Federal do Brasil e obter o Cadastro de Pessoa Física (CPF) e a Carteira de Trabalho e Previdência Social (CTPS), que fica a cargo das Superintendências Regionais do Ministério do Trabalho e Emprego. Esses documentos têm validade de 1 ano e podem ser renovados até que o solicitante obtenha a decisão final relativa ao pedido de refúgio.

---

[84] SILVA, Gustavo Junger da et al. *Refúgio em números*. 6. ed. Brasília: Observatório das Migrações Internacionais, 2021, p. 6. Disponível em: https://www.gov.br/mj/pt-br/assuntos/seus-direitos/refugio/refugio-em-numeros-e-publicacoes/anexos/refugio_em_numeros-6e.pdf. Acesso em: 7 abr. 2022.

[85] CARVALHO RAMOS, André de. Asilo e refúgio: semelhanças, diferenças e perspectivas. *In*: CARVALHO RAMOS, André de; RODRIGUES, Gilberto; ALMEIDA, Guilherme Assis de (org.). *60 anos de ACNUR*: perspectivas de futuro. São Paulo: CL-A Cultural, 2011, p. 108-109. Disponível em: https://www.acnur.org/portugues/wp-content/uploads/2018/02/60-anos-de-ACNUR_Perspectivas-de-futuro_ACNUR-USP-UNISANTOS-2011.pdf. Acesso em: 7 abr. 2022.

[86] CORRÊA, Raquel Prandini; FRIEDRICH, Tatyana Scheila. Mercado de trabalho brasileiro para refugiados e migrantes com visto humanitário. *In*: ANNONI, Danielle (coord.). *Direito internacional dos refugiados e o Brasil*. Curitiba: Gedai/UFPR, 2018, p. 163.

[87] LEÃO, Flávia Ribeiro Rocha. Do procedimento de determinação da condição de refugiado: da solicitação até a decisão pelo Comitê Nacional para Refugiados (CONARE). *In*: JUBILUT, Liliana Lyra; GODOY, Gabriel Gualano de (org.). *Refúgio no Brasil*: comentários a Lei 9.474/97. São Paulo: Quartier Latin/ACNUR, 2017, p. 215-226. Cf. BRASIL. Governo do Brasil. Nacionalidade, Estadia e Outros Direitos > Serviços para Estrangeiros. *Solicitar Refúgio pela primeira vez no Brasil*. Disponível em: https://www.gov.br/pt-br/servicos/solicitar-refugio. Acesso em: 7 abr. 2022.

Os direitos positivados para se implementar a autossuficiência do refugiado e que impactariam no desenvolvimento econômico do país estão previstos no Título I da Constituição Federal.[88] É explícito no *caput* do artigo 5º da Constituição que não há distinção de qualquer natureza entre brasileiros e estrangeiros residentes no país. Assim, o tratamento igualitário abrange muitos direitos sociais, inclusive o direito ao trabalho e os direitos correlatos que o envolvem.

3.2 Refúgio e trabalho no Brasil

No Brasil, no período entre 2000-2020, entraram cerca 193 mil solicitantes de refúgio no país, em especial oriundos da Venezuela.[89] [90] Os números não representam qualquer "invasão" no Brasil, pois equivalem a menos de 0,1% da população do território nacional, além do que esse número foi pequeno se comparado ao total de 5,4 milhões de venezuelanos obrigados a deixar o país em 2020.[91]

Muito embora o Brasil tenha tradição na receptividade e prontamente tenha acionado a "Operação Acolhida",[92] não há dúvida de que esse movimento causa pressão na fronteira quanto à assistência àqueles que procuram por refúgio.

---

[88] Artigos 5º, 6º e 7º da Constituição Federal.

[89] BAENINGER, Rosana. Migrações internacionais e trabalho: desafios para a visibilidade da inserção laboral de imigrantes e refugiados. *In*: LOPES, Cristiane Maria Sbalqueiro; PAULA, Priscila Moreto de (org.). *Migrantes e refugiados uma aproximação baseada na centralidade do trabalho e na justiça social*. Brasília: Ministério Público do Trabalho, 2021, p. 496. Disponível em: http://abet-trabalho.org.br/wp-content/uploads/2021/02/Livro-migrantes-e-refugiados.pdf. Acesso em: 7 abr. 2022. Cf. Número de refugiados e anos de acolhida no Brasil: 8.703 (2015) 9.674 (2016) 10.260 (2017) 11.304 (2018) 32.844 (2019) 59.147 (2020). OECD; ILO; IOM; UNHCR. *2021 Annual international migration and forced displacement trends and policies report to the G20*. 2021. Disponível em: https://www.oecd.org/els/mig/OECD-ILO-IOM-UNHCR-2021-migration-report-to-the-G20.pdf. Acesso em: 7 abr. 2022.

[90] Dados sobre o panorama do refúgio no Brasil, para o período de 2011-2020, indicam que o número de solicitações de reconhecimento da condição de refugiado totalizou 265.729 pedidos, dos quais 153.050 eram venezuelanos. 38.686 haitianos, 11.550 cubanos, 8.969 senegaleses, seguidos de vários outros países em menor proporção. SILVA, Gustavo Junger da *et al*. *Refúgio em números*. 6. ed. Brasília, DF: Observatório das Migrações Internacionais, 2021, p. 39. Disponível em: https://www.gov.br/mj/pt-br/assuntos/seus-direitos/refugio/refugio-em-numeros-e-publicacoes/anexos/refugio_em_numeros-6e.pdf. Acesso em: 7 abr. 2022.

[91] "A região da América Latina e Caribe recebeu 4,5 milhões, cerca de 80% do fluxo total. Os principais destinos dos venezuelanos foram Colômbia, Peru, Chile, Equador, Espanha, Estados Unidos da América, Brasil, Argentina, Panamá, República Dominicana e México. O número de pedidos de venezuelanos caiu drasticamente para 147.100 em 2020 devido às restrições de viagem, face à covid-19." *Ibidem*.

[92] BRASIL. Ministério da Justiça e Segurança Pública. *Relatório de Gestão 2021*, p. 16. Disponível em: https://www.gov.br/mj/pt-br/acesso-a-informacao/auditorias/copy_of_10 RelatriodeGestoMJSPFinal3103compactada.pdf. Acesso em: 7 abr. 2022.

O artigo 6º da Lei nº 9.474/1997, ao tratar da condição jurídica do refugiado, explicita que esse terá direito à cédula de identidade comprobatória dessa condição jurídica, carteira de trabalho e documento de viagem. Portanto, ao recepcionar a Convenção de 1951, a norma nacional contempla a carteira de trabalho como implementação do direito ao trabalho.

É possível elencar razões para contratar um refugiado[93] e, dentre elas, destacam-se o fato de que refugiados e solicitantes de refúgio têm capital linguístico e são indivíduos com escolaridade acima da média brasileira. Verifica-se que 34,4% dos refugiados concluíram o ensino superior, em comparação a 15,7% da população brasileira. Constata-se, assim, que os refugiados chegam ao país com uma profissão, o que agrega competência ao mercado de trabalho, preenchendo, inclusive, lacunas laborais (além das demográficas, já citadas). Somente 2,7% dos refugiados não completaram o ensino fundamental e 0,6% declararam-se analfabetos.[94]

Entretanto, há ainda a barreira da língua, da validação do diploma universitário estrangeiro, da dificuldade de acesso a informações sobre os direitos referentes à pessoa com *status* de refugiado, da discriminação e, eventualmente, da verificação de requisitos para exercer a profissão no conselho de classe.

Assim, o refugiado qualificado poderá estar sujeito a uma dupla habilitação, como em quase todos os países: acadêmica e legal pelos conselhos profissionais.[95] Já os sem qualificação sofrem com os obstáculos da documentação, da língua, podendo ficar numa situação de vulnerabilidade ainda maior.

Não há dúvida de que o Estado de acolhimento de refúgio atrai para si a obrigação de integração, especialmente no que diz respeito ao trabalho. Contudo, a efetivação desses direitos pode sofrer distorções pela falta de informação e pela espera em relação à decisão quanto ao *status* de refugiado.

Ademais, no Brasil, em que o contexto da informalidade domina, inclusive para a população nacional, o emprego formal para os refugiados torna-se duplamente mais difícil.

---

[93] ACNUR; TENT; MISSÃO PAZ. *Guia para a contratação de refugiados e solicitantes de refúgio:* garantindo uma inclusão de sucesso, 2020, p. 16-19. Disponível em: https://www.acnur.org/portugues/wp-content/uploads/2020/03/Tent_BrazilGuide_Final.pdf. Acesso em: 7 abr. 2022.

[94] *Ibidem*, p. 18.

[95] LACERDA, Nádia Demolier. *Migração internacional a trabalho.* São Paulo: LTr, 2014, p. 118.

Portanto, impossível ignorar que as peculiaridades do mercado de trabalho brasileiro afetam quem busca o *status* do refúgio, e não são situações apenas direcionadas aos deslocados forçados. Mencionam-se alguns dados brasileiros: as mulheres ganham, consideravelmente, menos do que os trabalhadores do sexo masculino; o trabalho informal supera o trabalho formal; ganhos no Brasil são menores do que em qualquer país da OCDE e a proporção de jovens desocupados (não estudam, não trabalham e não estão em treinamento) é muito alta.[96]

Desse modo, infortunadamente, as situações de crise que afetam o mercado de trabalho brasileiro podem levar os trabalhadores refugiados à informalidade e até mesmo à violência, ao trabalho forçado, ao tráfico e à discriminação.

A fim de tentar evitar essas situações, bem como garantir os direitos fundamentais dos refugiados e facilitar a integração desses indivíduos no mercado brasileiro, o ACNUR preparou uma cartilha para refugiados, na qual fica muito claro que são titulares dos mesmos direitos que qualquer outro trabalhador no Brasil.[97]

Sendo assim, fica nítido que o Brasil tem legislação para acolher e minimizar as dificuldades para o refugiado exercer uma atividade profissional no país.

Inclusive, com o escopo de que a política de concessão do *status* de refugiado e a empregabilidade desse indivíduo não fique descontextualizada a respeito da permanência no Brasil, foi editada a Resolução Conjunta nº 1/2018, do Conselho Nacional de Imigração e do CONARE, que dispõe sobre a concessão de autorização de residência, associada à questão do trabalho, ao solicitante de refúgio.[98]

No entanto, muitos refugiados "não estão trabalhando ou se estão, exercem funções muito aquém daquelas exercidas em seus países de origem",[99] pois existem as barreiras naturais que aquele *status* impõe

---

[96] O salário médio bruto por hora é dez vezes inferior aos países da OCDE. Os desocupados são 20% em comparação aos 14% em média em toda a OCDE. OECD. *The OECD active with Brazil*. Disponível em: https://www.oecd.org/brazil/Active-with-Brazil.pdf. Acesso em: 7 abr. 2022.

[97] ACNUR. *Cartilha para refugiados no Brasil*: direitos e deveres, documentação, soluções duradouras e contatos úteis. Disponível em: https://www.acnur.org/portugues/wp-content/uploads/2018/02/Cartilha-para-Refugiados-no-Brasil_ACNUR-2014.pdf. Acesso em: 7 abr. 2022.

[98] BRASIL. Ministério do Trabalho/Gabinete do Ministro/Coordenação-Geral de Imigração. *Resolução Conjunta nº 1*, de 9 de outubro de 2018. Disponível em: https://www.in.gov.br/materia/-/asset_publisher/Kujrw0TZC2Mb/content/id/55217082/do1-2018-12-14-resolucao-conjunta-n-1-de-9-de-outubro-de-2018-55217031. Acesso em: 7 abr. 2022.

[99] CORRÊA, Raquel Prandini; FRIEDRICH, Tatyana Scheila. Mercado de trabalho brasileiro para refugiados e migrantes com visto humanitário. *In*: ANNONI, Danielle (coord.). *Direito internacional dos refugiados e o Brasil*. Curitiba: Gedai/UFPR, 2018, p. 161.

em todo o mundo, as quais no Brasil são agravadas por sucessivas crises econômicas, desemprego e informalidade predominante no mercado de trabalho.

Dessa forma, evidencia-se que, apesar do Brasil assumir o compromisso internacional de fornecer proteção a refugiados, sendo certo que a "solicitação de refúgio regulariza, temporariamente, a permanência do solicitante no Brasil e garante o acesso aos serviços públicos de saúde e educação",[100] permanece, contudo, o desafio da inserção do trabalho do refugiado de forma plena, a fim de atingir uma equação sustentável sobre o fenômeno.

Conclusão

Conforme exposto neste artigo, o instituto do refúgio tem disciplina internacional no sistema universal e no sistema regional de proteção do indivíduo. É certo que os sistemas regionais têm forte influência do tradicional sistema geral.

A efetividade das obrigações internacionais quanto ao refúgio pode ser vista por muitas perspectivas, sendo que a vertente das relações econômicas internacionais já atingiu os direitos humanos com a centralidade do indivíduo para a implementação do direito ao desenvolvimento, que, atualmente, está entrincheirado na interdependência da sustentabilidade.

A fim de potencializar o fenômeno do refúgio, os Estados, a comunidade internacional e o próprio refugiado, numa "conscientização da cooperação", podem auxiliar no planejamento e na gestão das capacidades humanas envolvidas, com o fito de não só proteger o indivíduo, mas incrementar o desenvolvimento do Estado de recepção.

No caso brasileiro, em regra, o sujeito refugiado tem habilidades linguísticas diversas e escolaridade superior à nacional, que são valores positivos na inserção no mercado de trabalho.

Entretanto, apesar de o Brasil possuir legislação moderna e tradição no acolhimento, suas crises econômicas sucessivas, sua instabilidade, a informalidade que domina o mercado de trabalho no país e os baixos salários não contribuem para que o fenômeno do refúgio seja bem gerido.

---

[100] ACNUR. *Direitos e deveres dos solicitantes de refúgio no Brasil*. 2010. Disponível em: https://www.acnur.org/portugues/wp-content/uploads/2018/02/Direitos-e-deveres-dos-solicitantes-de-ref%C3%BAgio-no-Brasil_ACNUR-2010.pdf. Acesso em: 7 abr. 2022.

De qualquer forma, é fato que, tendo em vista o déficit demográfico por que passam os Estados, inclusive o Brasil, quanto à pirâmide que sustenta o sistema de seguridade social, não é possível negar que a inserção do indivíduo refugiado no mercado de trabalho é um ativo a se preservar.

Essa percepção deixa claro que o refúgio é um instituto de acolhimento do ser humano com o fim de lhe dar dignidade, autossuficiência, mas, ao mesmo tempo, o Estado de recepção poderá não ter apenas ônus se gerir o fenômeno, avançando no desenvolvimento econômico ao incorporar a mão de obra refugiada de forma plena, alcançando dimensões geopolíticas e geoeconômicas por meio do preenchimento de lacunas demográficas e laborais.

Portanto, o refúgio é um processo a ser gerido, em oposição a ações aleatórias, que afastam a realização das capacidades do ser humano e do desenvolvimento dos Estados. O desafio é complexo, porém os resultados podem ser positivos se os esforços forem direcionados de maneira sustentável.

Referências

ACNUR. *Cartilha para refugiados no Brasil*: direitos e deveres, documentação, soluções duradouras e contatos úteis. Disponível em: https://www.acnur.org/portugues/wp-content/uploads/2018/02/Cartilha-para-Refugiados-no-Brasil_ACNUR-2014.pdf. Acesso em: 7 abr. 2022.

ACNUR. *Direitos e deveres dos solicitantes de refúgio no Brasil*. 2010. Disponível em: https://www.acnur.org/portugues/wp-content/uploads/2018/02/Direitos-e-deveres-dos-solicitantes-de-ref%C3%BAgio-no-Brasil_ACNUR-2010.pdf. Acesso em: 7 abr. 2022.

ACNUR. *Legislação*. Disponível em: https://www.acnur.org/portugues/acnur-no-brasil/legislacao/. Acesso em: 7 abr. 2022.

ACNUR. *Manual de procedimentos e critérios para a determinação da condição de refugiados*. Disponível em: https://www.acnur.org/portugues/wp-content/uploads/2018/02/Manual_de_procedimentos_e_crit%C3%A9rios_para_a_determina%C3%A7%C3%A3o_da_condi%C3%A7%C3%A3o_de_refugiado.pdf. Acesso em: 4 abr. 2022.

ACNUR. *Operational data portal – Ukraine refugee situation* (dados até 18 abr. 2022). Disponível em: https://data2.unhcr.org/en/situations/ukraine#_ga=2.258107722.1183238986.1650378081-2086764269.1650378081&_gac=1.146467270.1650412417.CjwKCAjwu_mSBhAYEiwA5BBmf9O6JCYp4Huxl9oxtF9ku56GyxL2VQ2dwXq0QVmIU4ehw_mDNZfZLBoCcjAQAvD_BwE. Acesso em: 19 abr. 2022.

ACNUR. *Plataforma "Empresas com Refugiados" completa um ano com 24 empresas participantes*, 09 abr. 2020. Disponível em: https://www.acnur.org/portugues/2020/04/09/plataforma-empresas-com-refugiados-completa-um-ano-com-24-empresas-participantes/. Acesso em: 20 abr. 2022.

ACNUR; TENT; MISSÃO PAZ. *Guia para a contratação de refugiados e solicitantes de refúgio:* garantindo uma inclusão de sucesso. 2020. Disponível em: https://www.acnur.org/portugues/wp-content/uploads/2020/03/Tent_BrazilGuide_Final.pdf. Acesso em: 7 abr. 2022.

BADIE, Bertrand. Desigualdades – uma pluralidade de tendências demográficas (aula 2, módulo 3). *In*: SciencesPo – Instituto de estudos políticos de Paris. *Espaço mundial*: perspectivas Brasil-França. Disponível em: https://www.coursera.org/learn/globalstudies. Acesso em: maio 2021.

BAENINGER, Rosana. Migrações internacionais e trabalho: desafios para a visibilidade da inserção laboral de imigrantes e refugiados. *In*: LOPES, Cristiane Maria Sbalqueiro; PAULA, Priscila Moreto de (org.). *Migrantes e refugiados uma aproximação baseada na centralidade do trabalho e na justiça social*. Brasília: Ministério Público do Trabalho, 2021, p. 495-500. Disponível em: http://abet-trabalho.org.br/wp-content/uploads/2021/02/Livro-migrantes-e-refugiados.pdf. Acesso em: 7 abr. 2022.

BETTS, Alexander *et al*. *Refugee economies*: forced displacement and development. Oxford: Oxford University Press, 2017.

BRASIL. Governo do Brasil. Nacionalidade, Estadia e Outros Direitos > Serviços para Estrangeiros. *Solicitar Refúgio pela primeira vez no Brasil*. Disponível em: https://www.gov.br/pt-br/servicos/solicitar-refugio. Acesso em: 7 abr. 2022.

BRASIL. Ministério da Justiça e Segurança Pública. *Entenda as diferenças entre refúgio e asilo*. Disponível em: https://www.gov.br/mj/pt-br/assuntos/noticias/entenda-as-diferencas-entre-refugio-e-asilo. Acesso em: 4 abr. 2022.

BRASIL. Ministério da Justiça e Segurança Pública. *Relatório de Gestão 2021*. Disponível em: https://www.gov.br/mj/pt-br/acesso-a-informacao/auditorias/copy_of_10Relatriod eGestoMJSPFinal3103compactada.pdf. Acesso em: 7 abr. 2022.

BRASIL. Ministério do Trabalho/Gabinete do Ministro/Coordenação-Geral de Imigração. *Resolução Conjunta nº 1*, de 9 de outubro de 2018. Disponível em: https://www.in.gov.br/materia/-/asset_publisher/Kujrw0TZC2Mb/content/id/55217082/do1-2018-12-14-resolucao-conjunta-n-1-de-9-de-outubro-de-2018-55217031. Acesso em: 7 abr. 2022.

CARVALHO RAMOS, André de. Asilo e refúgio: semelhanças, diferenças e perspectivas. *In*: CARVALHO RAMOS, André de; RODRIGUES, Gilberto; ALMEIDA, Guilherme Assis de (Orgs.). *60 anos de ACNUR*: perspectivas de futuro. São Paulo: CL-A Cultural, 2011, p. 15-44. Disponível em: https://www.acnur.org/portugues/wp-content/uploads/2018/02/60-anos-de-ACNUR_Perspectivas-de-futuro_ACNUR-USP-UNISANTOS-2011.pdf. Acesso em: 7 abr. 2022.

CARVALHO RAMOS, André de. *Teoria geral dos direitos humanos na ordem internacional*. 6. ed. São Paulo: Saraiva, 2016.

CASELLA, Paulo Borba. *Direito internacional dos espaços*. São Paulo: Atlas, 2009.

CASELLA, Paulo Borba. Refugiados: conceito e extensão. *In*: ARAÚJO, Nádia de; ALMEIDA, Guilherme Assis de (org.). *O direito internacional dos refugiados* – uma perspectiva brasileira. Rio de Janeiro: Renovar, 2001.

CORRÊA, Raquel Prandini; FRIEDRICH, Tatyana Scheila. Mercado de trabalho brasileiro para refugiados e migrantes com visto humanitário. *In*: ANNONI, Danielle (coord.). *Direito internacional dos refugiados e o Brasil*. Curitiba: Gedai/UFPR, 2018, p. 160-170.

COSTA, Felipe Gomes Dias; OLIVEIRA FILHO, João Glicério de; SCHMITT, Matheus Manhães. Uma análise econômica da crise de refugiados: possíveis soluções baseadas no (des)incentivo aos Estados receptores e perseguidores. Anais do XV Congresso Brasileiro de Direito Internacional, 30 de agosto a 02 de setembro, Florianópolis. *In*: MENEZES, Wagner (Org.). *Direito internacional em expansão*. Belo Horizonte: Arraes Editores, 2017, v. 11.

EUR-LEX. *Carta dos Direitos Fundamentais da União Europeia*. Disponível em: https://eur-lex.europa.eu/legal-content/PT/TXT/?uri=celex%3A12016P%2FTXT. Acesso em: 21 abr. 2020.

EUR-LEX. *Diretiva 2011/95/EU*. Disponível em: https://eur-lex.europa.eu/eli/dir/2011/95/oj. Acesso em: 4 abr. 2022.

FINKELSTEIN, Cláudio. *O processo de formação de mercados de bloco*. São Paulo: IOB Thomson, 2003.

GIDDENS, Antony. *The consequences of modernity*. Cambridge: Polity Press, 1990.

HÄBERLE, Peter. *Estado constitucional cooperativo*. Trad. Marcos Augusto Maliska e Elisete Antoniuk. São Paulo: Renovar, 2007.

IOM. *The World migration report 2020*. Disponível em: https://publications.iom.int/system/files/pdf/wmr_2020.pdf. Acesso em: 7 abr. 2022.

IOM. *World migration report 2022*: chapter 2 – migration and migrants: a global overview. Disponível em: https://publications.iom.int/books/world-migration-report-2022-chapter-2. Acesso em: 14 abr. 2022.

JUBILUT, Liliana Lyra. Migrações e desenvolvimento. *In*: AMARAL JÚNIOR, Alberto do (org.). *Direito internacional e desenvolvimento*. Barueri, SP: Manole, 2005.

LACERDA, Nádia Demolier. *Migração internacional a trabalho*. São Paulo: LTr, 2014.

LEÃO, Flávia Ribeiro Rocha. Do procedimento de determinação da condição de refugiado: da solicitação até a decisão pelo Comitê Nacional para Refugiados (CONARE). *In*: JUBILUT, Liliana Lyra; GODOY, Gabriel Gualano de (org.). *Refúgio no Brasil*: comentários a Lei 9.474/97. São Paulo: Quartier Latin/ACNUR, 2017, p. 215-226.

MARTIN, Philip. Labour migration and development indicators in the post-2015 global development framework. *In*: IOM. *Migration and the United Nations post-2015 development agenda*, 2013, p. 67-92.

MOISÉS, Cláudia Perrone. *Direito ao desenvolvimento e investimentos estrangeiros*. São Paulo: Oliveira Mendes, 1998.

OECD. *The OECD active with Brazil*. Disponível em: https://www.oecd.org/brazil/Active-with-Brazil.pdf. Acesso em: 7 abr. 2022.

OECD; ILO; IOM; UNHCR. *2021 Annual international migration and forced displacement trends and policies report to the G20*. 2021. Disponível em: https://www.oecd.org/els/mig/OECD-ILO-IOM-UNHCR-2021-migration-report-to-the-G20.pdf. Acesso em: 7 abr. 2022.

ONU – Brasil. *ACNUR e SEBRAE lançam plataforma de empreendedorismo para refugiados*, 3 dez. 2021. Disponível em: https://brasil.un.org/pt-br/161554-acnur-e-sebrae-lancam-plataforma-de-empreendedorismo-para-refugiados. Acesso em: 20 abr. 2022.

ONU. *Carta das Nações Unidas* (1945). Disponível em: https://brasil.un.org/sites/default/files/2022-04/A%20Carta%20das%20Na%C3%A7%C3%B5es%20Unidas.pdf. Acesso em: 4 abr. 2022.

ONU. *Convenção relativa ao Estatuto dos Refugiados* (1951). Disponível em: https://www.acnur.org/fileadmin/Documentos/portugues/BDL/Convencao_relativa_ao_Estatuto_dos_Refugiados.pdf. Acesso em: 4 abr. 2022.

ONU. *Declaração das Nações Unidas sobre o Asilo Territorial* (1967). Disponível em: https://www.acnur.org/fileadmin/Documentos/portugues/BD_Legal/Instrumentos_Internacionais/Declaracao_ONU_Asilo_Territorial.pdf?file=fileadmin/Documentos/portugues/BD_Legal/Instrumentos_Internacionais/Declaracao_ONU_Asilo_Territorial. Acesso em: 4 abr. 2022.

ONU. *Declaração Universal dos Direitos Humanos* (1948). Disponível em: https://brasil.un.org/sites/default/files/2020-09/por.pdf. Acesso em: 4 abr. 2022.

ONU. *Global compact on refugees 2018*. Disponível em: https://www.unhcr.org/5c658aed4.pdf. Acesso em: 7 abr. 2022.

ONU. *Objetivos de desenvolvimento sustentável*. Disponível em: https://nacoesunidas.org/pos2015. Acesso em: 7 abr. 2022.

ONU. *Our common future, from one earth to one world*. Disponível em: http://www.un-documents.net/ocf-ov.htm#I. Acesso em: 4 abr. 2022.

ONU. *Pacto Internacional dos Direitos Econômicos, Sociais e Culturais* (1976). Disponível em: http://www.unfpa.org.br/Arquivos/pacto_internacional.pdf. Acesso em: 7 abr. 2022.

ONU. *Protocolo Adicional à Convenção sobre Refugiados* (1967). Disponível em: https://www.acnur.org/fileadmin/Documentos/portugues/BDL/Protocolo_de_1967_Relativo_ao_Estatuto_dos_Refugiados.pdf. Acesso em: 4 abr. 2022.

ONU. *Resolution nº 41/128*. Declaration on the right to development. Disponível em: https://documents-dds-ny.un.org/doc/RESOLUTION/GEN/NR0/496/36/IMG/NR049636.pdf?OpenElement. Acesso em: 4 abr. 2022.

ONU. *Resolution nº 70/1*. Transforming our world: the 2030 agenda for sustainable development. Disponível em: https://www.un.org/en/development/desa/population/migration/generalassembly/docs/globalcompact/A_RES_70_1_E.pdf. Acesso em: 4 abr. 2022.

ONU. *Resolution nº 71/1*. New York Declaration for Refugees and Migrants. Disponível em: https://documents-dds-ny.un.org/doc/UNDOC/GEN/N16/291/97/PDF/N1629197.pdf?OpenElement. Acesso em: 4 abr. 2022.

ONU. *Resolution nº 71/237*. International migration and development. Disponível em: https://www.un.org/en/development/desa/population/migration/generalassembly/docs/globalcompact/A_RES_71_237.pdf. Acesso em: 7 abr. 2022.

ONU. *Resolution nº 73/12 – Part. II*. Global compact on refugees. Disponível em: https://documents-dds-ny.un.org/doc/UNDOC/GEN/G18/238/37/PDF/G1823837.pdf?OpenElement. Acesso em: 4 abr. 2022.

ONU. *Resolution nº 73/195*. Global Compact for Safe, Orderly and Regular Migration. Disponível em: https://documents-dds-ny.un.org/doc/UNDOC/GEN/N18/451/99/PDF/N1845199.pdf?OpenElement. Acesso em: 4 abr. 2022.

ONU. *Vienna Declaration and Programme of Action* (1993). Disponível em: https://www.ohchr.org/en/professionalinterest/pages/vienna.aspx. Acesso em: 7 nov. 2020.

PERKISS, Stephanie; HANDLEY, Karen. Making sense of contemporary disasters: a liquid development perspective. *International Journal of Sociology and Social Policy*, v. 37, n. 9/10, p. 515-535, 12 set. 2017. Disponível em: https://doi.org/10.1108/IJSSP-06-2016-0069. Acesso em: 7 abr. 2022.

PIKETTY, Thomas. *O capital no século XXI*. Trad. Mônica Baugarten de Bolle. Rio de Janeiro: Intrínseca, 2014.

PIOVESAN, Flávia. Internacionalização dos direitos humanos e do direito internacional: desafios contemporâneos. *Boletim da Sociedade Brasileira de Direito Internacional*, n. 125-130, v. 103, jul./dez. 2017. Disponível em: http://www.direitointernacional.org/boletim-sbdi/. Acesso em: 4 abr. 2022.

RODRIGUES, José Noronha. *Política única de asilo na União Europeia*. Tese de Doutorado em Direito Público e Teoria do Estado. Universidade de Santiago de Compostela. 2012. Disponível em: http://bibliobase.sermais.pt:8008/BiblioNET/Upload/PDF7/004943_Tesis%20Doctoral.pdf. Acesso em: 7 abr. 2022.

SILVA, Gustavo Junger da et al. *Refúgio em números*. 6. ed. Brasília, DF: Observatório das Migrações Internacionais, 2021. Disponível em: https://www.gov.br/mj/pt-br/assuntos/seus-direitos/refugio/refugio-em-numeros-e-publicacoes/anexos/refugio_em_numeros-6e.pdf. Acesso em: 7 abr. 2022.

TRINDADE, Antônio Augusto Cançado. *International law for humankind towards a new jus gentium*. The Hague Academy of International Law. Martinus Nijhoff Publishers: Boston, 2010.

UNHCR. *Global compact on refugees*: indicator report 2021. Disponível em: https://www.unhcr.org/global-compact-refugees-indicator-report/#_ga=2.73100947.1407728551.1649359498-66472089.1645528175. Acesso em: 7 abr. 2022.

UNHCR. *Livelihoods and economic inclusion*. Disponível em: https://www.unhcr.org/livelihoods.html#roadmap. Acesso em: 7 abr. 2022.

VAN KLEFFENS, Eelco Nicolaas. Sovereignty in international law. *Collected courses of Hague Academy of International Law*, v. 82, 1953.

VELASCO, Suzana. *Imigração na União Europeia*: uma leitura crítica a partir do nexo entre securitização, cidadania e identidade transnacional. Campina Grande: Eduepb, 2014.

Informação bibliográfica deste texto, conforme a NBR 6023:2018 da Associação Brasileira de Normas Técnicas (ABNT):

FINKELSTEIN, Cláudio; LOPES, Rita de Cassia Carvalho. Refúgio e direito ao desenvolvimento sustentável: inserção econômica. *In*: SARAIVA FILHO, Oswaldo Othon de Pontes; BERTELLI, Luiz Gonzaga; SIQUEIRA, Julio Homem de (coord.). *Direitos dos refugiados*. Belo Horizonte: Fórum, 2024. (Coleção Fórum Direito Internacional Humanitário, v. 1, t. 2). p. 135-164. ISBN 978-65-5518-614-7.

DIREITOS DE CIDADANIA DAS PESSOAS EM SITUAÇÃO DE REFÚGIO NO BRASIL

CLAUDIA RODRIGUES EMILIO DE CARVALHO
ANDRÉ L. COSTA-CORRÊA

Introdução

Pessoas em situação de refúgio são aquelas que saem de seu país de origem devido a "fundados temores de perseguição por motivos de raça, religião, nacionalidade, grupo social ou opiniões políticas".[1] São pessoas que não podem ou não querem abrigar-se em seu próprio país de nascimento ou que não tenham nacionalidade e saíram do país onde habitualmente residiam, não podendo ou não querendo retornar a ele. Ainda, o refugiado pode ser aquele indivíduo que deixa seu país de origem para fugir de situações de violação a direitos humanos.

No Brasil, de acordo com a 6ª edição do relatório Refúgio em Números do Comitê Nacional para os Refugiados (CONARE), ao final

---

[1] Lei nº 9.474, de 22 de julho de 1997:
Art. 1º Será reconhecido como refugiado todo indivíduo que:
I - devido a fundados temores de perseguição por motivos de raça, religião, nacionalidade, grupo social ou opiniões políticas encontre-se fora de seu país de nacionalidade e não possa ou não queira acolher-se à proteção de tal país;
II - não tendo nacionalidade e estando fora do país onde antes teve sua residência habitual, não possa ou não queira regressar a ele, em função das circunstâncias descritas no inciso anterior;
III - devido a grave e generalizada violação de direitos humanos, é obrigado a deixar seu país de nacionalidade para buscar refúgio em outro país.

do ano de 2020, havia 57.099 pessoas em situação de refúgio reconhecidas no país. Somente em 2020, 28.899 imigrantes fizeram a solicitação de refúgio. As nacionalidades que mais solicitaram a entrada no país como refugiados foram: venezuelanos (60,2%), haitianos (22,9%) e cubanos (4,7%).[2]

Embora a crise migratória não seja novidade no cenário mundial desde as grandes guerras, o atual conflito entre Rússia e Ucrânia trouxe à tona, mais uma vez, a discussão a esse respeito. Após apenas sete dias de guerra, cerca de um milhão de pessoas já havia se deslocado para países fronteiriços à Ucrânia, em especial a Polônia, que recebeu mais de 52% delas.[3]

O Relatório Semestral da Agência da ONU para Refugiados (ACNUR) mostra que havia, em meados de 2021, 26,6 milhões de refugiados no mundo, 68% deles provenientes de cinco países: Síria, Venezuela, Afeganistão, Sudão do Sul e Myanmar.[4]

Apesar de a pandemia de covid-19 ter aumentado as restrições de fronteira e dificultado a circulação de estrangeiros no Brasil, a Polícia Federal registrou, em 2020, 10,9% do total das solicitações de refúgio da última década, ao passo que, em 2011, registrou-se uma variação positiva de 1.872% (1.465 solicitações).[5]

Destarte, torna-se clara a importância do aumento de pessoas em situação de refúgio no país nos últimos anos. A fuga de violações a diversos direitos humanos em busca de melhores condições de vida é uma forte motivação para essas migrações.[6] Entretanto, ao chegarem ao Brasil, os refugiados não têm garantidos todos os direitos que são

---

[2] SILVA, Gustavo Junger da et al. *Resumo Executivo* – refúgio em números. 6. ed. Observatório das Migrações Internacionais; Ministério da Justiça e Segurança Pública/ Comitê Nacional para os Refugiados. Brasília: OBMigra, 2021.

[3] ACNUR. Agência da ONU para Refugiados. ACNUR parabeniza decisão da UE de oferecer proteção temporária a refugiados da Ucrânia. ACNUR, 2022. Disponível em: https://www.acnur.org/portugues/2022/03/04/acnur-parabeniza-decisao-da-ue-de-oferecer-protecao-temporaria-a-refugiados-da-ucrania/. Acesso em: 17 mar. 2022.

[4] ACNUR. Agência da ONU para Refugiados. Mid-Year Trends 2021. Disponível em: https://www.unhcr.org/statistics/unhcrstats/618ae4694/mid-year-trends-2021.html#_ga=2.88783390.443394322.1647521514-118624935.1647521514&_gac=1.174859542.1647521531.EAIaIQobChMIt6ew7pfN9gIVxYKRCh2oKgBrEAAYASABEgK64_D_BwE. Acesso em: 17 mar. 2022.

[5] SILVA, Gustavo Junger da et al. *Resumo Executivo* – refúgio em números. 6. ed. Observatório das Migrações Internacionais; Ministério da Justiça e Segurança Pública/ Comitê Nacional para os Refugiados. Brasília: OBMigra, 2021.

[6] SILVA, Gustavo Junger da et al. *Resumo Executivo* – refúgio em números. 6. ed. Observatório das Migrações Internacionais; Ministério da Justiça e Segurança Pública/ Comitê Nacional para os Refugiados. Brasília: OBMigra, 2021.

a eles designados pela Constituição da República Federativa do Brasil de 1988 (CRFB/88). Direitos fundamentais,[7] como o direito ao voto,[8] por exemplo, não são atribuídos a essas pessoas, que necessitam de reconhecimento enquanto cidadãos,[9] o que torna o presente artigo pertinente para essa discussão.

Assim, em um primeiro momento será feita uma breve explicação sobre o conceito de refugiado. Em seguida, serão discutidos os direitos ao voto, de igualdade e de liberdade na legislação vigente no Brasil. Também será abordada a importância do reconhecimento das pessoas em situação de refúgio como parte da sociedade brasileira, com sua necessária integração e participação nas decisões políticas do país e com pleno exercício da cidadania.[10]

Para a elaboração deste estudo, utilizou-se o método indutivo na fase de investigação da pesquisa, com o auxílio das técnicas do referente, da pesquisa bibliográfica, da categoria e do conceito operacional.[11]

1 Uma breve explicação sobre o conceito de refugiado

Refugiado ou pessoa em situação de refúgio são termos que se referem à pessoa que saiu de seu país de origem devido a "fundados temores de perseguição por motivos de raça, religião, nacionalidade,

---

[7] Na definição de Alexandre de Moraes, direitos fundamentais são um "conjunto institucionalizado de direitos e garantias do ser humano, que tem por finalidade básica o respeito à sua dignidade, por meio de sua proteção contra o arbítrio do poder estatal e o estabelecimento de condições mínimas de vida e desenvolvimento da personalidade humana". In: MORAES, Alexandre de. Constituição do Brasil interpretada e legislação constitucional. 3. ed. São Paulo: Atlas, 2003, p.162.

[8] O direito ao voto consiste na capacidade eleitoral ativa do indivíduo que manifesta sua vontade através da escolha de seu(s) representante(s). O direito ao voto compreende tanto as eleições como também os plebiscitos e referendos. Ver: MORAES, Alexandre de. Constituição do Brasil interpretada e legislação constitucional. 3. ed. São Paulo: Atlas, 2003, p.540 e 541.

[9] O parágrafo segundo do art. 14 da CRFB/88 prevê que "não podem alistar-se como eleitores os estrangeiros e, durante o período do serviço militar obrigatório, os conscritos".

[10] "Hoje em dia, no entanto, as expressões 'cidadania' ou 'citizenship' são empregadas, não apenas para definir a pertença a uma determinada organização estatal, mas também para caracterizar os direitos e deveres dos cidadãos. (...) a doutrina jurídica estruturou o feixe dos direitos e deveres dos cidadãos, especialmente os direitos fundamentais, formando um status global entendido de modo semelhante. Na visão republicana, o problema da auto-organização da comunidade jurídica forma o ponto de referência, e os direitos políticos de participação e comunicação, o núcleo da cidadania". In: HABERMAS, Jürgen. Direito e democracia: entre facticidade e validade. Tradução: Flávio Beno Siebeneichler. 2. ed. vol. II. Rio de Janeiro: Tempo Brasileiro, 2003, p. 285 e 286.

[11] PASOLD, Cesar Luiz. Metodologia da Pesquisa Jurídica: teoria e prática. 14. ed. rev. atual. e ampl. Florianópolis: Emais, 2018.

grupo social ou opiniões políticas".[12] São indivíduos impossibilitados (de fato ou por vontade) de morar em seu próprio país de nascimento ou apátridas que saíram do país onde habitualmente residiam, não podendo ou não desejando retornar a ele.

O ACNUR estabelece o termo "pessoas deslocadas à força" como gênero, sendo "refugiado" uma de suas espécies, conforme trecho a seguir, *in verbis*:

> O termo pessoas deslocadas à força abrange refugiados, solicitantes da condição de refugiado, pessoas deslocadas internamente e venezuelanos deslocados para o estrangeiro. Inclui refugiados e outras pessoas deslocadas não cobertas pelo mandato do ACNUR e exclui outras categorias, como repatriados e apátridas não deslocados.[13]

Ainda de acordo com o ACNUR, no final do primeiro semestre de 2021, mais de 20,8 milhões de refugiados estavam sob seu mandato. Em comparação com o final do ano de 2020, são cerca de 172.000 pessoas a mais. A maioria destas pessoas era proveniente de cinco países: República Centro-Africana, Sudão do Sul, Síria, Afeganistão e Nigéria.[14]

Para o reconhecimento da situação de refugiado no Brasil, o estrangeiro que ingressar no país, de forma regular ou não,[15] deve fazer uma solicitação a qualquer autoridade migratória brasileira. Essa, por sua vez, providenciará um termo de declaração, contendo as

---

[12] Lei nº 9.474, de 22 de julho de 1997:
Art. 1º Será reconhecido como refugiado todo indivíduo que:
I - devido a fundados temores de perseguição por motivos de raça, religião, nacionalidade, grupo social ou opiniões políticas encontre-se fora de seu país de nacionalidade e não possa ou não queira acolher-se à proteção de tal país;
II - não tendo nacionalidade e estando fora do país onde antes teve sua residência habitual, não possa ou não queira regressar a ele, em função das circunstâncias descritas no inciso anterior;
III - devido a grave e generalizada violação de direitos humanos, é obrigado a deixar seu país de nacionalidade para buscar refúgio em outro país.

[13] ACNUR. Agência da ONU para Refugiados. Dados sobre refúgio. Disponível em: https://www.acnur.org/portugues/dados-sobre-refugio/. Acesso em: 29 mar. 2022.

[14] ACNUR. Agência da ONU para Refugiados. Dados sobre refúgio. Disponível em: https://www.acnur.org/portugues/dados-sobre-refugio/. Acesso em: 29 mar. 2022.

[15] A solicitação de reconhecimento da condição de refugiado suspenderá qualquer procedimento administrativo ou criminal devido à entrada irregular do estrangeiro no país. Se restar demonstrado que a infração ocorreu pelos mesmos fatos que levaram a eventual reconhecimento da condição em análise, o procedimento será arquivado (art. 10, *caput* e §1º). *In*: BRASIL. Lei nº 9.474, de 22 de julho de 1997. Define mecanismos para a implementação do Estatuto dos Refugiados de 1951 e determina outras providências. *Portal gov. br – Planalto*. Brasília, DF. Disponível em: http://www.planalto.gov.br/ccivil_03/leis/l9474.htm. Acesso em: 15 fev. 2022.

circunstâncias relativas à entrada do indivíduo no país e os motivos que o levaram a deixar seu país de origem. A análise do pedido e a declaração de reconhecimento da condição de Refugiado são atribuições do Comitê Nacional para os Refugiados (CONARE), órgão de deliberação coletiva no âmbito do Ministério da Justiça.[16]

Sempre que houver uma solicitação de refúgio, o Alto Comissariado das Nações Unidas para Refugiados (ACNUR) deve ser notificado para que, se for o caso, ofereça sugestões que possam facilitar o andamento desse processo. Ainda, o Departamento de Polícia Federal deve emitir um protocolo que autorizará a estada do solicitante e de seus familiares acompanhantes[17] no Brasil até a decisão final do processo. A autorização permite a emissão de carteira de trabalho provisória e, nesse ínterim, ao solicitante será aplicável a legislação sobre estrangeiros no país.[18]

Ao reconhecer ou não a condição de refugiado, o CONARE deverá fundamentar sua decisão no ato declaratório. Adicionalmente, deverá também notificar o solicitante e o Departamento de Polícia Federal para que sejam tomadas as medidas administrativas cabíveis. No caso de decisão positiva, o Departamento de Polícia Federal providenciará o registro do refugiado, que deverá assinar um termo de responsabilidade e solicitar cédula de identidade pertinente.[19]

Embora o reconhecimento e o acolhimento no país sejam de grande importância para as pessoas em situação de refúgio, proporcionar seu retorno para casa, com segurança e dignidade, ainda é

---

[16] BRASIL. Lei nº 9.474, de 22 de julho de 1997. Define mecanismos para a implementação do Estatuto dos Refugiados de 1951, e determina outras providências. *Portal gov.br – Planalto*. Brasília, DF. Disponível em: http://www.planalto.gov.br/ccivil_03/leis/l9474.htm. Acesso em: 15 fev. 2022.

[17] De acordo com o art. 2º da Lei nº 9.474/1997, "os efeitos da condição dos refugiados serão extensivos ao cônjuge, aos ascendentes e descendentes, assim como aos demais membros do grupo familiar que do refugiado dependerem economicamente, desde que se encontrem em território nacional". In: BRASIL. Lei nº 9.474, de 22 de julho de 1997. Define mecanismos para a implementação do Estatuto dos Refugiados de 1951, e determina outras providências. *Portal gov.br – Planalto*. Brasília, DF. Disponível em: http://www.planalto. gov.br/ccivil_03/leis/l9474.htm. Acesso em: 15 fev. 2022.

[18] BRASIL. Lei nº 9.474, de 22 de julho de 1997. Define mecanismos para a implementação do Estatuto dos Refugiados de 1951, e determina outras providências. *Portal gov.br – Planalto*. Brasília, DF. Disponível em: http://www.planalto.gov.br/ccivil_03/leis/l9474.htm. Acesso em: 15 fev. 2022.

[19] BRASIL. Lei nº 9.474, de 22 de julho de 1997. Define mecanismos para a implementação do Estatuto dos Refugiados de 1951, e determina outras providências. *Portal gov.br – Planalto*. Brasília, DF. Disponível em: http://www.planalto.gov.br/ccivil_03/leis/l9474.htm. Acesso em: 15 fev. 2022.

considerada a melhor solução para essas pessoas, quando possível. Segundo o ACNUR, aproximadamente 126.700 refugiados retornaram aos seus países de origem no primeiro semestre de 2021. Entretanto, a taxa de retorno tem permanecido abaixo do período pré-pandemia[20] e, obviamente, bem inferior ao número de pessoas que permanecem no país de acolhimento. Dessa forma, é necessário pensar nos direitos adquiridos pelos refugiados na nova nação.

2 Direitos fundamentais na Constituição da República Federativa do Brasil de 1988 (CRFB/88) e demais legislações vigentes no país – direitos de cidadania

Jürgen Habermas definiu os direitos fundamentais da seguinte maneira, vejamos:

> O direito a iguais liberdades subjetivas de ação concretiza-se nos direitos fundamentais, os quais, enquanto direitos positivos, revestem-se de ameaças de sanções, podendo ser usados contra interesses opostos ou transgressões de normas. Nesta medida, eles pressupõem o poder de sanção de uma organização, a qual dispõe de meios para o emprego legítimo da coerção, a fim de impor o respeito às normas jurídicas. Neste ponto surge o Estado, que mantém como reserva um poder militar, a fim de "garantir" seu poder no comando.[21]

Habermas completa que uma comunidade que almeja iguais direitos e cujos membros se identificam entre si necessita de um ente central que agirá em nome de todos, o Estado, que tem o poder de organização, de sanção e de execução.[22] E completa: "o poder político só pode desenvolver-se através de um código jurídico institucionalizado na forma de direitos fundamentais".[23]

Por sua vez, Luigi Ferrajoli atribui um caráter universal aos direitos fundamentais:

---

[20] ACNUR. Agência da ONU para Refugiados. Dados sobre refúgio. Disponível em: https://www.acnur.org/portugues/dados-sobre-refugio/. Acesso em: 11 abr. 2022.
[21] HABERMAS, Jürgen. *Direito e democracia:* entre facticidade e validade. Tradução: Flávio Beno Siebeneichler. 2. ed. vol. I. Rio de Janeiro: Tempo Brasileiro, 2003, p. 170.
[22] HABERMAS, Jürgen. *Direito e democracia:* entre facticidade e validade. Tradução: Flávio Beno Siebeneichler. 2. ed. vol. I. Rio de Janeiro: Tempo Brasileiro, 2003, p. 170 e 171.
[23] HABERMAS, Jürgen. *Direito e democracia:* entre facticidade e validade. Tradução: Flávio Beno Siebeneichler. 2. ed. vol. I. Rio de Janeiro: Tempo Brasileiro, 2003, p. 171.

(...) a definição teórica que me parece mais "fundada", porque dotada de maior capacidade empírica e da mais fecunda capacidade explicativa, é aquela que identifica os direitos fundamentais com todos *aqueles direitos que são atribuídos universalmente a todos enquanto pessoas, enquanto cidadãos ou enquanto capazes de agir.*[24] [25] (grifamos)

Ainda, João dos Passos Martins Neto explica que a fundamentalidade do direito o diferencia dos demais atribuindo-lhe um caráter especial, reconhecendo-o num plano normativo superior, indisponível ao legislador ordinário.[26]

A partir de tais disposições é possível concluir que os direitos humanos incorporados e positivados pela CRFB/88 dizem respeito a todas as pessoas de uma comunidade e não somente aos cidadãos brasileiros que nela residem, cabendo ao Estado a tutela desses direitos, que são indisponíveis ao legislador infraconstitucional. Dessa forma, a chamada "Constituição Cidadã" de 1988 consagra o princípio da igualdade no artigo 5º,[27] que garante aos "brasileiros e estrangeiros residentes no país" a igualdade perante a lei.

Assim, a aplicabilidade dos direitos fundamentais aos refugiados no Brasil é norma constitucional. Todavia, isso vai claramente de encontro com outra previsão da própria CFRB/88, no art. 14, em especial no parágrafo segundo, vejamos:

> Art. 14. A soberania popular será exercida pelo sufrágio universal e pelo voto direto e secreto, com valor igual para todos, e, nos termos da lei, mediante:
> I - plebiscito;
> II - referendo;
> III - iniciativa popular.
> §1º O alistamento eleitoral e o voto são:
> I - obrigatórios para os maiores de dezoito anos;

---

[24] FERRAJOLI, Luigi. *Por uma Teoria dos Direitos e dos Bens Fundamentais*. Tradução de: Alexandre Salim; Alfredo Copetti Neto; Daniela Cademartori; Hermes Zaneti Júnior *et* Sérgio Cademartori. Porto Alegre: Livraria do Advogado Editora, 2011.
[25] No trecho transcrito, as palavras grafadas em itálico foram assim originalmente escritas pelo autor e, portanto, mantidas dessa forma no presente texto.
[26] MARTINS NETO, João dos Passos. *Direitos fundamentais*: conceito, função e tipos. São Paulo: Revista dos Tribunais, 2003, p. 79, 121 e 122.
[27] Constituição da República Federativa do Brasil de 1988:
(...) Art. 5º Todos são iguais perante a lei, sem distinção de qualquer natureza, garantindo-se aos brasileiros e aos estrangeiros residentes no País a inviolabilidade do direito à vida, à liberdade, à igualdade, à segurança e à propriedade, nos termos seguintes (...).

II - facultativos para:
a) os analfabetos;
b) os maiores de setenta anos;
c) os maiores de dezesseis e menores de dezoito anos.
§2º *Não podem alistar-se como eleitores os estrangeiros* e, durante o período do serviço militar obrigatório, os conscritos (grifei).

Ainda, o Código Eleitoral Brasileiro reitera, no art. 4º,[28] a capacidade eleitoral ativa somente dos brasileiros. Contudo, o direito ao voto faz parte do sufrágio universal,[29] essência do direito político, e que não deveria, portanto, ser vetado aos estrangeiros em reconhecida situação de refúgio no país. Ainda mais e, principalmente, porque o Brasil é signatário do Pacto Internacional sobre os Direitos Civis e Políticos, que prevê no item 1 do artigo segundo[30] a obrigação de garantir os direitos reconhecidos nesse pacto a todas as pessoas presentes no território brasileiro "sem discriminação alguma por motivo de raça, cor, sexo, língua, religião, opinião política ou de outra natureza, origem nacional ou social, situação econômica, nascimento ou qualquer condição".

Adicionalmente, o art. 25 é claro ao aduzir que:

> Todo cidadão terá o direito e a possibilidade, sem qualquer das formas de discriminação mencionadas no artigo 2 e sem restrições infundadas:
> a) de participar da condução dos assuntos públicos, diretamente ou por meio de representantes livremente escolhidos;
> b) de votar e de ser eleito em eleições periódicas, autênticas, realizadas por sufrágio universal e igualitário e por voto secreto, que garantam a manifestação da vontade dos eleitores;
> c) de ter acesso, em condições gerais de igualdade, às funções públicas de seu país.[31]

---

[28] Código Eleitoral:
(...) Art. 4º. São eleitores os brasileiros maiores de 18 anos que se alistarem na forma da lei.

[29] Ressalta-se que o direito de sufrágio compreende o direito ao voto (capacidade eleitoral ativa) e o direito a ser votado (capacidade eleitoral passiva). Ver: MORAES, Alexandre de. *Constituição do Brasil interpretada e legislação constitucional*. 3. ed. São Paulo: Atlas, 2003, p. 537.

[30] Decreto nº 592, de 6 de julho de 1992:
(...) Art. 2º. 1. Os Estados-Partes do presente pacto comprometem-se a respeitar e a garantir a todos os indivíduos que se achem em seu território e que estejam sujeitos a sua jurisdição os direitos reconhecidos no presente Pacto, sem discriminação alguma por motivo de raça, cor, sexo, língua, religião, opinião política ou de outra natureza, origem nacional ou social, situação econômica, nascimento ou qualquer condição.

[31] BRASIL. Decreto nº 592, de 6 de julho de 1992. Atos Internacionais. Pacto Internacional sobre Direitos Civis e Políticos. Promulgação. *Portal gov.br – Planalto*. Brasília, DF. Disponível em: http://www.planalto.gov.br/ccivil_03/decreto/1990-1994/d0592.htm. Acesso em: 22 fev. 2022.

Torna-se totalmente controverso que, ao mesmo tempo em que a Constituição de 1988 não atribui o direito ao voto ao estrangeiro residente no país, o Pacto Internacional sobre os Direitos Civis e Políticos, com efeito de emenda constitucional, assim o faz. Ademais, o direito de votar é um direito de cidadania, assim como explica Thomas H. Marshall (1963, p. 63):

> Estarei fazendo o papel de um sociólogo típico se começar dizendo que pretendo dividir o conceito de cidadania em três partes. Mas a análise é, neste caso, ditada mais pela história do que pela lógica. Chamarei estas três partes, ou elementos, de civil, política e social. O elemento civil é composto dos direitos necessários à liberdade individual – liberdade de ir e vir, liberdade de imprensa, pensamento e fé, o direito à propriedade e de concluir contratos válidos e o direito à justiça. (...) *Por elemento político se deve entender o direito de participar no exercício do poder político*, como um membro de um organismo investido da autoridade política ou como um eleitor dos membros de tal organismo. (...) O elemento social se refere a tudo o que vi desde o direito a um mínimo de bem-estar econômico e segurança ao direito de participar, por completo, na herança social e levar a vida de um ser civilizado de acordo com os padrões que prevalecem na sociedade[32] (grifamos).

No trecho destacado, Marshall refere-se a uma ordem histórica de surgimento e reconhecimento institucional dos direitos fundamentais, sendo admitidos pela doutrina moderna como direitos de primeira, segunda e terceira gerações. Tais direitos apresentam como características a imprescritibilidade, inalienabilidade, irrenunciabilidade, inviolabilidade, efetividade, interdependência, complementariedade e a *universalidade*.[33] Essa última, por sua vez, significa que "a abrangência desses direitos engloba todos os indivíduos, independentemente de sua nacionalidade, sexo, raça, credo ou convicção político-filosófica".[34]

Nesse mesmo sentido, Luigi Ferrajoli defende a universalidade dos direitos fundamentais não somente nacionalmente, mas também em âmbito internacional:

---

[32] MARSHALL, Thomas Humphrey. *Cidadania, Classe Social e Status*. Tradução: Meton Porto Gadelha. Rio de Janeiro: Zahar Editores, 1963.

[33] MORAES, Alexandre de. *Constituição do Brasil interpretada e legislação constitucional*. 3. ed. São Paulo: Atlas, 2003, p. 163 e 166.

[34] MORAES, Alexandre de. *Constituição do Brasil interpretada e legislação constitucional*. 3. ed. São Paulo: Atlas, 2003, p. 164.

Depois do nascimento da ONU, e graças à aprovação de cartas e convenções internacionais sobre direitos humanos, esses direitos não são mais "fundamentais" somente no interior dos Estados em cujas constituições estão formulados, mas são direitos supraestatais, aos quais os Estados são vinculados e subordinados também no nível do direito internacional; *não mais direitos de cidadania, mas direitos das pessoas independentemente das suas diferentes cidadanias.* (grifamos)

Portanto, deve-se considerar a cidadania globalizada e não mais um conceito local de cidadania. De acordo com Liszt Vieira, não existe mais o monopólio das normas pelo Estado, "pois há regras internacionais que ele deve partilhar com a comunidade internacional. E perde força com o avanço da globalização. O Estado-nação tende a não ser mais o lar da cidadania".[35] O autor ainda explica:

A dissociação entre nacionalidade e cidadania confere a esta última uma dimensão puramente jurídica e política, afastando-a da dimensão cultural existente em cada nação. A cidadania passaria a ter uma proteção transnacional, como os direitos humanos. Por esta concepção, seria possível pertencer a uma comunidade política e nela ter participação, independentemente de ser ou não nacional.[36]

Fica claro, a partir da análise a respeito dos direitos fundamentais que compõem a cidadania de um povo, que não se pode mais considerar os refugiados como meros habitantes de um país receptor, atribuindo a eles apenas parte dos direitos fundamentais previstos na CRFB/88 e desconsiderando o disposto no Pacto Internacional sobre os Direitos Civis e Políticos. Isso também leva à lesão de outros direitos fundamentais, conforme será discutido a seguir.

3 A lesão a direitos fundamentais dos refugiados e a necessidade do reconhecimento das pessoas em situação de refúgio no país

Como anteriormente abordado, as pessoas que deixam suas nações em busca de proteção contra perseguição e violação de direitos

---

[35] VIEIRA, Liszt. Cidadania Global e Estado Nacional. *Dados*, v. 42, n. 3, 1999. Disponível em: https://www.scielo.br/j/dados/a/7fdYVdGnCpxkr7GbkMjjJWK/?lang=pt. Acesso em: 15 fev. 2022.

[36] VIEIRA, Liszt. Cidadania Global e Estado Nacional. *Dados*, v. 42, n. 3, 1999. Disponível em: https://www.scielo.br/j/dados/a/7fdYVdGnCpxkr7GbkMjjJWK/?lang=pt. Acesso em: 15 fev. 2022.

humanos encontram-se em situação de grande vulnerabilidade emocional, financeira e social.

Para Khoury e Giannattasio, os refugiados são vistos como objetos que englobam as seguintes características: migram de seus países contra sua vontade, sofrem perseguição, possuem uma quantidade limitada de opções de nações receptoras, encontram-se a mercê de controle e rejeição pelo Estado que os recebe, são submetidos a ações de inclusão nesses Estados, além de serem destinatários de normas jurídicas nacionais e internacionais específicas.[37]

Carregar apenas estereótipos não parece ser uma forma ideal de acolhimento a pessoas em situação de refúgio em um país. O reconhecimento de seu lugar em uma nova nação, sua introdução e participação em uma nova comunidade são de extrema importância para mitigar a situação de desrespeito à qual foram expostos e minimizar a ocorrência de outras situações semelhantes futuramente.[38] Nesse sentido, Khoury e Giannattasio (2021, p.70-71) completam:

> Sem discordar da necessidade de políticas públicas inclusivas de refugiados, se faz importante avaliar criticamente tal discurso que os enquadra nesta posição de passividade. Apesar da necessidade de proteção e inclusão de refugiados, não é adequado lhes atribuir uma posição social que se desenvolve somente na subalternidade. Faz-se crucial reconhecer também a agência exercida por essas pessoas na busca por refúgio, e analisar suas próprias decisões e ações nesta trajetória.[39]

Torna-se de grande relevância, portanto, que as pessoas em situação de refúgio sejam não somente abrigadas e protegidas por um Estado, mas que dele façam parte em sua totalidade, como cidadãos

---

[37] KHOURY, Aline; GIANNATTASIO, Arthur Roberto Capella. O refúgio como ação identitária: a escolha do Brasil como local de oportunidades e múltiplos canais de integração. In: RAMOS, André de Carvalho; RODRIGUES, Gilberto M. A.; ALMEIDA, Guilherme Assis de (org.). *70 anos da Convenção relativa ao Estatuto dos Refugiados*: (1951-2021) perspectivas de futuro. Brasília: ACNUR Brasil, 2021. p. 70 e 71.

[38] KHOURY, Aline; GIANNATTASIO, Arthur Roberto Capella. O refúgio como ação identitária: a escolha do Brasil como local de oportunidades e múltiplos canais de integração. In: RAMOS, André de Carvalho; RODRIGUES, Gilberto M. A.; ALMEIDA, Guilherme Assis de (org.). *70 anos da Convenção relativa ao Estatuto dos Refugiados*: (1951-2021) perspectivas de futuro. Brasília: ACNUR Brasil, 2021. p. 70.

[39] KHOURY, Aline; GIANNATTASIO, Arthur Roberto Capella. O refúgio como ação identitária: a escolha do Brasil como local de oportunidades e múltiplos canais de integração. In: RAMOS, André de Carvalho; RODRIGUES, Gilberto M. A.; ALMEIDA, Guilherme Assis de (org.). *70 anos da Convenção relativa ao Estatuto dos Refugiados*: (1951-2021) perspectivas de futuro. Brasília: ACNUR Brasil, 2021. p. 70.

que tomam decisões, inclusive políticas. O pertencimento a um novo território não deve ocorrer apenas de forma física e com políticas públicas específicas, mas também de uma completa aquisição de cidadania, em seu sentido global.

Em especial, a condição de cidadão, na vertente moderna, como um ser com poucos deveres com a sociedade em que está inserido – em contraposição à imaginética do indivíduo enquanto ser anterior ao Estado e dotado de um sem-número de direitos[40] –, não deve mais prosperar hodiernamente porque o indivíduo-cidadão é substancialmente o agente ativo na construção do modelo de justiça que os membros de uma dada sociedade visam construir para si e para as gerações futuras. Cidadania é, portanto, mais do que o mero *status* que possibilita com que o indivíduo goze de direitos em um Estado, é uma complexidade de direitos e deveres que impõe ao indivíduo a participação efetiva e ativa nas escolhas jurídicas, políticas e sociais.

Ressaltando-se, inclusive, que a prática da cidadania é um dos fundamentos do nosso próprio Estado Democrático de Direito – nesse sentido, o inciso II do art. 1º de nossa Carta Constitucional.[41]

Alexandre de Moraes reitera a discussão do capítulo anterior, ao explicar que a cidadania "representa um *status* do ser humano, apresentando-se, simultaneamente, como objeto e direito fundamental das pessoas".[42] A partir desse pensamento, não há que se falar apenas em uma lesão ao princípio da igualdade[43] quando se retira de uma pessoa o direito ao voto. Estar-se-á diante, também, de grave lesão à dignidade humana e ao princípio da liberdade.

---

[40] LOPES, Ana Maria D'Ávila. *A participação das minorias no Estado democrático de direito brasileiro*. In: LIMA, Martonio Mont'Alverne Barreto; ALBUQUERQUE, Paulo Antonio de Menezes (org.). *Democracia, direito e política*: estudos internacionais em homenagem à Friedrich Müller. Florianópolis: Conceito Editorial, 2006. p. 85.

[41] Constituição Federal de 1988:
Art. 1º A República Federativa do Brasil, formada pela união indissolúvel dos estados e Municípios e do Distrito Federal, constitui-se em Estado democrático de direito e tem como fundamentos:
I- a soberania;
II- a cidadania;
III- a dignidade da pessoa humana;
IV- os valores sociais do trabalho e da livre iniciativa;
Parágrafo único. Todo poder emana do povo, que o exerce por meio de representantes eleitos ou diretamente, nos termos desta Constituição.

[42] MORAES, Alexandre de. *Constituição do Brasil interpretada e legislação constitucional*. 3. ed. São Paulo: Atlas, 2003, p.128.

[43] Nesse sentido, ver: LOPES, Ana Maria D'Ávila. A participação das minorias no Estado democrático de direito brasileiro. *In*: LIMA, Martonio Mont'Alverne Barreto; ALBUQUERQUE, Paulo Antonio de Menezes (org.). *Democracia, direito e política*: estudos internacionais em homenagem à Friedrich Müller. Florianópolis: Conceito Editorial, 2006. p. 92.

Nesse sentido, Cesar Luiz Pasold (2013, p.40 e 41) define liberdade:

> De minha parte, proponho um conceito jurídico e político para LIBERDADE, nos seguintes termos:
> - Liberdade é a condição de sensibilidade, racionalidade e acessibilidade exercida pelo Homem quanto a alternativas.
> Portanto, fundamentalmente, a Liberdade é, nesta proposição, uma condição exercida frente a alternativas.
> Ela se realiza numa circunstância caracterizada, na qual devem estar presentes três componentes:
> - a sensibilidade;
> - a racionalidade;
> - a acessibilidade.
>
> Nesta linha de raciocínio, vejo, portanto, que o *pressuposto interno* da Liberdade é a possibilidade do exercício das potências sensitiva e intelectiva.
> E, o seu *pressuposto externo* é a possibilidade do exercício efetivo da acessibilidade frente às alternativas existentes, precipuamente, à alternativa escolhida pelo Homem.
> Assim, o *estímulo extrínseco* capaz de viabilizá-lo é a existência real e factível de alternativas, que possam ser escolhidas e cumpridas.[44][45]

Conclui-se, dessa forma, que a liberdade representa um direito de escolha do ser humano, o que só pode ser exercido se ele tiver acesso a alternativas. Se pessoas em situação de refúgio estão sujeitas apenas a programas estatais a elas destinados, não possuindo qualquer possibilidade de participação nas decisões políticas do país que as acolheu, então, nessa hipótese, estar-se-á diante de uma falsa percepção de liberdade.

Ainda no que tange à liberdade, Adrian Gurza Lavalle[46] completa que os direitos civis e políticos garantem liberdades que, por sua vez, constituem "condições *sine qua non* da democracia". Dessa forma, a

---

[44] PASOLD, Cesar Luiz. *Função Social do Estado Contemporâneo*. 4. ed. rev. ampl. Itajaí/SC: Univali, 2013, p. 40 e 41. Disponível em: http://siaiapp28.univali.br/LstFree.aspx. Acesso em: 17 fev. 2022.

[45] No trecho transcrito, as palavras grafadas em itálico foram assim originalmente escritas pelo autor e, portanto, mantidas dessa forma no presente texto.

[46] LAVALLE, Adrian Gurza. Participação, (des)igualdade política e democracia. *In*: MIGUEL, Luis Felipe (org.). *Desigualdades e Democracia*: o debate da teoria política. 1. ed. São Paulo: Editora Unesp, 2016. p. 172, 181-182.

"livre escolha de forma de vida e da livre associação" acaba por modificar a possibilidade de os indivíduos e seus grupos sociais preservarem e evoluírem seus interesses políticos por meio de participação. Assim, a associação de pessoas permite o exercício das liberdades civis e políticas, ao mesmo tempo em que proporciona a desigualdade entre os cidadãos, uma vez que atribui aos membros do grupo melhores condições de "influência política e/ou incidência sobre as políticas". Ficam, portanto, prejudicadas as minorias, aqueles com menos influência, aqueles com condições econômicas mais precárias, "que não conseguem incluir a consideração de seus interesses na própria democracia", os refugiados. Lavalle completa:

> Sem dúvida, contemplar os interesses daqueles que serão afetados pelas decisões políticas pode ser entendido como um princípio de inclusão democrática; entretanto, é possível garantir a presença dos interesses e suscitar correções ou moderações nas decisões políticas acarretadas pelo conflito de interesses por meios outros que não a participação (...). De um lado, sabe-se de sobejo que a representação é a resposta standard da teoria democrática aos desafios da inclusão. A resposta pela via da representação é agregativa, de modo que permite conciliar participação e escolha social – distribuição das preferências coletivas -, perfilando uma configuração em que a relação entre democracia e participação torna-se menos premente, e a pergunta pelo limiar mínimo de participação, pouco angustiante. Afinal, a participação cede passo rapidamente à representação, e uma vez instaurada a segunda ganha vida o funcionamento regular da democracia.

Resta clara, portanto, a importância de uma reflexão a respeito da lesão a direitos fundamentais no que tange aos refugiados no Brasil. Não somente sobre o choque de normas fundamentais e sobre o desrespeito aos direitos de igualdade, liberdade e dignidade da pessoa humana, mas também sobre o tratamento atribuído a essas pessoas, que carregam o estigma da "transitoriedade, provisoriedade e temporalidade", permanecendo em uma condição marginal, tanto no sentido identitário, cultural e social, quanto no sentido jurídico, pois não exercitam seus direitos de cidadania nem no país de origem, nem no país receptor, onde são apenas "refugiados".[47]

---

[47] MOREIRA, Julia Bertino. Refugiados no Brasil: reflexões acerca do processo de integração local. *Revista Interdisciplinar da Mobilidade Humana*, ano XXII, n. 43, p. 85-98, 2004.

4 Discussão e conclusão

Ao mesmo tempo em que a Constituição da República Federativa do Brasil de 1988 atribui aos brasileiros e estrangeiros residentes no país a igualdade perante a lei e os direitos fundamentais à vida, à liberdade, à segurança e à propriedade, ela também coloca os estrangeiros na condição de inalistabilidade, cerceando-os do direito fundamental à cidadania. Se não bastasse a evidente contradição, apenas quatro anos após a promulgação de nossa Carta Magna, o Brasil promulgou o Pacto Internacional sobre Direitos Civis e Políticos.

Importante mencionar que o referido Pacto possui como fundamento a compreensão de que "o reconhecimento da dignidade inerente a todos os membros da família humana e de seus direitos iguais e inalienáveis constitui o fundamento da liberdade, da justiça e da paz no mundo". E, portanto, que os direitos civis e políticos ali expressos são decorrentes da dignidade inerente à pessoa humana. Ainda cabe mencionar que o artigo 2º do referido Pacto prevê que os Estados Partes devem assegurar e se comprometem a respeitar e a garantir a todos os indivíduos que se encontrem em seu território e que estejam sujeitos à sua jurisdição: os direitos reconhecidos no Pacto, *sem qualquer discriminação de origem nacional* ou social, de nascimento ou qualquer outra condição discriminatória, garantindo-se igual gozo de todos os direitos civis e políticos enunciados no Pacto. Logo, nesse sentido, estendido aos estrangeiros – independentemente da sua condição de residente ou não.

Devendo-se mencionar, também, que o Pacto Internacional dos Direitos Civis e Políticos prevê que todo cidadão terá o direito e a possibilidade, sem qualquer discriminação, de participar da condução dos assuntos públicos, diretamente ou por meio de representantes livremente escolhidos, de votar e de ser votado em eleições periódicas, autênticas, realizadas por sufrágio universal e igualitário e por voto secreto.

No documento, o presidente à época, Fernando Collor de Mello, decretou que o Pacto seria "executado e cumprido tão inteiramente como nele se contém". Destarte, os países signatários deveriam garantir a todos os indivíduos que residem em seus territórios e que estejam sujeitos à sua jurisdição os direitos nele estabelecidos, *independente de sua origem*. Dentre os direitos ali dispostos, encontra-se o de "votar e de ser eleito em eleições periódicas, autênticas, realizadas por sufrágio universal e igualitário e por voto secreto, que garantam a manifestação da vontade dos eleitores".[48]

---

[48] BRASIL. Decreto nº 592, de 6 de julho de 1992. Atos Internacionais. Pacto Internacional sobre Direitos Civis e Políticos. Promulgação. *Portal gov.br – Planalto*. Brasília, DF. Disponível

Cumpre ressaltar que a palavra "pacto" é um dos termos utilizados para tratado internacional, principal fonte do Direito Internacional Público.[49] Tratados sobre direitos humanos, assim como o Pacto sobre Direitos Civis e Políticos, quando aprovados "em cada Casa do Congresso Nacional, em dois turnos, por três quintos dos votos dos respectivos membros, serão equivalentes às emendas constitucionais".[50] Segundo Valerio de Oliveira Mazzuoli,[51] o pacto "designa, geralmente, atos solenes, podendo ser utilizado, também, para restringir o objeto político de um tratado". Assim, segundo o autor, "tratado" é uma expressão genérica "cujas denominações poderão variar conforme sua forma, o seu conteúdo, o seu objeto ou a sua finalidade". Ademais, para a configuração de um tratado, alguns requisitos, estabelecidos pela Convenção de Viena de 1969, deverão ser preenchidos, quais sejam: deve ser um livre acordo de vontades de Estados, celebrado por escrito, concluído "por entes capazes de assumir direitos e contrair obrigações no âmbito externo", regido pelo Direito Internacional e celebrado em um ou mais instrumentos conexos.[52]

Assim, ao preencher os requisitos elencados e, sendo o Pacto sobre Direitos Civis e Políticos aprovado pelo Congresso Nacional via Decreto Legislativo nº 226, de 12 de dezembro de 1991, com Carta de Adesão depositada em 24 de janeiro de 1992 e promulgado pelo Poder Executivo em 6 de julho de 1992, estamos diante, portanto, de uma lei com efeito de norma constitucional material por força do §2º do art. 5º da Carta Constitucional de 1988.

Ademais, os direitos provenientes do pacto em discussão pertencem ao chamado bloco de constitucionalidade, o que evidencia uma crítica feita por alguns autores, como Valerio de Oliveira Mazzuoli, de

---

em: http://www.planalto.gov.br/ccivil_03/decreto/1990-1994/d0592.htm. Acesso em: 22 fev. 2022.
[49] MAZZUOLI, Valerio de Oliveira. *Direito Internacional Público*. v. 2. Parte Geral. 3. ed. rev. atual. e ampl. São Paulo: RT, 2006, p. 44.
[50] CONSTITUIÇÃO FEDERAL DE 1988
(...) Art. 5º Todos são iguais perante a lei, sem distinção de qualquer natureza, garantindo-se aos brasileiros e aos estrangeiros residentes no País a inviolabilidade do direito à vida, à liberdade, à igualdade, à segurança e à propriedade, nos termos seguintes:
(...) §3º Os tratados e convenções internacionais sobre direitos humanos que forem aprovados, em cada Casa do Congresso Nacional, em dois turnos, por três quintos dos votos dos respectivos membros, serão equivalentes às emendas constitucionais.
[51] MAZZUOLI, Valerio de Oliveira. *Direito Internacional Público*. v. 2. Parte Geral. 3. ed. rev. atual. e ampl. São Paulo: RT, 2006, p. 47.
[52] MAZZUOLI, Valerio de Oliveira. *Direito Internacional Público*. v. 2. Parte Geral. 3. ed. rev. atual. e ampl. São Paulo: RT, 2006, p. 45-47.

que "grande parte da doutrina constitucionalista brasileira, infelizmente, parece não ter se apercebido do grande passo dado pelo legislador constituinte de 1988 na disposição do §2º do art. 5º da Constituição, que faz agora referência à expressão 'tratados internacionais', não encontrada nas Cartas anteriores".[53] Ou seja, a inclusão do termo em questão ampliou a abrangência do artigo e acabou gerando conflitos de hermenêutica, uma vez que algumas normas passaram a se contrapor.

Além disso, Mazzuoli complementa sobre a impossibilidade de declaração de inconstitucionalidade dos direitos fundamentais previstos em tratados internacionais, uma vez que apresentam o caráter hierárquico da norma constitucional e são, portanto, cláusulas pétreas. Destarte, são direitos que não podem ser abolidos, tampouco declarados inconstitucionais pelo Supremo Tribunal Federal, eliminando qualquer argumento que possa justificar sua não observância.[54] Assim sendo, se há a expressa previsão do direito ao voto dos estrangeiros residentes no país no Pacto Internacional sobre Direitos Civis e Políticos, esse direito é fundamental das pessoas em situação de refúgio.

Em contrapartida, Francisco Rezek argumenta que, sendo a Constituição Nacional o "vértice do ordenamento jurídico" e "sede de determinação da estatura da norma expressa em tratado", em eventual conflito entre uma norma constitucional e uma norma *pacta sunt servanda*, a força da lei fundamental deve ser preservada, "ainda que isto signifique a prática de um ilícito pelo qual, no plano externo, deve aquele responder".[55] Entretanto, o próprio autor aduz que os tratados contrários à Constituição Brasileira só poderão ser concluídos após a devida reforma constitucional, o que nos leva à conclusão de que o Pacto Internacional sobre Direitos Civis e Políticos deveria ter passado por um rigoroso controle de constitucionalidade antes de sua incorporação ao ordenamento jurídico nacional.

Embora o conflito de normas seja fato e, colocando de lado por um breve momento essa realidade, outra questão ainda paira sobre a presente discussão: mas por que excluir os estrangeiros residentes no país do direito ao voto? Cumpre destacar que esse direito não é

---

[53] MAZZUOLI, Valerio de Oliveira. *Direito Internacional Público*. v. 2. Parte Geral. 3. ed. rev. atual. e ampl. São Paulo: RT, 2006, p. 90.
[54] MAZZUOLI, Valerio de Oliveira. *Direito Internacional Público*. v. 2. Parte Geral. 3. ed. rev. atual. e ampl. São Paulo: RT, 2006, p. 92-93.
[55] REZEK, Francisco. *Direito internacional público*: curso elementar. 17. ed. São Paulo: Saraiva, 2018.

novidade em outros países do mundo. David Earnest[56] explica que há décadas, mais de 30 democracias já possuem leis que permitem o voto de estrangeiros, ao menos em eleições locais, havendo aqueles que permitem até a participação em eleições parlamentares. Segundo o autor, essa prática de incorporação de residentes estrangeiros pelos Estados evidencia a natureza mutável da soberania estatal, demonstrando, no sentido jurídico, que a política de cidadania é indissociável das políticas e práticas do Estado para aqueles que não são cidadãos.

Earnest menciona a discussão no âmbito das relações internacionais sobre a construção das políticas dos Estados: estariam elas sendo construídas em resposta a políticas e pressões domésticas ou em resposta às normas internacionais de direitos humanos emergentes, à influência de organizações internacionais ou à chamada "sociedade civil global"?[57]

O fato é que, em uma época de migrações massivas (e, diga-se de passagem, os apontamentos de Earnest foram realizados há 14 anos, antes das crises migratórias da Síria, Venezuela e Ucrânia), muitas democracias abrigam estrangeiros que pagam tributos, têm obrigações e, muitas vezes, possuem interesses políticos até maiores do que a própria população local. Dessa forma, é natural que seja também concedido a eles o direito ao voto. Todavia, os motivos das diferentes extensões do direito ao voto nos diversos países são bastante controversos. Enquanto alguns autores mencionam diferentes tradições históricas de cidadania, outros mencionam a emergência de normas de Direito global.[58]

Seja qual for o motivo de cada nação para conceder ou não direitos políticos aos estrangeiros nelas residentes, no Brasil, ainda estamos diante da controvérsia Constituição Federal de 1988 x Pacto Internacional sobre os Direitos Civis e Políticos e, como demonstrado em capítulo anterior, os efeitos dessa controvérsia não atingem somente o direito fundamental ao voto, mas também os direitos de igualdade e de liberdade.

---

[56] EARNEST, David C. *Old Nations, New Voters:* Nationalism, Transnationalism, and Democracy in the Era of Global Migration. New York: State University of New York Press, 2008, p. 2.
[57] EARNEST, David C. *Old Nations, New Voters:* Nationalism, Transnationalism, and Democracy in the Era of Global Migration. New York: State University of New York Press, 2008, p.3.
[58] EARNEST, David C. *Old Nations, New Voters:* Nationalism, Transnationalism, and Democracy in the Era of Global Migration. New York: State University of New York Press, 2008, p.13.

Ademais, cumpre ressaltar que pessoas em situação de refúgio encontram-se em condição de vulnerabilidade e necessitam não apenas de acolhimento, mas de reconhecimento como parte do povo de uma nova nação. Assim, é importante que os direitos fundamentais sejam a elas atribuídos de forma plena.

Nesse sentido, Lavalle[59] defende que os grupos sociais que não apresentam significativa participação política, "sem voz na esfera pública e sub-representados, simultaneamente posicionados em lugares desvantajosos em diversas dimensões de *status* social e econômico", apresentam uma tendência a assim permanecerem, de forma extremamente oposta àqueles grupos com boa distribuição e organização, já que a desigualdade econômica gera também a desigualdade política, fazendo com que o "funcionamento regular da representação favoreça os grupos abastados".

Dessa forma, é sim preciso considerar um conceito global de cidadania. A cidadania envolve o exercício de todos os direitos fundamentais e representa o *status* do ser humano, que deseja fazer parte de uma sociedade de forma ativa, por meio de ações e de tomadas de decisões. Assim, cidadania deve ser compreendida não apenas como o feixe das prerrogativas políticas ou dos direitos políticos ativos e passivos que um indivíduo possui dentro de um Estado Democrático de Direito, mas, sobretudo, como a representação da capacidade de congregar direitos e obrigações que um indivíduo tem em relação a um dado Estado – devendo-se, portanto, superar a compreensão de que cidadão é tão somente aquele indivíduo na posse de seus direitos políticos, para que o termo passe a se referir ao indivíduo em sociedade, porque, do contrário, indivíduos com restrições ao (ou perda parcial do) direito político passivo em um dado país deixariam de ser considerados como cidadãos, o que, na prática, não acontece.

Nesse sentido, se cidadão é o indivíduo em sociedade (*i. e.*, se por cidadão deva ser compreendido o indivíduo possuidor de direitos e obrigações perante a sociedade em que está regularmente inserido e perante a autoridade governamental a qual está submetido), não há motivos para não se considerar que estrangeiros residentes em um país – na condição de refugiados ou não – não possam, efetivamente, ser compreendidos como cidadãos; e, consequentemente, não lhes sejam conferidos a totalidade dos direitos civis e políticos indispensáveis

---

[59] LAVALLE, Adrian Gurza. Participação, (des)igualdade política e democracia. *In:* MIGUEL, Luis Felipe (org.). *Desigualdades e Democracia*: o debate da teoria política. 1. ed. São Paulo: Editora Unesp, 2016. p. 177.

à preservação e promoção de sua dignidade, assim como os demais indivíduos (nacionais).

Requerer que refugiados adquiram a nacionalidade brasileira para se inserirem como efetivos cidadãos, além de não minimizar os estereótipos que esses carregam, é enfatizar que há uma grave distinção entre a dignidade dos nacionais e dos estrangeiros em nosso país. Torná-los naturalizados brasileiros para que se lhes conceda o direito de participação política não é reconhecer e nem respeitar a sua condição de cidadãos, i. e., de indivíduos dotados de direitos e de deveres, indispensáveis à sua dignidade, perante a sociedade e o Estado em que estão inseridos.

Em face de todo o exposto, acredita-se que o §2º do art. 14 da Constituição Federal de 1988 deveria sofrer interpretação conforme os princípios adotados pela República Federativa Brasileira no plano internacional para se compreender o signo "estrangeiros" como representativo apenas e tão somente dos não nacionais que não sejam efetivamente residentes no Brasil, a fim de conferir *status* político ativo e passivo a qualquer indivíduo que esteja residindo em nosso país – independentemente de sua condição, i. e., se refugiado ou não. Em especial, para atribuir máxima eficácia aos valores e princípios constitucionais e, principalmente, à promoção da dignidade humana e da cidadania como fundamentos de nosso Estado Democrático de Direito.

Referências

ACNUR. Agência da ONU para Refugiados. ACNUR parabeniza decisão da UE de oferecer proteção temporária a refugiados da Ucrânia. ACNUR, 2022. Disponível em: https://www.acnur.org/portugues/2022/03/04/acnur-parabeniza-decisao-da-ue-de-oferecer-protecao-temporaria-a-refugiados-da-ucrania/. Acesso em: 17 mar. 2022.

ACNUR. Agência da ONU para Refugiados. Dados sobre refúgio. Disponível em: https://www.acnur.org/portugues/dados-sobre-refugio/. Acesso em: 29 mar. 2022.

ACNUR. Agência da ONU para Refugiados. Mid-Year Trends 2021. Disponível em: https://www.unhcr.org/statistics/unhcrstats/618ae4694/mid-year-trends-2021.html#_ga=2.88783390.443394322.1647521514-118624935.1647521514&_gac=1.174859542.1647521531.EAIaIQobChMIt6ew7pfN9gIVxYKRCh2oKgBrEAAYASABEgK64_D_BwE. Acesso em: 17 mar. 2022.

ALMEIDA, Guilherme Assis de; RACHMAN, Nora. Pessoa em situação de refúgio e a concepção política de direitos humanos. In: RAMOS, André de Carvalho; RODRIGUES, Gilberto M. A.; ALMEIDA, Guilherme Assis de (org.). *70 anos da Convenção relativa ao Estatuto dos Refugiados*: (1951-2021) perspectivas de futuro. Brasília: ACNUR Brasil, 2021.

BRASIL. Constituição da República Federativa do Brasil de 1988. *Portal gov.br – Planalto*. Brasília, DF. Disponível em: http://www.planalto.gov.br/ccivil_03/constituicao/constituicao.htm. Acesso em: 15 fev. 2022.

BRASIL. Decreto nº 592, de 6 de julho de 1992. Atos Internacionais. Pacto Internacional sobre Direitos Civis e Políticos. Promulgação. *Portal gov.br – Planalto*. Brasília, DF. Disponível em: http://www.planalto.gov.br/ccivil_03/decreto/1990-1994/d0592.htm. Acesso em: 22 fev. 2022.

BRASIL. Lei nº 9.474, de 22 de julho de 1997. Define mecanismos para a implementação do Estatuto dos Refugiados de 1951, e determina outras providências. *Portal gov.br – Planalto*. Brasília, DF. Disponível em: http://www.planalto.gov.br/ccivil_03/leis/l9474.htm. Acesso em: 15 fev. 2022.

EARNEST, David C. *Old Nations, New Voters*: Nationalism, Transnationalism, and Democracy in the Era of Global Migration. New York: State University of New York Press, 2008.

FERRAJOLI, Luigi. *Por uma Teoria dos Direitos e dos Bens Fundamentais*. Tradução de: Alexandre Salim; Alfredo Copetti Neto; Daniela Cademartori; Hermes Zaneti Júnior; Sérgio Cademartori. Porto Alegre: Livraria do Advogado Editora, 2011.

HABERMAS, Jürgen. *Direito e democracia: entre facticidade e validade*. Tradução: Flávio Beno Siebeneichler. 2. ed. vol. I. Rio de Janeiro: Tempo Brasileiro, 2003.

HABERMAS, Jürgen. *Direito e democracia: entre facticidade e validade*. Tradução: Flávio Beno Siebeneichler. 2. ed. vol. II. Rio de Janeiro: Tempo Brasileiro, 2003.

KHOURY, Aline; GIANNATTASIO, Arthur Roberto Capella. O refúgio como ação identitária: a escolha do Brasil como local de oportunidades e múltiplos canais de integração *In:* RAMOS, André de Carvalho; RODRIGUES, Gilberto M. A.; ALMEIDA, Guilherme Assis de (org.). *70 anos da Convenção relativa ao Estatuto dos Refugiados*: (1951-2021) perspectivas de futuro. Brasília: ACNUR Brasil, 2021.

LAVALLE, Adrian Gurza. Participação, (des)igualdade política e democracia. *In:* MIGUEL, Luis Felipe (org.). *Desigualdades e Democracia*: o debate da teoria política. 1. ed. São Paulo: Editora Unesp, 2016.

LOPES, Ana Maria D'Ávila. A participação das minorias no Estado democrático de direito brasileiro. *In:* LIMA, Martonio Mont'Alverne Barreto; ALBUQUERQUE, Paulo Antonio de Menezes (org.). *Democracia, direito e política*: estudos internacionais em homenagem à Friedrich Müller. Florianópolis: Conceito Editorial, 2006.

MARSHALL, Thomas Humphrey. *Cidadania, Classe Social e Status*. Tradução: Meton Porto Gadelha. Rio de Janeiro: Zahar Editores, 1963.

MARTINS NETO, João dos Passos. *Direitos fundamentais*: conceito, função e tipos. São Paulo: Revista dos Tribunais, 2003.

MAZZUOLI, Valerio de Oliveira. *Direito Internacional Público*. v. 2. Parte Geral. 3. ed. rev. atual. e ampl. São Paulo: Revista dos Tribunais, 2006.

MORAES, Alexandre de. *Constituição do Brasil interpretada e legislação constitucional*. 3. ed. São Paulo: Atlas, 2003.

MOREIRA, Julia Bertino. Refugiados no Brasil: reflexões acerca do processo de integração local. *Revista Interdisciplinar da Mobilidade Humana*, ano XXII, n. 43, 2004.

PASOLD, Cesar Luiz. *Função Social do Estado Contemporâneo*. 4. ed. rev. ampl. Itajaí/SC: Univali, 2013. Disponível em: http://siaiapp28.univali.br/LstFree.aspx. Acesso em: 17 fev. 2022.

PASOLD, Cesar Luiz. *Metodologia da Pesquisa Jurídica:* teoria e prática. 14 ed. rev. atual. e ampl. Florianópolis: Emais, 2018.

RAMOS, André de Carvalho; RODRIGUES, Gilberto M. A.; ALMEIDA, Guilherme Assis de (org.). *70 Anos da Convenção relativa ao Estatuto dos Refugiados (1951-2021)*: perspectivas de futuro. Brasília: ACNUR Brasil, 2021.

REZEK, Francisco. *Direito internacional público:* curso elementar. 17. ed. São Paulo: Saraiva, 2018.

SILVA, Gustavo Junger da et al. Resumo Executivo – Refúgio em Números. 6. ed. Observatório das Migrações Internacionais; Ministério da Justiça e Segurança Pública/Comitê Nacional para os Refugiados. Brasília: OBMigra, 2021.

VIEIRA, Liszt. Cidadania Global e Estado Nacional. *Dados*, v. 42, n. 3, 1999. Disponível em: https://www.scielo.br/j/dados/a/7fdYVdGnCpxkr7GbkMjjJWK/?lang=pt. Acesso em: 15 fev. 2022.

Informação bibliográfica deste texto, conforme a NBR 6023:2018 da Associação Brasileira de Normas Técnicas (ABNT):

CARVALHO, Claudia Rodrigues Emilio de; COSTA-CORRÊA, André L. Direitos de cidadania das pessoas em situação de refúgio no Brasil. *In:* SARAIVA FILHO, Oswaldo Othon de Pontes; BERTELLI, Luiz Gonzaga; SIQUEIRA, Julio Homem de (coord.). *Direitos dos refugiados*. Belo Horizonte: Fórum, 2024. (Coleção Fórum Direito Internacional Humanitário, v. 1, t. 2). p. 165-186. ISBN 978-65-5518-614-7.

OS DESAFIOS DA IMIGRAÇÃO ILEGAL BRASILEIRA NOS EUA

PRISCILA GAMA DE MELLO GOMES PAMPLONA

Um dos grandes fatores do aumento populacional e consequente mudança cultural dos Estados Unidos sempre foi devido a sua abertura e facilidade imigratória, o que, por sua vez, é uma diretriz determinante para o crescimento social e político da nação.

Com uma numeração estratosférica, os EUA são de longe o país que mais recebe imigrantes em todo o mundo, sendo a maior parte de sua população advinda de outros países, totalizando aproximadamente 48 milhões de pessoas em meados de 2015, o que representava 19,1% dos 244 milhões de imigrantes por todo o planeta.

Questões como o crescimento desenfreado de alguns Estados americanos, a crescente violência e demais aspectos econômicos e políticos sempre foram motivos para debates, pois muitas pesquisas informam as consequências destes aspectos na vida cotidiana americana, trazendo mudanças no resultado de suas eleições e na visão de alguns, no aumento do desemprego no país.

Dados do Itamaraty informam que 41% dos 2.500.000 de brasileiros que residem fora do Brasil migraram para os EUA devido a uma oportunidade maior de qualidade de vida. Neste capítulo, vamos dar um foco maior à fração populacional de mais ou menos 15% deste grupo que fez uso de um processo imigratório pela fronteira americana sem nenhum tipo de documentação formal exigida, sistema este também conhecido como "Cai Cai".

Crescimento do sistema imigratório ilegal americano para brasileiros

É de conhecimento notório que grande parte das pessoas que não possuem documentos necessários para viver fora do Brasil, mas ao mesmo tempo desejam imigrar para um país considerado de "maiores oportunidades", acaba escolhendo os Estados Unidos, quer seja pela possibilidade de conseguir trabalhar sem documentação formal, ganhar seu salário em uma moeda mais valorizada, não ter a obrigatoriedade de aprender a se comunicar em outra língua, tendo em vista o tamanho da comunidade brasileira no país ou até mesmo pela proximidade de localização para com o Brasil.

Mas ocorre que, lamentavelmente, o que antes era uma exceção, por não conseguir êxito por nenhuma outra via formal e legal, nos últimos anos tem se tornado não só a forma mais escolhida pelos brasileiros para se mudar para a América, como também a primeira a ser diligenciada pelas pessoas, sem levar em conta não só a ilegalidade processual e consequente penalidade imigratória como também a periculosidade da travessia na fronteira e a exposição a riscos iminentes de vida, afinal muitos são os crimes de tortura, estupro, ameaça e extorsão praticados pelos indivíduos que oferecem o serviço de "Cai Cai", também conhecidos como *coyote*s.

Quando se inicia uma análise até mesmo rasa sobre o aumento da procura dos serviços fornecidos pelos *coyote*s para os EUA, podemos obter uma perspectiva translúcida sobre o aumento do empobrecimento da população brasileira, agravado ainda mais pela pandemia de covid-19 e pela falta de estrutura econômica do país, somado à violência cada vez mais abrangente, e não menos importante, do trabalho quase que hollywoodiano exercido por estes sórdidos grupos organizados.

Falar sobre a violência e a atual situação financeira do Brasil é algo desafortunadamente redundante, por outro lado, a veiculação do trabalho realizado pelos *coyote*s e os enganos por eles propagados vêm crescendo absurdamente, trazendo à realidade um contexto inimaginável há três anos, pois, de acordo com os dados da Alfândega e Proteção de Fronteiras (CBP), o número de brasileiros que estão adotando a entrada pela fronteira mais que dobrou se comparado com a quantidade de pessoas na mesma época em 2018.

Nos anos seguintes, foi-se expandindo fugazmente a ação destes contrabandistas veteranos através de uma forte atuação na região Sudeste e Norte do Brasil, maiormente nos estados de Minas Gerais, Rondônia e Mato Grosso, onde estão sendo disseminadas facilidades e benesses da imigração ilegal pela fronteira dos Estados Unidos através de promessas descabidas de oportunidade de asilos e documentação para trabalho formal, posterior residência permanente e cidadania, apensada a utópica incomplexidade de se conseguir moradia e trabalho, como também a ilusória facilidade de adaptação em uma cultura tão distinta da brasileira.

Vale ainda mencionar que, além de todas as falácias praticadas, o valor cobrado por estes criminosos no Brasil para a "ajuda" na travessia pelo México para os EUA é quase que impraticável atualmente, pois gira em torno de 15.000,00 a 20.000,00 dólares e, como a maioria das pessoas não tem condições de arcar com tal numerário, eles usam a fragilidade da situação para convencerem os interessados a venderem tudo o que possuem, mas não só deles como de toda a família, se necessário, com a "oportunidade" de adimplirem o que faltar de sua dívida quando chegarem aos Estados Unidos. A princípio, para quem está passando por algum problema de violência direta ou que perdeu muita coisa devido à pandemia, este parece um ótimo negócio se não fosse o fato de a tão sonhada legalização ser algo burocrático, restrito e lento, sendo para muitos, infelizmente, até mesmo inacessível.

Poder-se-ia salientar ainda que, além do desafio da travessia pela fronteira e o processo judicial imigratório que será iniciado para investigar a vida das pessoas que optam por este meio de entrada no país, tem-se a dificuldade de adaptação da cultura, a necessidade de conseguir um trabalho, o pagamento de valores exacerbados em moradia e constantes ameaças sofridas pelos contrabandistas, já que em muitos casos eles possuem informações sobre os familiares das pessoas que utilizam os seus serviços e ainda dizem ter o contato de pessoas dentro dos EUA que podem "cobrar" a dívida diretamente, fazendo uso de ameaças e extorsão sobre condições que sempre souberam que eram quase impossíveis de serem cumpridas.

Até o mês de maio do ano de 2021, qualquer pessoa que junto com sua família viesse a imigrar para os EUA normalmente esperaria anos para ter seu caso sentenciado e, até isto acontecer, não teria a oportunidade de obter nenhum tipo de documentação ligada a sua legalização, entretanto, este podia gozar da possibilidade ofertada de permanecer no país enquanto aguardava o julgamento do seu processo, o que significa na prática que este imigrante poderia ter mais tempo de trabalhar e conseguir adimplir com quaisquer dívidas que ainda tivesse no Brasil. Mas devido à mudança do perfil deste imigrante, que antes atravessava a fronteira sozinho e agora já o faz com todo o seu núcleo familiar, e também ao grande aumento no número dessas famílias, o governo americano criou o processo do *Dedicated Docket*.

Processo do *Dedicated Docket*

O *Dedicated Docket* nada mais é que um processo mais acelerado de deportação criado pelo governo americano, sob um discurso de maior eficiência e imparcialidade no julgamento dos processos, que, por casual curiosidade, se originou juntamente com a mudança de perfil do imigrante, que há alguns anos costumava vir sozinho e depois trazia sua parentela, e que, de um tempo para cá, passou já a vir com seu núcleo familiar central. Tal procedimento tem como base enviar o imigrante ilegal, que entrou nos Estados Unidos com sua família (e para família leia-se casal e filhos ou genitores e filhos), para o seu país de origem em 300 dias a contar da data da sua primeira audiência, tornando, assim, um sistema que sempre foi complicado em algo quase que inatingível para a maioria dos interessados.

E todo este curso judicial tem início ainda na fronteira, onde os *coyote*s encorajam seus clientes a se entregarem e pedirem asilo, sem informá-los que, com sua entrada em solo americano, automaticamente se inicia um processo judicial, no qual eles ficarão presos por alguns dias e alguns até por meses, e, depois da soltura, continuarão a ser controlados pela polícia de imigração, tendo que comparecer em audiências, sendo a primeira delas geralmente marcada com menos de seis meses a contar da data da entrada no país, e as demais com um prazo de dois meses entre elas.

Outra grande peculiaridade no Direito Imigratório americano se refere à contratação de um advogado particular, que, devido ao aumento de imigrantes advindos pela fronteira, quase não possuem disponibilidade, ao ponto de muitos não estarem aceitando novos casos com menos de 30 dias para a segunda audiência, além do aumento avultante de seus respectivos honorários advocatícios, que, hoje, mais especificamente no Estado de Massachusetts, giram entre 10.000,00 e 20.000,00 dólares, e, quando se imagina vislumbrar a ajuda de um defensor público ou algum outro tipo de representante fornecido pelo governo gratuitamente, vem a notícia que este tipo de "ajuda" e a consequente segurança processual no devido processo legal não são ofertadas dentro do Direito de Imigração americano, fazendo com que, caso a pessoa processada não tenha condições de arcar com a contratação de um jurista para a defesa de seu caso, esta tenha que se autorrepresentar perante a Corte Federal de Imigração, tendo não somente que se explicar perante o juiz, como também se defender perante o advogado do DHS (Department of Homeland Security).

A priori, o *Dedicated Docket* tinha como seu compromisso vestibular a importância de um olhar mais minucioso para melhor análise de cada caso, mas, com o aumento vultoso desse tipo de processo junto da pressão feita pelo governo perante o Poder Judiciário, as audiências se tornaram mais rápidas, sem a devida educação e preparação das pessoas ora processadas. E, na tentativa de dirimir a disparidade de conhecimento jurídico entre as partes, já que o governo possui seu advogado, e por diversas vezes o processado tem de falar por si próprio, mesmo desconhecendo as leis americanas, o EOIR (Escritório Executivo de Revisão de Imigração) criou um programa para preparar as pessoas que vão passar por este processo. O Imigration Court Help Desk tem por objetivo fornecer informação suficiente para que todos os que estão sendo processados entendam o que é e como vai funcionar todo o procedimento na Corte, como também seus direitos, obrigações e algumas opções de defesa, caso estejam em Pro Se.

E agora vamos destacar algumas das possíveis defesas que podem ser apresentadas neste processo, como justificativa de defesa e/ ou ajuste de *status*.

Asilo

O asilo é uma forma de proteção humanitária que foi desenvolvida após a Segunda Guerra Mundial. Nos Estados Unidos, o asilo criou uma estranha dicotomia, porque tradicionalmente os EUA eram um país muito excludente. Em 1882, os Estados Unidos aprovaram a Lei de Exclusão Chinesa e, quando os judeus começaram a fugir da Alemanha nazista no início da Segunda Guerra Mundial, os EUA se recusaram a aceitar refugiados. No entanto, nem é preciso dizer que as atrocidades cometidas durante a Segunda Guerra Mundial mostraram aos Estados Unidos e ao resto do mundo que ofereciam proteção aos que fugiam da perseguição, como alguns procedimentos deveriam ser transformados.

As ideias e definições em torno do asilo foram formalizadas na Assembleia das Nações Unidas em 1951 e formalmente incorporadas à lei dos EUA através do Refugee Act de 1980. E tais atitudes históricas do país em relação à imigração são importantes porque ajudam a explicar o que é o asilo; proteção relutante. O asilo é uma forma de alívio disponível para pessoas que sofreram danos significativos em seus países de origem, os requisitos são complexos e o governo tem uma atitude recalcitrante em relação aos solicitantes. Como tal, a maioria dos pedidos de asilo é negada.

O asilo é uma opção de defesa complicada e difícil de explicar mesmo para os profissionais do Direito, mas entende-se como sua definição formal a proteção oferecida pelo governo americano para pessoas que estão presentes nos Estados Unidos e possuem medo de retornar ao seu país de origem, seja porque têm muito medo de serem prejudicados ou por já terem sido alvo de muitos danos anteriormente. Mas o medo de ser prejudicado novamente ou as consequências vividas devido a alguma situação experimentada no país de origem tem de estar ligado a um dos cinco requisitos prefixados pelos EUA:
- raça;
- religião;
- nacionalidade;
- opinião política;
- pertencente a um grupo específico.

A título de exemplo de tais requisitos, pode-se pensar no aplicante que pertence a uma comunidade indígena de seu país natal e que tem o governo de seu país travando uma guerra civil com guerrilheiros revolucionários. Sabendo que os guerrilheiros têm muito apoio nas comunidades indígenas, o governo passa a mirar as comunidades indígenas e, mesmo o requerente não estando envolvido com os guerrilheiros e não apoiando as suas atitudes, se encontra detido e torturado somente porque alguém imaginou determinada possibilidade, não importando em nenhum momento se o candidato realmente apoiou ou não os criminosos. E consequentemente pode-se entender por perseguição política não só as pessoas que têm opiniões contrárias ao governo, mas aquelas que também por algum motivo (nem sempre relevante) fazem com que o governo imagine ou lhe atribua falsamente um posicionamento.

No que tange ao requisito de participação em algum grupo específico, as outras categorias podem parecer evidentes, entretanto, o medo por pertencer a um "grupo social particular" é uma categoria mais ampla que às vezes tem sido confusa inclusive para os juízes e oficiais de imigração. Um determinado grupo específico consiste em pessoas de *status* social ou hábitos semelhantes que pertencem a um determinado grupo social devendo compartilhar pelo menos uma característica que as diferencia do resto da sociedade, e este atributo deve ser algo que não pode ser mudado, seja porque é impossível ou porque seria injusto, como, por exemplo, não se pode mudar a cor da pele porque é inata, mas uma pessoa também não deve ser forçada a mudar de religião porque é fundamentalmente injusto. Um grupo social específico é uma categoria que muitas vezes se sobrepõe às outras cinco demais classes devido a suas variações e particularidades.

É importante para maior esclarecimento da defesa que se refere ao asilo informar que o dano que o requerente pode sofrer pode ser vislumbrado através de ameaças, danos físicos ou outros problemas que colocam sua vida em risco em seu país de origem. Entretanto, existem algumas condições que precisam ser atendidas, e a primeira delas é que o incidente sofrido não seja algo isolado, pois, apesar de parecer algo, afinal o asilo não pode ser a primeira opção de se tentar resolver o problema, pois muitos solicitantes imaginam que a violência em sua cidade e as condições financeiras ofertadas para ele naquele lugar podem ser motivos suficientes para a aplicação de asilo. E apesar de serem muito sofridas e merecerem um olhar mais atento, infelizmente não se qualificam para o deferimento desta defesa.

Ressalta-se ainda que ser vítima de qualquer injustiça de forma isolada também não irá fazer com que a pessoa se qualifique para o asilo, o que nos permite dizer em termos sucintos que muitas pessoas passam por dificuldades, mas poucas pessoas sofrerão o tipo de dano necessário para obter sucesso no pedido de asilo, pois necessitam de um dos cinco elementos já enumerados.

E em última análise o pedido de asilo deve estar sempre respaldado no prazo de um ano a contar da entrada do aplicante nos EUA, pois em vias de regras, depois de exaurido este tempo, tem-se como preclusa a possibilidade de requerimento desta defesa, a não ser que fique provada alguma mudança extraordinária no contexto de vida do requente que faça com que o juiz queira reabrir o caso, tais como novas ameaças ou algo que tenha mudado sua rotina ou local de morada radicalmente em seu país de origem.

Status Especial Juvenil

O *Status* Especial Juvenil de Imigrante (SIJ) é um *status* especial que protege as crianças ao vincular certas decisões do Tribunal de Família ao seu *status* imigratório. Este programa foi inicialmente formulado com o objetivo de ajudar as crianças em acolhimento familiar, mas, com o passar do tempo, o Congresso expandiu esse ajuste de *status* para proteger outras crianças que se beneficiavam das proteções de lei estadual. E vale dizer que, de acordo com a lei americana, menores de idade são considerados aqueles que possuem menos de 18 anos ou 21 anos (a depender do Estado que reside nos EUA) e, para se encaixar neste ajuste de *status*, o menor deve comprovar, mediante processo no juízo de família, ter sido abusado, negligenciado ou abandonado física, emocional ou financeiramente por pelo menos um dos genitores ou os dois, além de ser solteiro, se declarar dependente do Tribunal que estiver tratando do seu processo familiar, assim como demonstrar com todos os meios de provas possíveis que não existe possibilidade de reconciliação com o genitor acusado, como também expressar que não possui interesse de retornar a viver no seu país de origem. Caso o seu pedido seja deferido, este poderá requerer sua residência e informar tal procedimento ao juiz de imigração.

No que diz respeito ao procedimento no Tribunal de Família é provadamente complicado e extenso, mas tem-se por um padrão orientador que é "o melhor interesse da criança" e este padrão discricionário usado pelo Tribunal considera vários fatores (ou seja, o relacionamento da criança com os pais, a vida doméstica da criança, seu bem-estar), afinal o objetivo principal é tomar todas as medidas necessárias para salvaguardar o interesse da criança.

Para melhor entendimento, vamos explicitar um pouco do processo que ocorre dentro da Corte de Família.

Stages of the SIJ Process

Tudo começa com o menor aparecendo no Tribunal de Família e solicitando um tutor ou guardião para si, devido à ineficiência de um dos seus genitores, e esta petição permite que o Tribunal emita uma "ordem especial de apuração" que explane a elegibilidade para o SIJ. As determinações de tutela e custódia são geralmente os pedidos mais comuns que normalmente se veria no Tribunal de Família, mas existem outros tipos de petições, a adoção é outro exemplo.

Depois de passar pelo processo no Tribunal de Família, o menor pode solicitar o *status* SIJ nos Serviços de Cidadania e Imigração, no entanto, não é tão simples quanto se imagina, porque geralmente há uma lista de pendências de vistos, pois, de acordo com a lei federal, todos os anos há apenas um certo número de ajustes disponíveis e o número de casos é dividido igualmente por cada Estado do país, recebendo cerca de 700 vistos por ano.

Imigração baseada em membro familiar

A imigração baseada em ente familiar ocorre quando um requerente deseja imigrar para os EUA com base em um relacionamento com um cidadão dos EUA ou um residente permanente (alguém que possua um *green card*). Há uma série de etapas que precisam ser concluídas, mas para começar é preciso haver um peticionário e um beneficiário. Este peticionário deve ser um cidadão dos EUA ou residente permanente legal, além do beneficiário ser um familiar estrangeiro que deseja obter uma residência permanente.

Todos os beneficiários de base familiar se enquadram em duas categorias, presença imediata e familiar. Cônjuges, pais e filhos solteiros são considerados parentes imediatos e esta classificação é importante devido ao fato de haver um número ilimitado de vistos disponíveis para parentes imediatos de cidadãos americanos. Entretanto, a lei de imigração estabelece uma limitação numérica de quantos *green cards* podem ser emitidos a cada ano e isto pode fazer uma enorme diferença, pois costuma-se ter uma lista extensa de pendências para muitas das categorias de preferência da família, fazendo com que a demora para se conseguir tal visto se estenda por alguns anos.

Quando a demanda por vistos de preferência familiar excede o número de vistos disponíveis (algo que sempre acontece), uma pendência se desenvolve e nesta situação o departamento de Estado vai determinar o lugar de uma pessoa na fila usando a data de prioridade. Todo mês o Departamento de Estado emite um boletim de visto, evidenciando quais pedidos de *green card* podem avançar e isto tem por base a data em que o pedido de ajuste (I30) foi preenchido.

O objetivo deste boletim de visto é informar aos solicitantes quando podem avançar com suas solicitações, mas infelizmente algumas categorias podem levar meses, enquanto outras levarão anos, entretanto, quando a data de prioridade de um solicitante se tornar atual, um visto se tornará disponível para ele. Mas há também um número ilimitado de vistos disponíveis para parentes imediatos, para que eles não precisem esperar pela data de prioridade.

O processo de aplicação começa com o peticionário (alguém que tenha cidadania ou residência permanente nos EUA) apresentando uma petição I-30 junto aos Serviços de Cidadania dos Estados Unidos. Esta petição tem por objetivo estabelecer a existência de relação familiar que qualifique um beneficiário para ajuste e, uma vez que o USCIS aprove esta petição, o solicitante precisa aguardar a disponibilização de um número de visto.

Visa U

Este é um ajuste de *status* ofertado pelo governo americano a pessoas que sofreram ou estão sofrendo algum tipo de crime direta ou indiretamente (quando a vítima é assassinada ou se torna incapacitada, esta defesa se estende à esposa, filhos menores de 21 anos, pais e irmãos menores de 18 anos se a vítima tiver menos de 21 anos na época do crime) dentro dos Estados Unidos, tais como assédio, assalto, tentativa de assassinato, exploração sexual, extorsão, prostituição, tortura, violência doméstica ou qualquer outra violação penal similar, e que estejam cooperando com a polícia em sua resolução, seja como testemunha ou entregando qualquer outro tipo de prova. Esta opção de defesa pode ser arguida em qualquer procedimento de remoção/deportação dentro das Cortes Federais de Imigração, como também por qualquer pessoa que sofra tal violência, independente do seu *status* imigratório.

A aplicação deste ajuste é feita diretamente na USCIS, como também a análise e o deferimento do pedido. Mas vale salientar que por ano a quantidade de vistos emitidos pelo governo possui o limite de 10.000,00 (dez mil), e a arguição desta defesa pode ser feita mesmo durante o julgamento do processo legal do *Dedicated Docket*, devendo apenas informar à Corte responsável pelo caso a existência desse pedido e a consequente espera de sua análise. Entretanto, o juiz não é obrigado a fechar o seu processo em definitivo, outrossim, o que mais costuma ocorrer nas aplicações do Visa U é a suspensão do feito até a decisão deste ajuste de *status*, mas toda possibilidade de encerramento ou suspensão processual está diretamente ligada ao poder discricionário do magistrado, não havendo nenhuma lei específica que obrigue determinado caminho a ser seguido.

Visa Vawa

Esta possibilidade de ajuste de *status* também tem por fundamento ser vítima de crime de extrema crueldade, mas dentre seus requerimentos específicos está a ocorrência da violência dentro do seio doméstico/familiar, podendo assim contemplar esposa, ex-esposa, pais, filhos e filhas.

Na história de sua origem, o pedido de proteção VAWA (Violence Against Women Act) nasceu no Congresso Americano no ano de 1994 para o amparo das mulheres que viviam situações de grande perigo em suas residências, devido aos maus-tratos sofridos em sua maioria por seus cônjuges. Inicialmente tal oportunidade de defesa era restrita às vítimas que possuíam algum parente cidadão americano ou residente permanente americano, pois o devido processo legal era controlado pelo familiar que cumprisse estes requisitos até o momento da vítima conseguir seus próprios documentos. Entretanto, devido ao aumento da violência doméstica e de toda a crueldade que a situação engloba, o visa VAWA sofreu uma grande mudança em todo o seu processo, podendo agora todos os sofredores de tal situação aplicar para este ajuste de *status* em seu próprio nome através do VAWA Self Petition.

No momento da aplicação, o requerente deve estar presente fisicamente nos Estados Unidos, o pedido deve ser feito diretamente à USCIS através do formulário I-485, juntamente com todas as provas disponíveis que possam comprovar a violência doméstica referida, tais como, fotos, boletins de ocorrência, atas de audiências, além de documentos pessoais requisitados pelo departamento.

Como foi demonstrado neste capítulo, a imigração ilegal não é nem de longe a maneira mais acessível de conseguir entrar nos Estados Unidos e obter melhores condições de vida, pois a cada dia que passa a complexidade processual para quem cruza a fronteira aumenta e as opções de defesas juntamente com a comprovação probatória se tornam mais escassas e difíceis de serem aplicadas, pois, ao entrar nos EUA sem possuir os documentos requisitados pela nação (cada visto possui seus comprovantes específicos), o interessado se torna muito restrito no tocante às possibilidades de legalização, afinal, já iniciou sua vida no estrangeiro infringindo as leis do país e a única base que poderá fazê-lo se legalizar é o uso de alguma defesa abraçada pelos direitos humanos do país, dado que o Estado de Direito americano tem o compromisso de proteger aquilo que defende como dignidade da pessoa humana.

Além disso é de claro entendimento que a tentativa de adentrar em solo americano pela fronteira, e a partir daí buscar a permanência definitiva no país, tem que ser não só um caminho paliativo como também o último a ser ingressado, pois, devido às informações obtidas diariamente através dos imigrantes que estão em processo judicial de remoção/ deportação, tem-se a confirmação de que a maioria das pessoas que escolhe passar por este caminho não imagina a profunda dificuldade que é vivenciar este procedimento, e nunca sequer tentaram o visto de turismo americano, pois fazem uso de um pensamento ilusório de facilidade na oferta de documentação formal e proteção por este governo independente da sua forma de ingresso no país, o que é um verdadeiro sofisma. Oportuno salientar que com o valor despendido para a ajuda destes meliantes na travessia México x EUA os interessados poderiam comprovar renda facilmente na tentativa de outras opções de entrada legais no país.

Findando toda esta explanação, translúcida se torna a compreensão de que, se realmente o objetivo é dar às pessoas um empoderamento no que tange à situação atual do *Dedicated Docket* e a imigração ilegal em geral, deve-se começar uma educação direcionada aos interessados ainda no seu país de origem, neste caso em específico o Brasil, e ninguém melhor que o próprio governo brasileiro para identificar as regiões que concentram o maior índice populacional de pretendentes que desejam iniciar um processo de imigração, principalmente através de um procedimento ilegal, e após tal pesquisa deve-se entabular uma campanha de conscientização não somente sobre a dificuldade do pedido de asilo e outras defesas, mas também sobre todos os desafios e riscos, inclusive de vida, que serão enfrentados por aqueles que optarem pela imigração pela fronteira, tais como o contato e a dependência de pessoas criminosas, drásticas mudanças climáticas, fome e outros proeminentes riscos de vida.

Entretanto, não havendo nenhum posicionamento do poder público quanto a esta matéria que a cada dia ganha mais espaço na vida dos brasileiros, devido inclusive às condições de vida ora encontradas no Brasil, o setor privado, as associações e toda a comunidade que se sente penalizada com tal realidade podem e devem iniciar campanhas objetivando a educação e a conscientização sobre a imigração ilegal. Inicialmente será um trabalho difícil e talvez sem muitos resultados expressivos, mas é através deste trabalho que as pessoas vão poder se preparar melhor para suas escolhas, se tornar mais atentas para não caírem em nenhuma falsa e impossível promessa e, por fim, começar a difundir entre si as informações, buscando realmente conhecer as possibilidades reais deste processo de imigração ilegal, como também outros caminhos imigratórios já ofertados pelo governo americano.

Informação bibliográfica deste texto, conforme a NBR 6023:2018 da Associação Brasileira de Normas Técnicas (ABNT):

PAMPLONA, Priscila Gama de Mello Gomes. Os desafios da imigração ilegal brasileira nos EUA. *In*: SARAIVA FILHO, Oswaldo Othon de Pontes; BERTELLI, Luiz Gonzaga; SIQUEIRA, Julio Homem de (coord.). *Direitos dos refugiados*. Belo Horizonte: Fórum, 2024. (Coleção Fórum Direito Internacional Humanitário, v. 1, t. 2). p. 187-198. ISBN 978-65-5518-614-7.

ANÁLISIS INTERDISCIPLINAR DE LA EFECTIVIDAD DE LA VIGENCIA DEL PACTO MUNDIAL SOBRE LOS REFUGIADOS

JORGE ISAAC TORRES MANRIQUE

I Introducción

El Pacto Mundial sobre los Refugiados constituye un importante punto de referencia en el avance de la voluntad internacional, de otorgar urgente atención a los refugiados de los países del mundo. En la presente entrega desarrollamos sus diversas aristas, a la vez de desentrañar su nivel de cumplimiento e impacto respectivos.

II ¿Qué debemos entender por refugiado?

Es una persona que huye de conflictos armados o persecución y se ve obligada a cruzar una frontera internacional para buscar seguridad en los países cercanos. En ese momento, se convierte en un 'refugiado' o 'refugiada' reconocido internacionalmente, con acceso a la asistencia de los Estados, Alto Comisionado de las Naciones Unidas para los Refugiados (ACNUR) y otras organizaciones.[1]

---

[1] COMITÉ ESPAÑOL DE LA AGENCIA DE LA ONU PARA LOS REFUGIADOS. ACNUR. *¿Qué es un refugiado?*. En línea, recuperado en fecha 28/05/22 de: https://eacnur.org/es/que-es-acnur/ayuda-al-refugiado?utm_source=menu Madrid.

Es aquel que debido a fundados temores de ser perseguido por motivos de raza, religión, nacionalidad, pertenencia a un determinado grupo social u opiniones políticas, se encuentre fuera del país de su nacionalidad y no pueda o, a causa de dichos temores, no quiera acogerse a la protección de su país; o que careciendo de nacionalidad y hallándose, a consecuencia de tales acontecimientos fuera del país donde antes tuviera su residencia habitual, no pueda o, a causa de dichos temores no quiera regresar a él.[2]

III Derechos fundamentales de los refugiados

La Convención de Ginebra de 1951, establece:[3] *i)* Libertad de religión y de movimiento, *ii)* Derecho a la educación, *iii)* Posibilidad de trabajar.

A propósito, la Convención de Ginebra de 1951 sobre el Estatuto de los Refugiados es, junto al Protocolo de Nueva York de 1967, el texto fundamental del régimen internacional del derecho de asilo. Es uno de los instrumentos que se adoptó en el marco de Naciones Unidas para paliar las consecuencias de las dos guerras mundiales y tiene alcance universal. Las dos aportaciones más importantes de la Convención son: la definición de persona refugiada y el principio de no devolución. La Convención prohíbe a los Estados firmantes la discriminación por motivos de raza, religión o país de origen en la aplicación de sus disposiciones. También prohíbe aplicar sus disposiciones para proteger a las personas sobre las que existan motivos fundados de que hayan cometido un delito de guerra, contra la paz o contra la humanidad, un delito común grave o actos contrarios a las Naciones Unidas.[4]

IV Agencia de la ONU para los refugiados (ACNUR)

La Oficina del Alto Comisionado de las Naciones Unidas para los Refugiados (en adelante, ACNUR), fue establecida el 14 de diciembre

---

[2] COMITÉ ESPAÑOL DE LA AGENCIA DE LA ONU PARA LOS REFUGIADOS. ACNUR. *Ob. Cit.*

[3] COMITÉ ESPAÑOL DE LA AGENCIA DE LA ONU PARA LOS REFUGIADOS. ACNUR. *La Convención de Ginebra de 1951.* En línea, recuperado en fecha 28/05/22 de: https://eacnur.org/es/convencion-de-ginebra-de-1951-el-estatuto-de-los-refugiados. Madrid.

[4] DICCIONARIO. CEAR EUSKADI. *La Convención de Ginebra de 1951.* En línea, recuperado en fecha 28/05/222 de: https://diccionario.cear-euskadi.org/convencion-de-ginebra-de-1951/. Bilbao.

de 1950 por la Asamblea General de las Naciones Unidas. La agencia tiene el mandato de dirigir y coordinar la acción internacional para la protección de los refugiados a nivel mundial.[5]

V El ACNUR y la protección de la niñez refugiada

Representa una evolución en cuanto a la política y la práctica de ACNUR, reconociendo tanto la centralidad de la protección de los niños y las niñas en la labor de ACNUR como el creciente conjunto de prácticas y conocimientos especializados en el sector de la protección de la infancia en todo el mundo. El Marco amplía la comprensión y la implicación de ACNUR en la protección de la infancia. También supone la aplicación de un enfoque de sistemas de protección de la infancia que incluye acciones para las personas responsables en todos los niveles – familiar, comunitario, nacional e internacional – para mitigar y responder a los riesgos de protección a los que se enfrentan los niños y niñas.[6]

El Marco articula seis objetivos que resumen el compromiso de ACNUR de proteger y hacer realidad los derechos de los niños y las niñas de interés para la Oficina, y ofrece orientación práctica sobre cómo lograrlos. Los seis objetivos son los siguientes: i) Las niñas y los niños están seguros donde viven, aprenden y juegan, ii) La participación y la capacidad de los niños y niñas son parte integral de su protección, iii) Las niñas y los niños tienen acceso a procedimientos que tienen en cuenta sus necesidades, iv) Las niñas y los niños obtienen documentación legal, v) Las niñas y los niños con necesidades específicas reciben apoyo específico, vi) Las niñas y los niños logran soluciones duraderas atendiendo a su interés superior.[7]

VI A propósito del interés superior de los niños refugiados

Los procedimientos de interés superior desarrollados al margen de los sistemas nacionales de protección de la infancia deberían ser una

---

[5] AGENCIA DE LA ONU PARA LOS REFUGIADOS. ACNUR. En línea, recuperado en fecha 28/05/22 de: https://www.acnur.org/el-acnur.html. Ginebra.
[6] AGENCIA DE LA ONU PARA LOS REFUGIADOS. *Directrices para evaluar y determinar el interés superior de la niñez. Lanzamiento Provisional 2018*. En línea, recuperado en fecha 28/05/22 de: https://www.refworld.org.es/pdfid/5d5dadc24.pdf. Ginebra, 2018, p. 17.
[7] AGENCIA DE LA ONU PARA LOS REFUGIADOS. *Ob. cit.* p. 18.

excepción. Por consiguiente, ACNUR debería «utilizar procedimientos adecuados para determinar los intereses superiores del niño», en el marco de los respectivos sistemas de los Estados para la protección de la infancia, en vez de crear estructuras paralelas. Sin embargo, dado el mandato básico de protección y la responsabilidad jurídica de ACNUR para con las personas refugiadas, y en especial las niñas y niños refugiados, ACNUR también es responsable de asegurar que el procedimiento que se aplica a las niñas y niños 19 refugiados y solicitantes de asilo tenga las garantías necesarias y sirva al interés superior de la niñez.[8]

Los criterios para lo que constituye un procedimiento nacional «adecuado», según lo definido por los Estados miembros en el Comité Ejecutivo Nº 107, incluyen: i) Un procedimiento que facilite la participación adecuada del niño o niña sin discriminación alguna, ii) Un procedimiento en que se tengan debidamente en cuenta las opiniones del niño (en función de su edad y su madurez), iii) Un procedimiento en el que quienes formulen las decisiones tengan una especialización pertinente, iv) Un procedimiento en el que se equilibren todos los factores pertinentes para evaluar la mejor opción. Y según el Comité de los Derechos del Niño de las Naciones Unidas (en adelante, CDN), debería considerarse además un criterio adicional: v) un procedimiento en el que el principio del interés superior se aplique de manera que asegure el ejercicio pleno y efectivo de todos los derechos reconocidos en la CDN.[9]

Debido a que ACNUR trabaja en situaciones muy diversas, los contextos operacionales variarán. En una situación ideal, los niños y niñas y las familias refugiadas recibirían apoyo y asistencia a través de los sistemas y programas existentes de protección de la infancia y de bienestar social y, por lo tanto, serían atendidos por personal capacitado con conocimientos especializados adecuados. Debido a que no siempre es así, ACNUR debe adoptar un enfoque flexible a la hora de determinar cómo establecer y aplicar el procedimiento del interés superior en cada contexto específico. En algunas situaciones, los sistemas nacionales de protección de la infancia y de bienestar social son sólidos e incluyen a los niños y niñas refugiados, mientras que en otras situaciones dichos sistemas carecen de recursos suficientes y pueden tener una capacidad o un alcance geográfico limitado. En otras situaciones, las autoridades

---

[8] AGENCIA DE LA ONU PARA LOS REFUGIADOS. *Cit.* p. 19.
[9] AGENCIA DE LA ONU PARA LOS REFUGIADOS. *Ibid.*

nacionales competentes en la protección de la infancia no pueden o no están dispuestas a prestar servicios a las niñas y niños refugiados, ya que la atención a personas refugiadas en su totalidad es competencia de otra rama del gobierno.[10]

VII Determinación de la determinación del interés superior del niño refugiado

Según la Observación General nº 14, emitida por el Comité de los Derechos del Niño: Es el proceso estructurado y con garantías estrictas concebido para determinar el interés superior del niño tomando como base la evaluación del interés superior.

VIII ¿Por qué es necesario que la ACNUR actúe?

Resulta imprescindible en razón a: i) Situaciones en las que los Estados han establecido procedimientos adecuados y accesibles para las niñas y niños refugiados, ii) Situaciones en las que los Estados han establecido procedimientos adecuados que no son completamente accesibles para las niñas y niños refugiados, iii) Situaciones en las que los Estados no han establecido procedimientos adecuados.

IX Interés superior del niño en la convención sobre los derechos del niño

El término interés superior de la niñez describe ampliamente el bienestar del niño o niña. Este bienestar viene determinado por diversas circunstancias individuales, como la edad, el sexo, el nivel de madurez y las experiencias del niño o niña, así como por otros factores como la presencia o ausencia de los padres, la calidad de las relaciones entre el niño o niña y la familia o la persona cuidadora, la situación física y psicosocial del niño o niña y su situación de protección (seguridad, riesgos de protección, etc.). Su interpretación y aplicación deben ajustarse a la Convención sobre los Derechos del Niño (CDN) y a otras normas jurídicas internacionales, así como a la orientación proporcionada por el Comité de los Derechos del Niño.

---

[10] AGENCIA DE LA ONU PARA LOS REFUGIADOS. *Cit.* p. 20.

X A propósito del pacto mundial sobre los refugiados (PMR)

El 17 de diciembre de 2018, la Asamblea General de las Naciones Unidas aprobó el Pacto Mundial sobre los Refugiados (PMR), luego de dos años de extensas consultas dirigidas por el ACNUR con los Estados Miembros de la ONU, las organizaciones internacionales, personas refugiadas, sociedad civil, el sector privado y los expertos. El mismo es un marco para una distribución previsible y equitativa de la carga y la responsabilidad, reconociendo que una solución sostenible a las situaciones de refugiados no se puede lograr sin la cooperación internacional. Proporciona un plan para que los gobiernos, las organizaciones internacionales y otras partes interesadas aseguren que las comunidades locales obtengan el apoyo que necesitan y que las personas refugiadas puedan llevar vidas productivas. Constituye una oportunidad única para transformar la manera en que el mundo responde a las situaciones de refugiados, beneficiando tanto a las personas refugiadas como a las comunidades que los albergan. Sus cuatro objetivos clave son: i) Aliviar las presiones sobre los países que acogen refugiados, ii) Desarrollar la autosuficiencia de los refugiados, iii) Ampliar el acceso al reasentamiento en terceros países y otras vías complementarias, iv) Fomentar condiciones que permitan a los refugiados regresar voluntariamente a sus países de origen con condiciones de seguridad y dignidad.[11]

XI Naturaleza jurídica del PMR

No obstante, no se constituye en una convención jurídicamente vinculante, ni pretende imponer nuevas obligaciones a los Estados. Nace para impulsar una mejora del tratamiento de los refugiados en la práctica, incidiendo sustancialmente en el reparto de responsabilidad (que no está cubierto por la CG) y en el cumplimiento de las obligaciones existentes de protección.[12] Es pues, un documento que no crea obligaciones vinculantes pero que, como ha declarado el ACNUR en

---

[11] AGENCIA DE LA ONU PARA LOS REFUGIADOS – ACNUR. *Objetivos de El Pacto Mundial sobre los Refugiados*. En línea, recuperado en fecha 28/05/22 de: https://www.acnur.org/pacto-mundial-sobre-refugiados.html#:~:text=El%20Pacto%20Mundial%20sobre%20los%20Refugiados%20es%20un%20marco%20para,lograr%20sin%20la%20cooperaci%C3%B3n%20internacional. Ginebra.

[12] AGNU, *Informe del Secretario General, In Safety and Dignity: Addressing Large Movements of Refugees and Migrants*, Documento A/70/59, 2016.

varias ocasiones, captura un compromiso político de los EM en relación tanto con principios como con acciones concretas.[13]

XII Puntos eje de materialización del PMR

El Pacto Mundial tiene cuatro partes:[14]
1. Una introducción que establece los antecedentes, principios rectores y objetivos del pacto mundial.
2. El Marco de Respuesta Integral para los Refugiados (CRRF), según lo acordado por los Estados miembros en el Anexo I de la Declaración de Nueva York.
3. Un Programa de Acción que establece medidas concretas para ayudar a cumplir los objetivos del acuerdo, que incluye:
    i) Mecanismos para compartir cargas y responsabilidades a través de un Foro Global de Refugiados (cada cuatro años), mecanismos nacionales y regionales para situaciones específicas y herramientas como financiamiento, alianzas y recopilación y distribución de datos.
    ii) Áreas que necesitan apoyo, desde la recepción y admisión, la satisfacción de las necesidades y el apoyo a las comunidades, hasta las soluciones.
4. Los mecanismos para el seguimiento y la revisión, que se llevarán a cabo principalmente a través del Foro Mundial sobre los Refugiados cada cuatro años, una reunión anual de funcionarios de alto nivel (que se celebra cada dos años entre foros) y el informe anual del Alto Comisionado a la Asamblea General. El seguimiento y la revisión también incluirán el desarrollo de indicadores para medir el éxito hacia el logro de los cuatro objetivos del acuerdo.

---

[13] 4 ICVA. *The Global Compact on Refugees Explained: ICVA Briefing Paper*, 2017, p. 40.
[14] AGENCIA DE LA ONU PARA LOS REFUGIADOS – ACNUR. *¿Qué incluye el Pacto Mundial sobre los Refugiados?*. En línea, recuperado en fecha 28/05/22 de: https://www.acnur.org/pacto-mundial-sobre-refugiados.html#:~:text=El%20Pacto%20Mundial%20sobre%20los%20Refugiados%20es%20un%20marco%20para,lograr%20sin%20la%20cooperaci%C3%B3n%20internacional. Ginebra.

XIII Del seguimiento y la revisión de la implementación del pacto mundial sobre los refugiados

Se realizarán principalmente a través del Foro Mundial sobre los Refugiados, las reuniones de funcionarios de alto nivel y el informe anual del Alto Comisionado para los Refugiados a la Asamblea General de las Naciones Unidas. Para este fin, ACNUR está desarrollando indicadores para cada uno de los objetivos del Pacto en estrecha cooperación con los Estados miembros y otros actores relevantes.[15]

XIV Interés de alemania en la implementación del pacto mundial sobre los refugiados

Ello se explica, en que basilarmente el Pacto Mundial sobre los Refugiados se centra en repartir entre más países la carga y la responsabilidad en el contexto de los refugiados; apoyar a los grandes países receptores, especialmente en las regiones en crisis, y resolver las principales crisis de refugiados. Alemania es un importante país de acogida y el segundo mayor donante de la Agencia de Refugiados de la ONU (ACNUR). La contribución alemana a la protección de los refugiados es reconocida y apreciada internacionalmente. El Gobierno Federal desearía utilizar este reconocimiento para convencer, sobre todo, a los Estados miembros que hasta el momento no han participado o han participado poco en la acogida y protección de los refugiados, para que asuman una mayor responsabilidad.[16]

XV Inicial apoyo auspicioso de España

La delegación española que asiste al I Foro sobre los Refugiados (Ginebra, 2019), encabezada por el Ministro de Interior en funciones, ha defendido el compromiso de España con el Pacto Mundial sobre Refugiados y ha presentado los cinco campos en los que el Gobierno trabaja activamente para mejorar el tratamiento a las personas desplazadas, destacando la reforma integral de la Oficina de Asilo y Refugio, que ha permitido multiplicar la resolución de solicitudes. Entre

---

[15] CENTRO ALEMÁN DE INFORMACIÓN PARA LATINOAMÉRICA. *Pacto Mundial sobre los Refugiados: asumir responsabilidad, compartir cargas*. En línea, recuperado en fecha 28/05/22 de: https://alemaniaparati.diplo.de/mxdz-es/-/2229360. 2019, Berlín.

[16] CENTRO ALEMÁN DE INFORMACIÓN PARA LATINOAMÉRICA. *Ob. Cit.*

los referidos campos tenemos: i) el refuerzo del sistema de protección internacional, con la consolidación del Plan de transformación integral de la Oficina de Asilo y Refugio, ii) perfeccionamiento del sistema de reasentamiento y la búsqueda de vías complementarias, siguiendo las recomendaciones de la Estrategia Trienal de ACNUR 2019-2021, iii) acción humanitaria exterior de España, que trabajará en la promoción de medidas en favor de los refugiados y desplazados, iv) favorecimiento en los países de origen de condiciones que propicien un retorno seguro y digno, v) promoción de un Plan de Acción nacional para la aplicación del Pacto Global sobre los Refugiados en España, con la participación de los actores relevantes en materia de refugiados, especialmente, la sociedad civil, el sector privado y organismos internacionales como ACNUR, además de las autoridades regionales y locales.[17]

XVI Marchas y contramarchas

16.1 El primer Informe de Indicadores del Pacto Mundial sobre los Refugiados

El mismo abarca los años 2016 a 2021 y muestra que se ha progresado en el aumento del apoyo a los países de bajos ingresos que acogen a personas refugiadas y en la ampliación del acceso de los refugiados al trabajo y la educación. Sin embargo, el informe advierte que aún queda mucho por hacer. Aunque se necesita más financiación para las respuestas humanitarias y de desarrollo de las personas refugiadas, desde 2016, ha habido una tendencia al alza en la ayuda bilateral al desarrollo canalizada a los países de bajos ingresos que acogen a refugiados. Los bancos de desarrollo también están desempeñando un mayor papel en la respuesta a las crisis proporcionando al menos 2.330 millones de dólares (USD). El número de situaciones de personas refugiadas apoyadas por el Banco Mundial, por ejemplo, aumentó de dos a 19. Tres cuartas partes de las personas refugiadas pueden trabajar legalmente en sus países de acogida, aunque se sabe menos sobre cómo se traduce esto en la práctica y, como

---

[17] NOTA DE PRENSA 172 DEL MINISTERIO DE ASUNTOS EXTERIORES, UNIÓN EUROPEA Y COOPERACIÓN DEL GOBIERNO DE ESPAÑA. *España contribuye activamente al I Foro Global sobre los refugiados convocado por el Alto Comisionado de Naciones Unidas para los refugiados (ACNUR)*. En línea, recuperado en fecha 28/05/22 de: https://www.exteriores.gob.es/gl/Comunicacion/NotasPrensa/Paginas/2019_NOTAS_P/20191217_NOTA172.aspx. 2019, Madrid.

resultado de la pandemia, su situación no ha hecho más que agravarse. Se aprecia algunas mejoras en la inclusión de las personas refugiadas en los sistemas educativos nacionales. La niñez refugiada tiene, sobre el papel, acceso a la educación primaria en las mismas condiciones que los nacionales en tres cuartas partes de los países que acogen refugiados, y a la educación secundaria en dos tercios de los países. Sin embargo, siguen existiendo muchos obstáculos y casi la mitad de los estudiantes refugiados no van a la escuela.[18]

16.2 Balance de los objetivos recogidos en la Declaración de Nueva York

A propósito, la misma constituye en el Marco de Respuesta Integral para los Refugiados, según lo acordado por los Estados miembros; como parte integrante de viabilización del Pacto Mundial sobre los Refugiados, arroja como resultado que, en definitiva, se han producido avances significativos hacia los objetivos del Pacto Mundial sobre Refugiados. Sin embargo, las tendencias muestran la necesidad de un reparto más equitativo y previsible de las responsabilidades.

A continuación, el desagregado:[19]

16.2.1 Respecto de aliviar las presiones sobre los países de acogida

i) Avances

Entre 2016 y 2019, la Asistencia Oficial para el Desarrollo (AOD) para situaciones de refugiados en países con economías en desarrollo aumentó un 10 %, tras un incremento del 23 % entre 2015 y 2016.

ii) Desafíos

Nueve de cada diez refugiados están alojados en países con ingresos bajos. A fines de 2020, el 86 % de las personas desplazadas

---

[18] AGENCIA DE LA ONU PARA LOS REFUGIADOS – ACNUR. *Informe de ACNUR refleja los avances del Pacto Mundial sobre los Refugiados*. En línea, recuperado en fecha 28/05/22 de: https://www.acnur.org/noticias/press/2021/11/6193e7764/informe-de-acnur-refleja-los-avances-del-pacto-mundial-sobre-los-refugiados.html. Ginebra, 2021.

[19] COMITÉ ESPAÑOL DE LA AGENCIA DE LA ONU PARA LOS REFUGIADOS. ACNUR. *Tres años del Pacto Mundial sobre Refugiados: logros y desafíos*. En línea, recuperado en fecha 28/05/22 de: https://eacnur.org/es/actualidad/noticias/balance-pacto-mundial-refugiados. 2021, Madrid.

a través de las fronteras (refugiados y venezolanos desplazados en el extranjero) vivían en países con economías en desarrollo. Veinte países albergan a más de las tres cuartas partes de los refugiados del mundo. Dieciséis de estos países ya estaban en la lista de los 20 primeros en 2016.

iii) ACNUR

Está registrando biométricamente a los refugiados del PMR recién llegados y evaluando la posibilidad de reubicarlos en el interior, lejos de las localidades fronterizas.

16.2.2 Mejorar la autosuficiencia de los refugiados

i) Avances

Tres de cada cuatro refugiados tienen acceso a un trabajo legal. De los 11,2 millones de refugiados encuestados, 8,4 millones tienen acceso total (52 %) o parcial (23 %) a un trabajo decente.

ii) Desafíos

Educación: casi la mitad de los estudiantes refugiados todavía no asiste a la escuela, y las niñas refugiadas tienen menos probabilidades de tener acceso a la educación que los niños refugiados. Alrededor de 1,8 millón de niños refugiados no están escolarizados, de un total de 4 millones de niños en edad escolar.

Pobreza: después de dos décadas de progreso, la pobreza global ha aumentado nuevamente con la recesión económica relacionada con la pandemia, empujando a 100 millones de personas a la pobreza extrema, incluidos muchos refugiados y comunidades de acogida.

iii) ACNUR

para promover la autosuficiencia de las personas desplazadas, ha puesto en marcha una pequeña fábrica en la ciudad de Kitchanga, en Kivu Norte (RDC), donde los desplazados y miembros de la comunidad de acogida trabajan juntos para fabricar jabón y kits de higiene menstrual, compuestos por unas compresas reutilizables. Alrededor de dos tercios de los refugiados vivían en la pobreza antes de la pandemia. Sin embargo, se ha demostrado que la asistencia proporcionada por organismos humanitarios y gobiernos mitiga o reduce la exposición a la pobreza entre la población refugiada. En 2020, ACNUR entregó 695 millones de dólares en ayudas en efectivo a unos 8,5 millones de personas en más de 100 países, el 95 % de los cuales informó de mejoras en las condiciones de vida.

16.2.3 Ampliar el acceso a soluciones en terceros países

i) Avances

Entre 2016 y 2020, cerca de 1,4 millón de refugiados accedieron a soluciones de terceros países, un seis por ciento o 286.900 refugiados más más que durante los cinco años anteriores.

ii) Desafío

Tras un pico en 2016, se puede observar una tendencia a la baja en las admisiones, con un mínimo histórico en 2020. Más de 1,4 millón de refugiados deben ser reasentados con urgencia en 2021, un aumento del 25 % en comparación con 2016.

iii) ACNUR

Winta huyo de Eritrea con sus dos hijos menores, Melat y Yonathan, y se instaló en Suiza. Las dos mayores, Ermias y Ksanet, se quedaron con sus abuelos. Ante el aumento de la inseguridad en la región huyeron después a Etiopía y finalmente intentaron cruzar el desierto del Sahara con su tío, que huía del reclutamiento militar forzoso. Su plan era cruzar el Mediterráneo y reunirse con Winta en Europa, pero su convoy fue atacado y los mantuvieron en un centro de detención ilegal en Libia, donde pedían un rescate por su liberación. Finalmente, en abril de 2018, gracias a una intervención de ACNUR, se reunieron con su madre. La familia vive ahora en las orillas del lago Lemán, en el pueblo de Clarens, cerca de Montreux, e intenta dejar atrás las heridas del pasado.

16.2.4 Apoyar las condiciones en los países de origen para el retorno en condiciones de seguridad y dignidad

i) Avances

De 2016 a 2020, los retornos voluntarios representaron casi las tres cuartas partes de todas las soluciones. Más de 2 millones de refugiados han regresado a su país de origen desde 2016, en comparación con 1,8 millones entre 2011 y 2015.

Como ejemplo, tenemos que una madre refugiada burundesa y su hijo, se preparan para subir a un autobús en la ciudad fronteriza ruandesa de Nemba para volver a casa, después de vivir en el campamento de Mahama, en Ruanda, desde 2015.

ii) ACNUR

Estuvo apoyando al Gobierno de Ruanda para proteger y asistir a los refugiados burundeses desde su llegada al país. A raíz de los disturbios políticos de 2015 en Burundi, 300.000 personas huyeron a países vecinos por la inestabilidad económica y política y la inseguridad alimentaria. En agosto de 2020, se celebró una reunión virtual entre ambos gobiernos y ACNUR, en la que se acordó revitalizar el Acuerdo Tripartito sobre el Retorno Voluntario de los Refugiados Burundeses desde Ruanda.

16.3 El factor Estados Unidos

Por su parte, el presidente estadounidense Joe Biden reveló que su gobierno facilitará el arribo a Estados Unidos de ucranianos que huyen de la guerra, mientras trata de cerrar una ruta informal a través de México que ha emergido en las últimas semanas. Un programa acelerará el proceso de las solicitudes de refugiados ucranianos y otros que huyen de la guerra, pero ya no otorgará rutinariamente el ingreso a todo aquel que se presente en la frontera de Estados Unidos con México solicitando asilo como lo han hecho miles desde que Rusia inició la invasión de Ucrania el 24 de febrero. Estados Unidos espera admitir hasta 100,000 refugiados de Ucrania y unos 15,000 han llegado desde el inicio de la invasión, principalmente a través de México. A partir del lunes, esa ruta ya no será una opción, excepto en circunstancias extremas. Es un esfuerzo de Estados Unidos para cumplir con su promesa de ayudar a las naciones de Europa del Este a lidiar con los 5 millones de refugiados que han huido de Ucrania mientras trata de reducir la cantidad de migrantes que buscan cruzar la frontera desde México, lo que se ha convertido en un desafío político para esta administración. Los defensores han dicho que Estados Unidos debería recibir a más de 100,000 refugiados y hacer más para acelerar el proceso de retorno a casa de los refugiados ucranianos.[20]

---

[20] EL VOCERO. *Estados Unidos enviará otros $800 millones en ayuda a Ucrania*. En línea, recuperado en fecha 28/05/22 de: https://www.elvocero.com/el-mundo/resto-del-mundo/

El compromiso mundial con los refugiados y solicitantes de asilo siempre ha sido más condicional y centrado en los intereses propios de lo que se establecía en el papel. En los años que siguieron a la Segunda Guerra Mundial, los mismos dirigentes occidentales que hablaban de compromisos para reubicar a los refugiados de Europa en un lugar en el que estuvieran a salvo, enviaron por la fuerza a 2,3 millones de ciudadanos soviéticos de regreso a la Unión Soviética, muchos de ellos en contra de su voluntad. Más tarde, uno de cada cinco de ellos fue ejecutado o enviado al gulag, según cálculos del historiador Tony Judt. A medida que se recrudeció la Guerra Fría, los gobiernos occidentales fueron resaltando con más énfasis su respeto por los derechos de los refugiados, y ejercieron presión sobre sus aliados para que hicieran lo mismo, para mostrar que su bloque era superior a los gobiernos comunistas que en ocasiones les prohibían huir a los ciudadanos. El cumplimiento de Occidente en este aspecto siguió siendo desigual, pues se les daba preferencia a los refugiados de países comunistas u otros que podían ofrecer cierta ganancia política. El resultado: aros concéntricos de centros de detención, algunos de ellos tristemente célebres por su crueldad, muy cerca de la frontera de los países más ricos del mundo. La mayoría de ellos se encuentran a lo largo de las rutas que siguen los refugiados, o cerca de las fronteras a las que esperaban llegar, y su operación les permite a los gobiernos aparentar que cumplen en cierta medida.[21]

XVII La fragilidad del pacto mundial de refugiados

Las mismas potencias de Occidente que defendieron este pacto lo han sometido a una erosión continua en años recientes. Han ido socavando sus propias obligaciones – y, en consecuencia, las del mundo –, derivadas de una responsabilidad que en su momento consideraron crucial para la estabilidad global. Ese ataque, en opinión de los expertos, alcanzó un nuevo extremo cuando en plena guerra en Ucrania, el gobierno del Reino Unido anunció un nuevo plan aplicable a miles de ciudadanos extranjeros que se encuentran en ese país y han solicitado asilo. En vez de escuchar sus argumentos, planea enviarlos

---

estados-unidos-enviar-otros-800-millones-en-ayuda-a-ucrania/article_ee82cfc6-c17f-11ec-afe5-1f199b54a4f2.html. 2022. San Juan de Puerto Rico.

[21] FISHER, Max. *La fragilidad del pacto mundial de refugiados queda expuesta con la guerra en Ucrania.* En línea, recuperado en fecha 28/05/22 de: https://www.nytimes.com/es/2022/04/19/espanol/asilo-estados-unidos.html, 2022. Nueva York.

a Ruanda, un país lejano en que prácticamente rige una dictadura y donde la mayoría nunca ha puesto un pie, para que se conviertan en el problema de alguien más. En muchos sentidos ya se perciben, se aceleren en los próximos meses, cuando se espera que se produzca un aumento significativo en la llegada de refugiados durante el verano y, con eso, una posible reacción en contra que impulse la imposición de medidas drásticas, como la del Reino Unido.[22]

XVIII Cifra a la que podría llegar los refugiados ucranianos

La Agencia de las Naciones Unidas para los Refugiados (ACNUR) prevé que antes de final de este 2022 haya 8,3 millones de refugiados ucranianos, principalmente en países como Polonia, Hungría, Moldavia, Rumanía y Eslovaquia. La Agencia lanzó este lunes un llamamiento a la comunidad internacional para financiar con 1.850 millones de dólares sus programas de ayuda a los países que están recibiendo o se prevé que reciban la mayoría de los refugiados ucranianos. El impacto humanitario y el sufrimiento causado por esta guerra son abrumadores: familias divididas, viviendas e infraestructuras destruidas, y el trauma de este conflicto será duradero en aquellos que han tenido que dejar sus hogares, incluidos mujeres y niños que suponen un 90 % de este éxodo.[23]

XIX Una mirada interdisciplinar

Vista la multiplicidad de factores en juego en la temática de los refugiados, consideramos que la solución no se basa exclusivamente en sede jurídica. Ello, en tanto que la misma no nace y se desarrolla únicamente en el mundo del Derecho.

Por tal razón, en la asistencia a los refugiados se debe considerar además la intervención del equipo multidisciplinar, como, por ejemplo: psicólogos, sociólogos, psiquiatras, médicos, abogados, economistas, entre otros.

---

[22] FISHER, Max. *Ob. cit.*
[23] AGENCIA EFE. *Los refugiados ucranianos podrían llegar a 8,3 millones en 2022, según ACNUR.* En línea, recuperado en fecha 28/05/22 de: https://es-us.noticias.yahoo.com/onu-teme-%C3%A9xodo-ucraniano-suba-093753349.html, 2022. Virginia.

XX Reflexiones desde los derechos fundamentales de los refugiados

A los derechos fundamentales contemplados en la Convención de Ginebra de 1951 (libertad de religión y de movimiento, a la educación, posibilidad de trabajar), se les debe adicionar los derechos fundamentales: i) a la salud, ii) a la vida, iii) al libre desarrollo de la personalidad, entre otros.

Por otro lado, también se tienen que considerar los derechos fundamentales de los niños refugiados, a saber: i) a la familia, ii) al interés superior del niño refugiado, iii) a la adopción, iv) a la reunificación familiar, entre otros.

XXI Conclusiones

No corresponde desconocer los avances y logros en la puesta en marcha de la materialización del Pacto Mundial sobre los Refugiados, es más, resulta plausible y de destacar. Sin embargo, en vista que resta una importante brecha pendiente que alcanzar. La mera supervisión y control, no son suficientes.

Existencia de derechos fundamentales de los refugiados (tanto para adultos como para niños), no contemplados en la Convención de Ginebra de 1951.

Así también, es pertinente dejar constancia, que la calidad de refugiados no solamente comporta a las personas adultas, sino, también a los niños refugiados, por ello, se tiene también los alcances, extremos y derechos fundamentales respectivos.

Finalmente, dejar constancia que no se le estaría dando el enfoque interdisciplinar a la presente temática.

XXII Sugerencias

La ACNUR debe llevar las acciones adicionales respectivas, a efectos de conseguir y agilizar el cumplimiento de la totalidad de objetivos previstos en el referido Pacto.

Garantizar los derechos fundamentales que les asiste a los refugiados, tanto adultos como niños.

Se debe garantizar la intervención de un equipo profesional interdisciplinario en la presente temática.

Referencias

AGENCIA DE LA ONU PARA LOS REFUGIADOS- ACNUR. *Informe de ACNUR refleja los avances del Pacto Mundial sobre los Refugiados*. En línea, recuperado en fecha 28/05/22 de: https://www.acnur.org/noticias/press/2021/11/6193e7764/informe-de-acnur-refleja-los-avances-del-pacto-mundial-sobre-los-refugiados.html. Ginebra, 2021.

AGENCIA DE LA ONU PARA LOS REFUGIADOS. ACNUR. En línea, recuperado en fecha 28/05/22 de: https://www.acnur.org/el-acnur.html. Ginebra.

AGENCIA DE LA ONU PARA LOS REFUGIADOS. *Directrices para evaluar y determinar el interés superior de la niñez. Lanzamiento Provisional 2018*. En línea, recuperado en fecha 28/05/22 de: https://www.refworld.org.es/pdfid/5d5dadc24.pdf. Ginebra, 2018.

AGENCIA DE LA ONU PARA LOS REFUGIADOS- ACNUR. *Objetivos de El Pacto Mundial sobre los Refugiados*. En línea, recuperado en fecha 28/05/22 de: https://www.acnur.org/pacto-mundial-sobre-refugiados.html#:~:text=El%20Pacto%20Mundial%20sobre%20los%20Refugiados%20es%20un%20marco%20para,lograr%20sin%20la%20cooperaci%C3%B3n%20internacional. Ginebra.

AGENCIA DE LA ONU PARA LOS REFUGIADOS- ACNUR. *¿Qué incluye el Pacto Mundial sobre los Refugiados?*. En línea, recuperado en fecha 28/05/22 de: https://www.acnur.org/pacto-mundial-sobre-refugiados.html#:~:text=El%20Pacto%20Mundial%20sobre%20los%20Refugiados%20es%20un%20marco%20para,lograr%20sin%20la%20cooperaci%C3%B3n%20internacional. Ginebra.

AGENCIA EFE. *Los refugiados ucranianos podrían llegar a 8,3 millones en 2022, según ACNUR*. En línea, recuperado en fecha 28/05/22 de: https://es-us.noticias.yahoo.com/onu-teme-%C3%A9xodo-ucraniano-suba-093753349.html, 2022. Virginia.

AGNU, *Informe del Secretario General, In Safety and Dignity: Addressing Large Movements of Refugees and Migrants, Documento A/70/59*, 2016.

CENTRO ALEMÁN DE INFORMACIÓN PARA LATINOAMÉRICA. *Pacto Mundial sobre los Refugiados: asumir responsabilidad, compartir cargas*. En línea, recuperado en fecha 28/05/22 de: https://alemaniaparati.diplo.de/mxdz-es/-/2229360. 2019, Berlín.

COMITÉ ESPAÑOL DE LA AGENCIA DE LA ONU PARA LOS REFUGIADOS. ACNUR. *¿Qué es un refugiado?* En línea, recuperado en fecha 28/05/22 de: https://eacnur.org/es/que-es-acnur/ayuda-al-refugiado?utm_source=menu Madrid.

COMITÉ ESPAÑOL DE LA AGENCIA DE LA ONU PARA LOS REFUGIADOS. ACNUR. *La Convención de Ginebra de 1951*. En línea, recuperado en fecha 28/05/22 de: https://eacnur.org/es/convencion-de-ginebra-de-1951-el-estatuto-de-los-refugiados. Madrid.

COMITÉ ESPAÑOL DE LA AGENCIA DE LA ONU PARA LOS REFUGIADOS. ACNUR. *Tres años del Pacto Mundial sobre Refugiados: logros y desafíos*. En línea, recuperado en fecha 28/05/22 de: https://eacnur.org/es/actualidad/noticias/balance-pacto-mundial-refugiados. 2021, Madrid.

DICCIONARIO.CEAR EUSKADI. *La Convención de Ginebra de 1951*. En línea, recuperado en fecha 28/05/222 de: https://diccionario.cear-euskadi.org/convencion-de-ginebra-de-1951/. Bilbao.

EL VOCERO. *Estados Unidos enviará otros $800 millones en ayuda a Ucrania*. En línea, recuperado en fecha 28/05/22 de: https://www.elvocero.com/el-mundo/resto-del-mundo/estados-unidos-enviar-otros-800-millones-en-ayuda-a-ucrania/article_ee82cfc6-c17f-11ec-afe5-1f199b54a4f2.html. 2022. San Juan de Puerto Rico.

FISHER, Max. *La fragilidad del pacto mundial de refugiados queda expuesta con la guerra en Ucrania*. En línea, recuperado en fecha 28/05/22 de: https://www.nytimes.com/es/2022/04/19/espanol/asilo-estados-unidos.html, 2022. Nueva York.

4 ICVA. *The Global Compact on Refugees Explained: ICVA Briefing Paper*, 2017.

NOTA DE PRENSA 172 DEL MINISTERIO DE ASUNTOS EXTERIORES, UNIÓN EUROPEA Y COOPERACIÓN DEL GOBIERNO DE ESPAÑA. *España contribuye activamente al I Foro Global sobre los refugiados convocado por el Alto Comisionado de Naciones Unidas para los refugiados (ACNUR)*. En línea, recuperado en fecha 28/05/22 de: https://www.exteriores.gob.es/gl/Comunicacion/NotasPrensa/Paginas/2019_NOTAS_P/20191217_NOTA172.aspx. 2019, Madrid.

Informação bibliográfica deste texto, conforme a NBR 6023:2018 da Associação Brasileira de Normas Técnicas (ABNT):

TORRES MANRIQUE, Jorge Isaac. Análisis interdisciplinar de la efectividad de la vigencia del pacto mundial sobre los refugiados. *In*: SARAIVA FILHO, Oswaldo Othon de Pontes; BERTELLI, Luiz Gonzaga; SIQUEIRA, Julio Homem de (coord.). *Direitos dos refugiados*. Belo Horizonte: Fórum, 2024. (Coleção Fórum Direito Internacional Humanitário, v. 1, t. 2). p. 199-216. ISBN 978-65-5518-614-7.

DIREITOS HUMANOS: UMA ANÁLISE DA EFICÁCIA DA *SOFT LAW* NO DIREITO INTERNACIONAL APLICADA À QUESTÃO MIGRATÓRIA

ARTHUR ALTOÉ DE ARAÚJO
DAURY CESAR FABRIZ

Introdução

Em todos os períodos da história humana, a migração se mostrou como uma opção e, até mesmo uma necessidade para populações diversas em contextos desfavoráveis em seu local de origem. Migrar é trocar de país, de Estado, Região ou até de domicílio. Já o termo imigrante se refere a uma pessoa que vai residir num país que não é o seu. Imigrante, imigração e imigrar têm como ponto de referência o local de destino, ou seja, a entrada num novo país. Imigrante tem sua origem na palavra em latim *immigrans*, sendo escrita com "i" inicial (EMIGRANTE, 2016, on-line). O principal motivo para os fluxos migratórios internacionais é o econômico, no qual as pessoas deixam seu país de origem visando à obtenção de emprego e melhores perspectivas de vida em outras nações.

Atualmente a sociedade tem passado por uma crise migratória, representada pelos recentes tensionamentos geopolíticos envolvendo chefes de Estado e populações que vivem em um constante conflito devido à intolerância no sentido mais amplo da palavra, o que desencadeou situações extremas como a saída do Reino Unido da

União Europeia, em um processo que ficou popularmente conhecido como *Brexit*. A associação que se faz com a problemática em voga é porque, dentre outros fatores, o Reino Unido, representado pela então 1ª Ministra Theresa May e pelo atual 1º Ministro Boris Johnson, tem se mostrado contrário às políticas migratórias adotadas pela União Europeia. Ademais a polêmica proposta do ex-presidente dos EUA, Donald Trump de construir um muro na divisa com o México gerou muita controvérsia e debate acerca da legitimidade de tal proposta. A justificativa do governo é que os imigrantes mexicanos que atravessam a fronteira afrontam a soberania norte-americana.

"Muito mais do que uma crise migratória, vivemos uma crise humanitária", afirma Zygmunt Bauman, em seu livro "Estranhos à nossa Porta", escrito em 2017. E é nesse sentido que o debate migratório ganha notoriedade dentro do Direito Público Internacional, especialmente acerca do tema dos direitos humanos.

Nesse contexto, são propostas, no âmbito internacional, normas jurídicas com o fim de garantir os direitos humanos. A Declaração Universal dos Direitos Humanos, escrita pela ONU em 1948, representa um marco no Direito Humanitário internacional, por sua representatividade histórica, sendo uma consequência do fim da Segunda Guerra Mundial, em um momento em que as nações, em certo grau de consenso, entenderam que a diplomacia era o melhor caminho para a resolução de conflitos e tensões no âmbito internacional. Contudo, esse conjunto de normas declaratórias, apesar da representatividade, em alguns momentos teve sua eficácia posta em cheque, dadas as violações de direitos humanos tão observáveis ainda nos dias de hoje, como na questão dos campos de refugiados nos EUA, onde o governo estadunidense mantém as pessoas que tentam entrar ilegalmente no país pela fronteira com o México. A alegação é de que essa pessoa não tem condições dignas de vida nesses campos, além das acusações de separação de pais e filhos (BBC, 2018, on-line).

Nesse cenário, cabe destacar que a Declaração dos Direitos Humanos tem como fonte jurídica a *soft law*, uma espécie normativa dotada de flexibilidade, cuja aplicabilidade depende da governança interna de cada país, sendo facultativa a efetiva incorporação ao ordenamento jurídico de cada nação (PIMENTA, 2018). No caso, tal declaração é uma tentativa de estabelecer diretrizes e princípios para a efetivação das normas que não necessariamente são impostas por intermédio de sanções. Surge, portanto, a importância de aferir como esse tipo de declaração gera impacto efetivamente dentro das jurisdições internas dos países.

Diante de tal cenário, através de uma análise crítica do processo histórico recente acerca da questão migratória, da elaboração das declarações universais de direitos e deveres humanos e seus impactos enquanto *soft law* nas jurisdições nacionais, da jurisprudência das organizações internacionais (tratados, julgamentos dos tribunais internacionais, etc.) e da doutrina do Direito Internacional dos direitos e deveres humanos, em que medida é possível verificar a eficácia das normas de *soft law* para garantir os direitos humanos dos imigrantes?

1 Fluxos migratórios no mundo contemporâneo

A priori, torna-se fundamental elucidar conceitos que envolvem a temática migratória, a fim de que as conclusões sejam alcançadas a partir de uma fundamentação lúcida do tema. Em um primeiro plano, as migrações são, essencialmente, deslocamentos humanos que podem ocorrer interna ou externamente. No primeiro caso a migração ocorre dentro de um mesmo território nacional e no segundo, de um país para outro, sendo assim uma dita migração internacional. Tal fenômeno é observado desde os primórdios, um fato social que pautou e estruturou as civilizações ao redor da Terra (CHUEIRI; CÂMARA, 2010; p. 59).

Desde então, os ciclos migratórios têm representado situações específicas e emergenciais. A saber, em geral são motivos mais determinantes as questões econômicas e políticas. As razões econômicas se referem às condições de vida indignas, onde a subsistência do indivíduo e/ou de sua família está comprometida. Ocorre quando indivíduos ou grupos mais vulneráveis fogem da pobreza, miséria ou fome em busca de melhores oportunidades de vida e trabalho. Dessa forma, buscam alcançar acesso aos direitos básicos – alimentação, saúde, educação, cultura, etc. Já as razões políticas são as que têm relação com a impossibilidade de exercitar plenamente seus direitos políticos ou quando a liberdade e igualdade – e suas consoantes – são vedadas (CHUEIRI; CÂMARA, 2010).

Partindo para uma perspectiva individual, aqueles que migram são separados em duas categorias, a depender da forma que se dá o movimento de cada indivíduo ou grupo, a saber: "o ato de migrar faz do indivíduo um emigrante ou imigrante. Emigrante é a pessoa que deixa (sai) um lugar de origem com destino a outro lugar. O imigrante é o indivíduo que chega (entra) em determinado lugar para nele viver" (LESSA, 2016).

Com relação ao termo "estrangeiro", este surge de uma perspectiva pejorativa e excludente, dotado até de certo preconceito, por parte daqueles que eram supostamente originais do local em que o estrangeiro chegou: "O termo estrangeiro provém da palavra francesa *étranger*, do latim *extranĕus* que significa estranho, de fora, trazendo consigo valores depreciativos" (LESSA, 2016, p. 43). Esse preconceito, com o passar do tempo denominou-se "xenofobia".

Ademais, os próprios Estados, enquanto nação, passaram a distinguir a população entre indivíduos "nacionais" e "estrangeiros", uma perspectiva que veio a repercutir dentro do ordenamento jurídico dos países até os dias de hoje (BASTOS; 1997 *apud* LESSA; 2016, 43).

Em breve síntese, conclui-se por "estrangeiro" aquele que não é nacional (LESSA, 2016, p. 43), observando-se que tal conceito aplica-se de forma excludente e limita-se, do ponto de vista territorial, apenas aos imigrantes que transitam entre países.

1.1 Fluxos migratórios e seus impactos na economia

Cabe, a fim de elucidar o fenômeno, expor com clareza as principais causas que levam os indivíduos a imigrarem. Será demonstrado como se notou uma relação de causa e consequência com determinados eventos históricos e suas repercussões nos fluxos migratórios dos países e como a imigração acaba sendo uma alternativa de melhoria de vida e, até, de sobrevivência para os indivíduos, ao passo que para os Estados-nação as políticas imigratórias acabam sendo pontos estratégicos, especialmente do ponto de vista geopolítico e econômico, pelo menos é o que sugere um estudo feio pela Escola de Economia de Paris, que analisou as repercussões dos fluxos migratórios em um grupo de países da Europa dentro de um recorte de 30 anos, entre 1985 e 2015 (BRITO, 2018, on-line).

Urge, no entanto, entender que o sujeito protagonista dentro de um fluxo migratório é o próprio imigrante, pois é da realidade em que ele está posto que surge a explicação para o movimento que ocorrerá. É, sobretudo, da realidade que ele considera ser melhor que surgem algumas teorias relevantes que embasam estudos analíticos acerca do tema e, para além, apontam caminhos para tornar o fenômeno mais garantidor de direitos para os que migram.

Nesse sentido, sabe-se, inclusive de acordo com a OIT (2009), que o trabalho configura o principal motivo para a migração (LESSA, 2016, p. 50), pois uma má qualidade de vida quase sempre está atrelada a uma remuneração incapaz de garantir a subsistência de um indivíduo ou de uma família, somada, em muitos casos, às condições precárias de trabalho ou, ainda, à dificuldade de encontrar empregos. Em 2017, quase dois terços dos 164 milhões de imigrantes migravam com a intenção de conseguir empregos em outros países (PARLAMENTO EUROPEU; 2020; on-line).

Nesse cenário, tem-se na realidade econômica do país e todas as suas consoantes, como, por exemplo, a empregabilidade, o principal termômetro para o diagnóstico de um processo migratório, especialmente no modelo econômico capitalista. Desse modo, sendo o desemprego ou a precarização do trabalho problemas estruturais, que são especialmente agravados durante crises econômicas, observa-se que os fluxos migratórios decorrentes dessa conjuntura são os mais recorrentes, posto que, na medida em que são problemáticas sociais estruturais, são incontáveis as vítimas que, posteriormente, buscam mudanças diversas, dentre elas, a imigração. Essas pessoas visam mais oportunidades em outro mercado de trabalho, comumente em países mais estáveis e fortes economicamente, ao menos é o que demonstra a Teoria Macroeconômica Neoclássica (LESSA, 2016, p. 54).

Um exemplo prático de países que incentivam a entrada de imigrantes, por saber da relevância de imigrantes dentro do crescimento econômico dessas nações, sobretudo do ponto de vista da ocupação de cargos que não são preenchidos por nativos dos países, é o que ocorre no Japão e na Coreia do Sul. Nesses países, em decorrência de uma pirâmide etária desfavorável, no sentido de que a população está envelhecendo cada vez mais, logo, morrem mais pessoas que nascem, a demanda no mercado de trabalho acaba sendo maior que a oferta de mão de obra, segundo o diplomata americano William Lacy Swing, Diretor-Geral da Organização Internacional de Migrações (OIM), em entrevista concedida à revista Veja (ARAÚJO, 2011, on-line).

Há ainda a possibilidade de associar os movimentos migratórios a acontecimentos históricos, como, por exemplo, o desenvolvimento do capitalismo, que por meio da industrialização denota mais uma vez a relevância da oferta de trabalho na tomada de decisão dos imigrantes (SINGER *apud* LESSA, 2016, p. 55).

Observa-se que tais teorias abordam a temática de uma perspectiva macro, fazendo uma leitura do ponto de vista do trabalho. Contudo, partindo para uma perspectiva micro acerca do fenômeno da imigração, tem-se uma análise focada na movimentação específica dos trabalhadores individualmente ou de seus núcleos familiares, no momento em que notam a necessidade de imigrar e todas as nuances que envolvem essa tomada de decisão.

Restringindo-se à motivação econômica, o que se conclui é que, a depender da condição de vida na qual o indivíduo está posto, há um cálculo feito, de modo que os indivíduos definem por meio de uma análise das ofertas de emprego se vale a pena deslocar-se, levando em conta sua possibilidade de adaptação a uma nova convivência, cultura e costumes, somada à saudade que sentirá do local de origem e dos parentes e amigos, conforme o que defende a Teoria do Capital Humano (BECKER *apud* LESSA, 2016, p. 52).

Desse modo, os indivíduos acabam investindo em si mesmos. Urge ressaltar que o tom que é dado por essa visão acerca da migração soa como descolado de uma realidade de miséria, porém, não se busca minimizar a fome e a miséria vividas em muitos casos, só se quer destacar que mesmo nessa situação de completa violação de direitos até esse indivíduo está assumindo uma infinidade de riscos de passar por experiências iguais ou piores. Nesse contexto, a teoria se adéqua aos casos mais extremos de necessidade de mudança, mas também aos casos de indivíduos que simplesmente consideram a mudança uma possibilidade boa de progredir economicamente, mesmo que não seja necessariamente uma situação precária de vida.

Frisa-se que, em muitos casos, esse movimento coletivo orquestrado pelos núcleos familiares é incentivado e a experiência se torna mais amena por ações de divulgações acerca das regiões em que pretendem se estabelecer, o que pode vir tanto de instituições privadas como Estados, mas acontece muito de outros parentes ou conhecidos influenciarem os seus mais próximos a juntar-se a eles (LESSA, 2016, p. 53).

Assim, tem-se uma análise da migração enquanto necessidade humana, que não é recente, pelo contrário. Contudo, cabe delimitar historicamente o cenário migratório, aplicando-se a questão econômica-trabalhista, que advém de um processo histórico de industrialização e desenvolvimento do capitalismo. Faz-se extremamente necessário ressaltar, porém, que as crises sociais do nosso tempo trouxeram à tona problemas graves do ponto de vista ambiental, religioso e político. Certas tensões surgem, ao redor do globo, de modo que fluxos migratórios com origens e conceitos mais específicos apareçam, e abordá-los é inerente em uma obra que pretende dirimir acerca da migração. Destaca-se, de forma mais recorrente no contexto mundial contemporâneo, o refúgio.

1.2 Questão dos refugiados

A questão dos refugiados, no cenário do Direito Humanitário Internacional, tem ganhado muitos holofotes recentemente, dada a crise que ocorre já há algumas décadas, em decorrência das tensões políticas, religiosas e raciais. A temática, no entanto, não é recente. Na verdade, com o fim da Segunda Guerra Mundial, o tema passou a ser debatido no âmbito do Direito Internacional, tendo em vista que uma das consequências dos estragos causados pelo conflito bélico foi o surgimento de excessivos e massivos fluxos migratórios, o que trouxe à tona a questão dos refugiados (LOPES; VIANA, 2016). Nesse sentido, cabe expor o conceito mais adequado para o termo "refugiados", que, segundo o ACNUR – Brasil, são:

> Pessoas que estão fora de seu país de origem devido a fundados temores de perseguição relacionados a questões de raça, religião, nacionalidade, pertencimento a um determinado grupo social ou opinião política, como também devido à grave e generalizada violação de direitos humanos e conflitos armados. (ACNUR, 2021)

Esse conceito, no entanto, encontra-se ultrapassado, na medida em que ele não abarca o refúgio ambiental, por exemplo. Tal aspecto migratório é mais moderno e vem sendo cada vez mais difundindo em estudos e obras científicas, de modo que o Direito Internacional une duas de suas maiores searas: o Direito Internacional Humanitário e o Direito Internacional do meio ambiente. Isso, pois, as violações ao meio ambiente passam a derivar outras violações relativas aos direitos humanos, de modo que a falta de uma atuação próxima dos organismos governamentais e internacionais na causa ambiental representa risco de vida para muitos seres humanos.

Cabe demonstrar, conceitualmente, o porquê da equiparação daqueles que são forçados a migrar em decorrência de fatores ambientais enquanto refugiados de fato. Nesse sentido, "insere-se como refugiado ambiental toda pessoa que por motivo de infortúnio ambiental teve que abandonar sua moradia em busca de segurança em outro local" (DUARTE; BERWIG, 2018, n.p).

Ora, fica evidente a semelhança conceitual da situação dos indivíduos supracitados com os demais grupos de refugiados, pois, por causas diversas, ambos se encontram em situação de vulnerabilidade tamanha, que se demanda uma mudança habitacional para outro país, onde irão se refugiar com o fim de garantir sua própria sobrevivência.

Nesse cenário, é sabido que há uma falta de reconhecimento explícito do direito ao meio ambiente equilibrado enquanto um direito humano (CORTAT; PEDRA, 2020). Talvez por isso a dificuldade de reconhecer também a figura do refugiado ambiental, na medida em que o refúgio é uma forma de proteger indivíduos que temem ou sofrem concretamente ameaças e violações a seus direitos humanos. Se não há um reconhecimento quanto ao direito humano, lamentavelmente, dificulta-se o reconhecimento do caráter de refugiado.

A questão dos refugiados ganhou uma proporção tá grande que em certo momento da história que foi criado um organismo ramificado da ONU, que é o anteriormente mencionado ACNUR, responsável pela articulação internacional com o fim de lidar com a questão migratória, mais especificamente acerca dos refugiados, que surgiam mais a cada dia, consequência do fim da Segunda Guerra Mundial, que se deu em 1945. Surge então o ACNUR em 1950 (ACNUR, 2021).

Nesse cenário, com o fim de regulamentar a questão migratória apropriadamente, foi formalizado, em 1951, o Estatuto dos Refugiados, por meio de Convenção da ONU, contudo, sua vigência teve início no âmbito internacional somente a partir de 1954. Na oportunidade, definiram-se os critérios e fundamentos de quais situações representam situação de necessidade de asilo, concluindo por quem deveria ser considerado efetivamente um refugiado, além de estabelecer que nenhum país expulse um refugiado de volta para seu país, o denominado princípio do *"non-refoulement"* (LESSA, 2016, p. 59).

Urge destacar que houve um adicional ao estatuto supracitado: o Protocolo de Nova Iorque, relativo ao Estatuto dos Refugiados, de 1967, indo além, pois o Estatuto dos Refugiados originalmente só abarcava pessoas em situações especificamente citadas nele, de forma que regulava somente pessoas que se tornaram refugiadas em decorrência dos eventos históricos anteriores a 1951. A ideia de promulgar um estatuto acerca do tema se deu por urgência do Direito Humanitário em um mundo pós-guerra, diferentemente do Protocolo, que já surgiu com uma perspectiva de lidar com a problemática sob uma perspectiva abrangente de todos aqueles que viriam a se tornar refugiados independente do momento (BARRICHELLO; ARAUJO, 2014, p. 73).

É preciso, no presente trabalho, diferenciar conceitualmente os tipos de asilo, de modo que fique plenamente esclarecido quando se trata de uma situação de refúgio. Primeiramente, frisa-se que existem dois tipos diferentes de asilo, o chamado asilo territorial, que está previsto na Convenção sobre Asilo Territorial de 1954, e o asilo político, também chamado de diplomático, este previsto no art. 1º da Convenção da OEA, também de 1954. Cabe destacar que o asilo é um direito dos Estados nacionais e não um direito do indivíduo, diferente do que se presume (GUERRA, 2021). Torna-se essencial expor de forma sucinta o conceito de cada tipo de asilo e sua importância no âmbito do Direito Internacional, denotando seu caráter de efetividade quanto a perseguição, sendo necessário atestar a urgência e a concretude da violação de direitos, características comuns a ambos os modelos de asilo. Quanto ao asilo político, eis o conceito brilhantemente resumido por Gilciane Allen Baretta:

> O asilo político é um instituto de caráter humanitário e consiste no acolhimento e proteção dado por um Estado ao estrangeiro que, ao agir em discordância com a política ou contra aqueles que detêm o poder político, passa a sofrer perseguições por suas opiniões e ações, o que configura grave violação dos direitos humanos. Trata-se de tema atual e relevante, em especial no que se refere à sua natureza jurídica – se de direito constitucional ou de direito internacional e se, apesar de seu caráter humanitário, acaba por configurar obstáculo jurídico ao princípio da cooperação penal internacional (BARETTA, 2012, n.p).

Não obstante, importante esclarecer que o asilo político é concedido por um Estado, fora do seu alcance territorial, de modo que um agente estatal fica responsável pelo asilo de quem o solicitou em território estrangeiro (LOPES; OBREGON, 2019). Partindo para a conceituação de asilo territorial, este se diferencia do asilo político em decorrência do caráter territorial, conforme o próprio nome diz, ou seja, o asilo ocorre dentro do país que o asilado solicitou. Além dessa diferença, ele possui outras especificidades em relação ao asilo político, como, por exemplo, não poder o asilado ser um criminoso comum (TÔRRES, 2012, n.p).

Nesse sentido, destaca-se que a diferença entre refúgio e asilo é que o primeiro se dá quando há mero temor decorrente de ameaça aos seus direitos, enquanto o segundo só pode ocorrer mediante uma perseguição atual e efetiva. Ademais, o refúgio é reconhecido por ato declaratório, enquanto o asilo possui caráter constitutivo. Por fim, o asilo, como foi exposto, pode ser solicitado no próprio país de origem do solicitante e configura uma relação do indivíduo com o Estado que lhe protege, já o refúgio, na contramão, só é possível em território diverso do país de origem e configura uma situação de ameaça aos direitos humanos em decorrência de instabilidades e distúrbios sociais em determinada localidade, de modo que demanda uma interferência do Direito Internacional Público, não se tratando de uma situação individualizada (BARRETO, 2006).

1.3 Crise migratória contemporânea

Partindo para uma análise mais aproximada do nosso tempo histórico, cabe demonstrar que o mundo vive uma crise migratória recente, que tem se marcado pela incidência tremenda de situações de refúgio em decorrência de guerras civis, genocídios, perseguições religiosas. Ademais, tem sido incrementada com algumas variantes acerca do tema, como, por exemplo, a xenofobia, que merece ser abordada, tamanha a urgência de lidar com isso a nível global, como será demonstrado.

Dentre as principais causas para os fluxos migratórios atuais, destaca-se a guerra civil síria, que já dura mais de 10 anos, desde 2011, e tem gerado um deslocamento muito grande de pessoas que necessitam de refúgio, pela situação da guerra em si e como consequência do seu fundo religioso e político, que gera perseguição e medo nas pessoas, que têm buscado asilo em países vizinhos, como Líbano, Jordânia e Turquia, por exemplo. A guerra já fez mais de 380 mil vítimas fatais desde 2011 e estima-se que metade da população síria (22 milhões em 2011) teve de deixar suas residências (BBC BRASIL, 2021).

Nesse sentido, a Guerra da Síria não é o único conflito armado existente no Oriente Médio, pelo contrário, muito comum tem sido esse tipo de evento numa região rica em petróleo e outras riquezas naturais. Desse modo, como já exposto, condições de violência explícita e ameaça constante à integridade física e à vida dos indivíduos geram fluxos migratórios massivos. No cenário em tela, ocorre um movimento gigantesco de migração via mar mediterrâneo, posto que é a porção oceânica que banha tanto o norte da África quanto a região asiática que compreende ao Oriente Médio, estas que são zonas de constantes conflitos, mas banha também uma parte do continente europeu, de modo que milhares de indivíduos tentam uma nova vida e uma chance de proteger a si e aos seus, viajando pelo mar, muitas vezes em balsas superlotadas e de forma clandestina, o que acarreta com frequência vítimas fatais desse processo violador de direitos básicos (ACNUR, 2017, on-line).

Mais recentemente, o Talibã, grupo fundamentalista islâmico, alcançou o poder no Afeganistão, o que ocorreu depois da retirada das tropas estadunidenses, que controlavam militarmente o país, se sobrepondo ao então governo nacional. Após a ascensão do Talibã, um forte movimento de fuga se estabeleceu especialmente para aqueles que se encontravam em território nacional trabalhando para o governo americano e prestando outros tipos de serviço a institutos e órgãos internacionais que repeliam o crescimento do grupo. Logo nos primeiros dias da tomada do poder, milhares de cidadãos tentavam fugir do país, tendo inclusive o exército americano se estabelecido no aeroporto de Cabul, com o fim de resgatar os cidadãos estadunidenses em especial (ESPINOSA, 2021).

Tal evento abriu os olhos do ACNUR para a possibilidade de uma nova crise migratória na região, o que fez inclusive com que o órgão emitisse um comunicado oficial solicitando que países vizinhos mantivessem suas fronteiras abertas para afegãos que se sentissem ameaçados em seus direitos (ACNUR, 2021). Demanda-se uma atenção especial para esse ocorrido, que tende a repercutir em novos e massivos fluxos migratórios no Oriente Médio.

Outro fluxo migratório muito recorrente na contemporaneidade são os refugiados venezuelanos, que são altamente impactados por uma gravíssima crise econômica que se relaciona diretamente com a instabilidade política, mais especificamente um conflito interno entre o exército, pró-governo de Nicolás Maduro, presidente do país, e forças de oposição. Nesse contexto, perseguidos políticos, pessoas em situação de extrema miséria e diversas outras das mais variadas camadas sociais buscam uma vida melhor e garantir sua própria subsistência em países vizinhos, em especial o Brasil, onde, segundo a "Agência Brasil", residiam em abril de 2021 cerca de 260 mil imigrantes venezuelanos (PEDUZZI, 2021). No caso brasileiro, a maior parte dos refugiados e imigrantes venezuelanos adentra o território nacional pela fronteira da Venezuela com o Estado de Roraima (UNICEF, 2021).

Urge nesse contexto um esforço conjunto das nações latino-americanas para lidar com a problemática, com o fim de fortalecer as relações diplomáticas, visto que historicamente esses fluxos migratórios têm origens e destinos diversos dentro do continente. Não se deve tratar com outra postura que não seja a de solidariedade, deixando de lado questões político-ideológicas que em algum momento podem dividir os governos. Tratando-se de diplomacia e direitos humanos, tais questões de cunho ideológico devem ser secundárias, especialmente num cenário de crise migratória, a fim de garantir um diálogo construtivo e esforços comuns para resolver a problemática vigente (VINCENZI; FONSECA, 2020, n.p).

Torna-se crucial destacar que são diversos os casos de fluxos migratórios de refugiados ao redor do mundo, o que torna urgente debater esse tema e analisar criticamente os meios que estão sendo utilizados para atenuar o problema e garantir o bem-estar de todos. Contudo, para o trabalho em produção, consideram-se esses casos como os mais chamativos dentro do contexto atual.

Não obstante, cabe demonstrar exemplos práticos das situações que já foram teorizadas alhures, no tópico anterior deste capítulo, leiam-se, os casos em que o movimento migratório ocorre por motivações menos graves que as dos refugiados, ou seja, quando os indivíduos racionalmente tomam a decisão de imigrar para alcançar melhores condições de vida. No cenário atual, com a globalização já estabelecida, pessoas passam a ter conhecimentos bem específicos de outros países, o que facilita e impulsiona mudanças quando o indivíduo julga pertinente. Ademais, a geopolítica segue definindo países com base em seu poderio econômico. Países com taxas econômicas desfavoráveis e com IDH baixo acabam sendo terrenos férteis para imigrações (LESSA, 2016). Para além do poderio econômico dos países que recebem os imigrantes, demonstra-se em alguns casos a necessidade por parte dessas nações de suprir um déficit de oferta de mão de obra, como é o caso do Japão, que outrora teve uma postura mais rígida sob o ponto de vista de política imigratória, tendo, contudo, que se curvar às mudanças, pois viu-se com uma pirâmide etária envelhecida, de modo que a oferta de mão de obra tornou-se escassa para certos setores da economia, aliada ao envelhecimento da população. É um país onde a inserção de mulheres no mercado de trabalho caminha a passos lentos, o que contribui ainda mais para a necessidade de trabalhadores estrangeiros. Por consequência, passou-se a discutir uma proposta de flexibilização na política imigratória japonesa, o que foi aprovado posteriormente (BBC, 2018).

Nesse modelo, destaca-se com muita força também a ida de cidadãos latino-americanos, especialmente mexicanos e brasileiros, para os Estados Unidos, um país com uma moeda forte e bem estabelecida, onde vislumbra-se uma melhor qualidade de vida, mesmo exercendo profissões que *a priori* não são de grande interesse, mas a busca pelo bem-estar e crescimento econômico prevalece. Esse tipo de fluxo migratório torna-se relevante para a economia dos EUA, pois os empregos ocupados por esses imigrantes não são de interesse da maior parte dos nascidos estadunidenses, de modo que há sim uma necessidade de recepcionar essas pessoas, segundo dados apurados pela BBC (MCINTOSH; NUNN, SHAMBAUGH, 2018).

Isso, porém, não impediu um forte movimento de extrema direita americana de questionar a entrada desses indivíduos, tendo sido a eleição de Donald Trump, em 2016, o ápice dessa avalanche conservadora no ocidente. Cabe aqui abordar a xenofobia, um fenômeno social nefasto que tem assolado o pensamento de muitos, não só nos Estados Unidos, mas também em muitos países da Europa. Trata-se basicamente do preconceito contra estrangeiros, muitas vezes pautado pelo medo e por discursos forjados onde busca-se culpar os imigrantes por crises econômicas vividas pelos países, ainda que isso não faça sentido a partir de uma análise fria das relações humanas e econômicas, o que não passa de um pensamento preconceituoso (KHALIL; KHALIL, JUNIOR, 2021, p. 134 *apud* MARUMO; CHAKALE, MOTHELESI, 2019).

Ocorre que, historicamente, os países no âmbito internacional têm se esforçado para repelir esse mal, tendo sido, porém, invertido tal cenário nos últimos anos, visto que o pensamento preconceituoso e xenofóbico alcançou o poder político em diversos países e, portanto, projetos de poder têm encorajado atos de xenofobia e crimes de ódio em geral pelo mundo, não se restringindo às populações, mas também aos governos. Um grande marco negativo nesse cenário foi a proposta do ex-presidente americano Donald Trump de construir um grande muro na fronteira dos EUA com o México, que, segundo o presidente, seria financiado forçadamente pelo próprio governo mexicano (O GLOBO, 2017). Tal proposta megalomaníaca não foi em frente, mas deu o tom do que estaria por vir ao redor do globo.

Não obstante, a Europa nos últimos anos também manifestou comportamento xenofóbico, que é histórico no continente, aguçado possivelmente em decorrência de uma crise econômica que afligiu considerável parte dos países que constituem a União Europeia. O ápice dessa problemática se deu quando governos de extrema direita alcançaram o poder, de modo que os ataques e crimes de ódio individuais passaram a ter respaldo por parte de muitos agentes estatais. Nesse cenário, forma-se um movimento pautado pelo ódio e pelo medo, o que gera uma onda de discursos preconceituosos, muito em decorrência da ignorância e do desconhecimento acerca de culturas diversificadas. Isso tudo em um mundo globalizado, que pretende padronizar comportamentos e consumos, de maneira que, lamentavelmente, demonizam-se quaisquer traços culturais diversos advindos de imigrantes dentro desses países europeus, especialmente repelindo a diversidade trazida por imigrantes árabes e africanos (ALMEIDA; DARSIE, 2021, p. 379).

Não satisfeitos, alguns desses países passaram a questionar oficialmente políticas imigratórias que tendiam a ser mais receptivas para os imigrantes e refugiados, o que chegou inclusive a pautar um debate fortíssimo que culminou no *Brexit*, nome popularizado da saída da Inglaterra da União Europeia, uma decisão tomada pela então primeira-ministra Theresa May, que acabou por dividir o país devido à polêmica que carrega não só no âmbito diplomático e humanitário, mas também sob um ponto de vista econômico. Tal divisão está representada no próprio plebiscito que culminou na decisão final favorável à saída do Reino Unido da União Europeia, visto que 52% da população foi favorável e 48% votou contra (BBC BRASIL, 2018, on-line).

Atos de xenofobia, inclusive, não são exclusivos do continente europeu e têm sido cada vez mais recorrentes ao redor do globo. O número de relatos de xenofobia aumentou consideravelmente em 2020, o que se deu especialmente contra os asiáticos, muito em decorrência de um discurso odioso e de cunho preconceituoso onde se tenta culpabilizar pela pandemia de covid-19 os países orientais, mais especificamente a China (SOUZA, 2020; on-line).

Nesse cenário, nota-se um dualismo nefasto envolvendo movimentos migratórios. Entende-se que os Estados incentivam a entrada de estrangeiros quando do seu interesse econômico, o que denota-se pela flexibilização de suas políticas para situações em que necessita de mão de obra barata, na contramão da rigidez de suas normas de recepção de refugiados, cujas situações são urgentes em face de graves ameaças e/ou violações de seus direitos. Tal comportamento interesseiro por parte dos Estados nacionais é incrementado com situações individuais de preconceitos, como xenofobia e racismo, sofridos nos países que lhes recepcionam, mesmo para aqueles que imigram buscando trabalho e sendo incentivados pelos governos nacionais. Ou seja, quaisquer que sejam os tipos de imigrantes, em algum momento eles serão prejudicados inerentemente em decorrência de sua condição de estrangeiro.

1.4 Políticas de acolhimento no plano internacional

No plano internacional, cabe tratar essencialmente daquelas políticas migratórias que estão vigentes nos principais polos receptores de imigrantes e refugiados, ou seja, países que mais recebem indivíduos dentro dos principais fluxos migratórios.

Nessa empreitada, cabe ressaltar que a Europa possui uma política conjunta, guardadas algumas poucas exceções, como Inglaterra e Itália, a primeira que deixou a União Europeia, motivada especialmente pela divergência em relação à política migratória adotada pela UE, isso somado ao aumento do movimento nacionalista e da xenofobia dentro do país (SCHAITEL; MERCHER, 2018). Resumidamente, após observar a existência de uma crise migratória, principalmente na região do mar mediterrâneo, devido ao grande número de refugiados e imigrantes advindos do norte da África e do Oriente Médio.

Nesse cenário a UE se viu na necessidade de elaborar uma política comum aos países-membros, de modo que não sobrecarregasse nenhum dos entes, por intermédio de uma melhor distribuição dos indivíduos que adentrassem o território europeu. Além do que é sabido por parte da EU, que nem todos os imigrantes possuem as mesmas demandas, alguns chegam sob urgência de ajuda humanitária, especialmente os refugiados que muitas vezes passam por situações de extrema vulnerabilidade, circunstância que destoa dos imigrantes que buscam apenas uma melhoria econômica. Em posse desses fatores, a comissão europeia se juntou em 2017 para definir normas a fim de controlar a situação migratória, atuando inclusive preventivamente, em parceria com governos e instituições dos países dos quais mais saem pessoas com destino à Europa (BREDA; JESUS, 2019).

Há que se falar ainda no exemplo japonês, que, como já explicitado, tem flexibilizado mais sua política migratória em decorrência da necessidade econômica, posto que possui uma população cada vez mais envelhecida e uma baixa inserção feminina no mercado de trabalho (G1, 2019, on-line).

Por fim, insta falar da política migratória estadunidense, que na história recente tem apresentado uma rigidez cada vez maior, no sentido de limitar as possibilidades de imigrações legais no país, tendo o governo do ex-presidente Donald Trump dificultado até a imigração legal (BBC, 2018). Urge destacar que é lógico supor a relação inevitável entre tamanha restrição e rigidez com a ocorrência cada vez maior de imigrantes tentando entrar ilegalmente no território do país. O governo tem tornado ainda mais difícil a entrada de imigrantes pela fronteira, forçando uma audiência no tribunal de imigração dos EUA para aqueles que tentam atravessar a fronteira com o México. Tal política tinha sido extinta no começo do governo Biden, no entanto, ao que tudo indica o presidente democrata recém-eleito restituirá essa política de Trump (CNN, 2021), o que denota que a problemática política migratória estadunidense não parece ter previsão para ser flexibilizada, pelo contrário.

1.5 Políticas de acolhimento no Brasil

O Brasil possui uma legislação considerada bem receptiva a imigrantes e refugiados dentro do país. Recentemente, foi promulgada a nova Lei de Migração brasileira, Lei nº 13.445/2017, que é considerada um avanço normativo do país no que tange à questão migratória. Sobre a nova Lei, Mendes e Brasil (2020) definem:

> A Lei n. 13.445/17 buscou harmonizar-se aos direitos humanos, assegurados por meio de tratados dos quais o Brasil é signatário, e direitos fundamentais prescritos na Constituição Federal de 1988, como o direito à liberdade, à segurança e à inviolabilidade de domicílio. Em consonância com esses direitos, a lei estabelece que a política migratória brasileira será regida, entre outros princípios e diretrizes, pela universalidade; interdependência dos direitos humanos; pelo repúdio e prevenção à xenofobia, ao racismo e a quaisquer formas de discriminação; não criminalização da migração; e pela não discriminação em razão dos critérios e dos procedimentos pelos quais a pessoa foi admitida em território nacional. (MENDES; BRASIL, 2020, p. 83)

2 A *soft law* aplicada à questão migratória

2.1 *Soft law* no Direito Internacional Público

Cabe, primeiramente destacar que a *soft law* é um fenômeno recente dentro do Direito Internacional Público, de modo que sua conceituação se torna multifacetada, não possuindo um caráter unificado. Há, no entanto, mecanismos de reconhecer as características e a causa de sua preferência em certas situações no cenário jurídico internacional (CARVALHO, 2006). Cumpre estabelecer algumas das tentativas de conceituação dessa ferramenta jurídica que está tão em voga nos dias de hoje, como, por exemplo, a de Fernando da Silva Gregório:

> A *soft law* pode ser definida como um conjunto de normas (*standards* normativos) de categoria residual cujo escopo é criar vinculações exortatórias, em oposição clara às vinculações obrigatórias próprias da *hard law* criando, deste modo, uma expectativa de cumprimento baseada na *autonomia da vontade* e na *boa-fé* típica dos acordos convencionados cuja raiz é o mútuo consentimento (GREGÓRIO, 2016, n.p).

Em breve síntese, ele conceitua a *soft law* enquanto norma jurídica a qual sua efetividade depende da boa-fé e da proatividade daqueles que se dispuseram a convencioná-la. Ou seja, ela se opõe à *hard law*, devido à ausência de uma obrigação concreta, talvez por consequência da falta de previsão de punibilidade em caso de descumprimento do que a norma prevê, de modo que se questiona sua efetividade e validade, o que será analisado mais a fundo posteriormente.

Outra definição de *soft law* é trazida por Samantha Koutras (2017). A autora traz um conceito por meio do contraste com a *hard law*, tratando a *soft law* como resíduo desta, dando a entender que há uma redução gradativa na força vinculante das normas de *soft law*, tal perda de força se daria ao longo de algumas dimensões, a saber:

> Assim, se um acordo não é formalmente vinculante, este será *soft* em uma de suas dimensões. Da mesma forma, se um acordo ou norma é formalmente vinculante, mas seu conteúdo é vago de tal modo que o acordo deixa quase toda a discrição para as partes quanto à sua aplicação, então o mesmo será *soft* em relação à segunda dimensão. Finalmente, se um acordo não delegar qualquer autoridade para um terceiro para acompanhar a sua aplicação ou para interpretação, em seguida, o acordo novamente pode ser *soft*, ao longo de uma terceira dimensão, visto que não há uma terceira parte que fornece um ponto focal em torno do qual as partes podem reavaliar suas posições e, assim, discursivamente justificar seus atos mais facilmente em termos legalistas com menos consequências, quer em termos reputacionais ou outras sanções (KOUTRAS, 2017, s.p).

Nesse cenário, a autora aborda a questão da vinculação, que resta comprometida no caso das normas de *soft law*, na medida em que não impõem obrigatoriedade. Nesse sentido, seguindo a teoria de Kelsen, entende-se que a norma jurídica é constituída não apenas pela conduta que ela impõe, mas também pela sanção que ela carrega em caso de descumprimento do que ela define (BARBOSA, 2016). Questiona-se, então, se há ineficácia na utilização dessas normas, na medida em que elas não atribuem sanção em caso de descumprimento.

Parte da corrente doutrinária do Direito internacional público entende que há uma função das normas de *soft law*, que seria a de simbolicamente ditar o caminho para a consolidação do costume internacional, não poderiam, contudo, caracterizarem-se enquanto direito positivo, não representando uma fonte de norma jurídica (ACCIOLY, 2021, on-line).

Parece ser conveniente para determinados países utilizar-se desse tipo de norma no cenário internacional, pois às vezes, prevalece um interesse político interno no momento da formulação de um texto legal, de modo que a recepção no ordenamento jurídico interno do que é decidido a nível diplomático no cenário internacional fica em segundo plano. Isso sem falar na possibilidade de haver uma divergência com o poder legislativo local (congresso, senado, etc.), isso também pode ser um fator que deixe os Estados-nação mais tendentes a preferirem as normas de *soft law* nas tratativas no âmbito do Direito internacional público (CARVALHO, 2006).

Não obstante, a preferência pelo uso das normas de *soft law* no Direito internacional público também ocorrem em decorrência da flexibilidade que ela possibilita, de modo que politicamente os Estados tendem a adotar em determinados períodos históricos, certas normas, de modo a não comprometer seus agentes políticos por exemplo (GREGÓRIO, 2016, on-line).

Torna-se pertinente abordar o momento histórico, no qual surge a *soft law*, cabe destacar que não é possível dizer exatamente quando se deu a primeira aplicação, é possível, porém, afirmar que sua incidência no direito internacional começou a ser frequente a partir do final da segunda guerra mundial como expõe Daniel Carvalho:

> Embora existissem antes, foi no início do século XX que tais organizações apareceram com mais frequência no cenário internacional. Mas somente depois da segunda guerra mundial, com o estabelecimento da ONU (Organização das Nações Unidas) e as instituições criadas a partir de Breton Woods (FMI – Fundo Monetário Internacional, Banco Mundial e o GATT – *General Agreement on Tariffs and Trade*, atual OMC – Organização Mundial do Comércio), é que este fenômeno se expande e passa a ter grande influência nas relações internacionais (CARVALHO, 2006, p. 52).

Desse modo, o que se vê é uma relação umbilical entre a *soft law* e os direitos humanos no âmbito do Direito Internacional Público, o que alerta para o fato de que não há espaço para a ineficácia em sua implementação, pois não se trata de um debate meramente burocrático acerca de temáticas como comércio, tributos e afins, que são sim relevantes, mas estão longe da urgência e da pertinência de temas como imigração e refúgio, que lidam diretamente com o bem-estar, direitos humanos e dignidade humana dos indivíduos que necessitam dessa proteção.

Urge sim, questionar a pertinência de usar outras medidas normativas para tratar dessas questões, pois normas declaratórias de *soft law* são escassas de sanções e obrigações em seus textos normativos, o que parece estar comprometendo a efetivação de direitos humanos. Inclusive, há que se falar que o mero discurso pró-direitos humanos não deve se limitar ao plano simbólico, pelo contrário, é urgente pôr em prática aquilo que é dito, com o fim de combater violações a direitos humanos, como alude Fabriz (2007, p. 9): "ao mesmo tempo em que nos deparamos com vários discursos em prol dos direitos humanos, convivemos com uma realidade inversa, onde uma grande massa de pessoas no mundo é levada à miséria extrema".

2.2 Soft law e seus efeitos práticos no Direito Internacional

Com o fim de abordar a aplicação da soft law no Direito Internacional Público, torna-se crucial expor alguns de seus principais exemplos, observando também seus efeitos práticos, de modo a definir sua real capacidade de garantir o que é previsto nessas normas.

A primeira a ser abordada e a de maior relevância no Direito Internacional Público é a Declaração Universal dos Direitos Humanos, de 1948. Esta que é um marco para a diplomacia mundial e um ponto de partida forte para a construção de um Direito Internacional dos direitos humanos mais sólido e presente. Ela surge em um momento em que a humanidade se recuperava dos traumas e das consequências nefastas trazidas pela Segunda Guerra Mundial (1939-1945). Não obstante, carrega em si uma série de direitos humanos básicos para que se garanta o bem-estar dos indivíduos, contudo não traz consigo sanções previstas em casos de países-membros da ONU descumprirem o que ela determina e, até por isso, é considerada uma legislação de normas de soft law. Sua importância na prática foi influenciar os países-membros a incorporarem em seus ordenamentos jurídicos internos o que é previsto, além de representar uma abertura para a criação de novos institutos e órgãos nacionais e internacionais que visassem uma cooperação global, pelo menos é o que alude Rafael Bellem, coordenador do curso de Direito da *Insper*, em entrevista ao portal de notícias da própria instituição (INSPER, 2020, on-line).

Isso, no entanto, não muda o fato de que ainda são cometidas em nível global diversas violações de direitos humanos, inclusive promovidas por governos nacionais de países que assinaram favoravelmente a DUDH, o que leva ao questionamento da sua real eficácia jurídica. Isto posto, não há como negar o poder simbólico e até mesmo prático da declaração. É urgente, no entanto, entender que sem sanções e contraprestações rígidas em caso de descumprimento do que descreve a carta, sua eficácia estará comprometida, pois diversos países acabam por se sentir confortáveis para se omitir em relação à garantia de direitos ou, ainda, atuar efetivamente em prol de violações, apenas para atender interesses outros que não os próprios direitos humanos.

Outro exemplo de *soft law* com grande relevância no cenário internacional são as conferências acerca da questão ambiental, tais como a de Estocolmo (1972) e do Rio (1992), esta segunda popularmente conhecida como ECO-92. Em ambas foram redigidas declarações com caráter de *soft law*, determinando medidas a serem tomadas por países que, em esforço conjunto, passariam a contribuir com novas tecnologias e troca de informações acerca da questão ambiental, a fim de dirimir os efeitos decorrentes da interferência humana no meio ambiente (BERCHIN; CARVALHO, 2015).

Isso, no entanto não impediu que uma série de violações ao meio ambiente continuasse acontecendo, inclusive por países que participaram das conferências supracitadas. Não à toa, o aquecimento global segue aumentando ano após ano, sob considerável influência humana (BBC, 2021), além do nível de poluição estar em constante aumento também (CLIMATEMPO, 2021).

Tais fatos nos levam a questionar mais uma vez a real eficácia desse tipo de norma de *soft law*, pois os países, representados por seus governantes e representantes, se reúnem para debater as questões e propõem medidas para resolver os problemas, sem, no entanto, conseguir resolvê-los na prática.

2.3 Transconstitucionalismo e adoção da *soft law* pelos Estados-nação no debate da questão migratória

Para que se aborde a adoção da *soft law* no que tange à questão migratória, torna-se urgente conceituar transconstitucionalismo, por ser um instrumento essencial para entender a aplicação desse tipo de norma no Direito Internacional. Nesse sentido, Marcelo Neves, em entrevista à revista Consultor Jurídico, define que:

> [...] transconstitucionalismo é o entrelaçamento de ordens jurídicas diversas, tanto estatais como transnacionais, internacionais e supranacionais, em torno dos mesmos problemas de natureza constitucional (REVISTA CONSULTOR JURÍDICO, 2009, on-line).

Dessa forma, a tomada de decisões compartilhadas acerca da questão migratória mostra-se presente e, portanto, há constitucionalismo. Um exemplo disso é a própria Declaração Universal dos Direitos

Humanos de 1948, que em seus artigos 13 e 14 declara os direitos pertinentes à questão migratória, a saber:

Artigo 13
1. Todo ser humano tem direito à liberdade de locomoção e residência dentro das fronteiras de cada Estado.
2. Todo ser humano tem o direito de deixar qualquer país, inclusive o próprio e a esse regressar.
Artigo 14
1. Todo ser humano, vítima de perseguição, tem o direito de procurar e de gozar asilo em outros países.
2. Esse direito não pode ser invocado em caso de perseguição legitimamente motivada por crimes de direito comum ou por atos contrários aos objetivos e princípios das Nações Unidas. (ONU; 1948)

Nesse cenário, torna-se nítido que a ONU trata da migração enquanto um direito humano, já que o art. 13 da DUDH explicita o direito de o indivíduo deixar seu país. Cabe destacar que essa saída normalmente se dará por uma necessidade ou ambição de alcançar melhoria de vida e garantir assim outros direitos previstos na própria declaração. Não obstante, o art. 14 da mesma declaração trata diretamente da questão do asilo, que funciona de forma praticamente análoga ao refúgio, na medida em que o indivíduo procura outros países para se abrigar e se manter a fim de garantir sua integridade e seus direitos humanos.

A questão dos refugiados, no entanto, ganhou uma declaração internacional própria, que é a Convenção das Nações Unidas relativa ao Estatuto dos refugiados de 1951, posteriormente consubstanciada e até aprimoradas com relação ao seu alcance pelo protocolo de 1967. Esses eventos surgiram como "os meios através dos quais é assegurado que qualquer pessoa, em caso de necessidade, possa exercer o direito de procurar e receber refúgio em outro país" (ACNUR, 2021; on-line).

Infelizmente, apesar do esforço coletivo de diversos países e da comunidade internacional, ao que parece tais normas não foram suficientes para evitar que violações aos direitos humanos de imigrantes e refugiados acontecessem frequentemente ao redor do globo. Isso só leva a crer que há uma falta de rigidez normativa para lidar com a questão. Países que são signatários e concordaram com as normas de caráter *soft law* não estão colocando em prática o estipulado. Dessa forma, contar com a mera adesão desses países e uma suposta boa-fé na hora de propor esse tipo de declaração não parece ser suficiente para resolver de fato as problemáticas que são abordadas por tais declarações.

Considerações finais

Por fim, tendo em vista a importância e urgência do tema, na medida em que lida com vidas humanas e pessoas em situação de vulnerabilidade social, após uma análise bibliográfica e normativa acerca do tema, é possível concluir que não é possível atestar a eficácia das normas de *soft law* para lidar com a questão migratória. Isso se vê pelas inúmeras violações de direitos existentes mesmo após a promulgação dessas normas de Direito Internacional, o que é agravado na medida em que diversos países que são signatários de convenções e declarações acerca da problemática acabam sendo protagonistas de diversas dessas violações, como se atesta na questão dos campos de refugiados pelo mundo, no crescente aumento de casos de xenofobia ao redor do globo e nas sucessivas crises migratórias em decorrência de guerra, fome e perseguições diversas. Nota-se que a comunidade internacional se mantém falha na questão da defesa desses direitos. Resta debater mais fortemente medidas mais rígidas a serem tomadas e sanções para países e governos que não respeitem as normas que regulam a questão.

Referências

ACCIOLY, H.; CASELLA, P. B.; SILVA, G. E. D. N. E. *Manual de Direito Internacional Público*. 25. ed. São Paulo: Saraiva, 2021. E-book.

ACNUR alerta sobre necessidades humanitárias no Afeganistão que não podem ser ignoradas. [*S. l.*], 20 ago. 2021. Disponível em: https://www.acnur.org/portugues/2021/08/20/acnur-alerta-sobre-necessidades-humanitarias-no-afeganistao-que-nao-podem-ser-ignoradas/. Acesso em: 15 nov. 2021.

ACNUR BRASIL. Filippo Grandi fala sobre os perigos que refugiados enfrentam ao atravessar o Mediterrâneo. [*S.l.*], 16 nov. 2021. Disponível em: https://www.acnur.org/portugues/2017/05/09/filippo-grandi-fala-sobre-os-perigos-que-refugiados-enfrentam-ao-atravessar-o-mediterraneo/. Acesso em: 15 nov. 2021.

ACNUR BRASIL. REFUGIADOS. [*S.l.*], 2021. Disponível em: https://www.acnur.org/portugues/quem-ajudamos/refugiados/. Acesso em: 15 nov. 2021.

ACNUR. HISTÓRICO. [*S.l.*], 2021. Disponível em: https://www.acnur.org/portugues/historico/. Acesso em: 15 nov. 2021.

ALMEIDA, Fábio Chang de Almeida; DARSIE, Camilo. Comida, identidade e xenofobia: um estudo de caso em discursos da nova direita radical europeia. *Locus: Revista de História*, Juiz de Fora, v. 27, n. 2, 2021. Disponível em: https://periodicos.ufjf.br/index.php/locus/article/view/31563/23352. Acesso em: 15 nov. 2021.

ALVAREZ, Priscilla. Biden deve restituir medida migratória de Trump em novembro nos EUA. *CNN*, [*S.l.*], on-line, 15 out. 2021. Disponível em: https://www.cnnbrasil.com.br/internacional/biden-deve-restituir-medida-migratoria-de-trump-em-novembro-nos-eua/. Acesso em: 15 nov. 2021.

ARAÚJO, Cecília. Países que recebem imigrantes não têm nenhum prejuízo. *VEJA*, [*S. l.*], on-line, 5 dez. 2011. Disponível em: https://veja.abril.com.br/mundo/paises-que-recebem-imigrantes-nao-tem-nenhum-prejuizo/. Acesso em: 15 nov. 2021.

BARBOSA, José Olindo Gil. A norma em Kelsen: a sanção como fundamento da norma. *Revista Jus Navigandi*, Teresina, ano 21, n. 4.696, 10 maio 2016. Disponível em: https://jus.com.br/artigos/44659. Acesso em: 14 nov. 2021.

BARETTA, Gilciane Allen. O asilo político como expressão dos direitos fundamentais. *Ciências Penais*, [*s.l.*], v. 16, p. 75-107, jan./jun. 2012.

BARICHELLO, Stefania Eugenia; DE ARAUJO, Luiz Ernani Bonesso. Aspectos históricos da evolução e do reconhecimento internacional do status de refugiado. *Universitas Relações Internacionais*, [*s.l.*], v. 12, n. 2, p. 63-76, jul./dez. 2014.

BARRETO, Luiz Paulo Teles F. Das diferenças entre os institutos jurídicos do asilo e do refúgio. *Instituto Migrações e Direitos Humanos*, [*s.l.*], 14 set. 2006. Disponível em: https://www.migrante.org.br/refugiados-e-refugiadas/das-diferencas-entre-os-institutos-juridicos-do-asilo-e-do-refugio/. Acesso em: 15 nov. 2021.

BASSO, João. Níveis de poluição batem recorde, apesar da pandemia da covid-19. *CLIMATEMPO*, [*S.l.*], on-line, 10 abr. 2021. Disponível em: https://www.climatempo.com.br/noticia/2021/04/10/niveis-de-poluicao-batem-recorde-apesar-da-pandemia-da-covid-19-9033. Acesso em: 15 nov. 2021.

BERCHIN, Issa Ibrahim; CARVALHO, Andreia de Simas Cunha. O papel das conferências internacionais sobre o meio ambiente para o desenvolvimento dos regimes internacionais ambientais: de Estocolmo à RIO +20. *VII Seminário de Pesquisa Interdisciplinar – UNISUL*, [*s.l.*], 2015. Disponível em: https://www.unisul.br/wps/wcm/connect/7c137789-3183-40e6-ac62-1dcca60f5b48/artigo_gt-ca_issa-andreia_vii-spi.pdf?mod=ajperes. Acesso em: 15 nov. 2021.

BERMÚDEZ, Ángel. Como o governo Trump está limitando também a imigração legal aos EUA. *BBC Brasil*, [*S.l.*], on-line, 13 set. 2018. Disponível em: https://www.bbc.com/portuguese/internacional-45495044. Acesso em: 15 nov. 2021.

BREDA, Gabriella Wotkosky; JESUS, Layse Rodrigues de. As políticas migratórias da União Europeia e o contemporâneo caso italiano. *Anais do XVI SIMPURB*, p. 1.400-1.415, 2019. Disponível em: https://periodicos.ufes.br/simpurb2019/article/view/25996/19770. Acesso em: 15 nov. 2021.

BRITO, Sabrina. Imigrantes fazem bem à economia, conclui estudo. Disponível em: https://veja.abril.com.br/ciencia/imigrantes-fazem-bem-a-economia-conclui-estudo/. *VEJA*, [*S.l.*], on-line, 20 jun. 2018. Disponível em: https://veja.abril.com.br/ciencia/imigrantes-fazem-bem-a-economia-conclui-estudo/. Acesso em: 15 nov. 2021.

CARVALHO, Daniel Ferreira de Souza. *O fenômeno soft law bate à porta do Direito Internacional contemporâneo*. 2006. Trabalho de Conclusão de Curso (bacharelado em Relações Internacionais) – Centro Universitário de Brasília – UniCEUB, [*S.l.*], 2006. Disponível em: https://repositorio.uniceub.br/jspui/bitstream/235/9609/1/20277941.pdf. Acesso em: 15 nov. 2021.

CHUEIRI, Vera Karam de; CÂMARA, Heloisa Fernandes. Direitos humanos em movimento: migração, refúgio, saudade e hospitalidade. *Direito, Estado e Sociedade*, Rio de Janeiro, n. 36, p. 158-177, jan./jun. 2010.

CONVENÇÃO DE 1951. [*S.l.*], 2021. Disponível em: https://www.acnur.org/portugues/convencao-de-1951/. Acesso em: 15 nov. 2021.

DUARTE, Agnaldo Mouler; BERWIG, Juliane Altmann. Os refugiados ambientais: eventos atuais, projeções e definições jurídicas. *Environmental refugees*: current events, projections and legal definitions, [*s.l.*], v. 92, p. 85-110, out./dez. 2018.

EMIGRANTE Ou Imigrante? [*S.l.*], 2016. Disponível em: https://portugues.dicaseexercicios.com.br/emigrante-ou-imigrante/. Acesso em: 15 nov. 2021.

ENTENDA A POLÊMICA SOBRE A POLÍTICA QUE SEPARAVA FAMÍLIAS DE IMIGRANTES ILEGAIS NOS EUA. *BBC*, [*S.l.*], on-line, 23 jun. 2018. Disponível em: https://www.bbc.com/portuguese/internacional-44584132. Acesso em: 15 nov. 2021.

ENTENDA A IMPORTÂNCIA DA DECLARAÇÃO UNIVERSAL DOS DIREITOS HUMANOS. *Insper*, [*S.l.*], on-line, 10 dez. 2020. Disponível em: https://www.insper.edu.br/noticias/declaracao-universal-dos-direitos-humanos/. Acesso em: 15 nov. 2021.

ENTENDA A PROPOSTA DE TRUMP PARA MURO NA FRONTEIRA MEXICANA. *O GLOBO*, [*S.l.*], on-line, 25 jan. 2017. Disponível em: https://oglobo.globo.com/mundo/entenda-proposta-de-trump-para-muro-na-fronteira-mexicana-20824875. Acesso em: 15 nov. 2021.

ENTENDA O BREXIT E SEUS IMPACTOS EM 8 PERGUNTAS. *BBC Brasil*, [*S. l.*], on-line, 25 nov. 2018. Disponível em: https://www.bbc.com/portuguese/internacional-46335938. Acesso em: 15 nov. 2021.

ESPINOSA, ÁNGELES. Milhares de afegãos tentam fugir do Talibã, e caos se instala no aeroporto de Cabul. *El País*, [*S.l.*], on-line, 16 ago. 2021. Disponível em: https://brasil.elpais.com/internacional/2021-08-16/milhares-tentam-fugir-do-taliba-e-caos-se-instala-no-aeroporto-de-cabul.html. Acesso em: 15 nov. 2021.

FABRIZ, D. C.; Direitos e garantias fundamentais no século 21: os desafios no plano da efetividade. *Revista de Direitos e Garantias Fundamentais*, n. 3, p. 9-10, 20 set. 2007.

GONÇALVES, Luísa Cortat Simonetti; PEDRA, Adriano Sant'Ana. Deveres internacionais e obrigações socioambientais para empresas multi e transnacionais. *Revista de Direito Internacional*, Brasília, v. 17, n. 3, p. 519-537, 2020. Disponível em: https://www.gti.uniceub.br/rdi/article/view/6965.

GREGÓRIO, Fernando da Silva. Consequências sistêmicas da *soft law* para a evolução do Direito Internacional e o reforço da regulação global. *Revista de Direito Constitucional e Internacional*, [*s.l.*], v. 95, p. 299-320, abr./jun. 2016.

GUERRA, S. *Curso de Direito Internacional Público*. 13. ed. São Paulo: Saraiva, 2021. E-book.

HAIDAR, Rodrigo. Acesso à Justiça não é só o direito de ajuizar ações. *Revista Consultor Jurídico*, [*S.l.*], on-line, 12 jul. 2019. Disponível em: https://www.conjur.com.br/2009-jul-12/fimde-entrevista-marcelo-neves-professor-conselheiro-cnj. Acesso em: 15 nov. 2021.

KHALIL, Omar; KHALIL, Sara; JUNIOR, Edmilson. Xenofobia: um velho sintoma de um novo coronavírus. *Revista Thema*, v. 20; p. 132-142, 2021. Disponível em: https://periodicos.ifsul.edu.br/index.php/thema/article/view/1855/1795. Acesso em: 15 nov. 2021.

KOUTRAS, Samantha Gabriela. *Soft law, hard law* e a teoria da transnormatividade: um estudo do Direito Internacional contemporâneo. *Revista de Direito Constitucional e Internacional*, [s.l.], v. 101, p. 253-267, maio/jun. 2017.

LESSA, Danielle Karina Pincerno Favaro Trindade de Miranda. *Direitos Fundamentais do Migrante Internacional:* mudança de paradigma legislativo frente ao novo contexto migratório global. 2016. Dissertação (Mestrado em Direito) – Faculdade de Direito de Ribeirão Preto – Universidade de São Paulo, Ribeirão Preto, 2016. DOI: https://doi.org/10.11606/D.107.2017.tde-07072017-105115. Disponível em: https://teses.usp.br/teses/disponiveis/107/107131/tde-07072017-105115/publico/DanielleKPFTMLessaCorrigida.pdf. Acesso em: 12 nov. 2021.

LOPES, A. M. D.; VIANA, R. G. A proteção das crianças refugiadas no Brasil por meio do controle de convencionalidade. *Revista de Direitos e Garantias Fundamentais*, v. 17, n. 2, p. 81-106, 30 dez. 2016.

LOPES, Christiano Gabetto Dias; OBREGON, Marcelo Fernando Quiroga. Asilo político e territorial: uma possível saída para os refugiados políticos. *Derecho y Cambio Social*, [s.l.], n. 55, p. 1-13, 2019. Disponível em: http://www.mpsp.mp.br/portal/page/portal/documentacao_e_divulgacao/doc_biblioteca/bibli_servicos_produtos/bibli_boletim/bibli_bol_2006/Derecho-y-Cambio_n.55.07.pdf. Acesso em: 15 nov. 2021.

MCINTOSH, Kriston; NUNN, Ryan; SHAMBAUGH, Jay. 8 gráficos que mostram quem são os imigrantes que se mudaram para os EUA. *BBC Brasil*, [S. l.], on-line, 30 nov. 2018. Disponível em: https://www.bbc.com/portuguese/internacional-46385212. Acesso em: 15 nov. 2021.

MENDES, Aylle de Almeida; BRASIL, Deilton Ribeiro. A Nova Lei de Migração brasileira e sua regulamentação da concessão de vistos aos migrantes. *Sequência*, Florianópolis, n. 84, p. 64-88, abr. 2020. Disponível em: https://www.scielo.br/j/seq/a/m857phqNWZFzQDZ8vqhLDLM/?format=pdf&lang=pt. Acesso em: 15 nov. 2021.

MUDANÇAS CLIMÁTICAS. As provas de que o aquecimento global é causado pelos humanos. *BBC Brasil*, [S.l.], on-line, 4 nov. 2021. Disponível em: https://www.bbc.com/portuguese/internacional-59148373. Acesso em: 15 nov. 2021.

ORGANIZAÇÃO DAS NAÇÕES UNIDAS. *Declaração Universal dos Direitos Humanos*. Paris: [s. n.], 1948. Resolução 217 A (III) da Assembleia Geral.

PARLAMENTO EUROPEU. Explorar as razões da migração: por que é que as pessoas migram? [S.l.], 2020. Disponível em: https://www.europarl.europa.eu/news/pt/headlines/world/20200624STO81906/explorar-as-razoes-da-migracao-porque-e-que-as-pessoas-migram. Acesso em: 15 nov. 2021.

PEDUZZI, Pedro. Operação Acolhida soma 50 mil refugiados venezuelanos interiorizados. *Agência Brasil*, [S.l.], on-line, 20 abr. 2021. Disponível em: https://agenciabrasil.ebc.com.br/direitos-humanos/noticia/2021-04/operacao-acolhida-contabiliza-50-mil-refugiados-venezuelanos. Acesso em: 15 nov. 2021.

PIMENTA, Matusalém Gonçalves. Uma visão contemporânea da *soft law*. *Jus.com.br*, [s.n.], 2018. Disponível em: https://jus.com.br/artigos/64141/uma-visao-contemporanea-da-soft-law. Acesso em: 15 nov. 2021.

POR QUE A GUERRA DA SÍRIA CONTINUA APÓS 10 ANOS? *BBC Brasil*, [S. l.], on-line, 15 mar. 2021. Disponível em: https://www.bbc.com/portuguese/internacional-56378202. Acesso em: 15 nov. 2021.

POR QUE O FECHADO JAPÃO AGORA QUER ABRIR SUAS PORTAS PARA IMIGRANTES. *BBC Brasil*, [S.l.], on-line, 5 nov. 2018. Disponível em: https://www.bbc.com/portuguese/geral-46095680. Acesso em: 15 nov. 2021.

SCHAITEL; Fernandes Antônio; MERCHER, Leonardo. A saída do Reino Unido da União Europeia (UE). *UNINTER*, 2018. Disponível em: https://repositorio.uninter.com/bitstream/handle/1/204/1112248%20-%20FERNANDES%20SCHAITEL.pdf?sequence=1&isAllowed=y.

SOUZA, Lays Serpa de. O aumento da xenofobia e racismo no ano de 2020. *Justificando*, [S.l.], on-line, 25 maio 2020. Disponível em: https://www.justificando.com/2020/05/25/o-aumento-da-xenofobia-e-racismo-no-ano-de-2020/. Acesso em: 15 nov. 2021.

TÔRRES, Luís Wanderley. Direito de asilo. *Doutrinas Essenciais de Direito Internacional*, [s.l.], v. 4, p. 795-800, fev. 2012.

UNICEF (BRASIL). Crise migratória venezuelana no Brasil. *In*: *Crise migratória venezuelana no Brasil*, [S.l.], 2021. Disponível em: https://www.unicef.org/brazil/crise-migratoria-venezuelana-no-brasil. Acesso em: 15 nov. 2021.

VINCENZI, Brunela Vieira de; FONSECA, Luma Vilela Ramos. Crise migratória de venezuelanos: uma questão diplomática / Migratory crisis of Venezuela: a diplomatic issue. *Revista de Direito Constitucional e Internacional*, [s l.], v. 120, jul./ago. 2020. Disponível em: https://www.revistadostribunais.com.br/maf/app/resultList/document?&src=rl&srguid=i0ad82d9a0000017ce3facd5d80dab831&docguid=I59d334e0c8ae11eaa92bce5f53e8a2c7&hitguid=I59d334e0c8ae11eaa92bce5f53e8a2c7&spos=1&epos=1&td=171&context=90&crumb-action=append&crumb-label=Documento&isDocFG=true&isFromMultiSumm=true&startChunk=1&endChunk=1. Acesso em: 15 nov. 2021.

Informação bibliográfica deste texto, conforme a NBR 6023:2018 da Associação Brasileira de Normas Técnicas (ABNT):

ARAÚJO, Arthur Altoé de; FABRIZ, Daury Cesar. Direitos humanos: uma análise da eficácia da *soft law* no Direito Internacional aplicada à questão migratória. *In*: SARAIVA FILHO, Oswaldo Othon de Pontes; BERTELLI, Luiz Gonzaga; SIQUEIRA, Julio Homem de (coord.). *Direitos dos refugiados*. Belo Horizonte: Fórum, 2024. (Coleção Fórum Direito Internacional Humanitário, v. 1, t. 2). p. 217-242. ISBN 978-65-5518-614-7.

SOCIAL CONTROL AND MIGRANT INTEGRATION INTO THE HOST COUNTRY. THE CASE OF GREECE

ANASTASIA CHALKIA

1 Introduction

The last decade has seen one of the largest population movements in social history. According to data from the UN High Commissioner for Refugees at the end of 2021 (UNHCR, 2022), there are 89.3 million Internationally Displaced People (IDPs) worldwide, of which 27.1 million are refugees and about half are under 18 years old. There are also millions of stateless people who do not have access to basic rights, such as education, employment, and freedom of movement. In particular, European Union (EU) has received a large number of refugees and migrants[1] since 2015.[2] The great influx of refugees was considered a 'crisis' (Spindler, 2015) that had to be addressed immediately and effectively.

---

[1] The term *migrant* throughout this paper includes refugees, asylum seekers and all third-country nationals legally residing in a Member State. Migrants are those who change their place of usual residence, regardless of the reason or legal status. See UN, UN Regional Information Center, and Sajjad T., 2018. Outside the scope of this paper remains a very important population category, that of people without legal documents in member states.

[2] Eurostat, Statistics Explained, Asylum applications (non-EU) in the EU-28 Member States, 2008-2018, available at: https://ec.europa.eu/eurostat/statistics-explained/index.php?title=File:Asylum_applications_(non-EU)_in_the_EU_28_Member_States,_2008%E2%80%932018_(thousands)_YB19_3.png.

In this context, European Union is called upon to deal with the migration issue in three phases of its evolution: the creation of the migrant population, their reception in the European territory, and the integration of 'newcomers' (Chalkia, Giouzepas, 2018). In the first phase, the challenges are related to what the EU and the member states can do to eliminate or address the causes that led people to flee their countries, namely international and domestic crises, repressive regimes, poverty, and climate crisis. In the second phase, the challenges pertain to reception of the 'newcomers', the clear distinction between refugees and non-refugees, readmission agreements with neighboring countries, and burden-sharing in the framework of the EU solidarity. In the third phase, finally, the challenges concern the integration of migrants into European societies. Migrants' integration is considered to be an urgent priority and is related to key aspects of social life, democracy, and human rights.

In this paper, we will focus on the third phase which concerns integration into the host country from a social control perspective. In addition, we will consider whether the demand for migrants' integration raises important questions about the societies themselves in which the 'newcomers' are invited to integrate.

2 On inclusion and social control

Integration is closely connected with issues of social order and it is an ongoing and continuous project, especially in terms of public policy. In general, integration as a non-static concept refers to interaction processes that push for individual and social change. The nature, extent and direction of these processes are influenced not only by personal characteristics but also by the wider social context.

Historically, the origin of the term integration is attributed to E. Durkheim and in particular, it is found as a reference in his book *Suicide. A study in Sociology* (Le suicide. Etude de sociologie, 1897) where it is used with two meanings: the first refers to the integration of society (integration de la societé) in the sense of its establishment and maintenance and the second to the integration of the individual in society (integration à la societé). The term was later used by the Chicago School in the book written by W.Thomas & F.Znaniecki (1918-1920) *The Polish Peasant in Europe and America* and was first associated with migration and the participation of migrants in the new society. This work served as a precursor to research on social disorganization and the weakening of social rules regarding those who were unable to respect the rules of their country of origin and could not yet adopt the rules of the host country (Schnapper, 2008, 90). Consequently, integration initially arose as a societal imperative for effectively managing 'newcomers'.. Issues namely criminal behavior, crime and social disorganization were understood and interpreted as a result of migration. It was then the Chicago School that helped popularize the terms 'integration' and 'assimilation' in the early twentieth century. These two terms were mostly developed in the US (assimilation) and Western Europe (integration) and they refer to the establishment in the host country, interaction with the host society and the social change that follows migration (Hamberger, 2009).

Approaching integration indicators, four broad categories are noted (Boswell, 2003): 1. Cultural: knowledge of the language of the host country, partial understanding of its society and respect for its basic rules. 2. Social: participation in education and basic social institutions. 3. Economic: access to the labor market, employment. 4. Political: equivalent to the final stage of integration, the right to vote. In addition, the Organization for Economic Co-operation and Development (OECD, 2018) presents a similar set of indicators for successful integration and places particular emphasis on the labor market, housing conditions and family income.

The active participation of migrants in the labor market is deemed crucial for successful integration, as it addresses individuals' needs, enhances life expectancy, and promotes their engagement in the broader social fabric of society. Access to adequate and good-quality housing also plays an important role in the integration of migrants as it is linked to other indicators such as health and education. Finally, OECD refers to attitudes towards migrants and emphasizes that public acceptance of migration contributes to integration at the regional and national level, facilitates social cohesion and influences the design of integration policies.

With regard to social control, the term is described as a set of means by which compliance can be achieved (Wilson, 2006: 391), or even as the ability of society to regulate itself based on principles and values that it has established (Lambropoulou, 1994:19). According to Vidali and Koulouris (2012), social control is defined as the set of processes, dominant social relations and coercive state policies around which a society is organized, aiming at social adaptation, social assimilation of the population in order for the reproduction of a specific type of social order to be achieved. According to Cohen, social control is like Micky

Mouse. It appears to be neutral and refers to a great range of fields, i.e., from primary socialization to imprisonment. Concerning radical theory, social control is perceived as a negative term that refers not only to the Law Enforcement Agencies but also to other State's policies such as health care, education, or the welfare system (Cohen, 1985:2). Further, the concept of social control is divided into three main approaches (Deflem, 2019:2): 1. As a formal response to crime, (compliance theories), 2. As criminalization in the larger process of stigmatization of deviance (label theories), 3. As one of the social constructions of the wider society (interaction theory). Historically, the 'origin' of social control is rooted in the American sociology of the early 20th century and is related to the conditions that were created already at the end of the 19th century due to the mass influx of migrants, malnutrition and economic development (Vidali, Koulouris, 2012: 153). Foucault (2012) argues that social control permeates collectively and individually society and individuals and rearranges social relations within the framework of biopolitics. In this sense, social control goes beyond its formal institutional version and concerns narratives, ideology and the production of meaning (Wilson, 2006: 391-393). Further, for Cohen (1985) the constant expansion of social control makes the boundaries between the perpetrator and the compliant blurred.

In this paper, we will refer to social control in its broad sense, not only as a response of the State to non-compliance but also as a tool embedded in policies that at first glance do not seem to be related to it, such as those concerning the migrants' integration. The social subject of the debate on inclusion and social control is *homo advenus*.[3] Homo advenus is the foreigner, the migrant, the newcomer, the unskilled, the inexperienced, the ignorant. It is the citizen of a third country, the one without 'papers'. S/he is the one who excels and always comes. In other words, s/he is at the stage of arrival and this is his/her main component. The one who 'comes' is not the one who 'stays', nor the one who 'settles'. This means that s/he has never been 'here', does not live 'here' and probably will not stay 'here'. Homo advenus retains an essentialist dimension as what is attributed to him/her as identity – his/her arrival – is and remains a core, possibly unchanging, personal characteristic applied to all people of this kind. From this perspective, the social subject in question remains impersonal and timeless.

---

[3] Latin Dictionary, Advenus, advena, advenum: foreign, alien, migrant, recently arrived, unskilled, inexperienced, ignorant, available at: https://latin-dictionary.net/definition/1748/advenus-advena-advenum.

3 Relationship between integration and social control

Integration, as mentioned above, includes key indicators related to the participation of the individual in major institutional structures, such as housing, education, healthcare, work, and the social life of the country. What is evident in the current social context, however, is that social control interferes catalytically with these indicators and undermines any process of integration. In essence, it is through the (re)construction of social control that the conditions and possibilities for integration are finally dissolved. Indicative examples from Greece highlight significant dimensions of the relationship between integration and social control.

More specifically, as regards *housing*, which is one of the structural indicators of integration, in Greek society the existing legal framework, instead of safeguarding accommodation, evicts the beneficiaries of international protection from their shelter. In particular, UNHCR in cooperation with the partners of the ESTIA program contributed to the housing of a high migrant population in Greece. It is estimated that from 2015 to April 2020, 66,941 people were included in the ESTIA housing program.[4] However, the law 4636/2019 provides for the immediate departure of the beneficiaries of international protection from any accommodation facilities. So, instead of drawing up a plan to find solutions to meet the housing needs of refugees, the Greek State is launching their eviction as soon as they have been recognized. In this context, recognition of a person as a refugee ceases to signal protection, as provided for under both international treaties and European directives and turns into a gradual denial of human rights.

Regarding access to *health*, which serves as another indicator of integration, it is worth noting that from July 2019 until the onset of COVID-19 in 2020, a large part of the migrants consisting of asylum seekers ceased to have unimpeded access to public health facilities and health care, following the Decision that has abolished the provision of social security number (AMKA) to foreign nationals.[5] Among those

---

[4] UNHCR, Greece, Accommodation update, April 2020, available at: https://data.unhcr.org/es/documents/details/76227. The HELIOS program implemented by the International Organization for Migration supported the housing of beneficiaries of international protection, based on the specific number of 'positions' provided by the funding.

[5] Abolition of the Joint Ministerial Decision 31547/9662/2018 "On the assignment of National Security Number to beneficiaries of International Protection and asylum seekers" which is aimed to facilitate the easier access of the above population to rights such as education, health and work and therefore the possibility of their integration into Greek society. See also, Angelidis D. "The hope for the refugee with cancer falls into a (legal) vacuum",

who were denied access throughout the reporting period were children and unaccompanied minors,[6] in violation of the general principles of the World Health Organization, the International Convention on the Rights of the Child and the European Directive 2013/33 / EU. During this period, there was no transitional legal provision until the next Decision,[7] which was issued more than six months later, and remedied the legal gap but tightened the framework for the provision of social security number to foreign nationals. Thus, the population in question needs to update this special number that provides access to health services every time their status is changed (applicant $1^{st}/2^{nd}$ instance/ beneficiary). Access can be revoked in case of any delay on the part of the migrants.Under these circumstances, the migrant is subject to a regime of constant control, akin to having the Damocles sword hanging over one of their fundamental human rights - that of access to healthcare..

The social control of migrants is notably reinforced through the practice of administrative detention.. The most recent development in the field of restriction of movement, beyond the fact that administrative detention is extended and can reach up to 36 months, is the State's focus on replacing the current migrant facilities with closed reception and identification centers and the creation of new pre-removal detention centers.[8] Furthermore, pursuant to a Legislative Act, land proper for the establishment of closed detention centers may be requisitioned for the reason of public interest, in order for an emergency i.e., public safety to be addressed.[9] Additionally, in violation of the principle of non-discrimination, the new conditions that have arisen from COVID-19 have unjustifiably prolonged the confinement of the migrants and therefore their exclusion from the public sphere. In particular, while the first 'quarantine' (March-April 2020) ended for the entire population, the restriction of movement continued exceptionally for

---

Efsyn, 29.11.2019, available at: https://www.efsyn.gr/ellada/dikaiomata/220998_peftei-se-nomiko-keno-i-elpida-gia-karkinopathi-prosfyga.

[6] Amnesty International, Press Release: Greece must immediately ensure that asylum-seekers, unaccompanied children and children of irregular migrants have free access to the public health system, 14.10.2019, available at: https://www.amnesty.org/en/documents/eur25/1213/2019/en/.

[7] Joint Ministerial Decision, no.177, Government Gazette 199, B'/31.01.2020 "Regulations for ensuring access of the applicants for international protection to the health services, medical care, social security and the labor market – P.A.A.Y. Π.Α.

[8] L.4686/2020 Improvement of legislation on migration, amendment of provisions of the laws 4636/2019 (AD169), 4375/2016 (AD51), 4251/2014 (AD80) and other provisions".

[9] Legislative Act, Government Gazette 28, A'/10.02.2020 "Urgent regulations for the ordering of real estate to avoid endangering public order and health".

the migrant population, without, however, having been justified by the 'epidemiological burden' within the facilities (Fouskas, 2020).[10] Moreover, COVID-19 was the cause of institutional discrimination in many Member States, which intensified controls and repression against foreigners.[11] Should it be combined with the high visibility of the deviant behavior of migrants compared to natives (Tsiganou, 2016: 149-150) it seems that a strong coalition of social control with migration control is formed and defined as *crimmigration* (Stumpf, 2006, Guia, M. J, Et al., 2011). In addition, the criminalization of rescue at sea or, otherwise, humanitarian activism, in Greece and Europe,[12] as well as penal charges against a father who lost his minor child in a shipwreck (Kakaounaki, 2020) are in stark contrast to the so-called and often invoked European values (Chalkia, Giouzepas, 2018). From the above, it is clear that migrants are subject to the selective operation of the penal system and suffer by its consequences (Vidali, 2019: 51-56). Also a growing authoritarianism that demands more surveillance and prolonged confinement is established.[13]

In terms of migrant integration in Greece, three national plans have remained unimplemented..[14] Combined with the fact that migrants live in a state *of prolonged reception in a host country* (Tsiganou, Chalkia, Lempesi, 2020) and Greek language courses are not systematically offered to the migrant population, it seems almost

---

[10] See Amnesty International, Annual Review for Europe 2019- Greece, [in Greek], available at: https://www.amnesty.gr/news/ektheseis/article/23220/etisia-anaskopisi-diethnoys-amnistias-gia-tin-eyropi-2019-katahorisi, TOVIMA Team, "The ban on circulation in the accommodation structures due to... coronavirus continues", 19.07.2020, [in Greek], available at: https://www.tovima.gr/2020/07/19/society/synexizetai-i-apagoreysi-kykloforias-stis-domes-filoksenias-logo-koronoiou/.

[11] Amnesty International, Amnesty International Annual Review for Europe 2019 – Greece, [in Greek], available at: https://www.amnesty.gr/news/ektheseis/article/23220/etisia-anaskopisi-diethnoys-amnistias-gia-tin-eyropi-2019-katahorisi.

[12] Human Rights Watch, Greece: Rescuers at sea face baseless allegations, 30.01.2019, available at: https://www.hrw.org/el/news/2019/01/30/323968.

[13] Council of Europe, CPT / Inf (2020) 35, Report to the Greek Government on the visit to Greece carried out by the European Committee for the Prevention of Torture and Inhuman or Degrading Treatment of Punishment (CPT) from 13 to 17 March 2020, available at: https://rm.coe.int/1680a06a86, and the Response of the Greek Government, available at: https://www.ecoi.net/en/file/local/2041243/2020-36-inf-eng.docx.pdf, Euronews, "Frontex: Extraordinary meeting on the push-backs of migrants in the Aegean", 12.11.2020, [in Greek], available at: https://gr.euronews.com/2020/11/12/frontex-ektakth-synedriash-gia-tis-epanaproothiseis-metanaston-sto-aigaio.

[14] Ministry of Migration and Asylum, National plans for integration, 2013, 2019,2021, available at: https://migration.gov.gr/migration-policy/integration/politiki-entaxis-se-ethniko-epipedo/ethniki-stratigiki/ [in Greek].

deliberate to discourage the formation of any social bond with the host country. Integration policies, however, do not seem to be a priority at the European Union level either.[15] Apart from the two texts issued in 2016[16] and 2017[17] regarding migrant integration, the new *Pact on Migration and Asylum* submitted by the European Commission and put to the European Parliament for voting did not include initially a text on integration. However, it was stated that a new action plan for integration would be presented at the end of 2020, as was the case in November 2020.[18] Despite its generally positive discourse on asylum and migration, the Action Plan on Integration and Inclusion consistently connects integration with the prevention of radicalization. This approach assumes that male migrant youth are drawn to violent extremist ideologies.

(Manca, 2020). It is evident that integration is not only a secondary priority compared to other primary issues outlined in the New Pact, such as border control, border procedures, administrative detention, and returns, but it also re-establishes a connection between migration and crime..

Thereafter, the lack of unimpeded access to fundamental rights, the intensification of surveillance and the selective operation of the criminal justice combined with the absence of an implemented integration strategy constitute a control language (Cohen, 1985) that not only sets the agenda for the management of migrant but also frames it. All of the above ultimately form solid *images* that unite the social experience for the migrant as 'other'. In conclusion, transformations of the social control into the migrants' integration are multiplied and carry an important symbolism, that of classifying the migrant as 'material out of place' (Douglas, 2000 [1966]), as someone who *must be expelled*, not included.

---

[15] European Commission, New Pact on Migration and Asylum, available at: https://ec.europa.eu/info/strategy/priorities-2019-2024/promoting-our-european-way-life/new-pact-migration-and-asylum_en.

[16] European Commission, COM (2016) 377 final, Action Plan on the Integration of third country nationals, Brussels, 07.06.2016, available at: https://eur-lex.europa.eu/legal-content/EN/TXT/?uri=CELEX%3A52016DC0377.

[17] European Commission and European social and economic partners, A European Partnership for Integration offering opportunities for refugees to integrate into the European labor market, 20.12.2017, available at: https://ec.europa.eu/home-affairs/system/files/2017-12/20171220_european_partnership_for_integration_en.pdf.

[18] The Action Plan for Integration and Inclusion 2021-2027 was submitted by the European Commission on 24.11.2020, European Commission, COM (2020) 758 final Action plan on Integration and Inclusion 2021-207, Brussels, 24.11.2020, available at: https://eur-lex.europa.eu/legal-content/EN/ALL/?uri=COM%3A2020%3A758%3AFIN.

4 Integration as a social control tool

It has been argued above that the project of integration is suffocating within social control and it is difficult to get out of the dystopian landscape created by it. Besides, if we look more closely at the integration itself, it seems ntegration itself can be viewed as yet another instrument of social control..

In Western societies, there is a long-standing and intense rhetoric about integration, often portraying it as a near-metaphysical solution for managing migrants.. Additionally, a significant part of the literature on integration – with few exceptions (Schinkel, 2017, 2018) – leaves unaddressed the social context, in which integration is embedded. It is implicitly stated that nothing needs to change or be transformed in Western societies. Another form of social control thus emerges that aims to elicit broad consensus on the existing status quo. In this light, the neo-colonial domination of the white race as well as of those who consider themselves included in it through other characteristics (wealth, prestige) is justified and documented.

Integration, as perceived within the developed countries, constitutes a neo-colonial social construction and as such is rather doomed to lead to mutual isolationism. Especially the subalterns (Spivak, 1988) – in this case, the migrant population, do not (cannot) 'speak'. On the other hand, other subalterns, such as the lower socio-economic strata within Western societies – possibly unconscious of their subordination – do speak loudly in favor of the intensification of migrants' control. The question that arises is therefore a legitimate one: Can the subaltern, the subject who has no access to bios but only to bare life (Agamben, 2018) envisions his/her integration, and can he/she claim it?

The precious essentialism of the subject of the West is part of a broader political project and the result of a sovereign inability to recognize other subjects as equal. The perception of these subjects as 'others', however, not only dismantles the possibilities of coexistence with them but also justifies the increasing interventions of formal social control against them. Hence, integration takes on the characteristics of conformity and compliance rather than those of rearrangement of identities and attitudes. The migrant as homo advenus, permanently on the move, produces not only 'inclusion in exclusion' but also full acceptance of the status quo. Homo advenus embodies the darker aspects of the Western subject, namely poverty, dependence and otherness in its most extreme versions. The discomfort it causes falls into the realm of the pro-social and gives rise to extreme attitudes of xenophobia, racism and intolerance. Based on the above, integration as a challenge of public policy ultimately claims the unchangeability of the social context.

5 In conclusion

The integration of migrants not only includes policies of control and discipline but also becomes perforated by them so that its project remains incomplete and stagnant. Social control dynamically infiltrates policies that are ostensibly linked to positive outcomes such as housing and health and profoundly undermines them. The expansion of continuous social control over homo advenus results in enduring social exclusions that impede integration initiatives. Conversely, integration into the host society is often reduced to a means of social control over the broader population, as it typically doesn't challenge the underlying context in which it is expected to occur. Instead, society, through the perspective of integration, appears normalized and regulated, beyond critique or questioning. In the light of the above, structural deficiencies of the inclusion of the other within the host country contribute to the establishment of a de-regulated and melancholic democracy.

References

Amnesty International, Press Release: Greece must immediately ensure that asylum-seekers, unaccompanied children and children of irregular migrants have free access to the public health system, 14.10.2019, available at: https://www.amnesty.org/en/documents/eur25/1213/2019/en/.

Amnesty International, Amnesty International Annual Review for Europe 2019 – Greece, [in Greek], available at: https://www.amnesty.gr/news/ektheseis/article/23220/etisia-anaskopisi-diethnoys-amnistias-gia-tin-eyropi-2019-katahorisi.

Angelidis D. "The hope for the refugee with cancer falls into a (legal) vacuum", Efsyn, 29.11.2019, [in Greek], available at: https://www.efsyn.gr/ellada/dikaiomata/220998_peftei-se-nomiko-keno-i-elpida-gia-karkinopathi-prosfyga.

Agamben, G. (1998). Homo sacer. Sovereign power and bare life. Stanford, Calif.:Stanford University Press.

Boswell, C. (2003). European migration policies influx. Changing patterns of inclusion and exclusion. Hoboken, New Jersey: Blackwell.

Chalkia, A., Giouzepas, A. (2018). It's just Europe's turn: EU's and Greece's response to the current refugee and migration flows. In H. Kury, & S. Redo (ed.), Refugees and migrants in Law and Policy. Challenges and opportunities for global civic education (pp. 437-456). Cham: Springer.

Cohen, S. (1985). Visions of social control. Crime, punishment and classification. Cambridge: Polity Press.

Council of Europe, CPT / Inf (2020) 35, Report to the Greek Government on the visit to Greece carried out by the European Committee for the Prevention of Torture and Inhuman or Degrading Treatment or Punishment (CPT) from 13 to 17 March 2020, available at: https://rm.coe.int/1680a06a86 and the Response of the Greek Government, available at: https://www.ecoi.net/en/file/local/2041243/2020-36-inf-eng.docx.pdf.

Deflem, M. (2019). Social control: history of the concept. In M. Deflem (ed.), Handbook of social control (pp. 9-22). London: Wiley Blackwell.

Douglas, M. (2000 [1966]). Purity and danger: An analysis of the concept of pollution and taboo. London: Routledge.

Euronews, "Frontex: Extraordinary meeting on the push-backs of migrants in the Aegean", 12.11.2020, [in Greek], available at: https://gr.euronews.com/2020/11/12/frontex-ektakth-synedriash-gia-tis-epanaproothiseis-metanaston-sto-aigaio.

European Commission, New Pact on Migration and Asylum, available at: https://ec.europa.eu/info/strategy/priorities-2019-2024/promoting-our-european-way-life/new-pact-migration-and-asylum_en.

European Commission, COM (2016) 377 final, Action Plan on the Integration of third-country nationals, Brussels, 07.06.2016, available at: https://eur-lex.europa.eu/legal-content/EN/TXT/?uri=CELEX%3A52016DC0377.

European Commission and European social and economic partners, A European Partnership for Integration offering opportunities for refugees to integrate into the European labor market, 20.12.2017, available at: https://ec.europa.eu/home-affairs/system/files/2017-12/20171220_european_partnership_for_integration_en.pdf.

European Commission, COM (2020) 758 final Action plan on Integration and Inclusion 2021-2027, Brussels, 24.11.2020, available at: https://eur-lex.europa.eu/legal-content/EN/ALL/?uri=COM%3A2020%3A758%3AFIN.

Eurostat, Statistics Explained, Asylum applications (non-EU) in the EU-28 Member States, 2008-2018, available at: https://ec.europa.eu/eurostat/statistics-explained/index.php?title=File:Asylum_applications_(non-EU)_in_the_EU-28_Member_States,_2008%E2%80%932018_(thousands)_YB19_3.png.

Foucault, M. (2012). The biopolitics of power. Athens: Plethron. [in Greek].

Fouskas, T. (2020). "Migrants, asylum seekers, and refugees in Greece in the midst of the COVID-19 pandemic". Comparative Cultural Studies: European and Latin American Perspectives, 10: 39-58.

Guia, MJ, et al. (eds) (2011). Social Control and Justice: Crimmigration in an Age of Fear. The Hague: Eleven International Publishing.

Hamberger, A. (2009). Immigrant integration: Acculturation and social integration. Journal of Identity and Migration Studies, 3: 2-21.

Human Rights Watch, Greece: Rescuers at sea face baseless allegations, 30.01.2019, available at: https://www.hrw.org/el/news/2019/01/30/323968.

Kakaounaki, M. "In the chair for the loss of his son. The adventure of an Afghan immigrant who was found accused when the boat of traffickers sank in the waters of Samos", Kathimerini, 17.11.2020, [in Greek], available at: https://www.kathimerini.gr/society/561158482/sto-edolio-gia-ton-chamo-toy-gioy-toy/.

Lampropoulou, E. (1994). Social control of crime. Athens: Papazisi. [in Greek].

Latin Dictionary. Available at: https://latin-dictionary.net/definition/1748/advenus-advena-

Manca, G. (2020). Op-ed: The new Action Plan on Integration and Inclusion: Promising elements, rising expectations. ECRE & PICUM, available at: https://ecre.org/op-ed-the-new-action-plan-on-integration-and-inclusion-promising-elements-rising-expectations/.

Ministry of Migration and Asylum, National plans for integration, 2013, 2019,2021, available at: https://migration.gov.gr/migration-policy/integration/politiki-entaxis-se-ethniko-epipedo/ethniki-stratigiki/ [in Greek].

OECD. (2018). Working Together for Local Integration of Migrants and Refugees. Paris: OECD Publishing, available at: https://www.oecd-ilibrary.org/docserver/9789264085350-en.pdf?expires=1655478215&id=id&accname=guest&checksum=78FF03A5BB85E43BF86 BF86545CB1B11.

Sajjad, T. (2018). "What's in a name? 'Refugees',' migrants' and the politics of labeling", Race & Class, 60 (2): 40-62.

Schinkel, W. (2017). Imagined Societies: A Critique of Immigrant Integration in Western Europe. Cambridge: Cambridge University Press.

Schinkel, W. (2018). Against an 'immigrant integration': for an end to neocolonial knowledge production. Comparative Migration Studies, 6 (31): 1-17.

Schnapper, D. (2008). Social integration. Athens: Kritiki.[in Greek].

Spindler, W. (2015, December 8). The year of Europe's refugee crisis, UNHCR, available at: https://www.unhcr.org/news/stories/2015/12/56ec1ebde/2015-year-europes-refugee-crisis.html.

Spivak, G.C. (1988). "Can the Subaltern Speak?", Die Philosophin 14 (27):42-58.

Stumpf, J. (2006). The Crimmigration Crisis: Immigrants, Crime, and Sovereign Power. American University Law Review 56: 367-419.

TOVIMATeam, "The ban on circulation in the accommodation structures due to... coronavirus continues", 19.07.2020, [in Greek], available at: https://www.tovima.gr/2020/07/19/society/synexizetai-i-apagoreysi-kykloforias-stis-domes-filoksenias-logo-koronoiou/.

Tsiganou, I. (2016). The criminal phenomenon in Greece today. Data and readings. Athens: Papazisi. [in Greek].

Tsiganou, I., Chalkia, A., & Lempesi, M. (2020, May). Syrian refugees in Greece. Manifestations and paths of integration. Social Policy, 12, pp. 5-22, [in Greek], available at: http://eekp.gr/wp-content/uploads/2020/06/PERIODIKO-T12.pdf.

Vidali, S. (2019). Crime and society. Athens: Hellenic Open University. [in Greek].

Vidali, S., Koulouris, N. (2012). Deviant behavior and criminal phenomenon. Athens: Law Library. [in Greek].

UN. Regional Information Center, [in Greek], available at: https://unric.org/el/.

UNHCR. (2022). Figures at a glance, available at: https://www.unhcr.org/figures-at-a-glance.html.

UNHCR. Greece, Accommodation update, April 2020, available at: https://data.unhcr.org/es/documents/details/76227.

Wilson, D. (2006). Social control. In E. McLaughlin, & J. Muncie (eds.), The Sage Dictionary of Criminology (pp. 391-393). London: Sage.

Informação bibliográfica deste texto, conforme a NBR 6023:2018 da Associação Brasileira de Normas Técnicas (ABNT):

CHALKIA, Anastasia. Social control and integration into the host country. The case of Greece. *In*: SARAIVA FILHO, Oswaldo Othon de Pontes; BERTELLI, Luiz Gonzaga; SIQUEIRA, Julio Homem de (coord.). *Direitos dos refugiados*. Belo Horizonte: Fórum, 2024. (Coleção Fórum Direito Internacional Humanitário, v. 1, t. 2). p. 243-255. ISBN 978-65-5518-614-7.

POLISH LAW ON THE ASSISTANCE TO UKRAINIAN CITIZENS IN THE LIGHT OF THE EU DECISION ON TEMPORARY PROTECTION

MARCIN GÓRSKI

After the Russian act of aggression[1] against Ukraine of 24th February, 2022,[2] the European Union's Council adopted its implementing Decision introducing temporary protection in view of a mass influx of displaced persons from Ukraine.[3] Although the Temporary Protection Directive[4] was adopted following the war in the Balkans and as a

---

[1] See: Resolution adopted by the UN General Assembly on 2nd March, 2022, ES-11/1, *Aggression against Ukraine*.

[2] To be precise, the act of aggression dated 24th February, 2022, was another chapter of the war which started in 2014 when the Russian Federation committed an illegal *Anschluss* of Crimea and Sevastopol. One must note, though, that the ICJ judgment of 8th November, 2019 (*Application of the International Convention for the Suppression of the Financing of Terrorism and of the International Convention on the Elimination of All Forms of Racial Discrimination (Ukraine v. Russian Federation)*) did not include ruling on "issues concerning the Russian Federation's purported *aggression* or its alleged *unlawful occupation* of Ukrainian territory" (p. 577 of the ICJ judgment of 8th November, 2019).

[3] Council Implementing Decision (EU) 2022/382 of 4 March 2022 establishing the existence of a mass influx of displaced persons from Ukraine within the meaning of Article 5 of Directive 2001/55/EC, and having the effect of introducing temporary protection, OJ L 71, 4.3.2022, p. 1-6 (hereafter referred to as "CID").

[4] Council Directive 2001/55/EC of 20 July 2001 on minimum standards for giving temporary protection in the event of a mass influx of displaced persons and on measures promoting a balance of efforts between Member States in receiving such persons and bearing the consequences thereof, OJ L 212, 7.8.2001, p. 12-23 (hereafter referred to as "TPD").

response to the 1999 Kosovo crisis, and the use thereof should have certainly occurred during the major inflows of Northern African asylum seekers in 2011 and 2015, it was actually the war in Ukraine that triggered the use of TPD for the first time and the Poland's government, (in)famous for their recent policies in respect of humanitarian crises, advocated the adoption of the CID. It is perhaps interesting to contextualise these phenomena and explain the legal landscape thus created.

1 The adoption of the TPD and its legal framework

The Temporary Protection Directive reflects one of the governing principles of the Union i.e. the principle of solidarity, reflected in the axiological foundations of the EU (Article 2 TEU) and resulting in practical obligation of the Member States to cooperate sincerely in mutual relations and in their relation to the Union (Article 4(3) TEU). The TPD was adopted in 2001 in view of the "cases of mass influx of displaced persons who cannot return to their country of origin have become more substantial in Europe in recent years" and with the intention to "set up exceptional schemes to offer them immediate temporary protection".[5] The recitals of the Directive read that "the European Council, at its special meeting in Tampere on 15 and 16 October 1999, acknowledged the need to reach agreement on the issue of temporary protection for displaced persons on the basis of solidarity between Member States" – the solidarity understood practically as resulting in the need "to promote a balance of efforts between the Member States in receiving and bearing the consequences of receiving such persons".[6] "Temporary protection" has been defined as "a procedure of exceptional character to provide, in the event of a mass influx or imminent mass influx of displaced persons from third countries who are unable to return to their country of origin, immediate and temporary protection to such persons, in particular if there is also a risk that the asylum system will be unable to process this influx without adverse effects for its efficient operation, in the interests of the persons concerned and other persons requesting protection".[7]

Pursuant to Article 3 (2) TPD, "Member States shall apply temporary protection with due respect for human rights and fundamental

---

[5] TPD, recital 2 of the preamble.
[6] TPD, recital 7 and 8 of the preamble.
[7] Article 2 (a) of the TPD.

freedoms and their obligations regarding non-refoulement". Affording temporary protection does not prejudice recognition of refugee status under the Geneva Convention (Article 3(1) TPD). The TPD does not prevent the Member States to adopt or retain more favorable conditions for persons covered by temporary protection.[8] The duration of temporary protection shall be in principle one year, but it can be extended for up to 1,5 year maximum.[9] The existence of a mass influx of displaced persons is established by a Council Decision adopted by a qualified majority.[10] This decision has the effect of introducing temporary protection for the displaced persons to which it refers, in all the Member States.[11] The Member States are obliged to adopt the necessary measures to provide persons enjoying temporary protection with residence permits for the entire duration of the protection.[12] Persons granted the status of temporary protection must not migrate to other Member States, otherwise a Member State who granted the status is required to "take a person back" to its own territory (unless agreed otherwise between these states).[13] Temporary protection aims at stabilising the living conditions of displaced persons in a receiving Member State since the Member States are obliged "to authorise, for a period not exceeding that of temporary protection, persons enjoying temporary protection to engage in employed or self-employed activities, subject to rules applicable to the profession, as well as in activities such as educational opportunities for adults, vocational training and practical workplace experience"[14] and the displaced persons are entitled to have "access to suitable accommodation or, if necessary, receive the means to obtain housing"[15] and to have access to "assistance in terms of social welfare and means of subsistence, if they do not have sufficient resources, as well as for medical care"[16] and to education for minors.[17] The TPD also imposed the obligation to guarantee the right to a family reunion with a displaced person already taking benefit of temporary protection.[18]

---

[8] Article 3 (5) of the TPD.
[9] Article 4 of the TPD.
[10] Article 5 (1) of the TPD.
[11] Article 5 (3) of the TPD.
[12] Article 8 (1) of the TPD.
[13] Article 11 of the TPD.
[14] Article 12 of the TPD.
[15] Article 13 (1) o the TPD.
[16] Article 13 (2) of the TPD.
[17] Article 14 of the TPD.
[18] Article 15 (3) of the TPD.

The TPD does not exclude applying for international protection – displaced persons "must be able to lodge an application for asylum at any time".[19] Finally, the TPD imposed an obligation on the Member States to "cooperate with each other with regard to transferral of the residence of persons enjoying temporary protection from one Member State to another, subject to the consent of the persons concerned to such transferral" pending the temporary protection.[20]

In the UNHCR Annotated Comments on the TPD, the High Commissioner applauded the recitals of the TPD setting it in the context of the 1951 Geneva Convention, but he also drew attention to the need of relativization of the term "mass influx" which "must be defined in relation to the resources of the receiving country". He also stressed that "national [implementing] legislations should include a reference to the principle of non-discrimination, specifying that there should be no discrimination on the grounds of race, religion, political opinion, nationality, country of origin or physical incapacity" and added that "UNHCR has regularly appealed to States to provide beneficiaries of temporary protection the right to employment, since they may include a significant number of persons who would be recognised as refugees if their applications were processed individually. Early access to the labour market may help to diminish dependency on social assistance and also facilitate reintegration upon eventual return to the country of origin. The Directive in this respect allows Member States to discriminate against those under temporary protection in favour of nationals or long-term resident third-country nationals which includes refugees. It would be highly welcome if national legislations applied equal treatment of beneficiaries of temporary protection and recognised refugees as regards access to employment (which has been restricted in the Directive) as well as remuneration, social security and other conditions of employment".[21] Finally, the UNHCR called on the EU Member States to facilitate the family reunion which – by the way – was quite strongly opposed by some of them[22] but nevertheless

---

[19] Article 17 (1) of the TPD.

[20] Article 26 (1) of the TPD.

[21] UNHCR Annotated Comments on Council Directive 2001/55/EC of 20 July 2001 on minimum standards for giving temporary protection in the event of a mass influx of displaced persons and on measures promoting a balance of efforts between Member States in receiving such persons and bearing the consequences thereof, source: https://www.unhcr.org/protection/operations/436620152/unhcr-annotated-comments-council-directive-200155ec-20-july-2001-minimum.html (viewed 24th May, 2022).

[22] H. Lambert, *The European Court of Human Rights and the Right of Refugees and Other Persons in Need of Protection to Family Reunion*, International Journal of Refugee Law, 1999, vol. 11,

included in the TPD. Also, it is commented that the term "suitable accommodation" employed in Article 13 (1) of the TPD is somewhat vague and thus likely to provoke unforeseen interpretation.[23] One of the great achievements of the TPD is its Article 17 which assures that the beneficiaries of temporary protection are guaranteed the right to apply for asylum at any time and that the "examination of any asylum application not processed before the end of the period of temporary protection shall be completed after the end of that period". This was again one of the elements rather strongly opposed in the process of legislative works on the draft.[24] The TPD, as rightly pointed out by J. van Selm, is a sort of forefield of processing asylum applications rather than an alternative to it.[25] Nevertheless, an open question remains whether the beneficiaries of temporary protection will be eager and prepared to return to their home countries when the regime of the TPD ceases to apply – Article 20-23 of the TPD, silently accepting enforced returns of the beneficiaries and encouraging the Member States to "consider any compelling humanitarian reasons which may make return impossible or unreasonable in specific cases" (Article 22 (2) of the TPD) does not provide for a complete and sufficiently satisfying answer.

Finally, it seems interesting perhaps to answer precisely the question why the TPD was not employed in 2015 in view of the major humanitarian crisis affecting southern EU Member States when nearly 2,5 million persons immigrated to the EU from third states. Ciğer proposed six possible reasons to that effect including 1) the vagueness of the definition of "mass influx", 2) the complexity of the TPD procedure, 3) the difficulty in achieving qualified majority in the Council where only selected Member States are in fact affected with the immigration challenge, 4) the fear of using the TPD believed to be likely to play the "pull factor" role, 5) the political unwillingness to afford the fair level of protection of rights resulting from the TPD and, 6) finally, the trust in the "normal" asylum systems.[26] One could

---

no. 3, p. 431 (the author rightly added that this was "in spite of the fact that family reunion is considered a basic human right").

[23] F. Weiss, F. Wooldridge, *Free Movement of Persons within the European Community*, The Hague, 2002, p. 190.

[24] S. Peers, *Key Legislative Developments on Migration in the European Union*, European Journal of Migration and Law, 2001, vol. 3, pp. 387-410.

[25] J. van Selm, *Temporarily Protecting Displaced Persons or Offering the Possibility to Start a New Life in the European Union*, European Journal of Migration and Law, 2001, vol. 3, p. 24.

[26] M. I. Ciğer, *5 Reasons Why: Understanding the reasons behind the activation of the Temporary Protection Directive in 2022*, 7th March, 2022, EU Immigration and Asylum Law and Policy,

perhaps another reason i.e. that the Commission itself does not view the TPD an effective measure and while proposing the new EU Pact on Migration it included therein the proposal, explaining openly that "the Temporary Protection Directive no longer responds to Member States' current reality and needs to be repealed".[27] The new "immediate protection" mechanism proposed by the Commission was based on the was based on the assumptions of deepened solidarity and greater responsiveness of the Union to "situations of crisis and force majeure in the field of migration and asylum".

2 Poland's response to previous humanitarian crises in Europe and its direct neighbourhood

According to the opinion surveys, the attitude of the general public towards persons seeking for international protection has been predominantly positive and compassioned and it has not changed significantly in spite of efforts of politicians spreading anti-immigration propaganda amounting to a regular campaign of hatred and distrust towards persons seeking international protection.[28] Nevertheless, when the Polish government applied a policy of discouraging immigrants trying to get into Poland through the Polish-Belarussian border in 2021, a majority of interviewees accepted it.[29]

---

source:https://eumigrationlawblog.eu/5-reasons-why-understanding-the-reasons-behind-the-activation-of-the-temporary-protection-directive-in-2022/, viewed 23rd May, 2022. The Author also explained why the TPD was employed for the first time in the context of the war in Ukraine, pointing out (quite sadly) that a) Ukrainians are Europeans, unlike persons constituting majority of immigrants in the previous humanitarian crises, b) Ukrainian displacement results from Russia's unjustified aggression, c) the scale and speed of displacement justified the use of the TPD, d) Ukrainians are in a legally better situation than persons affected by previous crises because they could enter the EU and seek refuge and e) this time there was no third country to stop arrival of the displaced persons (unlike previously, when the EU simply paid Turkey for "solving the problem" there).

[27] Proposal for a Regulation of the European Parliament and of the Council addressing situations of crisis and force majeure in the field of migration and asylum, COM(2020) 613 final, 23rd September, 2020, source: https://eur-lex.europa.eu/legal-content/EN/TXT/?uri=COM:2020:613:FIN, viewed 20th May, 2022.

[28] See e.g. results of surveys reflecting different aspects of approach to immigration in UNHCR report of 2021 (https://www.unhcr.org/pl/wp-content/uploads/sites/22/2021/02/Sondaz-UNHCR-2021-badanie-ogolnopolskie.pdf), Centre for Research of Public Opinion – CBOS of 2015 (https://www.cbos.pl/SPISKOM.POL/2015/K_081_15.PDF) or by Pew Research of 2010 and 2015 (http://uchodzcy.info/infos/stosunek-polakow-do-uchodzcow/). The last survey showed some more favour in respect of persons coming from Ukraine than in respect of those coming from Arab countries.

[29] See e.g. the results of surveys of 2021 by Kantar (https://wyborcza.pl/7,75398,27836057,kantar-dla-wyborczej-rzad-ma-wsparcie-na-granicy-polacy.html) and by Ipsos (https://oko.press/uchodzcy-gorszego-sortu/).

The Government adopted the policy of not allowing persons trying to break through the border between Poland and Belarus to file requests for international protection. This has been a "well-established" practice of Polish authorities as described by the ECtHR in 2020 judgment *M.K. and others v. Poland* where the Court held that" the applicants' cases constituted an exemplification of a wider State policy of refusing entry to foreigners coming from Belarus, regardless of whether they were clearly economic migrants or whether they expressed a fear of persecution in their countries of origin".[30] The processing of applications for asylum is often characterised by frequent procedural shortcomings,[31] and likely to amount to inhuman or degrading treatment or tortures.[32] All in all, the Government's policy towards persons seeking international protection, implemented since 2016, can be considered a structural violation of the European Convention as referred to in Rule 61 of the Rules of the ECtHR.[33]

When the European Union was confronted with a humanitarian crisis resulting from a substantial inflow of immigrants from African countries in 2015, the Council adopted two decisions based on Article 78(3) TFEU which provides that "in the event of one or more Member States being confronted by an emergency situation characterised by a sudden inflow of nationals of third countries, the Council, on a proposal from the Commission, may adopt provisional measures for the benefit of the Member State(s) concerned. It shall act after consulting the European Parliament". These two decisions 2015/1523[34] and 2015/1601[35]) were adopted for the benefit of Italy and Greece which at the time encountered significant challenges resulting from a large number of persons coming to their territories. Poland, alongside Hungary and the Czech Republic, opposed these instruments and refused to implement

---

[30] ECtHR, 23rd July 2020, *M.K. and others v. Poland*, appl. nos. 40503/17, 42902/17 and 43643/17, § 208.

[31] ECtHR, 3rd March 2022, *Nikoghosyan and others v. Poland*, appl. no. 14743/17.

[32] ECtHR, 8th July 2021, *D.A. and others v. Poland*, appl. no. 51246/17, §§ 60-70.

[33] See th argumentation in M. Górski, *Granica praw człowieka. Czy Polska dopuszcza się strukturalnego naruszenia EKPC w sprawach azylowych?*, Studia Migracyjne – Przegląd Polonijny, 2021 (XLVII), no. 2 (180), pp. 41-55.

[34] Council Decision (EU) 2015/1523 of 14 September 2015 establishing provisional measures in the area of international protection for the benefit of Italy and of Greece, OJ L 239, 15.9.2015, p. 146-156.

[35] Council Decision (EU) 2015/1601 of 22 September 2015 establishing provisional measures in the area of international protection for the benefit of Italy and Greece OJ L 248, 24.9.2015, p. 80-94.

them. In 2020 the CJEU held that by failing to indicate at regular intervals, and at least every three months, an appropriate number of applicants for international protection who can be relocated swiftly to its territory, the Republic of Poland has, since 16 March 2016, failed to fulfil its obligations under Article 5(2) of Council Decision (EU) 2015/1523 of 14 September 2015 establishing provisional measures in the area of international protection for the benefit of Italy and of Greece, and Article 5(2) of Council Decision (EU) 2015/1601 of 22 September 2015 establishing provisional measures in the area of international protection for the benefit of Italy and Greece, and has consequently failed to fulfil its subsequent relocation obligations under Article 5(4) to (11) of each of those two decisions.[36] The legality of the relocation decision 2015/1601 was challenged by Slovakia and Hungary (supported by Poland's intervention) before the CJEU but the Court dismissed their actions in 2017 as unfounded.[37]

Also, the response of Poland to the humanitarian crisis lasting since 2021 in the Polish-Belarussian border raised serious legal objections under both international and domestic norms. Poland adopted law allowing immigration authorities to dismiss the application for international protection as inadmissible if the applicant illegally crossed the border, which is incompatible with Article 31(1) of the 1951 Geneva Convention, the EU procedural Directive 2013/32/UE, and with Article 4 of the Protocol 4 to the ECHR.[38] Polish authorities also applied the practice of push-backs, equally illegal under international law.[39] Finally, in reaction to the humanitarian crisis in the Eastern border, Poland had first introduced the extraordinary state while compromising applicable constitutional requirements and then the parliament adopted the amendments to the law on the protection of national borders allowing the minister of interior to *de facto* extend the regime of extraordinary

---

[36] CJEU, 2nd April 2020, joined cases C-715/17, C-718/17 i C-719/17 *Commission v. Poland, Commission v. Hungary and Commission v. the Czech Republic*.

[37] CJEU, 6th September 2017, joined cases C-643/15 and C-647/15 *Slovak Republic v. Council and Hungary v. Council*.

[38] G. Baranowska, *Czy państwo może ograniczyć możliwość rozpatrywania wniosków azylowych (ocena przepisów ustawy wywózkowej)?* (in:) W. Klaus (ed.), *Poza prawem. Prawna ocena działań państwa polskiego w reakcji na kryzys humanitarny na granicy polsko-białoruskiej*, Warszawa 2022, pp. 8-9.

[39] G. Baranowska, *Legalność i dopuszczalność procedury push-back (wywózek) i ocena prób ich legalizowania w Polsce* (in:) W. Klaus (ed.), *Poza prawem. Prawna ocena działań państwa polskiego w reakcji na kryzys humanitarny na granicy polsko-białoruskiej*, Warszawa 2022, pp. 10-11. See also the decision of the District Court in Hajnówka of 28th March 2022, VII Kp 203/21, where the court qualified the push-back practice as illegal.

state beyond the temporal limits specified in the constitution, which violated the constitution again.⁴⁰ This background of recent practice of Poland's Government regarding the treatment of persons seeking international protection is relevant to understand Polish reaction to the humanitarian crisis triggered by the war in Ukraine better.

3 Adoption of the CID

The legal basis of the CID was Article 5 of the TPD which reads that "the existence of a mass influx of displaced persons shall be established by a Council Decision adopted by a qualified majority on a proposal from the Commission". The Commission adopted the proposal for a Council Implementing Decision on 2ⁿᵈ March, 2022.⁴¹ In the explanatory memorandum accompanying the draft the Commission held that "following the start of the Russian military invasion of Ukraine on 24 February 2022, the European Council, in its conclusions issued the same day, condemned the Russian Federation's (hereafter Russia) unprovoked and unjustified military aggression against Ukraine in the strongest possible terms, underlining the gross violation of international law and the principles of the UN Charter and the risk to European and global security and stability" and the European Council "invited the Commission to put forward contingency measures". After brief discussions in the Council the CID was adopted on 4ᵗʰ March, 2022. The CID established the existence of a mass influx into the Union of displaced persons who have had to leave Ukraine as a consequence of an armed conflict⁴² and defined the *ratione personae* scope of temporary protection as covering persons displaced from Ukraine on or after 24ᵗʰ February, 2022, being:

---

⁴⁰ M. Górski, *Legalność wprowadzenia stanu wyjątkowego i ograniczeń praw obywatelskich nim nałożonych, w tym dotyczących przemieszczania się* (in:) W. Klaus (ed.), *Poza prawem. Prawna ocena działań państwa polskiego w reakcji na kryzys humanitarny na granicy polsko-białoruskiej*, Warszawa 2022, pp. 20-21.

⁴¹ Proposal for a Council Implementing Decision establishing the existence of a mass influx of displaced persons from Ukraine within the meaning of Article 5 of Council Directive 2001/55/EC of 20 July 2001, and having the effect of introducing temporary protection, COM(2022) 91 final, source: https://eur-lex.europa.eu/legal-content/EN/TXT/?uri=celex%3A52022PC0091, viewed 25ᵗʰ May, 2022.

⁴² Article 1 of the CID.

a) Ukrainian nationals residing in Ukraine before 24 February 2022;
b) stateless persons, and nationals of third countries other than Ukraine, who benefited from international protection or equivalent national protection in Ukraine before 24 February 2022; and,
c) family members of the persons referred to in points (a) and (b).[43]

Further, the CID provided that "Member States shall apply either this Decision or adequate protection under their national law, in respect of stateless persons, and nationals of third countries other than Ukraine, who can prove that they were legally residing in Ukraine before 24 February 2022 on the basis of a valid permanent residence permit issued in accordance with Ukrainian law, and who are unable to return in safe and durable conditions to their country or region of origin".[44] Finally, the CID obliged the Member States to use the EU Migration Preparedness and Crisis Management Network in order to cooperate and exchange information.[45]

The mechanism of the implementing decision is that it works as a trigger or a key putting the TPD on action. Therefore, actually, the TPD sets a substantive standard of temporary protection.

4 Poland's Law of 12th March, 2022, on the assistance to Ukrainian citizens and it conformity to the CID and the TPD

4.1 Situation before the war

As a preliminary remark one must note that the generally applicable Polish law provided for the legal framework of temporary protection already before the adoption of the Law of 12th March, 2022, on the assistance to Ukrainian citizens in connection with the armed conflict in the territory of that state.[46] The Law of 13th June, 2003, on the affording of protection to foreigners in the territory of the Republic of Poland[47] provided for the legal framework of temporary protection in its Articles 106-118. Although it was not clearly pronounced in the explanatory memorandum accompanying the draft LAUC (which

---

[43] Article 2 (1) of the CID.
[44] Article 2 (2) of the CID.
[45] Article 3 (1) of the CID.
[46] O.J. 2022, item 583, as amended (hereafter referred to as the "LAUC").
[47] O.J. 2021, item 1108, as amended.

read that it aimed "to create a special legal regulation providing an ad hoc legal basis for legal residence of Ukrainian citizens who, as a result of hostilities, were forced to leave their country" since "thousands of Ukrainian citizens looking for shelter began to move towards the territory of the Republic of Poland. Due to the above, it became necessary to develop legal solutions addressed to the above-described group of foreigners" and added the proposed bill was supposed to be "*lex specialis*"[48]), the intention laying behind its adoption was to create a legal framework dedicated to unprecedented influx of displaced persons with very specific needs, on one hand, but also occurring in very specific circumstances, on the other hand. One should clarify that already before the was in Ukraine there were some one million Ukrainian citizens living and working in Poland, mostly in major cities. They constituted a properly functioning and quite well integrated diaspora. It was (silently) assumed that the reception of the "newcomers" will be "buffered" to a certain, significant extend, by both this Ukrainian diaspora in Poland and by the members of the Polish society, rather willing to provide spontaneous practical assistance to war fugitives. And this is exactly what happened: the predominant factor determining smooth reception of some 3 million Ukrainian citizens coming to Poland after the Russian act of aggression against Ukraine was the eruption of the reflex of spontaneous help for Ukrainian citizens from the civil society and its institutional structures.

Against this background it sounds grotesque what the Government announced already in 2015, that "since 2014, Poland has strengthened the procedures for cooperation between services and institutions in the event of a possible influx of a large number of refugees. These actions were introduced in connection with the conflict in Ukraine".[49] In 2016 the Government informed (officially replying to the parliamentary query) that "the situation related to the possibility of an increased influx of immigrants remained the subject of analyses at the Ministry of the Interior and Administration. In 2014, the Concept of actions in the event of a sudden influx of large numbers of foreigners on the territory of the Republic of Poland was adopted, and then the

---

[48] Governmental bill of 7th March, 2022, printed by the *Sejm* of the Republic of Poland of 9th term, no. 2069.
[49] Government's information presented to the Parliament of the status of preparation to different events related to war in Ukraine, *Poland is prepared for various variants of actions*, 18th September, 2015, source: https://archiwum.mrips.gov.pl/aktualnosci-wszystkie/art,5528,7382,polska-jest-przygotowana-na-rozne-warianty-dzialan.html, viewed 25th May, 2022.

Action Plan of the Ministry of Internal Affairs was developed for the organization of admission, transport and stay on the territory of the Republic of Poland of foreigners/refugees from Ukraine. Both the Concept and the Plan contain the principles of responding to threats related to mass migration and the actions of individual services and institutions in the event of an escalation of the phenomenon".[50] In 2015 the Boarder Guard prepared the *Action Plan of the Border Guard in the event of a mass influx of migrants across the southern border of the Republic of Poland* where the most extreme variant of development of events assumed the influx of around 690 migrants per week.[51] Instead of a comment let us just say that the number of fugitives escaping from the war zone to Poland since 24th February, 2022, was 3,592 million persons within 3 months (until 25th May, 2022), which makes an average of some 39,472 persons daily. This shows a dramatic discrepancy between the Government's assumptions, concepts and plans and bitter reality.

4.2 Key elements of the LAUC and some remarks on their compatibility with the TPD/CID

The LAUC was adopted only on 12th March, 2022, exactly 17 dramatic days after the breakout of the war in Ukraine. In the meantime, the institutions of the civic society, the general public and the local governments tried to organise necessary aid to Ukrainian fugitives, providing them with accommodation, food, hygiene and sanitary products, medicines, medical assistance, clothes etc. It was particularly troublesome in case of local government because, pursuant to Article 7 of the Polish Constitution of 1997, public authorities must stick to the limits of legal basis of their actions and no explicit legal basis existed, prior to the adoption of the LAUC, allowing them to organise and provide help to war fugitives. Nevertheless, and regardless of the peaky legal framework, they had to react to practical challenge being them suddenly thousand of new inhabitants appeared in all major Polish cities and needed immediate assistance.

---

[50] Minister of Interior and Administration's reply to the MP's question no. 949 regarding *Chechens applying for refugee status in Poland*, 19th October 2016, source: https://www.sejm.gov.pl/Sejm8.nsf/InterpelacjaTresc.xsp?key=6FED4ED7, viewed 25th May, 2022.

[51] Minister of Interior and Administration's reply to the MP's question no. 2 regarding the *actual possibilities of restoring effective control of the border of the Republic of Poland, including its protection in the southern and western sections, in the event of sudden events affecting national security*, 22nd December, 2015, source: https://sejm.gov.pl/Sejm8.nsf/InterpelacjaTresc.xsp?key=6DC375C1, viewed 25th May, 2022.

The LAUC applies *ratione personae* to Ukrainian citizens and their spouses regardless of their nationality who arrived legally on the territory of the Republic of Poland from the territory of Ukraine in connection with war on the territory of the latter state, in the period from 24th February 2022, and declared the intention to stay on the territory of the Republic of Poland.[52] Initially, the law restricted its personal scope of application only to those Ukrainian citizens who arrived to Poland directly from Ukraine, which caused additional problems in case of persons who transferred to Poland via e.g. Slovakia or were returning e.g. from holidays in third countries (e.g. on a certain date the Łódź – Central Poland Airport was informed that a plane with some hundreds of Ukrainian nationals would touch down there on its return flight from the Dominican Republic). The definition of the personal scope of application of the LAUC is therefore incompatible with Article 2 (1) and (2) of the CID which extends that scope also to a) stateless persons, and nationals of third countries other than Ukraine, who benefited from international protection or equivalent national protection in Ukraine before 24 February 2022, as well as b) those stateless persons, and nationals of third countries other than Ukraine, who can prove that they were legally residing in Ukraine before 24 February 2022 on the basis of a valid permanent residence permit issued in accordance with Ukrainian law, and who are unable to return in safe and durable conditions to their country or region of origin. To be precise, in the latter case the CID obliged the Member States to apply either the CID (TPD) or adequate protection under their national law, but no such choice was made by the Polish authorities in this respect. Persons covered by the personal scope of application of the CID but not included in the scope of application of the LAUC are subject to the general provisions on temporary protection, namely Articles 106-118 of the Law of 13th June, 2003, on the affording of protection to foreigners in the territory of the Republic of Poland. The latter legal framework is however less favourable to them and this seems irreconcilable with the TPD whose recital 16 reads that "with respect to the treatment of persons enjoying temporary protection under this Directive, the Member States are bound by obligations under instruments of international law to which they are party and which prohibit discrimination" and whose Article 3 (2) provides that "Member States shall apply temporary protection with due respect for human rights and fundamental freedoms" (and one of

---

[52] Articles 1 (1) and 2 (1) of the LAUC.

them is the right to equal treatment protected by Articles 20 and 21 of the EU Charter of Fundamental Rights).

The LAUC provides for two types of essential formalities which must or can be met by Ukrainian citizens coming to Poland. Firstly, their entry must be registered either at the border check control or later, within 90 days from the day of entry,[53] and secondly, they may (if they want to benefit of different forms of assistance provided for in the LAUC, e.g. social benefits) apply for the national registration number (the so-called PESEL) before the local authorities. That requirement does not raise essential doubts as to its compatibility with the CID/TPD, even though the obligations stemming from the TPD (see e.g. Article 12 TPD) do not seem to be conditional upon registration formalities. The practical obstacle to implement that system effectively was however that the "PESEL" registration was an on-line one and the Government failed to organise the access of local government (responsible for processing applications) to their electronic services in a scale which met the demand for registration.

The LAUC provides for a variety of forms of specific arrangements designed to smoothen the integration of the beneficiaries in the Polish society, and to that effect it:

a) allows the Ukrainian citizens to work and establish and run businesses in Poland under the same conditions as applicable to Polish nationals;
b) allows the Ukrainian citizens to enjoy the right to healthcare free-of-charge under the same conditions as applicable to Polish nationals (although, and contrary to Article 13 of the TPD, it turned out impossible at the beginning to include the beneficiaries in the system of refunding medical prescriptions);
c) allows the Ukrainian citizens to enjoy access to social assistance including family allowance, parental allowance, additional parental allowance accessible for parents of two or more children, subsidy partly covering costs of nursery and a benefit for children starting their school education – under the same conditions as applicable to Polish nationals;
d) allows the Ukrainian citizens to obtain additional benefit of a rather embarrassing amount of 300 zloty per person to cover costs of launching a new life in Poland;

---

[53] Article 3 of the LAUC.

e) includes the legal basis to provide aid to newcomers, being free-of-charge: accommodation, meals, transport to premises of accommodation, cleaning and personal hygiene products and other products, as well as free-of-charge photos needed for the PESEL procedure;
f) exempts the procurement for goods and services needed to provide assistance to Ukrainian citizens from the Public Procurement Law;
g) exempts the procurement for goods and services needed to provide assistance to Ukrainian citizens from the – otherwise compulsory – procedures of contests for commissioning the performance of a public tasks by NGOs;
h) simplifies procedures and alleviates the requirements necessary to be met in the case of placing children in foster care;
i) alleviates the requirements applying to school education, hiring school personnel and opening bilingual school classes;
j) alleviates the requirements applying to Ukrainian citizens qualified to work in a medical personnel (medical doctors, nurses and midwifes);
k) provides for a new institution of a "temporary guardian" for unaccompanied Ukrainian migrant children and simplifies and accelerates the court procedure for the appointment of that temporary guardian;
l) allows the Ukrainian students to obtain social assistance in Polish universities under the same conditions as applicable to Polish nationals;
m) exempts Ukrainian citizens renting accommodation free-of-charge from normal protection afforded to tenants.

As for the accommodation, Article 13 of the TPD provides that the Member States must "ensure that persons enjoying temporary protection have access to suitable accommodation or, if necessary, receive the means to obtain housing". It means explicitly, that accommodation must be provided and that it constitutes a responsibility of a Member State. The LAUC does not constitute, as such, the right of the beneficiaries to "have access to suitable accommodation" or "means to obtain housing" (i.e. money for rental fees). Instead, the LAUC provides for an "option" that the governor of a voivodeship (Pol. *wojewoda*) "may" help with accommodation for citizens of Ukraine,[54] the

---

[54] Article 12 (1)(1) of the LAUC.

same option can be entertained by local governments.⁵⁵ Also, private individuals who provided, at his or her own expense, accommodation and meals to the citizens of Ukraine (but only those who obtained the "PESEL" number), may be granted on his or her request a cash benefit in this respect not longer than for a period of 120 days from the date of arrival of the citizen of Ukraine on the territory of the Republic of Poland.⁵⁶ There is therefore no explicit provision imposing on the state authorities the duty to assure "suitable accommodation" as guaranteed by the TPD.

5 Conclusions

The humanitarian crisis provoked by the Russian aggression on Ukraine seems to have been met with essentially adequate response on the part of the EU and of Poland. It seems undoubted, though, that the EU needs a redesigning of the "immediate protection" mechanism, just as it generally needs the adoption and implementation of the new Pact on Migration.⁵⁷ Nonetheless, the existing mechanism worked, to a certain extend at least.

Poland's response to the crisis must be viewed against a complicated background of unpreparedness, previously demonstrated institutional unwillingness to admit persons seeking international protection, the ongoing unlawful practices in the Polish-Belarussian border, as well as the empathy and enthusiasm of the Polish society spontaneously engaging in providing help to Ukrainian citizens.

The implementation of the TPD/CID in Poland, although facing certain difficulties and affected by some visible normative inconsistencies, can be assessed as a successful, at least in principle. In many respects it even went beyond the requirements of EU law. Nonetheless, some discrepancies and incompatibilities with the TPD/CID are traceable.

An open question, which was not yet addressed by the Polish legislation (and which was also unanswered by the TPD) remains: what will happen to the beneficiaries of the temporary protection, who will already integrate into the hosting societies, once the regime

---

[55] Article 12 (4) of the LAUC.
[56] Article 13 of the LAUC.
[57] For the remarks on the new EU Pact on Migration and Asylum see e.g. L. Hadj-Abdou, *From the Migration Crisis to the New Pact on Migration and Asylum: The Status Quo Problem*, BRIDGE Network Working Paper 11, 2021, pp. 1-14.

of temporary protection ceases to apply. Assuming that they will all enthusiastically return to their devastated cities and villages does not seem to be a plausible explanation.

Informação bibliográfica deste texto, conforme a NBR 6023:2018 da Associação Brasileira de Normas Técnicas (ABNT):

GÓRSKI, Marcin. Polish Law on the Assistance to Ukrainian Citizens in the Light of the EU Decision on Temporary Protection. *In*: SARAIVA FILHO, Oswaldo Othon de Pontes; BERTELLI, Luiz Gonzaga; SIQUEIRA, Julio Homem de (coord.). *Direitos dos refugiados*. Belo Horizonte: Fórum, 2024. (Coleção Fórum Direito Internacional Humanitário, v. 1, t. 2). p. 257-273. ISBN 978-65-5518-614-7.

FOREIGNERS NOT WELCOME. DETENTION OF FOREIGNERS AS AN EXAMPLE OF CRIMINALISATION OF MIGRATION[1]

WITOLD KLAUS

1 Introductory remarks

These days migrants are increasingly being depicted as an advancing enemy, who is threatening our culture, way of life and economy, while simultaneously being after privileges which are, and should remain, ours to enjoy. This discourse – present mainly in the countries of Western Europe until recently – debuted in Poland in 2015, only to explode with overwhelming force.[2] At the same time, a fear of migrants presented as a threat to our security and potential terrorists was being reinforced (or even instilled) in the society. Governments of

---

[1] This paper has been originally published in Polish as: W. Klaus (2016) 'Cudzoziemcy niemile widziani. Detencja cudzoziemców jako przykład kryminalizacji migracji' In D. Pudzianowska (ed), *Status cudzoziemca w Polsce wobec współczesnych wyzwań międzynarodowych*, Wolters Kluwer, Warszawa, pp. 170-190. This version in translated and adjusted to be more up to date. I would like to thank Ewelina Hanyż for the translation.

[2] See also" W. Klaus, M. Lévay, I. Rzeplińska, M. Scheinost (2018), Refugees and asylum seekers in Central-European Countries – reality, politics and the creation of fear in societies, In: H. Kury, S. Redo (eds), Refugees and Migrants in Law and Policy. Challenges and Opportunities for Global Civic Education, Springer, pp. 457-494; W. Klaus (2020), Between closing borders to refugees and welcoming Ukrainian workers. Polish migration law at the crossroads, In: E. Goździak, I. Main, B. Suter (eds), Europe and the Refugee Response: A Crisis of Values?, Routledge, pp. 74-90.

the countries of the Global North are under pressure to demonstrate their effectiveness in protecting citizens, but they are in fact unable to realistically influence mobility, which is primarily determined by the situation in the migrants' countries of origin. Therefore, those in power resort to symbolic measures instead, such as the language they use to describe migrants, but also to legislative initiatives aimed at demonstrating a heavy-handed approach towards foreigners. To this end, criminal law instruments are applied to overcontrol and in fact prevent migration.

In the following text, I would like to demonstrate various forms of symbolic violence used by countries of the Global North against migrants, who come mostly from the Global South. This violence often takes a direct form as well, mainly through the use of measures which involve depriving foreigners of freedom, which we euphemistically refer to as detention.

2 Various forms of violence

Violence is most often associated with its direct forms, i.e. physical or psychological, but it also occurs in a symbolic form, otherwise known as institutional or structural. While physical violence can be characterised as a single event or sequence of such events, structural violence is a process whose effects are strongly built into the social fabric, with new layers being added on a continuous basis. It is therefore deeply ingrained in the social structure and results from an unequal distribution of power within society, which may be based, among other factors, on a different legal status or ethnicity. Symbolic or institutional violence results in the re-establishment of inequalities in society and may be used unconsciously by persons representing the state apparatus, while these persons may (though not necessarily) simultaneously possess and express individual prejudices towards a given minority group. It is not uncommon for groups subjected to symbolic violence to be unaware of it and not to consider its manifestations as violent but rather accept them as a standard and normal way society functions.[3]

These days, however, we can observe a new phenomenon that affects people not so much (or not exclusively) due to their race or ethnicity, but because of their different nationality. To describe it,

---

[3] J. Galtung, *Violence, Peace, and Peace Research*, Journal of Peace Research 1969, vol. 6, no. 3, pp. 169–178.

Jérôme Valluy coined the term 'governmental xenophobia', which he defines as a combination of discourse and actions undertaken by public authorities to first separate foreigners in the eyes of society and reduce them to being just a problem, threat or danger, and then launching different schemes to combat this self-manufactured threat, which indeed means fighting the migrants themselves.[4] Michel Foucault argued that the emergence of practices motivated by the desire of public authorities (or, more broadly, the state as an organism) to protect society against strangers who penetrate it (or want to do so) marked the beginning of the idea of protecting the purity of 'race'.[5] In the current circumstances, it seems more apt to refer to it as a fight to preserve the cultural homogeneity, and thus the ethnic homogeneity of the societies in the rich Global North.

In this fight, the state uses familiar instruments of control, resorting to various institutions used thus far only within the framework of criminal law to protect against the threat of crime or to punish its perpetrators. Therefore, one can talk about a new trend that has been emerging for over a dozen years, which is the criminalisation of migration law (which entails the criminalisation of the migration process itself), leading to the emergence of a new phenomenon called *crimmigration*. This concept, introduced by Juliet Stumpf, perfectly illustrates the merger of two previously separate legal systems – migration law and criminal law – into one. It was simple inasmuch that both are based on a similar principle – the idea of connection and separation (inclusion and exclusion) – i.e. the principle of separating certain people or groups from society. 'Both [systems] create insiders and outsiders. Both are designed to create distinct categories of people—innocent versus guilty, admitted versus excluded or, as some say, "legal" versus "illegal"'.[6] Hence, the two areas of law were easily brought closer together.

In practice, crimmigration manifests itself in three spheres. Firstly, it is the meshing and overlapping of criminal and migration law systems. The entry of criminal law into the sphere of migration

---

[4] J. Valluy, *The Metamorphosis of Asylum in Europe: From the origins of 'Fake Refugees' to their Internment* (in:) *Racial Criminalization of Migrants in the 21st Century*, ed. S. Palidda, Ashgate 2011, pp. 116–117.

[5] M. Foucault, *"Society Must Be Defended": Lectures at the Collège de France, 1975-1976*, Picador, New York 2003, p. 80-81.

[6] J. Stumpf, *The Crimmigration Crisis: Immigrants, Crime, and Sovereign Power*, American University Law Review 2006, vol. 56, no 2, p. 380.

policy is more and more striking, e.g. breaches of migration regulations are now penalised as a new category of crimes, rather than subject to civil or administrative sanctions used so far. Further to this, a new idea emerged in the migration policy – that of preventing and protecting society against migration. A new sanction of imprisonment has been also introduced for breaches of immigration regulations by foreigners or poses a threat to national or public security. Secondly, the criminalisation of migration manifests itself in the increasing resemblance of migration services to other public order units, including the police, not least because they now use the same or very similar measures, such as technical resources (e.g. weapons and uniforms) and are equipped with the same powers (e.g. to use means of direct coercion, i.e. to use violence). The final convergence takes place in the field of proceedings related to infringements of immigration regulations, which are based on solutions applied in criminal proceedings. In this regard, the most crucial element is the use of detention in relation to migrants. At the same time, however, foreigners themselves are often denied many rights and are not subject to many guarantees contained in the provisions of criminal procedure, which citizens are entitled to (such as the presumption of innocence or the right to be represented by a lawyer). This is especially true of undocumented migrants who are often denied basic human rights because of their irregular residence status.[7] As a result people who often deserve protection after fleeing their country from persecution (which makes them refugees), are punished for the sole reason that they entered a country without valid documents. Another tactic that is often called upon is to find any other reason that would merit detention and a swift return to the country of origin.[8]

These practices result in punishing foreigners for crimes which have been specifically designed to control them and which a national of a given country is essentially unable to commit. In consequence, migrants are significantly overrepresented in Western European prisons. Loïc Wacquant[9] addresses this phenomenon by comparing it to the situation of African Americans in the American penitentiary system and effectively calling migrants *the 'blacks' of Europe*. He uses

---

[7] M. Welch, *Ironies of social control and the criminalization of immigrants*, Crime, Law & Social Change 2003, vol. 39, p. 328.

[8] A. Aliverti, *Crimes of Mobility...*, p. 144.

[9] L. Wacquant, „*Suitable enemies*". *Foreigners and immigrants in the prisons of Europe*, Punishment & Society 1999, vol. 1, no 2.

the analogy to illustrate that in many countries of Western Europe migrants are imprisoned too often and too willingly, which in turn means that they constitute a considerable percentage of prisoners – proportionally much higher than the size of their population in these societies would suggest. This by no means implies that migrants engage in more criminal lifestyles or that they commit a higher number of serious offences. Rather, it is a consequence of two factors, one of which is the development of a new and unique type of crime, i.e. immigration offences, which are punishable by imprisonment and can only be committed by migrants. These crimes can include irregular stay,[10] illegal employment or a *no document offence*.[11] The second reason why migrants are overrepresented in prisons is the problem of handing out custodial sentences for relatively petty offences for which a citizen would receive a much more lenient penalty. Wacquant also points out that criminal law and the prison system are used 'not only to curb crime but also to regulate the lower segments of the labour market and to hold at bay populations judged to be disreputable, derelict, and unwanted'.[12]

This process of stigmatising members of various excluded groups is not new and has been taking place for centuries. It might be argued that the current situation is a continuation of a phenomenon dating back to the Middle Ages whereby certain impoverished and marginalised individuals or groups were controlled by means of criminal law instruments. The aim was to, among other things, control the workforce and, depending on the economic conditions, 'introduce' it on the market or 'remove it' from it by placing the individuals in isolation facilities.[13] The exact same process was observed in the US

---

[10] Although it is worth noting that in some judgments the CJEU ruled that the application of the penalty of absolute deprivation of liberty for the crime of undocumented stay or remaining in the territory of an EU Member State despite the expiry of the period for departure indicated in the decision to leave the country is contrary to Directive 2008/115/EC (the so-called return directive) – see respectively C-329/11 Achughbabian and C-61/11 PPU El Dridi. It did not deny the very criminalisation of this act, instead ordering the exclusion of deprivation of liberty from the catalogue of penalties. However, in the 2015 judgment in the C-290/14 Celaj case, the Court allowed the use of a custodial sentence for the offence of re-entering the territory of an EU Member State illegally, contrary to a previously issued entry ban.

[11] A. Aliverti, *Crimes of Mobility. Criminal law and the regulation of immigration*, Routledge 2013, pp. 93-110.

[12] L. Wacquant, „*Suitable enemies*"…, p. 216.

[13] W. Klaus, *The Relationshop between Poverty, Social Exclusion and Criminality*. In K. Buczkowski, B. Czarnecka-Dzialuk, W. Klaus, A. Kossowska, I. Rzeplińska, P. Wiktorska, D. Woźniakowska-Fajst, D. Wójcik, Criminality and Criminal Justice in Contemporary Poland. Sociopolitical Perspectives, Ashgate.

with regard to undocumented migrants. In times of prosperity, they fly under the radar of public authorities – they become 'invisible' and are allowed to live in a given country as long as it has a use for them. The moment a crisis strikes, the tactic changes completely and migrants are blamed for taking the jobs of Americans, ruthlessly 'sought out' and deported indiscriminately.[14]

The consequences of exercising this level of formalised control over migrants are extremely dire. For one, it leads to creating legally sanctioned injustice which affects 'unpopular people who have few resources to defend themselves against [...] enforcement campaigns, particularly those fuelled by moral panic, bigotry, and racism'.[15] These actions result in numerous abuses of the basic human rights of migrants, who are indiscriminately deprived of liberty in various closed facilities (prisons or detention centres) or denied many procedural rights that citizens have and take for granted in democratic countries (e.g. the right to legal aid). This particular form of discrimination is referred to as 'institutional racism', i.e. a situation in which laws, customs or practices are established that consistently contribute to the existence of inequality. Thus, structural inequalities are built into society, which results in the exclusion of certain groups from it, limiting their opportunities and life prospects or depriving them of the possibility to exercise several rights.[16] In relation to migrants, this phenomenon can also be described, using Valluy's terminology, as 'government xenophobia'.

3 Organisation of detention centres in Poland

The most acute and direct form of violence comes in the form of placing migrants in closed facilities, built or adjusted specifically for this purpose, known as detention centres (or 'guarded centres for foreigners', to give them their full Polish name). Although innocuous enough by name, these places are de facto prisons, surrounded by high walls with barbed wire on top. The detainees' rooms have barred windows that resemble prison cells and uniformed officers as guards. Foreigners who have been placed in these facilities also perceive them unequivocally as prisons and object strenuously to their circumstances

---

[14] M. Welch, *Ironies of social control...*, pp. 329-330.
[15] M. Welch, *Ironies of social control...*, p. 331.
[16] J. Williams, *Redefining institutional racism*, Ethnic and Racial Studies 1985, vol. 8, no. 3; F. Anthias, *Institutional Racism, Power and Accountability*, Sociological Research Online 1999, vol. 4, no 1.

as they do not regard themselves as criminals, nor do they want to be viewed as such. For them, the time in detention amounts to mental torture and is an utterly degrading experience that they are forced to endure solely due to the absence of citizenship of the country they arrived in.

Non-citizenship emerges in this analysis as both a legal and an affective category. It is an identity through which the State governs individuals without recognising them as subjects. [...] Citizenship [...] is (meant to be) an absolute: you either have it and its attendant rights and obligations or you do not. There are no (legal) degrees of citizenship upon which decisions about where individuals could be detained, or the length of their detention could be based.[17]

These types of institutions are a certain novelty. Although in some countries (e.g. France) they were introduced way back in the 1970s, it was not until the 1990s that they became more and more widely used in most countries of the Global North. For example, in 1998 they were established in Italy, whereas in the UK, although they had formally functioned earlier, they have only started to grow in importance in recent years with the number of migrants detained in them increasing from 200 people in 1990 to about 3,500 in 2010.[18]

In Poland, such institutions were established with the passage of the Act of 19 September 1991 amending the Act on Foreigners (Journal of Laws No. 119, item 513) on the basis of a newly added provision of art. 15(3a) to the Act on Foreigners of 1963. Two types of establishments were introduced at that time: guarded centres for foreigners and detention centres for the purpose of expulsion (this division is still valid today). At the time, they were entrusted to the police, while the prosecutor supervised the correctness of detention and the decision to place in it. In the successive acts on foreigners (of 1997, 2003 and 2013), the provisions on detention became more and more extensive and courts began to decide on the placement of a foreigner in guarded centres (as well as on any other form of deprivation of liberty). Since the end of

---

[17] M. Bosworth, *Subjectivity and identity in detention: Punishment and society in a global age*, Theoretical Criminology 2012, vol. 16(2), p. 128, 134.

[18] F. Webber, *Borderline Justice. The Fight for Refugee and Migrant Rights*, London 2012, p. 132; N. Fischer, *The detention of foreigners in France: Between discretionary control and the rule of law*, European Journal of Criminology 2013, vol. 10, no 6, p. 697-701; A. Colombo, *Foreigners and immigrants in Italy's penal and administrative detention system*, European Journal of Criminology 2013, vol. 10, no 6, pp. 749-751.

1997, the Border Guard has been entrusted with co-management of some of the centres, becoming the only formation responsible for the running of these centres in 2009.[19]

The grounds for placing foreigners in a guarded centre are listed in Art. 398(1) of the Act on Foreigners and Art. 87(1) in conjunction with Art. 88a(1) of the Act on granting protection to foreigners within the territory of the Republic of Poland. The law provides for several situations where a migrant can be deprived of liberty:

1) prior issuance of a decision obliging the foreigner to return without specifying the date of voluntary return, or the probability of issuing such a decision;
2) the foreigner does not leave the territory of the Republic of Poland within the time limit specified in the decision obliging the foreigner to return and the inability to execute this decision immediately;
3) the occurrence of a likelihood that the foreigner will be transferred under the so-called Dublin III Regulation to another Member State of the European Union, which is responsible for examining their asylum application if there is a strong likelihood of their escape and immediate transfer to another Member State is not possible;
4) the foreigner's failure to comply with the obligations imposed on them as part of preventive measures specified in Art. 398(3) of the Act on Foreigners or Art. 88(1) of the Act on granting protection to foreigners within the territory of the Republic of Poland (so-called alternative measures to detention, e.g. an order to report to law enforcement authorities at a specific place and time);
5) the inability to establish or verify the identity of the person applying for asylum, or the necessity to collect information from the foreigner on which their status application is based, and which cannot be obtained without detaining and imprisoning them, because there is a significant risk of the foreigner's escape;[20]

---

[19] Pursuant to Art 89(1) of the Act on foreigners of 25 June 1997 (consolidated text: 2001 Journal of Laws No. 127, item 1400, as amended) and Art. 1, item 54 of the Act of 24 October 2008 amending the Act on foreigners and certain other acts (Journal of Laws No. 216, item 1367.

[20] The reasons for such a likelihood to occur are set out in Art. 87(2) of the Act on granting protection to foreigners within the territory of the Republic of Poland and occur in the event of a foreigner's failure to present identity documents, crossing the Polish border

6) submission of an asylum application in Poland by a foreigner in a situation where the procedure for obliging them to return is underway or the already have a decision on expulsion and there is a reasonable assumption that the application was submitted only for the purpose of delaying the issuing of the decision or delaying/preventing the execution of the decision obliging the foreigner to return, or
7) if required for reasons of state defence or security, or for the protection of public safety and order – but only in relation to persons who submitted the asylum application.

This means that the deprivation of a foreigner's liberty is primarily due to their violation of the administrative regulations regarding the legality of their stay in Poland. Foreigners, by violating the provisions of the administrative law in force in Poland, commit an offence (e.g. crossing the border illegally or staying in the territory of the Republic of Poland without an appropriate legal title), and not a crime. Meanwhile, instead of punishing them for committing an offence, the state uses a very strict coercive measure against them, which is imprisonment in the form of placing them in a guarded centre. A similar measure (pre-trial detention) is used only in relation to criminals charged with the most serious crimes. By all means, if a foreigner has committed a crime on the territory of Poland, they should be liable in accordance with the principles set out in the criminal provisions, but this is not the case here.

Considering the reasons behind the detention of migrants, it would be difficult to conclude that the purpose of this measure is to ensure state security, which is achieved through other measures that may be applied by public authorities to any person staying on the territory of Poland, regardless of their citizenship. It is also hard to consider a person who commits a misdemeanour to be particularly dangerous. The purpose of detaining foreigners is therefore different. It may be that, as a country, we recognise migration and migrants as a particular risk to our security, which must be combatted using all available methods. But if we were to reject this explanation, then it must be concluded that the purpose of depriving foreigners of liberty is very prosaic and serves simply to support the state authorities in

---

contrary to the regulations or entering our country while on an entry ban, i.e. when a given person is entered in the list of foreigners whose stay in the territory of the Republic of Poland is undesirable or their name is listed in the Schengen Information System for the purpose of refusing entry.

performing the tasks entrusted to them. In other words, it is about facilitating the expulsion of a foreigner from the territory of Poland by the Border Guard or trouble-free conduct of administrative proceedings by the Head of the Office for Foreigners on granting the refugee status. However, the achievement of these goals is furthered at the cost of depriving a person, including children, of freedom for a period of up to two years.[21]

Such measures – unacceptable with regard to citizens – are routinely used and normalised in relation to foreigners, because they have been dehumanised by those in power and by the society. They are 'others' against whom we should defend ourselves. The application of this security rhetoric leads to the so-called effacing of 'face', which makes it easier to approve the application of methods that are inexcusable for 'us' as legitimate when it comes to 'others'.[22]

Theoretically, provisions (Art. 400 of the Act on Foreigners) prohibit placing people in detention when such a solution may pose a threat to their life or health (including mental health, which is not explicitly indicated in the provision, though) or when the psychophysiological state of a foreigner may justify the presumption that they have been subjected to violence – most often in the country of origin or on their migration route (e.g. ill-treatment at the hands of smugglers) – the regulations do not contain territorial restrictions in this regard. However, in practice, there are no screening tests that would help Border Guard officers and judges adjudicating on detention to determine whether a given foreigner has been a victim of torture or other forms of violence. Such tools has still not being developed.

---

[21] Based on Art. 89(5) of the Act on granting protection to foreigners within the territory of the Republic of Poland, a foreigner who applies for asylum may be detained for up to 6 months. Art. 403(3) of the Act on Foreigners specifies the maximum period of imprisonment of a foreigner for 12 months, which may be extended to 18 months if the foreigner files a complaint to the administrative court against the decision obliging them to return together with an application for suspension of its execution (Art. 403(5) of the Act on foreigners). Detention periods ordered on the basis of each of those acts can be added up (argumentum a contrario from Art. 403(4) of the Act on foreigners).
As far as minors are concerned, the detention of unaccompanied minors is strictly forbidden if they apply for asylum (Art. 88a(3), item 3 of the Act on granting protection to foreigners), but if they have not submitted the application, the prohibition of detention is only applied towards persons under 15 years of age (Art. 397(3) of the Act on foreigners). This restriction does not apply to minors being accompanied by their parents – the court may order the entire family to be deprived of liberty. In such a case, when issuing the decision, the court adjudicating on detention should consider the minor's best interests (Art. 401(4) of the Act on foreigners).

[22] Z. Bauman, *Collateral Damage: Social Inequalities in a Global Age*, Polity Press 2011, p. 58.

As for the appearance of guarded centres and their regime, it is hardly surprising that the former can be characterised as generally punitive and the latter as oppressive since they were modelled on the organisation of penitentiary institutions. During two monitoring visits carried out in these places by two non-profit organisations (the Association for Legal Intervention and the Helsinki Foundation for Human Rights) in 2012 and 2014,[23] foreigners complained about being inappropriately treated by officers and pointed to the generally oppressive culture of the centre as an isolation facility. They talked about rooms (they are not officially called cells) being checked multiple times per night with the lights turned on every time; frequent and meticulous searches of rooms and agonising strip searches (the conduct of such an inspection, when a person is asked to undress and their body is subjected to a detailed examination, is a humiliating experience in itself); transporting foreigners (between centres and to hospitals) handcuffed and in prisoner transport vehicles; very scrupulous observance of the timetable (whistles to announce wake-up calls, night curfews and roll-calls; obligation to report for meals at the canteen, whether you want to eat or not).

Most of the above behaviours do not constitute a breach of regulations (all are or were legally allowed at some point) and were not displayed by particularly malicious officers. Rather, a closed detention facility simply operates as a total institution. When defining such places, Erving Goffman drew attention to the presence of three elements in them:

> First, all aspects of life are conducted in the same place and under the same single authority. Second, each phase of the member's daily activity is carried on in the immediate company of a large batch of others, all of whom are treated alike and required to do the same thing together. Third, all phases of the day's activities are tightly scheduled, with one activity leading at a prearranged time into the next, the whole sequence of activities being imposed from above by a system of explicit formal rulings and a body of officials.[24]

---

[23] Cf. *Migration is not a crime. Report on the monitoring of guarded centers for foreigners*, edited by W. Klaus, K. Rusiłowicz, Warsaw 2012 and *Still Behind Bars. Report on the monitoring of guarded centers for foreigners carried out by the Helsinki Foundation for Human Rights and the Association for Legal Intervention*, edited by J. Białas, W. Klaus, Warsaw 2014.

[24] E. Goffman, *Asylums: Essays on the Social Situation of Mental Patients and Other Inmates*, Anchor Books 1961, p. 6. Goffman points out that prisons or similar facilities for compulsory imprisonment are only one type of the total institution. The term is also used to describe such places as religious orders, hospitals, orphanages, military barracks, ships or colonies (ibid., p. xii, 6-7).

The monitoring also shed light on indisputably dehumanising practices, which took place in guarded centres and were reported by people detained there. Foreigners were referred to as 'you', rather than 'Sir/Madam', which are standard Polish forms of addressing strangers, courtesy aside. In some centres, on the other hand, officers replaced the names of foreigners with reference numbers and used them to address the inmates. One of the migrants there summed it up succinctly: 'No name here, just numbers', which brings to mind only the worst and very obvious historical associations. In fact, such treatment of detained migrants is not only a Polish domain. The research into British detention facilities conducted by Mary Bosworth reveals exactly the same patterns. In an interview with her, one of the employees of the guarded centre in Riley, England, said: 'We do not recognise them as individuals. I mean the employees of this facility. They [employees, addressing detainees] don't even use their first names'.[25]

It is necessary to emphasise that between say 2012 and 2015 the Border Guard had gone to considerable lengths to improve the living conditions of foreigners in guarded centres and to loosen the discipline. In 2015, following the introduction of new rules of stay in the centres,[26] it was permitted to remove bars from room windows, a process which began in the summer of 2015, when the bars were dismantled on the second floor of the guarded centre in Kętrzyn. But then it was stopped due to the political change and some more punitive practices have been reintroduced.[27]

It should also be remembered that the very deprivation of liberty, irrespective of the conditions they live in, is an extremely severe interference in the life of an individual. It is paradoxical then that a foreigner is obliged to pay for staying in such a place against their will, which results directly from Art. 337(1) in conjunction with Art. 336(1) and Art. 338(1), item 3 of the Act on foreigners. Particularly that the costs in question are significant, reaching even tens of thousands of zlotys for a year of imprisonment.[28]

---

[25] M. Bosworth, *Inside immigration detention*, Oxford 2014, p. 184 (own translation).

[26] Regulation of the Minister of the Interior of 24 April 2015 on guarded centres and arrests for foreigners (Journal of Laws, item 596).

[27] W. Klaus, How Does Crimmigration Unfold in Poland? Between Securitisation Introduced to Polish Migration Policy by its Europeanisation and Polish Xenophobia, In R. Koulish, M.A.H. van der Woude (eds), Crimmigrant Nations: Resurgent Nationalism and the Closing of Borders, Fordham University Press, New York 2020, pp. 298-314.

[28] Although it has long been possible to charge foreigners for their stay at guarded centres in Poland, from 2014 such a practice became more and more common. It all changed with the

4 Detention as seen by foreigners

How difficult it is for migrants to be in detention is evidenced by the statements collected during interviews with them. It is uncanny how alike the accounts of those in confinement are regardless of their whereabouts. The similarity between the experiences of migrant women isolated in Poland and foreigners detained in Great Britain as investigated by Mary Bosworth is striking. Below, I will try to demonstrate these complementary perspectives.[29]

The state of isolation is without doubt a bad influence on mental health, leading to severe depression and suicidal ideation. One of the female refugee confessed:

> I've had enough of being [locked up] here. I thought that after all the problems I'd had in my country, my life would improve by coming here. Now I've got nothing. I've been locked up for five months and I feel tired. I wanted freedom but you refused to give it to me. I've lost 16 kg. I've decided to die so that I don't suffer anymore. I apologise for coming here on/with a false visa – I didn't know.

Similar sentiments were plaguing migrants isolated from the society in Great Britain. People there said: 'this place is killing me', '[I] feel like shit'.[30] It was not uncommon for them to compare one's fate to that of beasts: 'We are animals. Nobody cares about us'. 'Once you're in here, you just an animal. No rights whatsoever, and all that'.[31] Another person added: *I have no right to speak here or ask about anything*. Those comments do not necessarily mean that they are in fact deprived of any rights, but they feel like they were.

What also emerges from migrants' accounts is the experience of additional difficulties related to being detained. The procedure is particularly distressing for people who experienced violence in their

---

passage of the new Act on Foreigners, which was reported by the media – see J. Klimowicz, Border Guard wants money from foreigners who are locked up in the centres, Gazeta Wyborcza, 14 July 2014, http://wyborcza.pl/1.75478,16318591,Rachunek_za_wiezienie__Straz_Graniczna_chce_pieniedzy.html (accessed 28 August 2016).

[29] Quotations from the statements contained in this part of the text come from a study of foreign women experiencing various forms of violence conducted between November 2012 and July 2013 by the Association for Legal Intervention as part of the project entitled 'Research on threats to the integration of forced migrants in Poland' co-financed by the European Refugee Fund, the state budget and the association's own funds. Statements by women refugees from these surveys have been italicised in the text.

[30] M. Bosworth, Inside immigration detention ..., pp. 133, 175.

[31] Ibid, p. 207; M. Bosworth, Subjectivity and identity ..., p. 130.

countries of origin. In the course of the research, we interviewed women who had indeed survived both physical and sexual abuse. The perpetrators were most often policemen or soldiers, in other words, uniformed men. This is how they recounted what had happened to them:

> In the evening a policeman came to the room I was in and raped me. He gagged me with a handkerchief and I was afraid that if I put up a fight he would kill me. I knew a lot of people who never came back after being taken by the police, or the family got a call to pick up their dead bodies. They were beating me. I was trying to defend myself, rolling on the ground but then one of them hit me with a metal object. After they beat me, they used the situation to rape me.

The conditions of detention (bars, heavy metal doors, barbed wire and men in uniforms) were a constant reminder of the events that the women were trying to forget and put behind them. In their own words:

> It all comes back to me over and over again – I'm afraid of everything that is police related. When I see a police officer it brings back those memories. [...] Did you hear the metal door opening here? It makes a lot of noise. The police lock and open the door at night – I wake up in terror every time. [...] At night I keep waking up because the guards open the doors to our rooms and they do it suddenly, so I wake up terrified. When the door slams, I jump to my feet. [...] I feel like I'm locked in Africa here. I want to be free.

Resentment runs high among those detained. One of them said: I've been here for 8 months – I am very tired. In fact, nothing has changed here [compared to the country of origin], the only difference is that there were beatings and torturing back there. Another person deprived of liberty added: 'This is like mental torture [...]. They do not beat us or hurt us but they wear us down [psychologically]'.[32] The above accounts speak volumes about the cruelty of depriving foreigners of freedom only for violating administrative regulations. As a result, people in confinement harbour increasing antipathy towards the representatives of the society who conceived their grim fate. As a Zimbabwean citizen remarked, 'To some extent you actually start to feel hatred against the British'.[33]

---

[32] Op. cit., p. 130.

[33] M. Bosworth, *Inside immigration detention...*, p. 176.

Foreigners feel also very anxious about the prospect of being sent back to their countries of origin. During the asylum procedure, they remain in a state of limbo, uncertain whether they will be able to stay safely in the host country or forced to return. The process is all the more excruciating as they meet people who have failed to obtain refugee status and who have therefore been sent back to countries where they face danger:

> Since the departure of P. [a friend] – since her deportation – I can't stop thinking... I am very scared to return to my country... I know that my turn will also come and for me return means death. It's over.

For others, returning means beating and humiliation: 'My problem is my father and that's it. Hitting ... all the time hitting, all the time like you're a bitch, in my country, what my father does is normal, the police won't help'.[34] The fear of having to return is paralysing and leads to paranoia, as the statement of one of the foreigners illustrates: When I saw people in uniform talking to each other at the centre, I thought that they were talking about me, that they would take me and deport me soon.

But there are also people who dream of going home and for the nightmare of imprisonment to end. One of the foreigners, a woman from Nigeria, said: 'What have I done to deserve this [...]? They caught me with false documents and they took me to prison and I did my time. Why are they still keeping me here? [...] There are people who don't want to go and they send them back, but I want to go and they keep me here. I have been in here five months'.[35] Whether someone is looking to return home or dreading it depends on the situation in their country of origin and their personal experiences.

5 Creating the 'Other'

Finding themselves on the receiving end of the treatment described above, many migrants come to realise that they are being treated like criminals, a notion that they fail to comprehend. One of the interviewed women reflected: *I have come to the point where I was wondering if being a refugee was a crime. Nobody chooses to be a refugee. We*

---

[34] M. Bosworth, *Subjectivity and identity*..., p. 131.
[35] M. Bosworth, *Inside immigration detention*..., p. 172.

are refugees because we have reasons to be. Such a perception is the result of the process of using symbolic (both institutional and structural) violence by states against strangers who pursue their dream of living in Europe. At present, a fairly widespread belief among European politicians, border services and increasingly also among ordinary citizens is that foreigners coming to and looking for protection on the Old Continent want to cheat the system and take advantage of European success and wealth. As such, they do not deserve any protection.[36] Furthermore, foreigners can be rightly (as frauds should) and liberally controlled by means and methods so far used only in criminal law to protect against dangerous criminals, because we perceive them as a threat.[37]

What we are just witnessing is the process of creating the 'Other'. For it to occur, it is necessary to introduce clear criteria that will allow us to distinguish 'them' from 'us', and then help to turn 'them' into an enemy. As Jock Young pointed out,

> in order to create a "good enemy", we must be able to convince ourselves that: (1) they are the cause of a large part of our problems; (2) they are essentially different from us – inherently evil, intrinsically wicked, etc. This process of resentment and dehumanisation allows us to separate them off from the rest of humanity (us), but it also permits us to harden ourselves to deal with the special instance of threat. We can act *temporarily* outside of our human instincts because we are dealing with those who are acting inhumanely. This technique of neutralisation permits the transgression of our general prohibitions against violence.[38]

Another formula for creating a 'suitable enemy' was outlined by Nils Christie. According to him, such an enemy must be suitably threatening, hence dangerous, as well as provoking fear and aversion. In this regard, Christie's and Young's descriptions are consistent. Christie further elaborates that a suitable enemy is also one that never dies, so you can (and should) fight it constantly. It can be destroyed (after all, those in power must be able to boast some successes), but it can never be totally defeated. As a result, the battle against it can be fought forever

---

[36] Cf. M. Kmak, Moral Schizophrenia of Migration to the European Union. Homo Oeconomicus Meets Bogus Asylum Seeker, Helsinki Review of Global Governance 2012, vol. 3, no 1.

[37] Frances Webber gives examples of the use of various coercive measures in the expulsion of foreigners from the United Kingdom which can be considered extremely humiliating. She also provides examples of specific cases where such treatment of expelled persons contributed to their death – F. Webber, Borderline Justice ..., pp. 177-178.

[38] J. Young, *The Vertigo of Late Modernity*, Sage Publications 2007, pp. 35–36 (italics in original).

and be constantly weaponised for political purposes.³⁹ Migrants have become a suitable enemy of our times.

In the process of creating the 'Other', the key element is dehumanisation, manifested among other techniques in applying pejorative terms to people. Soon enough, prejudice follows, and the society no longer perceives them as human. Truly, words do matter and language creates reality. bell hooks acknowledged the fact, emphasising that 'It is not just important what we speak about but how and why we speak'.⁴⁰ The great criminals of the 20th century knew about it, too – Hitler called Jews 'vermin', and we owe the term 'kulak' to Stalin.⁴¹ In the Polish debate on taking in refugees rendered terms such as 'trash', 'scum' or 'carriers of diseases and parasites'.⁴² The effects of combining the word 'refugee' with various other slurs can be observed in Great Britain. There, media coverage of refugees has been consistently negative for so long (which was reflected in politicians' language as well) and the language so antagonising that nowadays the very words 'refugee' or 'asylum seeker' are used as insults among British schoolchildren.⁴³

This segregation of people into 'ours' and 'others', into citizens and outsiders is aimed at separating some from the other, also by means of criminal legislation or enforcement. For that, as Zygmunt Bauman bitterly notes, now refugees are the very embodiment of "human waste" and

> "asylum seekers" have now replaced the evil-eyed witches and other unrepentant evildoers, the malignant spooks and hobgoblins of former urban legends. [...] Nothing is left [to be done] but [to put refugees behind] the walls, the barbed wire, the controlled gates, the armed guards.⁴⁴

---

[39] Christie, Nils (1986) `Suitable enemy', in Herman Bianchi and Rene von Swaaningen (eds) Abolitionism: toward a non-repressive approach to crime. Amsterdam: Free University Press.

[40] b. hooks, Yearnings: Race, Gender and Cultural Politics, South End Press 1989, p. 208.

[41] J. Galtung, *Cultural Violence*, Journal of Peace Research 1990, vol. 27, no 3, p. 298.

[42] M. Krzyżowski, Discursive Shifts in Ethno-Nationalist Politics: On Politicization and Mediatization of the "Refugee Crisis" in Poland, "Journal of Immigrant & Refugee Studies" 2018, vol. 16 (1-2).

[43] S. Cohen, Folk Devils and Moral Panics. The Creation of the Mods and Rockers, London – New York 2006, p. xxi.

[44] Z. Bauman, *Liquid Times: Living in an Age of Uncertainty*, Polity Press 2007, pp. 41, 43.

A refugee woman who experienced exactly that concluded bitterly:

> I have always believed that human rights are violated in Africa, but now I think that it is worse in Europe. They traumatise us in silence and hide it. Nobody ever finds out what they are doing to us. [...] I had a completely different picture of Europe when I came here. And I was very disappointed. Because when it comes to human rights – it is the same as in Africa. As for justice – likewise.

6 Conclusion

In the end, the question arises as to what goals the governments of the Global North countries are pursuing with their various measures aimed at criminalising the phenomenon of migration. In his membership theory, Michael Walzer set out to explain the rationale behind such a behaviour. According to it, the state and the society concluded a social contract, by whose power the weaker party (i.e. citizens) were granted rights to be protected from authority and its potential abuses. However, as is the case of contracts, it is binding only on the parties that concluded it. Thus, the state is obliged to take action in order to increase the protection of society members against other persons, which in this case may be tantamount to depriving non-members, i.e. 'others', of their rights. Meanwhile, these non-citizens, who are not party to the contract, cannot demand that the government grant them rights equal to those of citizens.[45] Walzer compares the current treatment of migrants to Athenian metics under the tyrannical rule of citizens. He writes: 'These guests experience the state as a pervasive and frightening power that shapes their lives and regulates their every move – and never asks for their opinion'.[46] It does not ask, because foreigners are not party to these talks.

Foreigners are used by those in power to boost their political ratings by showing their alleged effectiveness – surely, no rational

---

[45] J. Stumpf, *The Crimmigration Crisis...*, pp. 377-379, 397-399.
[46] M. Walzer, *Spheres of Justice: A Defense of Pluralism and Equality*, Basic Books 1983, p. 59. This leads to the conclusion that migrants should fairly promptly obtain citizenship of the host country, which is the only guarantee of full political rights, including the right to vote and as such leads to politicians having to recognise migrants as a group of interest and fight for their rights (and votes). Otherwise, politicians – who represent the host society, i.e. their voters – will only defend the said society's interests, because this is the only way to secure their re-election.

politician believes that migration movements can be stopped, something that has never happened in history. In addition, foreigners are a lifeline in most of these countries due to the ageing of societies which, as it happens, affects most European Union. Then again, it is not about sound and rational arguments, but about cleverly stirring up human and social emotions, which are then micromanaged by those who wield power, allowing them to retain control of the situation. Criminal law tools to control immigrants (and, if necessary, the rest of the society) seem to be an ideal means to achieving this goal.

Informação bibliográfica deste texto, conforme a NBR 6023:2018 da Associação Brasileira de Normas Técnicas (ABNT):

KLAUS, Witold. Foreigners not welcome. detention of foreigners as an example of criminalisation of migration. *In*: SARAIVA FILHO, Oswaldo Othon de Pontes; BERTELLI, Luiz Gonzaga; SIQUEIRA, Julio Homem de (coord.). *Direitos dos refugiados*. Belo Horizonte: Fórum, 2024. (Coleção Fórum Direito Internacional Humanitário, v. 1, t. 2). p. 275-293. ISBN 978-65-5518-614-7.

EUFEMISMOS DE LA CRIMINALIZACIÓN: DISPOSICIONES ATINENTES AL FENÓMENO MIGRATORIO Y AL ASILO EN EL PANORAMA ÍTALO-MEXICANO

MARIO CATERINI

MARIO EDUARDO MALDONADO SMITH

I Introducción

Entre los muchísimos vínculos que hermanan a México con Italia, se encuentra su pasado, presente y muy probablemente futuro común en el ámbito de la migración. En efecto, ambos han compartido su carácter de países típicamente migrantes, así como receptores de enormes flujos de personas; en el caso de México, como región de trance hacía los Estados Unidos de Norteamérica y, en Italia, como arribo final o, igualmente, como punto de espera hacia los países centrales o nórdicos europeos.

Desafortunadamente, el presente y las expectativas futuras en relación con las obligaciones básicas de todo Estado en materia de migración (respetar, proteger y garantizar) parecerían de nueva cuenta hermanar nuestros Estados, pero, en este caso, bajo el modelo de la hiper securitización y el arquetipo de la criminalización de lo diferente,[1] en

---

[1] Sobre esta idea permítase el reenvío a: CATERINI, Mario. "La criminalización de lo diferente", *Revista de derecho penal y criminología*, n. 8, 2016, pp. 147 ss.

suma, del migrante ilegal que, cada vez con mayor frecuencia se topa ante los muros del normativismo, el burocratismo, la indiferencia o, incluso, del rigor penal-sancionatorio con el que se juzga su presencia en los Estados; una situación que, como puede advertirse, repercute igualmente en instituciones como el asilo en sentido amplio.

En este breve opúsculo plantearemos algunas reflexiones someras de la situación existente en el contexto italiano y en el mexicano que, como se verá, disponen de múltiples aspectos comunes en cuanto a la perspectiva, el tratamiento normativo, las problematicidades y, sobre todo, las incertezas que se ciernen sobre los ya de por sí desprotegidos migrantes.

II El caso mexicano

Como es sabido, México es un país tanto de enorme emigración interna como de tránsito hacia los Estados Unidos, por su territorio diariamente transitan miles y miles de personas con la esperanza de conquistar el *American dream* o, simplemente, de encontrar un lugar que pueda asegurar el más básico de todos los derechos fundamentales: la vida.

En los medios de comunicación es frecuente observar cómo, las caravanas de migrantes prosiguen su recorrido a pesar de las inclemencias naturales (el abrazador desierto de Coahuila o Chihuahua, las impetuosas selvas de Chiapas y Quintana Roo o las escarpadas montañas de Oaxaca) y, peor aún, las cada vez más frecuentes inclemencias humanas derivadas del crimen organizado (secuestro, trata de personas, extorsión, desapariciones forzadas), la corrupción de las autoridades y de la reciente política de contención migratoria asumida por México ante el chantaje político y arancelario del vecino del norte.[2]

A pesar de estos riesgos latentes, el flujo migratorio es una fuerza incontenible que obedece a la necesidad inherente de todo ser humano de buscar, y de luchar, por aquellas condiciones de vida que

---

[2] TORRE CANTALAPIEDRA, Eduardo, PARÍS POMBO, María Dolores y GUTIÉRREZ LÓPEZ, Eduardo, "El sistema de refugio mexicano: entre proteger y contener", *Frontera Norte*, n. 33, 2021, p. 2; TAPIA TÉLLEZ, Gabriela, *Proceso de revisión de solicitudes de condición de refugiado en México: valoración del diseño e implementación de la política pública*. México, Flacso, 2019, p. 4. Sobre la idea de terceros países empleados como barreras de contención: FITZGERALD, David Scott, *Refuge beyond Reach. How Rich Democracies Repel Asylum Seekers*, New York, Oxford University Press, 2019.

permitan la satisfacción de derechos como el alimento, la salud, el trabajo, la vivienda, la educación de los hijos, un medio ambiente sano, la seguridad, la integridad física, el no ser objeto de persecuciones, de la trata y la explotación sexual, del crimen organizado, de los grupos "paraestatales", de la guerrilla, o de la tiranía de dictadores y déspotas, todas ellas situaciones que, muy a nuestro pesar, no nos resultan extrañas en el contexto latinoamericano y que ejemplifican el por qué la migración es incluso considerada un derecho fundamental (artículo 13.2 de la Declaración Universal de los Derechos Humanos).

El tema, como se advierte, resulta en extremo complejo, para efectos del presente trabajo nos concentraremos en una sola de las dimensiones que plantea el fenómeno de los flujos migratorios y es el concerniente al asilo, tanto general como en su expresión de refugio.

Al respecto, es de resaltar que México se ha distinguido por su vocación humanista y solidaria frente a los requirentes de asilo y refugio. Durante la década de los años 30 y 40 son recordadas las migraciones procedentes de España durante la dictadura franquista, así como de Chile y Argentina durante los años 70's.[3] En los 80's se recuerdan los campos de refugiados guatemaltecos y salvadoreños en Chiapas, Campeche y Quintana Roo que, tras la relativa pacificación centroamericana, decidieron volver o, incluso, permanecen en México adquiriendo la nacionalidad mexicana. En tiempo reciente, destacan también las grandes oleadas de migrantes venezolanos y haitianos, así como los flujos – aún permanentes – de miles de seres humanos procedentes de Centroamérica y de otras partes del mundo en su deseo de alcanzar los Estados Unidos (aunque, como se verá, los "asegunes" también existen en el tipo de migrantes que México recibe).[4]

De esta breve contextualización puede ya advertirse que la tradición mexicana distingue diversas categorías de protección, en todo caso, el factor común que identifica a todos ellos es el de la protección

---

[3] CASTILLO, Miguel Ángel y VENET REBIFFE, Fabienne, "El asilo y los refugiados: una visión histórica y crítica hasta nuestros días", en ALBA, Francisco, CASTILLO, Manuel Ángel y VERDUZCO, Gustavo (coord.), *Migraciones internacionales*, México, El Colegio de México, 2010, p. 198.

[4] LERMA RODRÍGUEZ, Enriqueta, "Guatemalteco-mexicano-estadounidenses en Chiapas: Familias con estatus ciudadano diferenciado y su multiterritorialidad", *Migraciones Internacionales*, n. 8(3), 2016, pp. 85 ss.; RODRÍGUEZ CHÁVEZ, Ernesto, "Asilo, refugio y otras formas de protección humanitaria en el México del siglo XXI", en SOMOHANO, Katya y YANKELEVICH, Pablo (coords.), *El refugio en México. Entre la historia y los desafíos contemporáneos*, México, COMAR, 2011, pp. 69 ss.; PARÍS POMBO, María Dolores, *Violencias y migraciones centroamericanas en México*, Tijuana, El Colegio de la Frontera Norte, 2017, pp. 19 ss.; HERNÁNDEZ ORTEGA, Alfonso, "La institucionalización de las políticas de asilo y refugio en México", *Revista de Investigación Social*, n. 3, 2006, pp. 13 ss.

que se brinda a personas que son perseguidas y que se han visto en la necesidad de dejar sus lugares de residencia en *pos* de encontrar un sitio en el cual poder asegurar la propia vida. En el caso del asilo, se le identifica con consideraciones de índole política, por ejemplo, en los contextos del ascenso de dictaduras como la española, argentina, chilena, dominicana, boliviana, paraguaya, con personas que fueron escritores, cantantes, artistas o intelectuales críticos al régimen, inclusive, miembros de la oposición o adherentes de una determinada corriente política (comunistas, socialistas, liberales críticos, etc.). En México, por ejemplo, son recordadas las presencias de León Trotsky, José Gaos, Luis Buñuel, Isabel Allende, Fidel Castro, Rigoberta Menchú y, más recientemente, del propio ex presidente boliviano Evo Morales.

El refugio, por el contrario, se inserta en una dinámica diversa y tiene que ver con las persecuciones que se derivan de consideraciones no estrictamente políticas, sino más bien derivadas (como se señala en la Declaración de Cartagena de 1984) de situaciones de guerras, invasiones, conflictos armados internos/externos o, en general, hechos de violencia generalizada o de graves perturbaciones; situación que, igualmente, ha sido frecuente en la región como se evidencia en el caso de Centroamérica con el fenómeno de las bandas criminales (en especial las "maras"), las grandes problemas público-económicos experimentados en Venezuela o, también de manera reciente, el vacío de poder y los graves disturbios experimentados en Haití.[5]

II.1 Normativa constitucional y de orden legal aplicable en México

La normativa referida al asilo y al refugio encuentra raigambres de índole constitucional, así como legislativa y reglamentaria, en concreto, incluso se dispone de una Ley en la materia que es la *Ley sobre Refugiados, Protección Complementaria y Asilo Político* del año 2011 que se complementa con la genérica *Ley de Migración* (también del año 2011).

II.1.1 La 'perniciosidad' constitucional

En el ámbito de las disposiciones de orden constitucional, desde el artículo 1 de la Constitución Política de los Estados Unidos Mexicanos

---

[5] TORRE CANTALAPIEDRA, Eduardo; PARÍS POMBO, María Dolores; GUTIÉRREZ LÓPEZ, Eduardo, *op. cit.*, p. 3.

(en adelante CPEUM), sin matiz alguno se indica que, toda persona (nacional o extranjera) que se encuentre en territorio nacional, por ese sólo hecho, gozará de los derechos humanos reconocidos por la Constitución y los contenidos en tratados internacionales de los que el Estado mexicano sea parte; además, queda asentado el que las normas relativas a derechos humanos habrán de ser interpretadas conforme a los principios de indivisibilidad, progresividad, universalidad e interdependencia bajo la directriz de la máxima protección a la persona (el conocido principio *pro persona*).[6] Igualmente, se dispone que el Estado y sus instituciones deberán cumplir con sus obligaciones básicas en la materia: respetar, proteger y garantizar esos derechos.[7]

Curiosamente, es la propia Constitución la que contiene una de esas "cláusulas difíciles" de compatibilizar y que corresponde al artículo 33 que, pese a la reforma constitucional del 2011, aún recoge en parte el contenido original de la Constitución de 1917, surgida esta de una gesta revolucionaria y en un contexto de latente invasión extranjera por parte de las tropas estadounidenses, situación de orden histórico que en tales albores permitía explicar la facultad del ejecutivo federal para hacer abandonar, sin juicio previo, a todo extranjero cuya presencia considerará "inconveniente" (se empleaba la expresión pernicioso), además de prohibir toda intervención de los extranjeros en los asuntos políticos nacionales.[8]

Como se comenta, en 2011 tuvo lugar una reforma trascendental en materia de derechos humanos que si bien garantizó el derecho a ser oído y a la defensa de parte del extranjero "inconveniente", la previsión se mantiene hoy día (con pobres razones fundadas en la potestad soberana del Estado) junto con la cláusula que impide toda forma de participación de extranjeros en la política nacional.

---

[6] HENDERSON, Humberto, "Los Tratados Internacionales de Derechos Humanos en el Orden Interno: La Importancia del Principio Pro Homine", *Revista del Instituto Interamericano de Derechos Humanos*, n. 39, 2004, pp. 93 ss; COURTIS, Christian y ABRAMOVICH, Víctor, *Los derechos sociales como derechos exigibles*, Madrid, Trotta, 2004, p. 37; PINTO, Mónica, "El principio *pro homine*. Criterios de hermenéutica y pautas para la regulación de los derechos humanos", en ABREGÚ, Martín y COURTIS, Christian (comp.), *La aplicación de los tratados sobre derechos humanos por los tribunales locales*, Buenos Aires, Editores del Puerto, 1997, pp. 163 ss.

[7] Corte IDH. Caso Velásquez Rodríguez Vs. Honduras. Sentencia de 29 de julio de 1998, Serie C No. 4, párr. 161, igualmente PINTO, Mónica, *Temas de derechos humanos*, Buenos Aires, Editores del Puerto, 2009, pp. 47 ss.

[8] RODRÍGUEZ Y RODRÍGUEZ, Jesús, *Las reservas formuladas por México a instrumentos internacionales sobre derechos humanos*, México, CNDH, 1998, p. 13.

Esta reminiscencia del otrora modelo clásico de Estado nacional-liberal, a su vez, ha de armonizarse con el derecho fundamental a la libertad de desplazamiento previsto por el artículo 11 Constitucional que, además, reconoce el derecho de toda persona a buscar y recibir asilo, así como al reconocimiento de la condición de refugiado, que, por cierto, queda sujeto a las particularidades normativas que se dispongan por Ley, en particular, las destinadas a normar la emigración, la inmigración, la "salubridad general de la República" o, como índica la última fracción del primer párrafo del artículo 11 indicado, las normas sobre "extranjeros perniciosos residentes en el país".

A propósito, la CPEUM no brinda una definición de lo que podría entenderse por "pernicioso", aunque acudiendo al diccionario de la lengua española, podemos entender que se refiere a aquellos extranjeros cuya presencia resulta "gravemente dañosa y perjudicial". Aunado a ello, el contexto de lo pernicioso también puede derivarse del propio texto del artículo 33 constitucional previo a su reforma de 2011 que incluía la expresión "juzgue inconveniente", esto es, una valoración de orden subjetivo (de parte de la autoridad administrativa), sin que sea requerida una situación de riesgo concreta y, claro está, mucho menos de daño o lesión. En palabras de la Suprema Corte de Justicia de la Nación, «la disposición de este artículo, en el sentido de la facultad que concede al presidente de la República para expulsar, inmediatamente y sin necesidad de juicio previo, a todo extranjero a quien juzgue pernicioso, es tan terminante, que no admite interpretación alguna».[9]

En resumen, el panorama constitucional mexicano garantiza, de una parte, casi todos los derechos inherentes a la condición humana a los extranjeros, ese "casi" se refiere a la exclusión de los asuntos políticos nacionales, pero, además, como una espada de Damocles, el extranjero siempre ha de tener presente que, en caso de que su presencia sea considerada indeseable podrá ser expulsado del país bajo fundamentos decimonónicos inspirados en la otrora absoluta potestad soberana del Estado. Como puede advertirse, desde el texto constitucional la cuestión empieza ya a ser problemática para el caso de los extranjeros pues, incluso, no se requieren de ningún comportamiento ofensivo *per se* que pudiera justificar su expresión, basta configurar una situación de indeseabilidad o de "perniciosidad" que, por cierto, resulta todo menos que claro, al fundarse, además, en una potestad discrecional de la autoridad administrativa.

---

[9] Semanario Judicial de la Federación, tomo IV, p. 323, registro: 810875. Amparo administrativo en revisión Calleja Andrés, 1º de febrero de 1919.

II.1.2 Los eufemismos de la criminalización: la Ley de Migración

En el ámbito de la normativa de orden legal, es la Ley de Migración el instrumento jurídico que en términos genéricos regula lo concerniente al ingreso y salida, tanto de nacionales como de extranjeros al territorio nacional. Es, además, una Ley relativamente nueva que nace bajo el paradigma garantista inaugurado por la reforma constitucional en materia de derechos humanos del año 2011. De hecho, la vigente Ley de Migración comienza indicando desde su artículo 1 que se enmarca dentro de las obligaciones de «respeto, protección y salvaguarda de los derechos humanos».

Sin embargo, el lector que apenas se adentre en su complejo contenido, descubrirá que el nuevo ordenamiento es todo menos que garantista y que, más bien, esas primeras referencias al paradigma de derechos humanos vienen a enmascarar un modelo poco amistoso hacia la migración.

En efecto, este ordenamiento ha sido ampliamente criticado por partir de un enfoque de contención, de aseguramiento, de "securitización"[10] y, en suma, de criminalización de la migración,[11] contrario al modelo garantista al que debería sujetarse con motivo de la ya señalada reforma constitucional en materia de derechos humanos.

En lo que hace al fenómeno de la migración irregular, la Ley de referencia es especialmente rígida, así, puede señalarse la previsión que se hace para que los migrantes en situación irregular sean privados de su libertad por periodos comprendidos entre quince y sesenta días, situación que no es considerada normativamente como una forma de detención que, además, se encontraría prohibida en términos constitucionales y de los ordenamientos internacionales firmados por México.

---

[10] ORTEGA VELÁZQUEZ, Elisa, *El asilo como derecho en disputa en México. La raza y la clase como dispositivos de exclusión*, México, UNAM, 2022, p. 25.

[11] Ver: GUEVARA BERMÚDEZ, José Antonio, "La nueva Ley de Migración: una oportunidad perdida para garantizar derechos", en *Revista dFensor*, n. 6, México, 2011, p. 28; FASSIN, Didier, "La economía moral del asilo. Reflexiones críticas sobre la crisis de refugiados de 2015 en Europa" *Revista de Dialectología y Tradiciones Populares*, n. 70(2), 2015, pp. 277 ss. ARANGO, Joaquín, *Eficacia frente a principios. Políticas de extrema dureza contra la inmigración y el asilo en Estados Unidos y Europa*, Barcelona, CIDOB, 2019, p. 34. En una perspectiva más amplia STUMPF, Jullieth, "The Crimmigration Crisis: Immigrants, Crime, and Sovereign Power", *American University Law Review*, n. 56(2), 2006, pp. 56 ss.; GARCÍA HERNÁNDEZ, Cuauhtémoc, *Creating crimmigration*, Brigham Young University Law Review, n. 6, 2013, pp. 1457 ss.

En tal supuesto, la Ley de Migración utiliza las eufemísticas expresiones de "presentación" y "alojamiento".[12] En términos lexicales, una presentación vendría a ser, conforme a la Real Academia Española una «manifestación de algo», el «ponerlo en presencia de alguien» o, incluso, el «dar gratuita y voluntariamente algo a alguien», mientras que, el "alojamiento", el «lugar donde una persona o un grupo de personas se aloja, se aposenta o acampa, o donde está algo». Se trata, en suma, de expresiones con un contenido neutro e, incluso, positivo al suponer un componente volitivo de la persona (en el caso de la presentación voluntaria).

Pues bien, tales expresiones son precisamente eufemismos de una realidad mucho más cruel y grotesca pues suponen en la práctica la detención administrativa de la persona en "estancias migratorias", las cuales, vienen efectuadas por la autoridad migratoria de México, el Instituto Nacional de Migración, y, como se puede intuir, son todo menos que voluntarias.

Así, la presentación es el acto mediante el cual, en labores de control, verificación o revisión migratoria el Instituto Nacional de Migración, sólo o con el auxilio de corporaciones como la Guardia Nacional, detiene a los extranjeros que no acreditan su situación migratoria en el país y los "presenta" ante la correspondiente estación migratoria (artículos 81 a 99 de la Ley de Migración). Por su parte, el "alojamiento" consiste en la colocación de esas personas en estaciones migratorias que, también se podrá intuir distan mucho de ser "hoteles" o "residencias" con las que la expresión "alojamiento" suele vincularse, sino más bien centros de detención acompañados de muchas de las características propias de los mismos: precariedad, hacinamiento, carencia de servicios básicos (agua, alimento, literas, servicios de salud, etc.), riesgos de violencia y de atentados contra la propia persona e integridad; ausencia de comunicación con el exterior (inclusive con defensores o con la propia representación consultar), por citar tan solo algunos ejemplos.[13]

Por cierto, la suerte de la persona en dichas estancias puede ser indeterminada atendiendo a diversas situaciones que, como se verá, incluso pueden no depender directamente del propio migrante, sino de terceros (cuya demora, omisión o deficiencia termina por repercutir en el

---

[12] Artículo 111 de la Ley de Migración.
[13] GUEVARA BERMÚDEZ, José Antonio, "La nueva Ley de Migración: una oportunidad perdida para garantizar derechos", *Revista dFensor*, n. 6, 2011, p. 29.

ya de por si desfavorable persona migrante), hasta en tanto se concluye con su muy probable proceso de deportación (llamado también de manera eufemística "asistencia para el retorno").

La presentación y el alojamiento se tratan, en breve, de una privación de la libertad y, de ninguna manera, en una voluntaria presentación, ni mucho menos en su alojamiento en una confortable estancia. Los eufemismos van más allá de una amigable expresión lingüística y tienen un claro objetivo: la elusión constitucional,[14] el engaño o fraude a nuestras disposiciones de principio que, por ejemplo, en el artículo 21, párrafo cuarto, de la CPEUM, disponen que ninguna detención ante la autoridad administrativa podrá superar el término de las treinta y seis horas de detención. A fin de eludir la cláusula anterior, la Ley de Migración en ningún momento emplea la connotación de una detención, de ahí que, maliciosamente, los actos de presentar y de alojar no vengan contemplados bajo la regla de temporalidad anterior e, incluso (como se verá), se posibilite la internación de manera indefinida.

En todo caso, cualquier observador racional y con un poco de sentido común apreciará que las personas recluidas en las estaciones migratorias no se encuentran ahí por su propia voluntad, que las condiciones no son las de una estancia placentera y que, en los hechos, nos encontramos frente a una innegable privación de la libertad realizada por una autoridad administrativa, más allá del límite temporal que toda detención de este tipo podría tener y sin que, en todo caso, la privación fuere autorizada por un juez, el único legitimado a la restricción del derecho fundamental a la libertad, por periodos mayores a treinta y seis horas y siempre como consecuencias de la concreta ofensa a un bien jurídico de especial trascendencia que justifique la pérdida temporal de la libertad.

Ahora bien, como apuntamos, para cualquier observador con un poco de sentido común, se trata de una restricción a la libertad personal en la que, si cabe, el reproche sobre el que la infracción se funda, no recae en la concreta realización de un actuar que pueda considerarse ofensivo (en términos del principio de ofensividad), sino en determinadas características que vienen asociadas con la persona, como lo son: el que no pueda acreditarse su identidad, nacionalidad, residencia o país de origen, dificultades materiales para su devolución, que tenga alguna enfermedad o "discapacidad física o mental" (es,

---

[14] La expresión es tomada de QUINCHE RAMÍREZ, Manuel Fernando. *La elusión constitucional. Una política de evasión del control constitucional en Colombia*, Bogotá, Universidad del Rosario, 2009.

literalmente, la descripción normativa del artículo 111 de la Ley de Migración).[15]

Recapitulando, aunque se emplea la eufemística expresión de "alojamiento en estancia migratoria"[16] ello no deja de ser una privación de la libertad en supuestos no previstos constitucionalmente, lo que daría pauta a que, al no encuadrarse esta privación de la libertad bajo la hipótesis temporal de una detención administrativa, sea en los hechos una sanción que más bien es de naturaleza penal pues, sólo así se justificaría esa prorrogación en la detención. Más aún, como se adelanta, la reflexión se plantea bajo la idea de que la pérdida de la libertad vendría a tener como móvil de justificación una perspectiva de derecho penal de autor cuya consecuencia fáctica no es otra que, el incremento en el rigor de la detención ante situaciones completamente ajenas a la idea de una concreta ofensa o lesión, sino más bien fundadas en aspectos como la nacionalidad, la ausencia de documentación, el disponer de una enfermedad o de una capacidad diferente (lo que la ley denomina en un lenguaje que hoy se considera ofensivo: "discapacidad").

Tampoco resulta entendible, ni justificable, el por qué la "dificultad" para que se le expida al migrante retenido la documentación correspondiente o los impedimentos en el itinerario de viaje para su devolución, habría de ser, en los hechos, una causa que acentúe el reproche en la prolongación de su detención, cuestión que, en estos casos, es debido a terceras personas, pero cuyos efectos los reciente el ya de por sí vulnerable migrante irregular. En todos estos casos, una perspectiva garante y coherente con el artículo 1 de la Constitución nacional se decantaría en favor de la libertad de la persona y no, como ocurre actualmente, con el reproche de la condición de ilegal.

---

[15] La porción normativa conducente señala: «El alojamiento en las estaciones migratorias únicamente podrá exceder de los 15 días hábiles a que se refiere el párrafo anterior cuando [...] I. Que no exista información fehaciente sobre su identidad y/o nacionalidad, o exista dificultad para la obtención de los documentos de identidad y viaje; II. Que los consulados o secciones consulares del país de origen o residencia requieran mayor tiempo para la expedición de los documentos de identidad y viaje; III. Que exista impedimento para su tránsito por terceros países u obstáculo para establecer el itinerario de viaje al destino final; IV. Que exista enfermedad o discapacidad física o mental médicamente acreditada que imposibilite viajar al migrante presentado, y V. Que se haya interpuesto un recurso administrativo o judicial en que se reclamen cuestiones inherentes a su situación migratoria en territorio nacional; o se haya interpuesto un juicio de amparo y exista una prohibición expresa de la autoridad competente para que el extranjero pueda ser trasladado o para que pueda abandonar el país».

[16] «El aseguramiento es una mezcla conceptual entre el arraigo penal y el arresto que no está prevista en la CPEUM, por lo que las formas de detención administrativa que contempla la LM relativas a la presentación y alojamiento por decisión del INM son contrarias a la Constitución», GUEVARA BERMÚDEZ, José Antonio, *op. cit.*, p. 30; ORTEGA VELÁZQUEZ, Elisa, *op. cit.*, p. 186.

Por si fuera poco, existe una situación aún más crítica y es que, el artículo 111, en su párrafo tercero prevé que el "alojamiento" en la estación migratoria, esto es, la privación de la libertad, podrá prorrogarse de manera indefinida ante el supuesto de que, el migrante haya interpuesto un mecanismo de defensa procesal.[17] Esta última previsión no puede menos que estimarse como aberrante bajo un paradigma fundado en la defensa de la persona al ser enteramente irracional y fungir más bien como un instrumento vindicativo del Estado, por el cual, se viene a castigar el ejercicio de un derecho fundamental (la defensa) con la colosal sanción de la privación indefinida de la libertad. A fin de ser claros, reiteramos: en caso de que el migrante irregular se atreva a interponer un mecanismo de defensa para, por ejemplo, evitar ser deportado, obtener su libertad, regularizarse o, inclusive, denunciar algún hecho irregular en su "presentación" y "alojamiento", habrá de enfrentarse a la venganza del Estado consistente en la eventual privación indefinida de su libertad.

Naturalmente, la finalidad de política criminal que viene implícita en la anterior disposición es la de que los migrantes, opten por no ejercitar sus mecanismos de defensa (que son parte del derecho fundamental del acceso a la justicia) y que, en muchos casos, les permitirían regularizarse. Para evitar lo anterior, perversamente se emplea la amenaza latente de la privación indefinida de la libertad en centros de detención mexicanos (que no son sino esto las estancias migratorias) de modo tal que, los migrantes, consientan el daño menos grave de la pérdida de su libertad "únicamente" hasta por sesenta días naturales ante el aberrante hecho (que parece ser así entendido en la política migratoria nacional) de ser personas sin papeles en territorio nacional, en suma, una perfecta muestra de cómo se criminaliza a la migración irregular en México.

La Ley de Migración no solo es criticable por las anteriores consideraciones, como muestra, y en términos más genéricos puede verse su perfil criminalizador en supuestos como: el empleo de las fuerzas militares para la contención de los flujos migratorios;[18] la

---

[17] La porción conducente del artículo 111 en cita indica: "En los supuestos de las fracciones I, II, III y IV de este artículo el alojamiento de los extranjeros en las estaciones migratorias no podrá exceder de 60 días hábiles." La fracción V, referida a la interposición de un recurso administrativo o judicial no queda prevista, de modo tal que, en este supuesto, la detención podrá superar los 60 días hábiles sin establecerse un término máximo.

[18] El artículo 81 de la Ley de Migración prevé el auxilio de la policía federal en las tareas del Instituto Nacional de Migración, aunque con motivo de la creación de la "Guardia Nacional" en 2018, las tareas de la extinta policía federal pasan a aquella que, aunque en

realización de cateos y visitas domiciliarias sin orden judicial para verificar el estatus migratorio (artículo 96); la equiparación que se hace del migrante con expresiones como la defensa de la "soberanía y la seguridad nacional» (artículo 1), la «seguridad pública y fronteriza" (artículo 2, párrafo octavo), el terrorismo o la delincuencia organizada (artículo 80) o, qué decir, del artículo 144, último párrafo, que indica: "En el supuesto de que el extranjero, por sus antecedentes en los Estados Unidos Mexicanos o en el extranjero, pudiera comprometer la soberanía nacional, la seguridad nacional o la seguridad pública, la deportación será definitiva."

El equiparar a alguien como un peligro a la seguridad nacional no es una cuestión menor pues supone colocar a ese individuo en el régimen jurídico de mayor excepción, el "régimen duro", en el que, tanto las autoridades habilitadas para hacer frente al peligro (los militares), como los instrumentos de investigación, procesamiento y sanción, están investidos de gran rigor lo que, en una lógica garantista, obligaría a brindar sendos rigores en las oportunidades de defensa y acceso a la justicia pero que, cuando se trata de sujetos migrantes irregulares, sucede lo contrario pues, como se ha visto, y en un artero fraude a la Constitución, se legitima un régimen de excepción, turbio, al margen de la ley en el que existen detenciones arbitrarias y por tiempo indefinido en cárceles (no pueden ser sino esto las "estancias migratorias"), ante la circunstancia no imputable a la persona de simplemente no haber nacido en el territorio del Estado mexicano y de encontrarse en él sin un documento que certifique la estancia legal.

Así, ese hecho natural (el no nacer en México y estar en él de manera irregular) provoca para el migrante un reproche que casi lo equipara con los grandes capos del crimen organizado, los terroristas, los secuestradores, los tratantes, los espías, los traidores a la patria, los grandes genocidas, traficantes de material nuclear, de armas biológicas o de destrucción masiva, los piratas, organizadores de rebeliones, motines o sediciones;[19] todas ellas, hipótesis que, bajo cualquier apreciación razonable (y nuevamente de sentido común) diferirían del real potencial ofensivo de sujetos que como se viene indicando, en la mayor parte de los casos escapan del hambre, la miseria, las enfermedades, la guerra o las persecuciones de cualquier tipo. Nos encontramos, en suma, frente

---

términos constitucionales es un cuerpo policial civil, en los hechos dispone de mando, jerarquía, organización y composición militar; ORTEGA VELÁZQUEZ, Elisa, *op. cit.*, p. 188.

[19] Artículo 5 de la Ley de Seguridad Nacional.

a quienes probablemente sean los sujetos más vulnerables, indefensos y desaventurados de la ya triste serie de marginados y excluidos que acompañan al mundo contemporáneo.

Frente a estas situaciones, nos preguntamos qué queda del postulado planteado desde el primer artículo de la Ley de Migración que, recordemos, reafirma su vocación de respeto, protección y salvaguarda de los derechos humanos de la población migrante. Se trata, sin lugar a dudas, de una disposición sumamente difícil de amalgamar con un contenido que ve al migrante como un peligro para la seguridad pública, nacional y fronteriza y que, no sólo lo ve, sino que también justifica un tratamiento diferenciado por el que empleando eufemismos para eludir los principios constitucionales se le aplican regímenes de excepción que nulifican toda expresión de la dignidad humana.

II.1.3 Claroscuros en la Ley sobre refugiados, protección complementaria y asilo político

Este ordenamiento, como su nombre lo indica, regula la obtención de la calidad de refugiado, asilado político o persona sujeta a protección complementaria. Es, igualmente, un conjunto normativo surgido con posterioridad a la reforma constitucional en materia de derechos humanos y, en principio, se ajusta al modelo garantista al plantear definiciones amplias que dan cabida a diversos supuestos de protección, así como al ser, por primera vez, un ordenamiento *ad hoc* aplicable al fenómeno de la persecución evitando que las personas migrantes bajo estos supuestos tengan que ser previstas normativamente bajo la genérica Ley de Migración. Lo cual, no obstante, para todo lo no dispuesto sigue siendo el marco jurídico auxiliar y supletorio aplicable.

Ahora bien, en cuanto al tema del asilo y el refugio, es importante resaltar que México sigue una corriente presente en varios Estados latinoamericanos, de acuerdo con la cual, el asilado y el refugiado parecerían dos categorías conceptuales enteramente diversas, cuestión que no se advierte en el escenario internacional en donde suele emplearse indistintamente el término "asilo", aunque también lo es que, el contexto regional sí que distingue las diversas causas por las que puede darse lugar al asilo o, en su caso, al refugio.[20] Esta situación, en

---

[20] VALDEZ ARROYO, Flor de María, *Ampliación del concepto de refugiado en el derecho internacional contemporáneo*, Lima, PUCP, 2004, p. 120; CASTILLO, Miguel Ángel y VENET REBIFFE, Fabienne, *op. cit.*, p. 196.

gran parte es debida a la experiencia histórica en la región derivada de las persecuciones de orden político que, durante buena parte del siglo XX acompañaron a los Estados latinoamericanos con grandes oleadas de migraciones.[21]

Aunado a lo anterior, las instituciones del refugio y del asilo como entidades diversas (pero vinculadas) guardan relación con el desarrollo que en diversos instrumentos universales, y regionales, se ha dado a estas figuras. Así, en el primero de los casos se destaca la Convención de Ginebra sobre el Estatuto de los Refugiados de 1951, seguida de su Protocolo de Nueva York de 1967. En el ámbito regional la experiencia es extensa, pueden señalarse, entre otros: el Tratado de Derecho Penal Internacional de Montevideo (1889), la Convención sobre Asilo de la Habana (1928), la Convención sobre Extradición, la Convención sobre Asilo Político (1936) y el Tratado sobre Asilo y Refugio Políticos (1939), todos de Montevideo, la Convención sobre Asilo Territorial (1954) y la Convención sobre Asilo Diplomático (1954), ambas de Caracas, y, claro está, la famosa Declaración de Cartagena sobre refugiados de 1984 que se destaca por prever una amplia definición de refugiados.[22]

Como puede advertirse, la existencia de instrumentos universales y regionales específicos para cada una de estas figuras, acompañado de los eventos característicos de persecución política, y luego de violencia generalizada en la región, han contribuido a generar en el escenario doctrinal, normativo e interpretativo una idea separada de estas instituciones que, como se indica, si bien comparten como causa de origen la idea de la persecución, su tratamiento resulta, sin embargo, diverso, en especial, mucho más complejo para el caso de quienes se entienden como refugiados, que como el lector habrá ya inferido, no se colega a las otrora figuras de políticos, artistas o intelectuales que requerían asilo durante las décadas pasadas.

En todo caso, una reflexión que advertimos sea para el asilo que para el refugio es que ninguna de las dos instituciones prevé como causa de la cual se escapa del propio país a factores que hoy en día podemos retener como legítimamente justificables en tanto colocan en

---

[21] ORTEGA VELÁZQUEZ, Elisa, *op. cit.*, p. 33; FRANCO, Leonardo, *El asilo y la protección internacional de los refugiados en América Latina*, Buenos Aires, ACNUR, 2003, pp. 23 y 24.

[22] Esta última Declaración entiende por refugiados a: "las personas que han huido de sus países porque su vida, seguridad o libertad han sido amenazadas por la violencia generalizada, la agresión extranjera, los conflictos internos, la violación masiva de los derechos humanos u otras circunstancias que hayan perturbado gravemente el orden público" (Tercera conclusión de la Declaración).

riesgo la propia vida y la seguridad, nos referimos a eventos que, a la par, resultan ser fuente de las principales causas de emigración, esto es, la precariedad económica, la ausencia de trabajo y de oportunidades e, incluso, las consecuencias derivadas del cambio climático, la degradación del medio ambiente o los desastres de orden natural o de carácter antropogénico.[23] Todas estas son situaciones que no dejan de ser preocupantes y que, como se sabe, son fuente de grandes migraciones masivas a lo largo del mundo.

Ahora bien, retomando el análisis de la legislación mexicana, la Ley sobre refugiados, protección complementaria y asilo político, coherente con lo dicho, reserva el asilo a consideraciones de carácter estrictamente político, siendo entendido como la protección brindada a «un extranjero considerado perseguido por motivos o delitos de carácter político o por aquellos delitos del fuero común que tengan conexión con motivos políticos, cuya vida, libertad o seguridad se encuentre en peligro, el cual podrá ser solicitado por vía diplomática o territorial» (artículo 2, fracción I). En este caso, el procedimiento se realiza directamente ante el Ministerio del Exterior mexicano (la Secretaría de Relaciones Exteriores), sus oficinas regionales o sus representaciones diplomáticas en el exterior. Quien conoce y resuelve de la solicitud es el propio Ministerio del Exterior, en caso de otorgarse el asilo político la persona podrá regularizarse en términos migratorios, es de destacar que, cuando el asilo se tramita en territorio nacional, el Ministerio podrá valorar si el caso corresponde más bien al de refugiado y, en este supuesto, derivar su competencia a la autoridad responsable (artículo 70). Cuando el asilo se solicita desde el extranjero y, en su caso, se autoriza, el Ministerio realizará las gestiones conducentes para el traslado de la persona al territorio mexicano (artículo 69). En todo caso, a los asilados se brindará «asistencia institucional» (artículo 75).

Visto lo anterior y, sobre todo, comparado con el refugiado o la persona sujeta a protección complementaria, la figura del asilo político no puede sino parecer un trato "V.I.P.", ya por la autoridad que recibe, analiza y gestiona las solicitudes, así como por el procedimiento y sus consecuencias derivadas.

En efecto, ni para el refugiado ni para la persona sujeta a protección complementaria se prevé que sea el Ministerio del Exterior la autoridad competente, ni que pueda solicitarse ante las representaciones diplomáticas, tanto menos el colocar a disposición de los requirentes

---

[23] FASSIN, Didier, *op. cit.*, p. 280.

los medios materiales e institucionales para su traslado y bienvenida al territorio nacional.[24]

Por un lado, la protección complementaria se reserva a aquellos extranjeros a los que no se reconoció el carácter de refugiado, supone el compromiso de no devolución a su país o a algún otro en donde su vida encontraría peligro.[25] Se trata, en suma, de una protección menor en la que no se adquieren todos los beneficios del refugiado, pero, al menos, se permite la estancia legal en el territorio de México.

El carácter de refugiado resulta más complejo pues se refiere al estatus reconocido para cierta persona que, al internarse en el territorio nacional o, al llegar a los puntos fronterizos (no opera por vía diplomática), alega encontrarse en alguna de las tres categorías que prevé el artículo 13 de la Ley, mismas que son:

Primera categoría: temores fundados de ser perseguido por su raza, religión, nacionalidad, género, pertenencia a grupo social o por sus opiniones políticas, y siempre que se encuentre fuera de su país (o de donde tuviere su residencia) y no quiera o no pueda acogerse a las propias protecciones que se le reservan en él.

Segunda categoría: se reserva a situaciones de huida del país de origen porque la propia vida, seguridad o libertad han sido amenazadas ante hechos de violencia generalizada, agresión extranjera, conflictos internos, violación masiva a los derechos fundamentales u otras circunstancias de grave perturbación del orden público.

Tercera categoría: se trata de una compaginación de las dos anteriores donde, como resultado de circunstancias que hayan surgido en su país de origen, o bien, como resultado de actividades realizadas durante su estancia, tenga fundados temores de ser perseguido por su raza, religión, nacionalidad, género, pertenencia a grupo social, opiniones políticas o, su vida, seguridad o libertad sean amenazadas por violencia generalizada, agresión extranjera, conflictos internos, violación masiva de los derechos humanos u otras circunstancia que hayan perturbado gravemente el orden público.

En relación a lo anterior, es de señalar que la primera categoría recoge la definición de la Convención sobre el Estatuto de los

---

[24] Al respecto RINCÓN, Andrea, "Evo Morales viaja hacia México en un avión del Gobierno de López Obrador" *France24*, nota de 12 de noviembre de 2019, disponible en: https://www.france24.com/es/20191112-evo-morales-bolivia-mexico-amlo.

[25] La figura evita la expulsión del territorio nacional pero no se acompaña de los derechos que parten de la condición de refugiado, entre ellos el permiso de trabajar y los derechos a la seguridad social que se derivan, la reunificación familiar o el acceso a servicios y programas públicos destinados a refugiados.

Refugiados de 1951 (y su Protocolo de 1967), mientras que la fracción II incorpora el contenido de la Declaración de Cartagena de 1984. Por su parte, la fracción III hace referencia a lo que se conoce como refugiado *sur place*, esto es, personas que al abandonar su lugar de residencia no eran refugiados, pero, por diversas causas sobrevenidas estando en el exterior, se convierten en refugiados (se piense en un golpe de Estado, una guerra o invasión, etc.). Las definiciones, en este sentido, son consideradas acordes e, incluso progresistas al incluir elementos no previstos en las grandes convenciones internacionales, tal y como ocurre con el género.[26]

El procedimiento, por su parte, deja entrever porqué la Ley en cuestión plantea en realidad claroscuros frente a las obligaciones básicas del Estado mexicano en la materia. En efecto, para otorgar la condición de refugiado o sujeto de protección complementaria, la autoridad competente es la Comisión Mexicana de Ayuda a Refugiados (COMAR), ante la cual es necesario presentar solicitud dentro de los 30 días siguientes al internamiento y sólo se admite con posterioridad a ese plazo siempre que exista una justificación por escrito y, además, que esa sea aceptada por la autoridad (artículos 18 y 19).

Esta primera traba resulta de especial preocupación pues, no se pierda de vista que, quien huye de situaciones en las que su vida se encuentra en riesgo, y es un migrante irregular, antes que nada, realiza una ponderación de sus necesidades más inmediatas, entre las que se encuentran buscar un lugar seguro donde guarecerse, comida, fuentes de ingresos, atención médica (si se requiere) y no preocuparse por la tramitología administrativa necesaria para su internamiento. Aunado a ello, los migrantes que se internan en territorio nacional difícilmente tienen conocimiento de los plazos legales dispuestos para, en su caso, poder solicitar la calidad de refugiado o persona sujeta a protección complementaria; en la mayor parte de los casos, como se comenta, la urgencia primaria es huir y, en su caso, más adelante informarse sobre

---

[26] Avance que, sin embargo, el Reglamento de la Ley sobre Refugiados y Protección Complementaria hecha por tierra al entender al género bajo la expresión de "las preferencias sexuales del solicitante" (art. 4, fracción IV). Asimismo, se critica al reglamento la inclusión que hace de una figura conocida y ampliamente reprochable en el ámbito internacional que es la "alternativa de huida interna" (artículo 42), esto es, la posibilidad que tuvo la persona para escapar a alguna otra región de su país de origen y evitar así la situación de riesgo. En la práctica, esta situación lo que viene a legitimar es un desplazamiento interno y, a efectos del reglamento, el que la persona haya tenido esa opción puede ser una causa de denegación de la condición de refugiado o de persona con protección complementaria. Ver: ORTEGA VELÁZQUEZ, Elisa, *op. cit.*, p. 196.

los posibles beneficios que podrían derivarse de requerir el estatus de persona refugiada. Esta tramitología y plazos procesales, incluso, ha sido criticada por el Alto Comisionado de las Naciones Unidas para los Refugiados (ACNUR) que, precisamente, teniendo en cuenta los diversos factores que pudieran inhibir la presentación de esa solicitud en los primeros días de internamiento, ha recomendado a México no disponer de un término para la presentación de dicha solicitud.[27]

Además, es dable plantear una reflexión ulterior, que, en estos casos llevaría a nulificar el entero sistema que justifica y da vida a la propia institución del refugio que, recordemos, se sustenta en la garantía del derecho a la vida e integridad de quienes huyen de diversas situaciones. Así, el efecto real derivado del establecimiento de un plazo procedimental no es otro que el superponer consideraciones de índole administrativo-burocráticas al de la propia tutela de la dignidad humana, la llana administrativización de los derechos humanos. Al respecto, Sergio Rea indica: «tomando en cuenta la naturaleza y espíritu de la Convención sobre el Estatuto de los Refugiados de 1951, intrínsecamente humanitarios y alineados para proteger la figura del asilo, la solicitud para reconocer esta condición no debería estar limitada impedida por un plazo, pues de otra forma se estaría menoscabando el sentido intrínseco de esta figura […] ya que una persona es refugiada por lo que ha vivido y no por el hecho de que se le reconozca como tal, por lo que la postura mexicana en el fondo estaría limitando indebidamente esta institución».[28]

Otro claroscuro de la situación se refiere a las condiciones reales en las que se encuentran los refugiados y personas sujetas a protección complementaria que, por cierto, no esperan la resolución de sus procedimientos en las embajadas o representaciones consulares. En estos casos, los requirentes muchas veces se encuentran en las mismas condiciones a las que tienen que hacer frente los migrantes irregulares en general (ya visto en el apartado anterior) en tanto que se sujetan a interminables esperas burocráticas-administrativas (que llegan a superar incluso los dieciocho meses), a la restricción de su libertad en estaciones migratorias (con los correspondientes riesgos que ello supone) y a la amenaza siempre latente de que, si su solicitud falla,

---

[27] En detalle TORRE CANTALAPIEDRA, Eduardo, PARÍS POMBO, María Dolores y GUTIÉRREZ LÓPEZ, Eduardo, *op. cit.*, p. 10.
[28] REA GRANADOS, Sergio Alejandro, "Retos actuales en la implementación de la ley sobre refugiados y protección complementaria en México: identificación, admisión y acceso al procedimiento de asilo", *Anuario Mexicano de Derecho Internacional*, n. 16, 2016, pp. 374 ss.

podrán ser inmediatamente deportados, incluso, al propio país del que escapan.[29] En este punto, es importante distinguir que si la condición de refugiado se solicita en las estaciones migratorias fronterizas, la persona podrá adentrarse en el territorio nacional exclusivamente para tramitar su solicitud de refugiado esperando, mientras tanto, su resolución en un lugar determinado. Por el contrario, si la persona se interna en territorio nacional sin tramitar de origen la condición de refugiado y, además, se encuentra en situación irregular, en caso de ser sorprendido por la autoridad será enviado a una estación migratoria en la que, a su vez, podrá solicitar la condición de refugiado, pero privado de su libertad (artículo 21).

A las complejidades ya adelantadas del procedimiento, se suman las limitaciones de movilidad que acompañan el trámite y la obtención de la condición de refugiado que, muchas veces, obliga a la persona a realizar visitas periódicas a las oficinas administrativas (a fin de certificar su estancia y siempre que no se encuentre retenida en una estación migratoria). Estas oficinas, sobre la base de trámites burocráticos, solo pueden ser aquellas en las que se ha realizado el trámite original y que estratégicamente se ubican, de manera preponderante, en las ciudades fronterizas del sur de México. Por todos es conocido que estas zonas se caracterizan por su extrema pobreza, desigualdad, exclusión, ausencia de oportunidades y, claro está, de peligro, en gran medida por las redes de delincuencia ordinaria y organizada, incluyendo agrupaciones de trata de personas, bandas de secuestradores, extorsionadores y tráfico de estupefacientes.

La consecuencia es clara, en lugar de poder desplazarse a ciudades y regiones más seguras y con mayor crecimiento y posibilidades de desarrollo económico, la política migratoria contribuye a ahondar

---

[29] Citado en GUTIÉRREZ LÓPEZ, Eduardo Elías, "México: ¿espacio de tránsito, destino temporal o país de refugiados?" en FERNÁNDEZ DE LA REGUERA, Alethia, GANDINI, Luciana, GUTIÉRREZ LÓPEZ, Eduardo Elías y NARVÁEZ GUTIÉRREZ, Juan Carlos, *Caravanas Migrantes: las respuestas de México*. México, UNAM, 2019, p. 43; ORTEGA VELÁZQUEZ, Elisa, *op. cit.*, p. 206. La Corte Interamericana de Derechos Humanos, cuya jurisprudencia es obligatoria para México, señaló en el caso Pacheco Tineo vs. Bolivia que, "el reconocimiento de la condición de refugiado de una persona no tiene carácter constitutivo, sino declarativo. No adquiere la condición de refugiado en virtud del reconocimiento, sino que se le reconoce tal condición por el hecho de ser refugiado", de ahí que no pueda tener ninguna legitimidad el negar la condición de refugiado a una persona sobre la base de no cumplir con un determinado plazo para la presentación de la solicitude, véase: Corte IDH, Caso familia Pacheco Tineo vs. Estado Plurinacional de Bolivia, Sentencia de 25 de noviembre de 2013 (Excepciones Preliminares, Fondo, Reparaciones y Costas), párr. 145.

estas precariedades al obligar a las personas que optan por tramitar la condición de refugiado a que se concentren en dichas regiones. De acuerdo con ciertos autores,[30] esta inmovilidad obedece a una clara política y compromisos internacionales de contención para alejar los flujos migratorios de la frontera con los Estados Unidos. Esta situación permite explicar que, incluso, para aquellos que han obtenido ya la condición de refugiado, las ofertas de trabajo que se incentivan de parte del gobierno federal sean preponderantemente en las regiones del sur y que, los mayores filtros y controles migratorios se incrementen a medida que los migrantes se adentran en el centro y norte del país. La política migratoria, en este sentido, bien podría asimilarse a una especie de guetización (tomando la expresión de Wacquant),[31] en la que, personas ya en condiciones de extrema vulnerabilidad son expuestas a las condiciones, también de vulnerabilidad, que ofrecen ciertas zonas y regiones de México.

Otra perspectiva presente en el ámbito que nos ocupa tiene que ver con la objetividad en el otorgamiento de los respectivos permisos y condiciones de internamiento. Al respecto, diversas investigaciones realizadas en México han concluido que la política migratoria y sus efectos (el otorgamiento de permisos de internamiento, de la condición de refugiado o persona con protección complementaria) tienden a revelar un sesgo racista fundado en la procedencia del migrante, de modo tal que el análisis sobre la conveniencia o inconveniencia de otorgar una cierta cualidad no dependen enteramente de los riesgos existentes para el migrante, sino, en muchos casos, queda condicionado al país del que se parte. Así, entre la población objeto de especial control, persecución y detención se encuentran los nacionales de Honduras, Guatemala y el Salvador que, a la par, evidencian los menores niveles en cuanto al otorgamiento de permisos de residencia en el periodo 2013-2019,[32] situación que no se verifica en el caso de los demás requirentes de protección especial.

Igualmente, se resalta que en México, la asistencia gratuita a los solicitantes de refugio es realizada fundamentalmente por organizaciones de la sociedad civil, no por el Estado, rebasando los

---

[30] TORRE CANTALAPIEDRA, Eduardo, PARÍS POMBO, María Dolores y GUTIÉRREZ LÓPEZ, Eduardo, *op. cit.*, p. 10; REA GRANADOS, Sergio Alejandro, *op. cit.*, p. 373; RODRÍGUEZ CHÁVEZ, Ernesto, *op. cit.*, pp. 71 ss.

[31] WACQUANT, Loïc, *Parias urbanos. Marginalidad en la ciudad a comienzos del milenio*, Buenos Aires, Manantial editorial, 2001, pp. 121 ss.

[32] ORTEGA VELÁZQUEZ, Elisa, *op. cit.*, pp. 191 ss.

flujos migratorios la capacidad que estas organizaciones tienen para brindar asistencia a todos los requirentes, de ahí que la ausencia de una defensa y orientación jurídica sea la regla general en estos casos,[33] situación que muy probablemente tenga también su "justificación" bajo la perspectiva de que los procedimientos seguidos no son penales, ni tampoco jurisdiccionales en un sentido amplio, situación que, de nueva cuenta, se justificaría empleando mano de los múltiples eufemismos dispuestos por la legislación.[34]

Finalmente, valga una última reflexión en relación con el muy reciente panorama de las sociedades Covid y que, en México, precisamente bajo justificaciones sanitarias derivadas de esta reciente crisis sanitaria, los ya menguados esfuerzos institucionales han también venido a menos con una permanente reducción del personal administrativo para la atención de las solicitudes ante la COMAR con la, consiguiente, ralentización de los ya de por sí lentos procedimientos burocrático-administrativos.[35]

---

[33] ORTEGA VELÁZQUEZ, Elisa, *op. cit.*, p. 207; AMNISTÍA INTERNACIONAL, *Ignoradas y sin protección. la mortal devolución de personas centroamericanas solicitantes de asilo desde México*, Londres, 2018, p. 20; HUMAN RIGHTS WATCH, "Puertas cerradas. El fracaso de México a la hora de proteger a niños refugiados y migrantes de América Central", Nueva York, 2016, pp. 78-81.

[34] Al respecto, es de reseñar que, en el caso Vélez Loor vs. Panamá, la Corte Interamericana de Derechos Humanos consideró que la detención administrativa de un migrante irregular, por sus efectos, habría de ser asimilada como una sanción sustancialmente penal por lo que, consideró que la eran aplicables las garantizar propias del proceso penal, además, señaló: "la Corte observa que la medida... era una sanción administrativa de carácter punitivo. Al respecto, la Corte ya ha dicho que es preciso tomar en cuenta que las sanciones administrativas son, como las penales, una expresión del poder punitivo del Estado y que tienen, en ocasiones, naturaleza similar a la de éstas. En una sociedad democrática el poder punitivo sólo se ejerce en la medida estrictamente necesaria para proteger los bienes jurídicos fundamentales de los ataques más graves que los dañen o pongan en peligro. Lo contrario conduciría al ejercicio abusivo del poder punitivo del Estado... En razón de las anteriores consideraciones, el Tribunal estima que el artículo 67 del Decreto Ley 16 de 1960 no perseguía una finalidad legítima y era desproporcionado, pues establecía una sanción de carácter punitivo para los extranjeros que eludieran una orden de deportación previa y, por ende, daba lugar a detenciones arbitrarias. En conclusión, la privación de libertad impuesta al señor Vélez Loor con base en dicha norma constituyó una violación al artículo 7.3 de la Convención, en relación con el artículo 1.1 de la misma", Corte IDH, Caso Vélez Loor vs. Panamá, Sentencia de 23 de noviembre de2010 (Excepciones Preliminares, Fondo, Reparaciones y costas), párr. 170 y 172.

[35] MENA ITURRALDE, Lorena y CRUZ PIÑEIRO, Rodolfo, "Atrapados en busca de asilo. Entre la externalización fronteriza y la contención sanitaria", *Revista Interdisciplinar da Mobilidade Humana*, n. 61, 2021, p. 50.

III El caso italiano

En el contexto europeo, son también conocidas las noticias que, con muchísima frecuencia, dan cuenta de diversas oleadas migratorias procedentes del norte de áfrica o del este de Europa, noticias en las que, con consternación, se presenta cómo mediante rudimentarias embarcaciones o "pateras" repletas de personas, se intenta escapar del hambre, las enfermedades, las persecuciones, la guerra, los misiles, las bombas y las invasiones a gran escala. El caso de la reciente invasión a Ucrania es, asimismo, una continuación de lo que antes ocurriera con sirios, palestinos, iraquíes, afganos, libaneses, bosnios y un largo etcétera, etcétera.

Ahora bien, en el contexto italiano se advierten tendencias símiles a las advertidas para el caso mexicano y que permiten fundadamente partir de una concepción de criminalización de la inmigración irregular.[36] Así, el fenómeno de la *crimmigration* se proyecta bajo diversas y profundas perspectivas, ya sea, mediante el empleo de la detención administrativa, la creación de un expreso delito que sanciona el ser un migrante irregular, la erosión de la figura del asilo y la protección internacional e, incluso, mediante la criminalización de toda forma de ayuda para con los migrantes, incluyendo la asistencia humanitaria.

III.1 Las 'galeras' administrativas y sus perfiles críticos

En Italia existen diversos institutos bajo los cuales los migrantes irregulares pueden ser objeto de detención o *quasi* detención administrativa, una situación que, igual a como ocurre en el contexto mexicano, ha sido objeto de amplías críticas desde la doctrina en razón de su clara contradicción con las disposiciones constitucionales habilitantes de la restricción de la libertad (en particular el contraste con el artículo 13 de la Constitución italiana).[37]

---

[36] CAVALIERE, Antonio, "Diritto penale e politica dell'immigrazione", *Critica del diritto*, n. 1, 2013, pp. 13 ss.; DONINI, Massimo, "Il cittadino extracomunitario da oggetto materiale a tipo d'autore nel controllo penale dell'immigrazione", *Questione Giustizia*, n. 1, 2009, pp. 101 ss.; MASERA, Luca, "Terra bruciata attorno al clandestino: tra misure penali simboliche e negazione reale dei diritti", en MAZZA, Oliverio y VIGANÒ, Francesco, *Il Pacchetto sicurezza 2009*, Torino, Giappichelli, 2009, pp. 27 ss.; GATTA, Gian Luigi, "Aggravante della clandestinità (art. 61 n. 11 bis c.p.): uguaglianza calpestata", *Rivista Italiana di Diritto e Procedura Penale*, 2009, pp. 713 ss.

[37] CHERCHI, Roberto, "Il trattenimento dello straniero nei centri di identificazione ed espulsione: le norme vigenti, i motivi di illegittimità costituzionale e le proposte di riforma", *Questione giustizia*, n. 3, 2014, pp. 51 ss.; PUGIOTTO, Andrea, "La «galera amministrativa»

En relación a esta medida administrativa, cuyos efectos son idénticos a los de la privación de la libertad por vía penal, es de señalar que, en el transcurso de pocos años, el régimen italiano ha experimentado una exasperación. En primer lugar, puede hablarse del tristemente célebre "Decreto Minniti" (Decreto Ley de 17 de febrero de 2017, n. 13) que, haciendo acopio de sendos eufemismos, modificó la nomenclatura de los entonces "Centros de Identificación y Expulsión" por "Centros de permanencia para la repatriación" (C.P.R.), en donde los migrantes irregulares pueden permanecer hasta noventa días privados de su libertad,[38] este término máximo, queda previsto para situaciones en las que pueda resultar difícil la identificación de la persona o por complicaciones no atribuibles directamente al extranjero, igual a como ocurre en México, por lo que nos remitimos a las reflexiones ya señaladas.[39]

Mas, sin embargo, es de reseñar otra reciente intervención normativa realizada por el "Decreto Salvini" (Decreto Ley de 4 de octubre de 2018, n. 113), que, bajo consideraciones de necesidad y urgencia (la perene emergencia)[40] vino a modificar amplias disposiciones bajo un perfil claro de criminalización al inmigrante. En el ámbito de la detención administrativa, fue modificado el Texto Único sobre la Inmigración (Decreto legislativo de 25 de julio de 1998, n. 286, en adelante T.U.I.) a fin de que, el ya de por sí amplio término para la detención administrativa fuere prorrogado de los noventa hasta los ciento ochenta días.[41]

Ahora bien, además de la institución antes indicada, existen otras tantas figuras por las que se habilita la detención de inmigrantes irregulares, otra de ellas son los conocidos como *Hotspots* o "Puntos calientes"[42] que, precisamente, son instituciones colocadas en aquellos puntos estratégicos que evidencian un mayor trance de migración

---

degli stranieri e le sue incostituzionali metamorfosi", *Quaderni Costituzionali*, n. 3, 2014, pp. 573 ss.; CAMPESI, Giuseppe, *La detenzione amministrativa degli stranieri. Storia, diritto politica*, Roma, Carocci, 2013, pp. 23 ss.

[38] RUGGIERO, Carol. "Le linee di tendenza della *crimigration* nel sistema penale italiano dal decreto Minniti al decreto sicurezza-*bis*", *Archivio Penale*, n. 2, 2020, p. 4.

[39] Al respecto MASERA, Luca, "I centri di detenzione amministrativa cambiano nome ed aumentano di numero, e gli hotspot rimangono privi di base legale: le sconfortanti novità del decreto Minniti", *Diritto Penale Contemporaneo*, n. 3, 2017, p. 279.

[40] Expresión tomada de MOCCIA, Sergio, *La perenne emergenza. Tendenze autoritarie nel sistema penale*, Napoli, Edizione Scientifiche Italiane, 1992, pp. 109 ss.

[41] RUGGIERO, Carol, *op. cit.*, p. 5.

[42] MANGIARACINA, Annalisa, *Hotspots e diritti: un binomio possibile?* Milano, 2016, p. 1.

irregular. Estos centros responden a una lógica de contención europea a la inmigración bajo un perfil hiper seguritario dado que, aunado a la detención que puede producirse en dichas instituciones, también se erigen como instrumentos para el registro y la identificación de los migrantes. En el territorio de Italia destacan los *Hotspots* de Lampedusa, Trapani, Pozzallo y Porto Empedocle, todos ellos importantes puntos de llegada de los migrantes que llegan en embarcaciones marítimas procedentes del norte de África.

Respecto de estas últimas instituciones, es de decir que, su régimen normativo no es del todo claro, en tanto que se erigen como instituciones para el registro e identificación que, como se ha adelantado, suponen también la restricción de la libertad de la persona, una cuestión ya en sí cuestionable en tanto que, en términos de proporcionalidad (y particularmente de necesidad) no parecería justificable privar de la libertad a un ser humano con el simple objetivo de proceder a su "registro e identificación". Adicionalmente, se dispone en el Decreto Salvini (art. 6.3 bis) que, tratándose de los requirentes de asilo, podrá justificarse su detención hasta por treinta días a fines de "registro" e identificación" pero, no ya en los C.P.R., sino expresamente en el mismo *Hotspot*. De nueva cuenta, las reflexiones se proyectan en relación a la motivación de por qué habrían de ser detenidos en esos centros y no ya en los C.P.R., junto con el hecho casi consubstancial de que, los asilados escapan de situaciones de inminente peligro, apenas con los pocos bienes que llevan puesto encima y que, en muchísimos casos, supone también la presencia de sujetos sin documentación que acredite su identidad.

Los *Hotspots* no son mucho menos la última ideación dispuesta para la detención de migrantes irregulares, a ellos han de sumarse las muy genéricas "estructuras diversas e idóneas" (art. 13.5 bis, T.U.I.) incorporadas por el Decreto Salvini, en las cuales, pueden ser colocados los migrantes en espera de expulsión. Esta previsión es residual, es decir, se habilita cuando no existan lugares suficientes dentro de los C.P.R., de modo tal que la autoridad de seguridad pública podrá disponer su internamiento, previa validación del juez de paz, en el lugar que se estime conveniente. Sumado a lo anterior, si aún en tal supuesto no hay lugar disponible, se habilita colocar al migrante en las oficinas o lugares cercanos a la frontera italiana. Esta descripción normativa, como puede intuirse, parecería guiada más bien por consideraciones tendientes a alejar, apartar, inocuizar o retirar a cierta categoría de personas y no, como habría de darse en un Estado garantista, a la tutela de los derechos fundamentales de todo ser humano.

III.2 El delito de ser migrante

Como hemos adelantado, la migración es un derecho de orden fundamental reconocido, ni más ni menos que en el instrumento normativo más importante del siglo XX que es, la *Declaración Universal de los Derechos Humanos* (artículo 13.2). Sin embargo, hoy por hoy, la política legislativa de *crimmigration* desarrollada en diversos Estados parecería refutar esta disposición de principio; Italia es un ejemplo de ello.

Actualmente, la legislación penal prevé el delito de la inmigración ilegal, junto con una serie de circunstancias que, incluso, amplían la potestad punitiva del Estado para quien oste auxiliar a esta categoría de personas, inclusive, como consecuencia del más natural deber de ayuda humanitaria.

La creación del artículo 10 bis del T.U.I., no obstante, no fue un hecho ocurrido de manera inmediata, sino que resultó la consecuencia de previas modificaciones normativas que ejemplificaban ya la posición de política criminal del Estado italiano frente a la inmigración irregular. Como antecedentes, desde 1998 quedaban previstas como hipótesis de criminalización procederes como la violación de un mandato de expulsión del territorio nacional o, viceversa, la violación de una prohibición de reingreso (art. 13.13 T.U.I.).[43]

Ahora bien, como resultado de los ya comunes "paquetes de seguridad", entre 2008 y 2009 tiene lugar la inclusión de la clandestinidad como agravante del delito de ingreso y estancia ilegal en el territorio del Estado (art. 61, n. 11 bis c.p., en relación con el art. 10 bus T.U.I.),[44] frente a la cual, la jurisprudencia de orden constitucional declaró su ilegitimidad por franca violación al principio de igualdad (art. 3.1 Const.) y al del derecho penal del hecho que prohíbe castigar [aún más] por una mera cualidad personal (art. 25.2 Const.).[45]

No obstante, la similitud de argumentos aplicables, el anterior precedente no ha bastado para declarar la ilegitimidad de una

---

[43] Se vea CAPUTO, Angelo, "I reati collegati all'espulsione. Profili generali e principali questioni applicative", *Diritto Penale e Processo*, n. 1, 2009, pp. 9 ss.

[44] FERRAJOLI, Luigi, "La criminalizzazione degli immigrati. Note a margine della legge n. 94/2009", en *Questione giustizia*, n. 5, 2009, pp. 9 ss.; GATTA, Gian Luigi, "Il reato di clandestinità e la riformata disciplina penale dell'immigrazione", *Diritto Penale e Processo*, n. 11, 2009, pp. 1323 ss.; PEPINO, Livio, "Le migrazioni, il diritto, il nemico. Considerazioni a margine della legge n. 94/2009", *Diritto, Immigrazione e Cittadinanza*, n. 4, 2009, pp. 9 ss.; MANNA, Adelmo, "Il diritto penale dell'immigrazione clandestina, tra simbolismo penale e colpa d'autore", *Cassazione Penale*, n. 2, 2011, pp. 446 ss.

[45] Corte cost., n. 249 del 2010.

disposición como el artículo 10 bis del T.U.I. que, en la conocida "sentencia gemela", tuvo un desenlace diverso.[46] El artículo 10 *bis* de referencia tipifica el delito de "inmigración clandestina" previendo una multa de cinco mil a diez mil euros, salvo que el hecho constituya un "delito más grave", la descripción delictiva se constituye por el ingreso y/o permanencia ilegal del extranjero en el territorio nacional. Se vea que, en esencia, es un delito que únicamente coloca la "etiqueta de criminal" a quien resulta ser un inmigrante ilegal o, inclusive, habiendo sido un migrante regular y, por la razón que fuere, no pudiera justificar su permanencia legal en el territorio del Estado italiano. Aquí, es la mera presencia del individuo la que viene catalogada como ofensiva (no se sabe muy bien de qué), como una situación reprochable a tal grado que, incluso, se recurre a la herramienta penal (*ultima ratio* en un Estado garantista). Es el no ser italiano o europeo y encontrarse ilegalmente en el territorio el motivo de incriminación, una perspectiva claramente propia de un derecho penal de autor, del enemigo y de la criminalización de la migración.[47]

Es claro, igualmente, un uso 'instrumental' de la sanción pecuniaria, pues en caso de incumplimiento ésta es sustituida por la sanción de expulsión, evidentemente más aflictiva. El recurso a la sanción penal, en efecto, se presenta sobre todo con un perfil meramente simbólico en la disposición del art. 10 bis T.U.I. (entrada y permanencia ilegal en el territorio del Estado); en verdad, resulta difícil plantearse que quien proviene de países en extrema pobreza tenga capacidad económica para hacer frente a una sanción pecuniaria comprendida dentro de este rango legal. En tales casos, la expulsión, por lo tanto, parece representar el resultado que sigue casi automáticamente a la entrada o permanencia en el territorio estatal en violación de cualquier disposición del T.U.I., la cual, de nueva cuenta es eufemísticamente encubierta detrás de la disposición de una sanción pecuniaria inaplicable en relación con las

---

[46] Corte cost., n. 250 del 2010.
[47] Nos remite también a la doctrina del "derecho penal del enemigo" en la que este tipo penal es un excelente ejemplo: «...de acuerdo con el arquetipo del derecho penal de autor, en efecto, lo que es punible no es el delito sino el reo, no por aquello que hace sino por aquello que es», v. CATERINI, Mario, *La criminalización de lo diferente, op. cit.*, p. 636. Del mismo modo MANTOVANI, Ferrando, "Il diritto penale del nemico, il diritto penale dell'amico, il nemico del diritto penale e l'amico del diritto penale", en *Umanitá e razzionalitá del diritto penale*, CEDAM, Padova, 2008, p. 1183; MOCCIA, Sergio, "Leggi speciali. Immigrazione criminalizzata", *Il Manifiesto*, 23 de maggio de 2008, p. 1; CAVALIERE, Antonio, "Italia. Derecho penal máximo y diversión discrecional. Una hipótesis sobre neoliberalismo y política criminal, desde una perspectiva italiana", *Revista General de Derecho Penal*, n. 28, 2017, pp. 1 ss.

condiciones personales en las que vive la gran mayoría de extranjeros que se enfrentan a cruces potencialmente mortales en un intento de escapar, precisamente, de situaciones de degradación y miseria. De ahí que, con razón, se ha hablado incisivamente de una «sanción imposible»,[48] ya que la única "pena" conectada de forma realista con la infracción es la expulsión, cuyo impacto en términos de aflictividad es ciertamente mayor que la multa.[49]

Claramente, el art. 10 bis T.U.I., no demuestra eficacia para contener las oleadas migratorias y, más bien, su carácter resulta marcadamente simbólico frente al fenómeno de la migración irregular. Así, la estigmatización, la amenaza latente y su contribución al escenario de percepción de la inseguridad derivada del fenómeno migratorio parecen ser, más bien, los objetivos sobre los que se erige esta figura.[50]

III.3 La expulsión del migrante

En relación con los procedimientos de expulsión, Italia se rige por lo dispuesto en la Directiva n. 115 del 2008, la denominada "Directiva de repatriación" que, entiende a las expulsiones o "repatriaciones" como medidas de tipo administrativo que, desde su artículo 1 indica, habrán de aplicarse «en correspondencia con el respeto a los derechos fundamentales en cuanto principios generales del derecho comunitario y del derecho internacional, incluidas las obligaciones en materia de protección de los refugiados y de los derechos del hombre».

Las repatriaciones, pueden ser revisadas por vía administrativa o judiciaria (art. 13), parten, primeramente, de un "regreso voluntario" a efectuarse dentro de un cierto término indicado por la autoridad (siete a treinta días) y, acompañado, de una prohibición de reingreso (de norma general, no superior a 5 años). La legislación[51] habilita la detención de la persona, a fin de preparar la repatriación, ante el riesgo de fuga o la obstaculización del procedimiento por parte del extranjero, dicha detención en teoría no será superior a los seis meses,

---

[48] CAVALIERE, Antonio, "Le vite dei migranti e il diritto punitivo", *Sistema Penale*, n. 4, 2022, p. 62.

[49] Del mismo modo: CAPUTO, Angelo, "Ingresso e soggiorno illegale nel territorio dello Stato", en AA.VV., *Trattato teorico pratico di diritto penale*, vol. IX, Torino, Giappichelli, 2012, p. 111.

[50] GATTA, Gian Luigi, "La pena nell'era della crimigration: tra Europa e Stati Uniti", *Rivista Italiana di Diritto e Procedura Penale*, n. 2, 2018, p. 683.

[51] La Directiva n. 115 de 2008 dispone igualmente amplias regulaciones al respecto, en especial sus artículos 6, 11, 13 y 15.

pero podrá prorrogarse por el mismo periodo, ante la ya aludida falta de cooperación de la persona o en supuestos en los que sea compleja la repatriación, por ejemplo, la falta de cooperación de las autoridades del otro Estado (art. 15 Directiva n. 115 del 2008). La detención, finalmente, ha de efectuarse en centros específicos de permanencia temporal, aunque, se reconoce que, cuando el Estado miembro de la UE "no pueda hospitar al ciudadano de un tercer país (extracomunitario) en un específico centro de permanencia temporal y deba colocarlo en un instituto penitenciario, los ciudadanos de terceros países serán colocados de manera separada a los detenidos ordinarios" (artículo 16).

Al respecto, se vea que la situación italiana, en realidad no dista mucho de la reseñada para el caso de México. En efecto, se parte de una normativa que, desde su artículo 1 pretende fundarse en el respeto a los derechos fundamentales de todo ser humano pero que a medida que se detalla refleja situaciones de diferenciación, de exclusión y de un especial rigor sancionatorio para quien se ubica en alguno de los supuestos que habilitarían la expulsión o repatriación (entre ellos, el ser una persona en condición migratoria irregular).

Si bien es cierto, existe una primera oportunidad para el retorno voluntario, que, en términos llanos es una orden para que voluntariamente se abandone el territorio, también lo es que, la desobediencia a dicha orden o la presencia de determinadas acciones que pudieran ser interpretadas como una obstaculización (provocadoramente, planteamos la reflexión de sí, el ejercicio de una acción de revisión administrativa o judicial no sería entendida como tal, a modo de lo que ocurre en México) llevan a la detención de la persona en lo que, de manera también eufemística son los C.P.R.. Estos "Centros", además, no distan mucho de lo que una prisión pudiera ser y, como se ha visto, hasta se permite la "estancia" de la persona a repatriar en institutos penitenciarios (cárceles). Autores como Bosworth o Pugiotto, sin ambages, llaman a estos centros "Galeras administrativas" dando cuenta de lo que estos centros en realidad vendrían a ser.[52]

La expulsión del extranjero adquiere una connotación igualmente penal bajo el modelo del doble binario al identificársela como una medida de seguridad, situación que, por ejemplo, es prevista en el artículo 235 c.p., para el caso de los extranjeros condenados a una

---

[52] BOSWORTH, Mary, "La 'galera amministrativa' degli stranieri in Gran Bretagna. Un'indagine sul campo", Editoriale scientifica, Napoli, 2016; PUGIOTTO, Andrea, "La «Galera amministrativa»", *op. cit.*, pp. 573 ss.

reclusión superior a los dos años o, en cualquier caso, ante delitos cometidos contra la personalidad del Estado (art. 312 c.p.) o en materia de estupefacientes (art. 86 d.P.R. n. 309/1990). Claramente, la expulsión no sustituye la compurgación de la pena de prisión, sino que, ésta, viene ejecutada inmediatamente después de la anterior, una clara muestra de cómo, en estos casos, la pena se distancia de su finalidad reeducativa y adquiere más bien un carácter eminentemente retributivo e inocuizador (se castiga, pero a la vez se incapacita, se aleja, se neutraliza al sujeto retenido peligroso).[53]

El susodicho efecto inocuizador es posible advertirlo en muchas otras disposiciones. Entre las normas de la T.U.I., que favorecen la expulsión del extranjero, se encuentra el art. 16.5, que regula la expulsión administrativa como medida alternativa al internamiento o como sanción sustitutiva. En la reconstrucción praxeológica de la disciplina de aplicación de la medida, en efecto, la actitud de la jurisprudencia revela la tendencia evidente a ampliar el ámbito de ejecución, ya a través de interpretaciones 'elásticas' en *malam partem*, ya elaborando interpretaciones excesivamente rigurosas de las causas que impiden la expulsión. De acuerdo con el art. 16.5 en cita, el juez de ejecución ordena la expulsión como medida alternativa a la privación de libertad contra el extranjero que deba cumplir una pena de prisión, incluso residual, que no exceda de dos años, por delitos distintos de los expresamente excluidos por el mismo párrafo, que se encuadren en las categorías de extranjeros que en todo caso deban ser expulsados por la autoridad y siempre que no existan impedimentos para la expulsión (art. 16.9 T.U.I.). La medida fue introducida por la Ley n. 189 de 30 de julio de 2002, como instrumento destinado a combatir el hacinamiento carcelario y, como es evidente, a ella le resultan "extrañas" las necesidades de resocialización que caracterizan a las "tradicionales" medidas alternativas a la detención o penas sustitutivas, ya que la única finalidad a la cual es instrumental la expulsión es, sin tapujos, la remoción del extranjero del territorio del Estado. Si bien la expulsión está formalmente calificada como sanción administrativa, la propia jurisprudencia italiana destaca su carácter "atípico", precisamente por los aspectos peculiares de esta medida, cuya aplicación está sujeta únicamente a una verificación previa de las condiciones previstas por la ley y, satisfechas éstas, su aplicación es obligada.[54]

---

[53] GATTA, Gian Luigi, *La pena nell'era della crimigration*, op. cit., p. 688.
[54] Cass. pen., sez. I, 16 de febrero de 2016, n. 44143, en *C.E.D. Cass.*, rv. 268290.

Adicionalmente, el artículo 16, como ya se ha visto, prevé que también la expulsión puede sustituir a la pena pecuniaria dispuesta por el artículo 10-bis (el delito de inmigración clandestina) o, en el supuesto de inobservancia de la orden de alejamiento (art. 14.5 ter). Lo anterior abona a la política criminal ya adelantada, de acuerdo con la cual, para el legislador italiano resulta mucho más deseable el alejar, anular o expulsar a los inmigrantes indeseable de su territorio.

A su vez, el artículo 16.9 bis dispone una curiosa previsión en la que, cuando no sea posible efectuar la repatriación del extranjero por causas de fuerza mayor, el efecto de ello será que, la persona vuelva a estar en prisión mientras tiene lugar la ejecución de la medida de expulsión. Se vea que, en este caso, ha operado ya la sustitución de la pena detentiva, siendo la medida administrativa de repatriación la que permanece en vilo. En consecuencia, ante la imposibilidad para ejecutarla inmediatamente, la consecuencia habría de ser la estancia de la persona en un C.P.R y no la de su regreso a prisión, situación que, de manera directa, no hace sino evidenciar cómo la política migratoria italiana termina por identificar en muchos aspectos el ámbito de lo penal con lo administrativo cuando se trata de la migración irregular.

III.4 La travesía del asilo

La criminalización que acompaña a los migrantes irregulares se proyecta igualmente para el caso de los requirentes de asilo o protección internacional que, pese a su particular condición de ser personas que escapan de una situación de inmanente peligro, no por ello dejan de ser considerados irregulares para el legislador europeo.

Antes que nada, a fin de contextualizar, se indica que en el ordenamiento italiano se prevé en términos genéricos la figura del asilo desde el texto constitucional (art. 10.3) para todo extranjero al que sea impedido en su país el ejercicio efectivo de la libertad democrática que garantiza la Constitución italiana. Este asilo es entendido como una unidad de protección internacional que, sin embargo, admite tres categorizaciones: el refugio, la protección subsidiaria y la protección humanitaria (esta última abrogada con el Decreto Salvini). Frente a estas instituciones a continuación se plantean reflexiones de orden general.

En primer término, es de decir que la legislación italiana prevé como hipótesis susceptibles de retiro o denegación de la condición de refugiado la comisión de alguno de los delitos dispuestos en el artículo 407.2, a, c.p.p. A estas hipótesis, el Decreto Salvini ha incorporado otros tantos supuestos delictivos en casos como: la violencia o la amenaza al oficial público (art. 336 c.p.); lesiones personales graves o muy graves al susodicho oficial público (en ocasión de manifestaciones deportivas, art. 583 *quater* c.p.), el robo en habitación (art. 624.1 bis c.p.), el robo agravado cometido por armas o bajo narcóticos (art. 625.1 c.p.), entre otros que, como se verá, se encuentran más bien influenciados por los efectos mediáticos de casos aislados que, sin embargo, contribuyen a la difusión del miedo y a la consecuente, "legitimación" para el ampliamente del rigor punitivo.[55]

Igualmente plantea profundas reflexiones la pena de pérdida de la ciudadanía que se prevé para aquella categoría de italianos que han adquirido esta cualidad por matrimonio o naturalización, al verificarse una condena definitiva por la realización de determinados ilícitos (art. 10 bis de la Ley de 4 de febrero de 1992, n. 91).[56] Se vea que, en este supuesto, el ámbito de la culpabilidad y de su natural reproche se proyecta más allá de la lesión a un cierto bien jurídico ya que se encuentra imbuido fundamentalmente por el antecedente del origen nacional. Esto es así porque la consecuencia normativa únicamente se proyecta para los italianos por elección y no para quien ha nacido italiano, cuestión que, naturalmente, se confronta con principios fundamentales como la igualdad y la no discriminación. En esta hipótesis, queda claro que no todos los italianos lo son en el mismo grado, en tanto que, quien nace italiano conserva su ciudadanía independientemente de los delitos que se cometan, mientras que quien llega a serlo por elección, lo será en tanto no cometa delitos de cierta gravedad.[57]

Colocamos esta previsión en el ámbito del asilo porque, independientemente que la pérdida de la ciudadanía puede tener diversas consecuencias negativas para quien resiente dicha sanción, en el caso de los asilados y personas sujetas a especial protección internacional sucede que, en diversas hipótesis, la amenaza de la que se escapa en el país de origen puede proyectarse a tal grado en el que, inclusive, sean dispuestas precisas normas que habiliten la pérdida de la ciudadanía. En estos casos, la adquisición de la ciudadanía italiana vendría a cubrir la desprotección que supondría el carácter de apátrida, cuestión que, sin embargo, no ha sido prevista y que plantea críticas de

---

[55] Véase MASERA, Luca, "La crimmigration nel decreto Salvini", *La Legislazione penale*, n. 1, 2019, p. 39.
[56] RUGGIERO, Carol, *op. cit.*, p. 16.
[57] MASERA, Luca, "La crimmigration nel decreto Salvini", *op. cit.*, p. 40.

la disposición en cuestión frente a instrumentos como la Convención de las Naciones Unidas para reducir los casos de apátrida de 1961. Los medidas de urgencia ya adelantadas, así como sus correspondientes implicaciones normativas han tenido por efecto, como señala Algostino que la calidad de asilado sea vista en el contexto ítalo-europeo más que como una categoría de sujetos a los que, bajo diversas circunstancias, resulta imperante garantizar su vida y su seguridad; por el contrario, la figura del asilo es percibida desde el Estado como una estrategia o atajo empleado por los migrantes para justificar su presencia en territorio europeo.[58]

Situaciones de este tipo pueden igualmente apreciarse en cuanto al procedimiento seguido para el caso de quienes requieren la protección internacional, en donde, contrariamente a las exigencias naturales del caso (la inminencia de un peligro), el trámite procesal previsto no es el procedimiento sumario sino el conocido "Rito de Cámara" (art. 737 c.p.c) caracterizado por sus excesivas formalidades procesales y por algunos aspectos que, en el caso concreto, no encontrarían justificación, tal cual es, la "eventual comparecencia del migrante". Esto es, no se requerirá en todos los casos, garantizar al migrante su presencia ante el instructor con la consecuente merma que esta previsión comporta para quien, perseguido de la violencia y del temor, pueda exteriorizar directamente sus razones al juzgador.

Otra "curiosidad" planteada desde el contexto europeo es la presencia de un catálogo de países seguros y otros que no, cuya consecuencia provoca que, los requirentes de protección internacional (refugio), más allá de todo estudio particularizado sobre su situación personal, al ubicarse en alguna categoría de país dispongan de más o menos posibilidades para poder ser reconocidos con tal calidad, esta disposición, por cierto, es también consecuencia del Decreto Salvini y se proyecta en el artículo 2 bis del Decreto legislativo n. 28/2005.

El T.U.I, prevé diversos supuestos normativos aplicables al caso de los requirentes de protección internacional. Así, el estatus de refugiado se pierde por haber cometido delitos graves (art. 12), sin embargo, para la protección subsidiaria, entre las causas que prevén su exclusión destaca el inciso d) que señala el "peligro" de la persona para la seguridad del Estado e, igualmente, el inciso "d) bis" que prevé el

---

[58] ALGOSTINO, Alessandra, "Il decreto "sicurezza e immigrazione" (decreto legge n. 113 del 2018): estinzione del diritto di asilo, repressione del dissenso e diseguaglianza", *Costituzionalismo.it*, n. 2, 2018, p. 175.

"peligro para el orden y la seguridad pública" como resultante de una previa condena (en Italia o en el extranjero). En estos casos, corresponde al Ministerio del Interior valorar el caso concreto, y, no se pierda de vista que, incluso, sobre la base de los antecedentes de la persona (de su pasado), puede ser dispuesta la medida de la expulsión.[59]

Otra perspectiva crítica ya adelantada es la planteada por la abrogación de la protección humanitaria, también consecuencia del Decreto Salvini. Esta forma de protección era (como ocurre en México), una forma de protección residual amplia y genérica aplicable para quien no cubriera con los requisitos base dispuestos para el refugio o la protección subsidiaria. En su lugar, el carácter general que permitía evitar una tutela amplia ha sido substituido por los denominados "permisos especiales" que, por el contrario, son taxativos para determinadas hipótesis que excluyen en su mayor parte los presupuestos antes existentes con la protección humanitaria.

Por si fuera poco, otra consecuencia observable a partir del Decreto Salvini es que, quien inicia su trámite para ser reconocido como asilado, si bien, se le expide un permiso de residencia temporal (de seis meses renovables hasta en tanto se concluye el proceso), ahora no puede inscribirse a la oficina de registro de la ciudad en la que se encuentra (con los consecuentes derechos que derivan de esa inscripción, como acceder al sistema sanitario, educativo o al Sistema de Protección para el Asilo y el Refugio, SPRAR). Esta modifica, se expresa en el texto del artículo 4.1 Bis del Decreto Legislativo 142/2015.

III.5 La criminalización de la ayuda humanitaria

Finalmente, otra de las aristas en las que puede apreciarse la *crimmigration* italiana es en lo que hace a la política criminal dirigida a desincentivar toda forma de ayuda que pueda darse en favor de los migrantes irregulares, incluso con fines de estricto carácter humanitario.

A tal efecto, el T.U.I., prevé en su artículo 12 el delito de "favorecimiento de la inmigración irregular" cuyo tipo base se estructura por toda forma de promoción, dirección, organización, financiación o actos de transporte en territorio del Estado o bien, actos directos a procurar el ingreso ilegal al territorio italiano. El problema de esta descripción es que resulta tan amplia que, incluso, queda

---

[59] GATTA, Gian Luigi, *La pena nell'era della crimigration*, op. cit., p. 687.

configurada toda forma de ayuda humanitaria, incluyendo la realizada en las actividades de búsqueda y de rescate en mar, particularmente efectuada por las ONG's.[60]

IV Reflexiones particulares

Llegados a este punto, las similitudes entre el contexto italiano y el mexicano no pueden sino ser preocupantes por la posición que en ellas ocupa la persona migrante. La preocupación, se ha visto, se cierne en un individuo al que, por su mera condición humana se la atribuye la calidad de peligroso, de "presunto"[61] criminal casi equiparable a los más grandes capos de la delincuencia ¿su delito? Escapar de la pobreza, contrariar el "orden estatuido", buscar mejores condiciones de vida para sí y para su familia.

Se vea que, los perfiles administrativo-criminales presentes en México y en Italiaparten de consideraciones cuyas raíces son mucho más profundas, que encuentran su génesis en consideraciones regionales, continentales y mundiales en relación a la migración y que, en ciertos casos, para con ciertas naciones y de manera más o menos "regular" se consciente en el empleo de la solidaridad humana, como por ejemplo, en el caso de los ciudadanos comunitarios o, de los requirentes de asilo político en Latinoamérica. Caso contrario (que es el de la apabullante mayoría de migrantes), la política a aplicar no es la de la solidaridad y el de la compartición de la naturaleza humana, sino antes bien, la de un derecho penal disfrazado de tintes administrativos, "eufemizado" por el que se eluden las estrictas reglas de lo penal para consentir espacios de discrecionalidad administrativa que, al final de cuentas, se equiparan a los de la naturaleza penal. Principios primarios del derecho penal, tales como la presunción de inocencia, la ofensividad, la proporcionalidad, entre otros, son actualmente contradichos cuando se enfrentan a la alteridad, particularmente tratándose de la pertenencia identitaria.[62]

No se trata de una pérdida de rumbo en lo penal, tanto menos de decisiones dubitativas sobre cómo gestionar el "problema de la migración" (si puede llamarse así a una condición natural de la especie

---

[60] Al respecto PELISSERO, Marco, "Le ipotesi di favoreggiamento dell'immigrazione clandestina", en ROSI, Elisabetta y ROCCHI, Francesca, *Immigrazione illegale e diritto penale. Un approccio interdisciplinare*, Jovene, Napoli, 2013, pp. 169 ss.
[61] Sobre esta idea: CATERINI, Mario. "Il diritto penale del nemico «presunto»", *Politica del diritto*, n. 4, 2015, pp. 635 ss.
[62] Ibidem.

humana), sino de un entero doble racero en el que ciertas nacionalidades son consentidas y otras no, en las que, el derecho penal funciona a dos velocidades, de manera inmediata y de forma hiper criminalizadora para cierta categoría de sujetos y, de manera gradual, proporcionada y coherente con los principios fundamentales de tutela del ser humano para otra categoría de sujetos.[63]

En suma, los casos planteados en este trabajo reflejan una administrativización o una "bagatelarización"[64] de los derechos fundamentales de la población migrante irregular. El objetivo de nuestras reflexiones ha pasado por colocar bajo una perspectiva crítica cómo precisamente bajo sofismas jurídicos la libertad de los migrantes viene eludida, sacrificada, incluso "justificada" bajo medidas que, en los hechos, no son otra cosa que medidas de naturaleza penal. Este velo, ha sido ya levantado por enormes juristas que, en estas páginas, hemos retomado, en la medida de lo posible y, en aras de desentrañar las reales justificaciones operantes en estos casos, nuestro trabajo es una "piccola" contribución que, en la medida de lo posible, pueda ser empleada como ejemplo para reflexionar sobre estas consideraciones en latitudes diversas.

Referencias

ALGOSTINO, Alessandra. Il decreto sicurezza e immigrazione (decreto legge n. 113 del 2018): estinzione del diritto di asilo, repressione del dissenso e diseguaglianza. *Costituzionalismo.it*, n. 2, 2018.

AMNISTÍA INTERNACIONAL. *Ignoradas y sin protección*. La mortal devolución de personas centroamericanas solicitantes de asilo desde México. Londres, 2018.

ARANGO, Joaquín. *Eficacia frente a principios. Políticas de extrema dureza contra la inmigración y el asilo en Estados Unidos y Europa*. Barcelona: CIDOB, 2019.

BOSWORTHM, Mary. La "galera amministrativa" degli stranieri in Gran Bretagna. Un'indagine sul campo. Napoli: Editoriale scientifica, 2016.

CAMPESI, Giuseppe. *La detenzione amministrativa degli stranieri*. Storia, diritto politica. Roma: Carocci, 2013.

CAPUTO, Angelo. Diseguali, illegali, criminali. *Questione Giustizia*, n. 2, 2009.

CAPUTO, Angelo. I reati collegati all'espulsione. Profili generali e principali questioni applicative. *Diritto Penale e Processo*, n. 1, 2009.

---

[63] ZAFFARONI, Eugenio Raúl, *El enemigo en el derecho penal*, México, ed. Coyoacán, 2016, pp. 14 ss.

[64] CAPUTO, Angelo, "Diseguali, illegali, criminali", *Questione Giustizia*, n. 2, 2009, p. 85.

CASTILLO, Miguel Ángel; VENET REBIFFE, Fabienne. El asilo y los refugiados: una visión histórica y crítica hasta nuestros días. *In*: ALBA, Francisco; CASTILLO, Manuel Ángel; VERDUZCO, Gustavo (coord.). *Migraciones internacionales*. México: El Colegio de México, 2010.

CATERINI, Mario. Il diritto penale del nemico «presunto». *Política del diritto*, n. 4, 2015.

CATERINI, Mario. La criminalización de lo diferente. *Revista de derecho penal y criminología*, n. 8, 2016.

CAVALIERE, Antonio. Diritto penale e politica dell'immigrazione. *Critica del diritto*, n. 1, 2013.

CAVALIERE, Antonio. Italia. Derecho penal máximo y diversión discrecional. Una hipótesis sobre neoliberalismo y política criminal, desde una perspectiva italiana. *Revista General de Derecho Penal*, n. 28, 2017.

CHERCHI, Roberto. Il trattenimento dello straniero nei centri di identificazione ed espulsione: le norme vigenti, i motivi di illegittimità costituzionale e le proposte di reforma. *Questione Giustizia*, n. 3, 2014.

COURTIS, Christian; ABRAMOVICH, Víctor. *Los derechos sociales como derechos exigibles*. Madrid: Trotta, 2004.

DONINI, Massimo. Il cittadino extracomunitario da oggetto materiale a tipo d'autore nel controllo penale dell'immigrazione. *Questione Giustizia*, n. 1, 2009.

FASSIN, Didier. La economía moral del asilo. Reflexiones críticas sobre la crisis de refugiados de 2015 en Europa. *Revista de Dialectología y Tradiciones Populares*, n. 70(2), 2015.

FERRAJOLI, Luigi. La criminalizzazione degli immigrati. Note a margine della legge n. 94/2009. *Questione Giustizia*, n. 5, 2009.

FITZGERALD, David Scott. *Refuge beyond Reach. How Rich Democracies Repel Asylum Seekers*. New York: Oxford University Press, 2019.

FRANCO, Leonardo. *El asilo y la protección internacional de los refugiados en América Latina*. Buenos Aires: ACNUR, 2003.

GARCÍA HERNÁNDEZ, Cuauhtémoc. Creating crimmigration. *Brigham Young University Law Review*, n. 6, 2013.

GATTA, Gian Luigi. Aggravante della clandestinità (art. 61 n. 11 bis c.p.): uguaglianza calpestata. *Rivista Italiana di Diritto e Procedura Penale*, 2009.

GATTA, Gian Luigi. Il reato di clandestinità e la riformata disciplina penale dell'immigrazione. *Diritto Penale e Processo*, n. 11, 2009.

GATTA, Gian Luigi. La pena nell'era della crimmigration: tra Europa e Stati Uniti. *Rivista Italiana di Diritto e Procedura Penale*, n. 2, 2018.

GRANADOS, Sergio Alejandro. Retos actuales en la implementación de la ley sobre refugiados y protección complementaria en México: identificación, admisión y acceso al procedimiento de asilo. *Anuario Mexicano de Derecho Internacional*, n. 16, 2016.

GUEVARA BERMÚDEZ, José Antonio. La nueva Ley de Migración: una oportunidad perdida para garantizar derechos. *Revista dFensor*, n. 6, 2011.

GUTIÉRREZ LÓPEZ, Eduardo Elías. México: ¿espacio de tránsito, destino temporal o país de refugiados? *In*: FERNÁNDEZ DE LA REGUERA, Alethia; GANDINI, Luciana;

GUTIÉRREZ LÓPEZ, Eduardo Elías; NARVÁEZ GUTIÉRREZ, Juan Carlos. *Caravanas Migrantes*: las respuestas de México. México: UNAM, 2019.

HENDERSON, Humberto. Los Tratados Internacionales de Derechos Humanos en el Orden Interno: la importancia del principio *pro homine*. *Revista del Instituto Interamericano de Derechos Humanos*, n. 39, 2004.

HERNÁNDEZ ORTEGA, Alfonso, La institucionalización de las políticas de asilo y refugio en México. *Revista de Investigación Social*, n. 3, 2006.

HUMAN RIGHTS WATCH. Puertas cerradas. El fracaso de México a la hora de proteger a niños refugiados y migrantes de América Central. Nueva York, 2016.

LERMA RODRÍGUEZ, Enriqueta. Guatemalteco-mexicano-estadounidenses en Chiapas: Familias con estatus ciudadano diferenciado y su multiterritorialidad. *Migraciones Internacionales*, n. 8(3), 2016.

MANGIARACINA, Annalisa. *Hotspots e diritti*: un binomio possibile? Milano, 2016.

MANNA, Adelmo. Il diritto penale dell'immigrazione clandestina, tra simbolismo penale e colpa d'autore. *Cassazione Penale*, n. 2, 2011.

MANTOVANI, Ferrando. Il diritto penale del nemico, il diritto penale dell'amico, il nemico del diritto penale e l'amico del diritto penale. *In*: *Umanitá e razzionalitá del diritto penale*. Padova: CEDAM, 2008.

MASERA, Luca. I centri di detenzione amministrativa cambiano nome ed aumentano di numero, e gli hotspot rimangono privi di base legale: le sconfortanti novità del decreto Minniti. *Diritto Penale Contemporaneo*, n. 3, 2017.

MASERA, Luca. La crimmigration nel decreto Salvini. *La Legislazione Penale*, n. 1, 2019.

MASERA, Luca. Terra bruciata attorno al clandestino: tra misure penali simboliche e negazione reale dei diritti. *In:* MAZZA, Oliverio; VIGANÒ, Francesco. *Il Pacchetto sicurezza 2009*, Torino: Giappichelli, 2009.

MENA ITURRALDE, Lorena; CRUZ PIÑEIRO, Rodolfo. Atrapados en busca de asilo. Entre la externalización fronteriza y la contención sanitária. *Revista Interdisciplinar da Mobilidade Humana*, n. 61, 2021.

MOCCIA, Sergio. Leggi speciali. Immigrazione criminalizzata. *Il Manifiesto*, 23 de maggio de 2008.

MOCCIA, Sergio. *La perenne emergenza. Tendenze autoritarie nel sistema penale*. Napoli: Edizione Scientifiche Italiane, 1992.

ORTEGA VELÁZQUEZ, Elisa. *El asilo como derecho en disputa en México. La raza y la clase como dispositivos de exclusión*. México: UNAM, 2022.

PARÍS POMBO, María Dolores. *Violencias y migraciones centroamericanas en México*. Tijuana: El Colegio de la Frontera Norte, 2017.

PELISSERO, Marco. Le ipotesi di favoreggiamento dell'immigrazione clandestina. *In*: ROSI, Elisabetta; ROCCHI, Francesca. *Immigrazione illegale e diritto penale*. Un approccio interdisciplinare. Napoli: Jovene, 2013.

PEPINO, Livio. Le migrazioni, il diritto, il nemico. Considerazioni a margine della legge n. 94/2009. *Diritto, Immigrazione e Cittadinanza*, n. 4, 2009.

PINTO, Mónica. El principio *pro homine*. Criterios de hermenéutica y pautas para la regulación de los derechos humanos. *In*: ABREGÚ, Martín; COURTIS, Christian (comp.). *La aplicación de los tratados sobre derechos humanos por los tribunales locales*. Buenos Aires: Editores del Puerto, 1997.

PINTO, Mónica. *Temas de derechos humanos*. Buenos Aires: Editores del Puerto, 2009.

PUGIOTTO, Andrea. La Galera amministrativa degli stranieri e le sue incostituzionali metamorfose. *Quaderni Costituzionali*, n. 3, 2014.

QUINCHE RAMÍREZ, Manuel Fernando. *La elusión constitucional*. Una política de evasión del control constitucional en Colombia. Bogotá: Universidad del Rosario, 2009.

RINCÓN, Andrea. Evo Morales viaja hacia México en un avión del Gobierno de López Obrador. *France24*, nota de 12 de noviembre de 2019, disponible en: https://www.france24.com/es/20191112-evo-morales-bolivia-mexico-amlo.

RODRÍGUEZ CHÁVEZ, Ernesto. Asilo, refugio y otras formas de protección humanitaria en el México del siglo XXI. *In*: SOMOHANO, Katya; YANKELEVICH, Pablo (coord.). *El refugio en México*. Entre la historia y los desafíos contemporáneos. México: COMAR, 2011.

RODRÍGUEZ Y RODRÍGUEZ, Jesús. *Las reservas formuladas por México a instrumentos internacionales sobre derechos humanos*. México: CNDH, 1998.

RUGGIERO, Carol. Le linee di tendenza della *crimigration* nel sistema penale italiano dal decreto Minniti al decreto sicurezza-*bis*. *Archivio Penale*, n. 2, 2020.

STUMPF, Jullieth. The Crimmigration Crisis: Immigrants, Crime, and Sovereign Power. *American University Law Review*, n. 56(2), 2006.

TAPIA TÉLLEZ, Gabriela. *Proceso de revisión de solicitudes de condición de refugiado en México*: valoración del diseño e implementación de la política pública. México: Flacso, 2019.

TORRE CANTALAPIEDRA, Eduardo; PARÍS POMBO, María Dolores; GUTIÉRREZ LÓPEZ, Eduardo. El sistema de refugio mexicano: entre proteger y contener. *Frontera Norte*, n. 33, 2021.

VALDEZ ARROYO, Flor de María. *Ampliación del concepto de refugiado en el derecho internacional contemporâneo*. Lima: PUCP, 2004.

WACQUANT, Loïc. *Parias urbanos*. Marginalidad en la ciudad a comienzos del milênio. Buenos Aires: Manantial editorial, 2001.

Informação bibliográfica deste texto, conforme a NBR 6023:2018 da Associação Brasileira de Normas Técnicas (ABNT):

CATERINI, Mario; SMITH, Mario Eduardo Maldonado. Eufemismos de la criminalización: disposiciones atinentes al fenómeno migratorio y al asilo en el panorama ítalo-mexicano. *In*: SARAIVA FILHO, Oswaldo Othon de Pontes; BERTELLI, Luiz Gonzaga; SIQUEIRA, Julio Homem de (coord.). *Direitos dos refugiados*. Belo Horizonte: Fórum, 2024. (Coleção Fórum Direito Internacional Humanitário, v. 1, t. 2). p. 295-332. ISBN 978-65-5518-614-7.

CORREDORES HUMANITÁRIOS: POLÍTICA DE ASILO E CONQUISTA CIVILIZATÓRIA

DOUGLAS LUIS BINDA FILHO

MARGARETH VETIS ZAGANELLI

1 Introdução

O Direito Humanitário visa a mitigar o sofrimento humano causado pela guerra ou, como às vezes é colocado, visa a "humanizar" a guerra (KALSHOVEN; ZEGVELD, 2001, p. 12). Parte-se, em geral, da ideia apresentada por Jean-Jacques Rousseau (1796, p. 21) de que "la guerre n'est donc point une relation d'homme à homme, mais une relation d'Etat à Etat, dans laquelle les particuliers ne sont ennemis qu'accidentellement".

Não se pode precisar quando e onde surgiram as primeiras normas jurídicas de natureza humanitária, mas é possível concluir que advêm da simples tentativa de limitar os efeitos da violência da guerra. Essas normas retomam obras de diferente caráter, sejam elas literárias, como o épico indiano Mahiibhfirata; religiosas, como a Bíblia ou o Alcorão; ou regras sobre a arte da guerra, como as Regras de Manu ou o Bushido (GASSER, 1993, p. 6).

O sistema do Direito Internacional Humanitário, em que figuram agentes estatais e não estatais, é relativamente recente. Reconhece-se a existência de três grandes fases, as quais moldaram o Direito Internacional Humanitário e trouxeram transformações relevantes, bem como evoluções capazes de acompanhar as profundas mudanças geopolíticas.

Da segunda metade do século XIX até 1918, final da Primeira Guerra Mundial, tem-se a primeira fase do Direito Internacional Humanitário. Ela se inicia com a experiência de Henry Dunant, que, após a batalha de Solferino, sugeriu o estabelecimento de uma organização de assistência aos militares feridos: a Cruz Vermelha; e a formação de um pacto internacional para garantir a proteção dos feridos no campo de batalha: a primeira Convenção de Genebra, em 1864.

> As always in history, this pivotal change was not only a logical development given the historical context but was also revolutionary for two reasons: it acknowledged for the first time the idea that even wounded members of an enemy's armed forces should be respected and cared for, and it resulted in the adoption of a new kind of instrument – a multilateral treaty (SASSÒLI, 2019, p. 6)

A segunda fase comporta o período entre as duas grandes guerras e o final da Segunda Guerra Mundial. Trata-se de uma conjuntura muito importante para o desenvolvimento do Direito Humanitário, com a instituição da Organização das Nações Unidas. No contexto pós-guerra, ocorreu um desenvolvimento acelerado em relação aos direitos humanos, de forma que em 1949 foram adotadas as quatro Convenções de Genebra.

Em 1990, com o aumento de conflitos internos em diversos Estados, inicia-se a terceira fase do Direito Humanitário. Nesse cenário de acentuadas fugas em busca de refúgio, a Agência da ONU para Refugiados (ACNUR) começa a adotar instrumentos capazes de transferir os mais vulneráveis para outros países. Nessa conjuntura, os corredores humanitários são inseridos para favorecer a transferência de potenciais beneficiários de proteção internacional.

Na Resolução da Assembleia Geral das Nações Unidas nº 45/100, de 14 de dezembro de 1990, tem-se a base legal no que se refere aos corredores humanitários. Posteriormente, a Resolução nº 46/182 funciona igualmente como paradigma a respeito do tema, que retorna em posteriores resoluções do Conselho de Segurança.

O estabelecimento de corredores humanitários e zonas de segurança é a solução amplamente utilizada para prestar assistência humanitária a civis em situações de emergência devido a conflitos armados (ACCONCI, 2016, p. 8). As principais iniciativas que envolvem a sua criação se referem à intervenção humanitária para levar assistência a populações, grupos ou indivíduos afetados pelos conflitos internos ou internacionais. A referida assistência proporcionada pelos corredores humanitários consiste basicamente de dois aspectos: a distribuição de bens de primeira necessidade e a transferência de refugiados para zonas seguras de outros países.

Nas Resoluções da Assembleia Geral e do Conselho de Segurança da ONU, elas são chamadas de "corredores temporários de socorro", "zonas de segurança temporária" e "corredores seguros". Em diversas ocasiões, os corredores humanitários se justapõem a determinados conceitos, como cessar-fogo, cessação temporária de hostilidade, pausa humanitária e dias de tranquilidade, mas os corredores humanitários são espacial e temporalmente distintos desses conceitos (MATYAS, 2022).

Há exemplos memoráveis de corredores humanitários, como o *Kindertransport* de 1938-1939, no qual crianças judias foram evacuadas de áreas sob controle nazista para o Reino Unido. Há ainda o corredor humanitário de 1992-1995 para Sarajevo, que incluía um transporte aéreo internacional; e, mais recentemente, a evacuação de civis em 2018 da cidade síria de Ghouta (HOFFMANN, 2020, p. 95-97).

O presente estudo, por meio de pesquisa bibliográfica e documental, visa a analisar os referidos corredores humanitários a fim de posicioná-los como política de asilo. Tais corredores são resultado de esforços da sociedade civil em convênio com instituições locais e internacionais, seja para facilitar a entrada de bens de primeira necessidade e/ou ajuda médica, seja para facilitar a evacuação de civis. Em um primeiro momento, objetiva-se a análise dos corredores humanitários como facilitadores do transporte de bens de primeira necessidade. Em sequência, são perscrutados os referidos corredores para a transferência de refugiados para zonas seguras de outros países. Ademais, será abordada a potencial interferência militar e das forças de paz no estabelecimento dos corredores humanitários, bem como o fato de muitas vezes esse suporte garantir uma proteção contra eventuais atitudes hostis de beligerantes.

O trabalho busca ressaltar que, apesar de tais corredores funcionarem como a consagração da ajuda humanitária em dois aspectos essenciais, quais sejam, a entrega dos bens de primeira necessidade e/ou o transporte de potenciais beneficiários de proteção internacional, há dificuldades presentes em todo o processo. De fato, os corredores são limitados tanto no tempo quanto no espaço; em regra, dependem de consenso e acordo entre as partes, o que se mostra inviável em alguns conflitos; dependem de autorização do Conselho de Segurança para efetivamente funcionarem; além de disporem de indefinições em linhas políticas, cuja neutralidade é certamente vencida em diversos contextos.

2 Corredores humanitários e o transporte de bens de primeira necessidade

Pode-se considerar como uma "primeira modalidade" de corredores humanitários aqueles que visam a realizar o transporte de bens de primeira necessidade, a fim de distribuir alimentos, água e medicamentos ou ajuda médica. Essa modalidade de corredor humanitário é, em geral, regulada por meio da Carta das Nações Unidas, das declarações e resoluções da Assembleia Geral, das resoluções do Conselho de Segurança, bem como das sentenças e pareceres consultivos da Corte de Justiça Internacional. Trata-se, em regra, do disposto na IV Convenção de Genebra e em seus protocolos adicionais, em referência ao direito à livre passagem de bens de primeira necessidade, bem como à proibição ao ataque, à destruição, à retirada ou à inutilização de bens indispensáveis à sobrevivência da população civil.

A Resolução nº 46/182, de 19 de dezembro de 1991, pode ser considerada como um marco no que diz respeito aos corredores humanitários como transporte de bens de primeira necessidade. Tal resolução criou o Departamento de Assuntos Humanitários em 1997, o qual tornou-se o Escritório das Nações Unidas para a Coordenação de Assuntos Humanitários. Na referida resolução, estabeleceu-se que a assistência humanitária conduzir-se-á consoante os princípios da humanidade, da neutralidade, da imparcialidade, além de relatar ser imperioso que as operações de assistência humanitária respeitem a soberania e a unidade nacional dos Estados (UNITED NATIONS, 1991). Nesse aspecto, a assistência será prestada com o consentimento do país e, a princípio, com base no apelo do país.

A Assembleia Geral dispõe haver necessidade de cooperação entre o Escritório das Nações Unidas para a Coordenação de Assuntos Humanitários e o Estado em causa, de forma que *"humanitarian assistance should be provided with the consent of the affected country and in principle on the basis of an appeal by the affected country"* (UNITED NATIONS, 1991), ou seja, apesar de ser necessária, a princípio, a solicitação do país em questão, a disposição permite considerar ser possível auxílio humanitário mesmo que não haja um pedido formal por parte do Estado.

O sexto princípio contido na resolução sedimenta a importância da cooperação dos Estados que necessitam de assistência humanitária em relação ao trabalho das organizações na implementação da assistência, particularmente no fornecimento de alimentos, medicamentos, abrigo e cuidados de saúde.

6. States whose populations are in need of humanitarian assistance are called upon to facilitate the work of these organizations in implementing humanitarian assistance, in particular the supply of food, medicines, shelter and health care, for which access to victims is essential. (UNITED NATIONS, 1991)

Na referida resolução, são igualmente identificados os atores responsáveis pela assistência humanitária, quais sejam, as organizações intergovernamentais e as organizações governamentais em cooperação com o Estado.

O Estatuto de Roma de 1998, responsável por instituir o Tribunal Penal Internacional, é igualmente fonte normativa no que se refere aos corredores humanitários para o transporte de bens de primeira necessidade. O art. 8º, 2, "b", XXV, do referido estatuto afirma que matar os civis de fome de forma intencional, privando-os de bens essenciais à sobrevivência, impedindo, inclusive, o envio de assistência, é crime de guerra.

Durante a Guerra Fria, corredores humanitários foram utilizados pelos países ocidentais face o Bloqueio de Berlim, realizado pela União Soviética. Em resposta ao bloqueio do acesso rodoviário, ferroviário e de canais para as zonas ocidentais de Berlim, os Aliados organizaram, entre 26 de junho de 1948 e 30 de setembro de 1949, a Ponte Aérea de Berlim, a fim de abastecer a parte ocidental da cidade com medicamentos, água, alimentos, carvão.

> The Soviets took for granted that Berlin could not withstand a blockade and that the Western powers would come to terms. The Western powers' most fundamental assumptions – about Berliners' ability to resist, the airlift's ability to deliver, and Stalin's willingness to run risks – were wrong. (HARRINGTON, 2012, p. 442)

Em várias resoluções do Conselho de Segurança das Nações Unidas, encontram-se operações de corredores humanitários para o transporte de bens de primeira necessidade, sendo crucial versar sobre a conjuntura que ensejou a criação de corredores humanitários durante a Guerra da Bósnia.

O ápice do conflito ocorreu em 1992, quando a Bósnia e Herzegovina declarou sua independência após a realização do referendo a respeito da dissolução da Iugoslávia, o que acarretou um conflito latente entre os vários grupos étnicos que compõem a população bósnia. Essa circunstância ensejou o estabelecimento de corredores humanitários a fim de levar ajuda humanitária aos civis.

O Conselho de Segurança da ONU esteve centralmente envolvido no conflito na Bósnia. Entre 30 de maio de 1992 e 9 de novembro de 1995, houve 46 resoluções do Conselho de Segurança tratando especificamente da situação na Bósnia. Embora se concentrem em questões diferentes, todas versam, explícita ou implicitamente, sobre medidas destinadas a aliviar o sofrimento civil, sendo que 16 delas pedem a permissão da entrega de assistência humanitária sem impedimentos (CUTTS, 1999). As organizações humanitárias trabalharam em conjunto com as Agências das Nações Unidas para criar e gerir os corredores humanitários. Não obstante, o cerco realizado pelos sérvios impedia o acesso às áreas afetadas, o que tornou necessário que o fornecimento dos bens de primeira necessidade se desse por meio de pontes aéreas, coordenadas pelo ACNUR e por forças militares.

Os referidos corredores humanitários igualmente foram utilizados durante a operação Lifeline, responsável por fornecer alimentos e medicamentos à população do Sudão do Sul. A operação, criada em 1989, foi um consórcio entre agências das Nações Unidas e cerca de 35 organizações não governamentais, de forma a objetivar estabelecer um diálogo com o Movimento do Exército Popular de Libertação do Sudão. Em um nível prático, criaram-se os chamados "corredores de tranquilidade", passagens seguras para a entrega de ajuda (MAXWELL; SANTSCHI; GORDON, 2014, p. 10). Contudo, um relatório das Nações Unidas verificou que todas as partes no conflito violam repetidamente o Direito Internacional Humanitário e impedem o acesso humanitário (UNITED NATIONS, 2017).

Situação similar ocorre no Iêmen, em que as milícias *houthis* punem qualquer organização humanitária internacional ou da ONU que não se curve à sua pressão, terminando por interromper o apoio (AL-ARAB, 2018) e a organização de corredores humanitários para o transporte de bens de primeira necessidade.

Igualmente, na Guerra da Síria, há enorme dificuldade referente à entrega de auxílio humanitário. No conflito, a aplicação do direito à livre passagem de bens de primeira necessidade sofre impedimentos, o que obriga que o Conselho de Segurança das Nações Unidas reafirme a necessidade de que todas as partes permitam o acesso humanitário rápido, seguro e sem entraves às agências humanitárias da ONU e seus parceiros de implementação, como reiterado na Resolução nº 2.139/ 2014:

6. Demands that all parties, in particular the Syrian authorities, promptly allow rapid, safe and unhindered humanitarian access

for UN humanitarian agencies and their implementing partners, including across conflict lines and across borders, in order to ensure that humanitarian assistance reaches people in need through the most direct routes; (UNITED NATIONS, 2014)

A situação revela um obstáculo à plena concretização dos corredores humanitários para o fornecimento de alimentos e cuidados em saúde, isto é, a necessidade de haver o consentimento das partes no conflito. Caso contrário, o transporte dos bens de primeira necessidade torna-se prejudicado.

Há ainda outra problemática que acende uma preocupação no que se refere à concretização dos corredores humanitários como facilitadores da entrada de bens de primeira necessidade. Embora se saiba que a ajuda humanitária deve ser neutra e imparcial, há uma crescente sensação nos Estados envolvidos em conflitos de que o fornecimento de bens de primeira necessidade funciona como uma ferramenta política, o que acarreta uma crise nessa modalidade de auxílio humanitário.

3 Corredores humanitários e a transferência de refugiados para zonas seguras de outros países

Há, ademais, a "segunda modalidade" de corredores humanitários, quais sejam, os corredores responsáveis pela transferência de refugiados para zonas seguras de outros países. Tais corredores surgem em virtude do complexo cenário que os refugiados são obrigados a enfrentar para usufruir de proteção internacional, uma vez que o oferecimento de asilo fica condicionado aos refugiados que chegam às fronteiras dos países de acolhimento, e, além desse trajeto ser desafiador, há inúmeras intempéries no caminho.

Nesse sentido, inúmeros países se mobilizam para implementar canais de entrada seguros e legais, sendo o patrocínio privado realizado por Memorandos de Entendimento entre as autoridades estaduais competentes e os proponentes da sociedade civil, como organizações sem fins lucrativos, pessoas físicas e organizações religiosas. Tal transferência por meio de corredores humanitários, além de diminuir a imigração irregular, mediante gestão e organização dos fluxos migratórios, atua de modo a impedir o tráfico de seres humanos, bem como outras situações trágicas que possam ocorrer durante o percurso.

Os principais objetivos do projeto são, de acordo com o site da Comunidade de Sant'Egidio: evitar viagens de barco no Mediterrâneo, responsável por causar um grande número de mortes; evitar o tráfico de pessoas; bem como conceder às pessoas em "condições vulneráveis" (vítimas de perseguição, tortura e violência, bem como famílias com crianças, idosos, doentes, pessoas com deficiência) entrada legal em território italiano com visto humanitário, com a possibilidade de solicitar asilo (COMUNITÀ DI SANT'EGIDIO, 2012).

As "pessoas em situação de vulnerabilidade" são os menores não acompanhados, os deficientes, os idosos, as grávidas, os pais solteiros acompanhados de menores, vítimas de tráfico de seres humanos, pessoas com doenças graves ou perturbações mentais e pessoas que tenham sido submetidas a tortura, violação ou outras formas graves de violência psicológica, física ou sexual, como as vítimas de mutilação genital feminina", conforme disposição art. 21 da Diretiva nº 2.013/33/ UE do Parlamento Europeu e do Conselho.

Trata-se de um modelo que depende do impulso do ACNUR para que efetivamente funcione, uma vez que é o responsável pela importante fase de seleção de potenciais beneficiários de proteção internacional. Igualmente, em virtude de os países que acolhem os refugiados respeitarem o princípio do *non-refoulement*, os patrocínios privados são fundamentais no auxílio humanitário, especialmente no caso da transferência de refugiados para zonas seguras de outros países através de corredores humanitários.

Um importante exemplo de corredores humanitários organizados por meio de financiamento privado é o caso italiano. Na Itália, esse projeto se deu a partir de dois Memorandos de Entendimento, resultado de negociação com o governo italiano; o primeiro, assinado em 15 de dezembro de 2015 com a Comunidade de Sant'Egidio, a Federação das Igrejas Evangélicas e a Mesa Valdense; e o segundo, em 12 de janeiro de 2017, com a Conferência Episcopal Italiana (que atuará por meio da Caritas Italiana e da Fundação Migrantes) e a Comunidade de Sant'Egidio (ROCCA, 2017, p. 2).

Esse modelo italiano de corredores humanitários teve como inspiração o exemplo canadense em relação a políticas de reassentamento e acolhimento, tendo em vista que o primeiro país a lançar um esquema de patrocínio privado para o auxílio humanitário foi o Canadá, em 1978, por meio da Lei de Imigração de 1976. Demonstrou-se que os refugiados patrocinados privadamente foram integrados com mais sucesso do que os refugiados assistidos pelo governo nos primeiros dez anos após sua chegada (BEISER, 2003, p. 211-214).

No caso em análise, as associações proponentes, por meio de contatos diretos nos países envolvidos no programa ou relatórios fornecidos por atores locais (ONGs, associações, organizações internacionais, igrejas e organismos ecumênicos, etc.), preparam uma lista de potenciais beneficiários (COMUNITÀ DI SANT'EGIDIO, 2019). Cada relatório é verificado primeiro pelos dirigentes das associações e depois pelas autoridades italianas. As listas de potenciais beneficiários são enviadas às autoridades consulares italianas nos países envolvidos para seu controle. Finalmente, os consulados italianos nos países em questão emitem "vistos com validade territorial limitada", conforme o art. 25 do Regulamento Europeu de Vistos, que prevê a possibilidade de um Estado-Membro emitir vistos por motivos humanitários ou de interesse nacional ou devido a obrigações internacionais (COMUNITÀ DI SANT'EGIDIO, 2019).

Os referidos Memorandos de Entendimento possuem critérios e métodos de identificação de potenciais beneficiários mais abrangentes que os presentes na Convenção de Genebra de 1951 e no Protocolo de 1967, no que se refere à definição de "refugiado". Essa abrangência permite que se incluam no projeto Corredores Humanitários indivíduos que não têm o direito de usufruir dos programas de reassentamento do ACNUR.

O primeiro protocolo referente aos corredores humanitários como facilitadores da transferência de refugiados para zonas seguras de outros países foi assinado em 15 de dezembro de 2015, a fim de atender 1.000 refugiados do Líbano, principalmente sírios. Uma vez avaliada a sustentabilidade do programa, em 7 de novembro de 2017, outro protocolo semelhante foi assinado para o biênio 2018/2019 para mais 1.000 refugiados (COMUNITÀ DI SANT'EGIDIO, 2019).

4 Os "corredores militarizados" e o papel das forças de paz

As Forças de Manutenção da Paz das Nações Unidas, órgãos militares encarregados de criar e manter a paz em áreas de conflito, têm um importante papel no estabelecimento de corredores humanitários. Não obstante o corredor humanitário ser "um direito de passagem de civis", em algumas circunstâncias, torna-se necessário o uso de forças militares a fim de cooperar com as organizações humanitárias na gestão dos corredores.

Durante a Guerra da Iugoslávia, as Resoluções nºs 764 (1992) e 770 (1992) do Conselho de Segurança previram a neutralização do aeroporto de Sarajevo e estabeleceram que os então denominados "corredores de segurança" estariam sob proteção da Força de Proteção das Nações Unidas, a fim de garantir a segurança e a prestação de assistência humanitária (UNITED NATIONS, 1992).

Igualmente, na Somália, as Nações Unidas previram a possibilidade de uso de força militar para conceder proteção aos corredores humanitários. A intervenção na Somália foi realizada em duas missões, a primeira foi a UNOSOM, instituída com a Resolução nº 751, de 24 de abril de 1992 do Conselho de Segurança, mas não obteve sucesso. Em seguida com a Resolução nº 794, de 1992, foi criada uma nova intervenção, denominada UNITA, com o objetivo de formular um corredor seguro para o envio de ajuda humanitária.

Os críticos das intervenções militares para conceder proteção aos corredores humanitários afirmam que, ao adotar tais intervenções, estar-se-ia contrariando os princípios da neutralidade e da imparcialidade. Não obstante, reconhece-se que a eficácia dos referidos corredores tem relação com presença militar (PRICE, 2020, p. 10).

A assistência humanitária, uma vez que busca minimizar o sofrimento humano durante conflitos, diminui o efeito de destruição causado pela guerra, o que muitas vezes não é esperado pelos países em conflito. Em diversos casos, a ajuda humanitária sofre desafios operacionais, como saques de suprimentos e medicamentos, sequestro e até mesmo mortes.

Nesse sentido, Hoffmann (2020, p. 96) reconhece que os corredores humanitários podem ser reforçados por meios militares e contra o objetivo explícito de qualquer ator que esteja colocando em risco a população civil. Cita-se o exemplo da ponte aérea de 1948-1949 do exército americano para a cidade de Berlim, cujo auxílio militar foi essencial para que se concretizasse a formulação dos referidos corredores.

5 Conclusão

Os corredores humanitários, como rotas específicas e métodos logísticos acordados por todas as partes a fim de permitir a passagem segura de bens de primeira necessidade e/ou pessoas de um ponto a outro em uma área de combate ativo, são uma opção de migração sustentável e digna.

Não obstante, há inúmeros desafios e inquirições que surgem a partir da sua implementação, uma vez que são limitados tanto no tempo quanto no espaço; em regra, dependem de consenso e acordo entre as partes, o que se mostra inviável em alguns conflitos; dependem de autorização do Conselho de Segurança para efetivamente funcionarem; ademais, dispõem de indefinições em linhas políticas, cuja neutralidade é certamente vencida em diversos contextos. O significado dos corredores humanitários bem como a sua ligação com a ideia de solidariedade consistem em uma ampla experiência popular de acolhimento humanitário. Trata-se de uma verdadeira conquista civilizatória e política de asilo, as quais, seja com o fim de fornecer suprimentos básicos, seja com o fim de auxiliar na transferência dos civis, garantem dignidade em meio a contextos conflituosos.

Igualmente, tais corredores estabelecem alternativas práticas ao fechamento de fronteiras e a viagens arriscadas por terra e mar, de modo que adquirem significado político. Os projetos de corredores humanitários com o fim de transportar civis às zonas seguras de outros países, concedendo-lhes proteção internacional, têm comprovado que o acolhimento dos requerentes de asilo não ameaça as comunidades nacionais e locais. Ademais, tais corredores, quando utilizados com o fim de facilitar a entrega de bens de primeira necessidade, têm o papel de proporcionar dignidade às populações e são, de fato, uma conquista civilizatória.

Referências

ACCONCI, Pia. The Safeguard of Social Rights within the Activity of the Security Council. *In*: ACCONCI, Pia *et al*. (org.). *International Law and the Protection of Humanity Essays in Honor of Flavia Lattanzi*. Leiden; Boston: Brill/ Nijhoff, 2016.

AL-ARAB, Mohammed. How Houthi militias have been plundering food from UN aid agencies. *Alarabiya News*, 2018. Disponível em: https://english.alarabiya.net/features/2018/01/23/This-is-how-Houthis-plunder-food-from-the-UN-aid. Acesso em: 29 abr. 2022.

AMBROSINI, Maurizio; SCHNYDER VON WARTENSEE, Ilaria. Actions speak louder than claims: humanitarian corridors, civil society and asylum policies. *Journal of Ethnic and Migration Studies*, 2022.

BEISER, Beiser M. Sponsorship and Resettlement Success. *Journal of International Migration and Integration*, 4: p. 203-215, 2003.

COMUNITÀ DI SANT'EGIDIO. Humanitarian Corridors for refugees. Disponível em: https://archive.santegidio.org/pageID/11676/langID/en/Humanitarian-Corridors-for-refugees.html. Acesso em: 14 abr. 2022.

CUTTS, Mark. *The humanitarian operation in Bosnia 1992-95*: dilemmas of negotiating humanitarian access. Geneva: UNHCR, 1999.

GASSER, Hans-Peter. *International Humanitarian Law*: an introduction. Bern: Henry Dunant Institute; Geneva/Paul Haupt Publishers, 1993.

HARRINGTON, Daniel F. *Berlin on the brink:* the blockade, the airlift, and the early Cold War. Lexington: University Press of Kentucky Cartography, 2012.

HOFFMANN, Sophia. Humanitarian Corridor. *In:* LAURI, Antonio de (org.). *Humanitarianism: Keywords.* Leiden: Brill, 2020, p. 95-97.

KALSHOVEN, Frits; ZEGVELD, Liesbeth. *Constraints on the Waging of War:* an Introduction to International Humanitarian Law. Geneva: ICRC, 2001.

MATYAS, David. Humanitarian Corridors in Ukraine: Impasse, Ploy or Narrow Passage of Hope? *Just Security,* 2022. Disponível em: https://www.justsecurity.org/80576/humanitarian-corridors-in-ukraine-impasse-ploy-or-narrow-passage-of-hope/. Acesso em: 4 maio 2022.

MAXWELL, Daniel; SANTSCHI, Martina; GORDON, Rachel. *Looking back to look ahead?* Reviewing key lessons from Operation Lifeline Sudan and past humanitarian operations in South Sudan. London: Secure Livelihoods Research Consortium, 2014.

PRICE, Roz. *Humanitarian pauses and corridors in contexts of conflict.* Knowledge, evidence and learning for development. 2020.

ROCCA, Paolo Morozzo della. I due Protocolli d'Intesa sui "Corridoi Umanitari" tra alcuni enti di ispirazione religiosa e il governo ed il loro possibile impatto sulle politiche di asilo e immigrazione. *Diritto, Immigrazione e Cittadinanza,* fascicolo n. 1, p. 8, 2017.

ROUSSEAU, Jean-Jacques. *Du Contrat Social ou principes du droit politique.* Paris: Flammarion, 2001.

SASSÒLI, Marco. *International Humanitarian Law:* rules, controversies, and solutions to problems arising in warfare. Cheltenham, Edward Elgar Publishing Limited; Northampton: Elgar, Edward Elgar Publishing, Inc., 2019.

UNITED NATIONS. Letter dated 13 April 2017 from the Panel of Experts on South Sudan Established pursuant to Security Council Resolution 2206 (2015) addressed to the President of the Security Council.

UNITED NATIONS. Resolution 2139. Adopted by the Security Council at its 7116th meeting, on 22 February 2014. 2014.

UNITED NATIONS. Resolution 46/182. Adopted by the Security Council at its 78th meeting, on 19 December 1991. 1991.

UNITED NATIONS. Resolution 764. Adopted by the Security Council at its 3093rd meeting, on 13 July 1992. 1992.

Informação bibliográfica deste texto, conforme a NBR 6023:2018 da Associação Brasileira de Normas Técnicas (ABNT):

BINDA FILHO, Douglas Luis; ZAGANELLI, Margareth Vetis. Corredores humanitários: política de asilo e conquista civilizatória. *In:* SARAIVA FILHO, Oswaldo Othon de Pontes; BERTELLI, Luiz Gonzaga; SIQUEIRA, Julio Homem de (coord.). *Direitos dos refugiados.* Belo Horizonte: Fórum, 2024. (Coleção Fórum Direito Internacional Humanitário, v. 1, t. 2). p. 333-344. ISBN 978-65-5518-614-7.

A DRAMÁTICA CONDIÇÃO DAS MIGRAÇÕES FORÇADAS E OS DIREITOS HUMANOS

ISABEL FERNANDA AUGUSTO TEIXEIRA

A migração internacional se dá por diversos motivos. Desde as movimentações impulsionadas por interesses e planos, até o deslocamento forçado de pessoas. É um misto de reflexões e consequências, tanto internas como internacionais, seja no âmbito social, político, econômico e jurídico.

Em vista disso, sob o pano de fundo da globalização, verificou-se o aumento de relações transnacionais e, por conseguinte, elementos como intolerância e xenofobia também passaram a fazer parte das realidades dos países e sociedades (cultural, política e socialmente diferenciadas). Isso é de total relevância, pois, ao mesmo tempo em que atores globais (Estados, organizações internacionais, organizações não governamentais e sociedade) discutem tratados e demonstram estarem interessados acerca da coletivização dos direitos humanos, contraditoriamente, os próprios Estados, através de atos soberanistas, continuam criando obstáculos internos que dificultam ou, principalmente, impedem a efetivação desses mesmos direitos, incluindo diretrizes migratórias que assegurem e promovam direitos humanos garantidos nos tratados e leis internas.

Esse antagonismo entre movimentos cooperativistas internacionais e medidas unilaterais dos Estados é preocupante por justamente separar as realidades, ainda mais se considerarmos o próprio discurso de suas elites políticas e econômicas, de que vivemos em um mundo global, onde as tecnologias estão cada vez mais acessíveis e conhecer novas culturas é algo fundamental para o crescimento humano.

Ora, como enaltecer os ganhos culturais da globalização se ainda encontramos episódios de xenofobia, como o caso dos migrantes árabes na União Europeia (UE), dos trabalhadores latinos nos Estados Unidos da América (EUA) e dos venezuelanos no Brasil?!

Portanto, o que temos aqui é contraditório. Tudo indica que os Estados são ainda os atores hegemônicos do sistema internacional e tomam medidas unilaterais quando lhes convém, tal como abarca a Teoria Realista das Relações Internacionais, no entanto, a própria sociedade, formada por indivíduos culturalmente diversos, acaba por reproduzir tais práticas em discursos, indiretamente. As preocupações transmitidas nesses discursos são, na realidade, das referidas elites, que se isolam em suas atividades econômicas quando lhe interessam e, da mesma forma, se solidarizam com o próximo quando é preciso, para não obterem perdas financeiras.

O contrassenso é um "fenômeno" constante na sociedade e não é uma novidade, partindo dos níveis políticos e conjecturais dos Estados até os comportamentos individuais. Nesse panorama marcado por assimetrias, tanto nas esferas sociais como estruturais, a discussão de direitos à migração deve, cada vez mais, perpassar por modelos de afirmação da governança global, a fim de gerar parâmetros intimamente isonômicos da política internacional e, sobretudo, de poder aprimorar a repercussão social dos compromissos assumidos pelos Estados, bem como reforçar os aspectos legislativos internos de cada ordenamento.

No entanto, não podemos perder de vista que a figura dos Estados é ainda hegemônica nesses debates. Na verdade, a constatação dessa força é factível e deve ser tratada, tanto na teoria como na prática, pois é uma realidade marcada pela História. Partindo desse ponto de vista, podemos posicionar de forma mais assertiva os debates sobre governança e Direito Internacional, visando uma maior sinergia entre a política e as normativas internas desses atores.

Essa governança parte de agendas e instrumentos jurídicos firmados por Estados e Organizações Internacionais em nível global, que definem, por sua vez, princípios, regras, deveres e reparações com o objetivo de coordenar conjuntamente a resolução de problemas transnacionais, viabilizar as trocas entre os atores envolvidos, gerar parâmetros na definição de políticas públicas e orientar os sistemas jurídicos internos. A governança desses atos internacionais é, portanto, relevante para avaliarmos as repercussões de tais instrumentos na vida de cada indivíduo, mesmo que indiretamente, independentemente do seu país de origem.

Apesar da impressão de distância entre esses polos de discussão, os impactos da ratificação de um tratado, como a Convenção Americana sobre Direitos Humanos (1969), e da aceitação de competência da Corte Interamericana de Direitos Humanos (1979) interessam à vida de todas as pessoas vinculadas aos Estados signatários e devem, constantemente, ser explorados pela Academia e instituições locais para fazer essa "aliança" entre governança dos atos internacionais e efetivação dos direitos avençados no cotidiano de todos, seja para traçar paralelos entre decisões judiciais locais e o acesso à justiça, seja para servir como análise crítica sobre os efeitos sociais ou, principalmente, como instrumento de afirmação de políticas públicas voltadas ao bem-estar e proteção das pessoas.

Nessa perspectiva, a proteção da vida digna é a pedra angular da própria manutenção da vida em sociedade, não escolhendo classes sociais, raças ou etnias e religiões. Essa é uma realidade traduzida, inclusive, no artigo 4º da Convenção, em que "toda pessoa tem o direito de que se respeite sua vida". Embora haja diversos deveres e meios para a investigação de um direito como esse, os Estados signatários, em geral, atuam politicamente de acordo com seus anseios, representando, tal estipulação contratual, um discurso e objetivo em segundo plano.

Portanto, tal conjuntura afeta não só os nacionais de tais países, como também, e de forma mais crítica e caótica, considerando a vulnerabilidade, os migrantes, corroborando com a noção de contrassenso e divisão social preexistentes na sociedade.

Viver em um país diferente do de sua nacionalidade de origem é uma situação que recai sobre cerca de 3% da população mundial, de acordo com os últimos relatórios do Departamento de Assuntos Econômicos e Sociais das Nações Unidas (DESA). O número é expressivo se pensarmos que esse percentual representa um número imenso de pessoas, com a população do planeta beirando aos 7 bilhões e meio de habitantes.

Grande parte dessas pessoas se desloca de seus países de origem de forma forçada. Ou seja, trata-se do caso de seres humanos, que independente de suas escolhas racionais e/ou convicções pessoais, precisam deixar seus países por motivos econômicos, ambientais, originários de guerras civis internas ou por quaisquer outros tipos de perseguições ou ameaças. É sobre pessoas envoltas nessas situações que iremos tratar. Muito embora o "direito de migrar seja um direito humano", conforme trata a Declaração Universal de Direitos Humanos, sabemos, há tempos, que este só é reconhecido, na imensa maioria dos casos, pelas situações envolvendo migrações voluntárias – geralmente bem-vindas pelo seu caráter econômico ou provenientes de sua nacionalidade –, que faz com que as pessoas nessa condição acabem não sofrendo o mesmo tipo de estigmas, barreiras (em concreto ou simbólicas) e preconceitos tais quais sofrem pessoas em situação de migração forçada. Sobreviver fora de sua pátria originária, por si só, já demanda muitos enfrentamentos. Maiores ainda quando essa situação não é voluntária.

Diante dessas situações que envolvem e demandam uma análise jurídica, sociológica, antropológica, histórica e filosófica; cabe-nos aqui perguntarmo-nos: *o que realmente significa pertencer a uma pátria?* A pergunta, à primeira vista, parece soar sem sentido, em virtude de sua aparente simplicidade. Pouco tempo e engajamento são investidos para pensarmos sobre o que, de fato, significa pertencer a uma determinada nacionalidade, a não ser quando percebemos o privilégio ou as barreiras que ela, assim, simples e involuntariamente, pode nos causar. Ter uma determinada nacionalidade não se trata de um mero fato representativo sobre nossas origens (territoriais, culturais, históricas, jurídicas, etc.). Representa, além do elo jurídico e político entre indivíduo e algum Estado (como buscam simplificar os manuais de Direito Internacional em geral), consistindo também na própria representação de si mesmo sobre a sua relação com o mundo. Essa representação, simbólica, arbitrária e mística, relacionada a todos os elementos ligados à nacionalidade é um dos fatores principais para compreendermos, em linhas gerais, a imbricação tensa entre os nacionais (identidade) e os estrangeiros (diferença).

O vínculo estabelecido entre o Estado e seu nacional gera a obrigação de proteção e responsabilidade por garantir seus direitos fundamentais e também exigir seus deveres perante sua autoridade estatal. Trata-se do alicerce da ideia de democracia quando nos deparamos com situações nas quais um determinado ser humano precisa fugir de seu país em virtude de algum temor de perseguição, seja por ausência de proteção de seus direitos, em virtude da fragilidade ou ineficácia de atuação de seu país, ou pior: *quando seu perseguidor se torna o seu próprio Estado.* Essa situação recai, precisamente, na questão dos refugiados. Questão que reflete a maior crise migratória de todos os tempos (se pensarmos no número absoluto de pessoas envolvidas), além de ser, afirmamos isso sem o menor receio de soar demasiadamente categórico e totalizante, o tema de maior urgência no âmbito dos direitos humanos de hoje em dia (porque a questão dos refugiados também engloba problemas centrais para os direitos humanos: gênero, "raça", orientação sexual, ideologia política, tráfico de pessoas, escravidão, dentre inúmeros outros).

Frente a esse emaranhado de circunstâncias e complexidades, a principal tese que tentaremos sustentar nas linhas que seguem é a de que as questões que envolvem as migrações forçadas (em especial as situações de refúgio) representam o principal ponto cego dos direitos humanos. Ou seja, situações nas quais direitos humanos, no que diz respeito a sua dimensão jurídica, em inúmeros casos, definitivamente não conseguem mostrar expressiva efetividade.

Um dos pontos de partida para lidar com essa fragilidade de concretização (referente ao tema das migrações forçadas, mas não apenas esse) diz respeito a uma necessária e urgente conscientização crítica sobre o que significa, de fato, falar, apontar falhas e preencher campos de batalha sobre o que possam vir a ser – ou voltar a ser – os direitos humanos. Essa dimensão reflexiva sobre os direitos humanos será conexa ao também fundamental conhecimento técnico sobre os mecanismos jurídicos de proteção internacional aos migrantes forçados em geral, a partir de uma investigação interdisciplinar.

O tema das migrações forçadas tem uma dimensão bastante complexa e dentro do âmbito do Direito Internacional dos direitos humanos remete-nos a um campo de disputa (simbólico, jurídico e político) entre os "direitos humanos" e a "soberania" dos países, onde a segunda, em vastíssima medida, leva vantagem, como tentaremos demonstrar ainda que brevemente.

Repisando, de forma direta, a ideia de que o impasse entre "direitos humanos" e "soberania" se mostra decisivo como porta de entrada para o enfrentamento da questão das migrações forçadas no mundo contemporâneo, alguns pontos devem ser salientados para demonstrar esse cenário: o artigo XII da Declaração Universal dos Direitos Humanos de 1948 nos permite interpretar que o direito universal de migrar e de escolher livremente o país onde residir se trata de um "direito humano". Essa é premissa fundamental do presente trabalho. Não se negligenciará toda a crítica referente ao contexto histórico ao tempo da declaração, seu caráter excessivamente europeu e que muitas vezes é utilizado como *slogan* retórico pelos países hegemônicos para impor seu desejo de padronização cultural, críticas com as quais comungamos.

Não é porque a Declaração Universal nos inclina à interpretação de que "o direito de migrar é um direito humano" que o argumento central deste trabalho se desenvolve. Trata-se ele apenas do amuleto técnico-jurídico-institucional-internacional para legitimar, com respaldo legal, uma percepção que transcende o campo do Direito. O ponto mais importante diz respeito à ideia de "o direito de migrar" ser um direito humano pelo fato da "nacionalidade" ser nada mais do que mera "ficção", criada pelo homem e pelo Direito; pelo fato de sermos todos humanos (independentemente da origem planetária) e, acima de tudo, pela questão das migrações forçadas se posicionar como uma questão de alteridade – ou seja, uma questão que deve ser mais relacionada ao terreno da justiça do que ao terreno do Direito, por trazer à tona responsabilidade e a hospitalidade perante o totalmente outro, de forma independente do plano jurídico.

Se aceitarmos, até as últimas consequências, que "o direito de migrar é um direito humano", seja pelo argumento jurídico ou pelo argumento filosófico, devemos, inevitavelmente, concluir que não existem imigrantes ilegais. Eles são tidos como imigrantes "ilegalizados" por força do Direito interno dos países, em muitos casos, discriminatório, que atua em dissonância com os direitos humanos (seja tanto em seus aspectos jurídicos quanto filosóficos).

Na prática, visualizamos que a imensa maioria dos Estados atua, jurídica e politicamente, amparada pelas prerrogativas do Direito Internacional clássico, reafirmando que nenhum Estado pode ser obrigado a aceitar estrangeiros em seu território, valendo-se do direito de exercer a soberania sobre sua jurisdição, em caráter discricionário, para retirar compulsoriamente todo e qualquer estrangeiro (considerado como suposta "ameaça" ou como simplesmente "sub-raça") de seu território. Nesse sentido, nos parece certeiro afirmar que, no campo de batalha entre direitos humanos e soberania dos Estados, os direitos humanos vêm sendo sistematicamente solapados.

Nenhum fato ocorrido nos últimos enlaces da política internacional nos permite, minimamente, locupletar algum anseio de esperança capaz de ofuscar o exercício soberano-penal dos países em relação aos migrantes forçados. A postura inconsequente e truculenta do país tido como a maior potência econômica, política e cultural do globo (e que, por isso, é tido como parâmetro jurídico-institucional mundial, quer queiramos ou não) é suficiente para sustentarmos, de forma confortável, tal ponto. As medidas restritivas impostas por Donald Trump nos Estados Unidos aos migrantes – em especial aos nacionais de países por ele discriminados de forma generalizante – esboçam o termômetro político disseminado para muitos países, os quais replicam a mesma concepção.

E em meio a tanta desesperança frente ao cenário de ruínas descrito, esse trabalho vislumbra tão somente representar algum tipo de sopro reflexivo introdutório sobre tantos temas envolvendo "migrações forçadas" – e que a cada vez mais se acotovelam. Senão vejamos.

I Migrar: um direito humano efetivo?

As migrações representam um fenômeno de deslocamento que sempre esteve presente na história da humanidade. Nesse sentido, pode-se entender o ato de migrar, como um processo de atravessar fronteiras:

> É um movimento populacional que compreende qualquer deslocação de pessoas, independentemente da extensão, da composição ou das causas; inclui a migração de refugiados, pessoas deslocadas, pessoas desenraizadas e migrantes econômicos (OIM, 2009, p.40).[1]

Em que pese essa definição aparentemente simples, as migrações são um fenômeno complexo. Köche (2015, p.29) faz um alerta para o fato de que, atualmente, não é simples a distinção entre a migração espontânea (relacionada aos migrantes econômicos) e a migração forçada (relacionada às situações de refúgio):

> (...) não é apenas a perseguição e a violência física que levam as pessoas a deixarem seus lares. O termo "migração espontânea" esconde a gama de fatores que influenciam e determinam o fenômeno migratório, que certamente transcende a mera manifestação da vontade singularizada do migrante, maculando a crença da espontaneidade do fenômeno. Nas migrações econômicas, a violência simbólica operada pela desigualdade racial corrompe a voluntariedade da decisão de migrar, que jamais poderia ser entendida como espontânea.

Isso ocorre pelo fato de que novas violações de direitos humanos têm ameaçado as pessoas e as obrigado a migrar, sem que haja uma atualização legislativa para o reconhecimento de determinado *status*,

---

[1] "A migração em massa não é de forma alguma um fenômeno recente. Ele tem acompanhado a era moderna desde seus primórdios (embora com frequência mudando e por vezes revertendo a direção) –, já que nosso 'modo de vida moderno' inclui a produção de 'pessoas redundantes' (localmente 'inúteis', excessivas ou não empregáveis, em razão do progresso econômico; ou localmente intoleráveis, rejeitadas por agitações, conflitos e dissensões causados por transformações sociais/políticas e subsequentes lutas por poder)" (BAUMAN, 2017, p. 9).

como é o caso do refúgio. Ainda, por englobar todas as situações relatadas, é comum haver a confusão de nomenclatura nas migrações, no momento de caracterizar determinada pessoa ou determinado grupo que está em fluxo, contudo se deve atentar a cada particularidade para que as respostas possam ser adequadas.

Atualmente, migrar é considerado um direito humano, reconhecido no sistema global, artigo 13 da Declaração Universal dos Direitos Humanos e artigo 12 do Protocolo Internacional sobre Direitos Civis e Políticos, e nos sistemas regionais de proteção dos direitos humanos. Na América, cita-se a importância da Declaração de Cartagena, de 1984, e suas posteriores atualizações, a cada dez anos. Mas nem sempre foi assim.

Durante a Segunda Guerra Mundial, migrar não era visto como um direito humano. Foi com o seu término, diante das barbáries cometidas pelos regimes totalitaristas, que as nações passaram a se preocupar com a criação de mecanismos que garantissem a proteção dos seres humanos em âmbito internacional, pois, antes desse acontecimento, o indivíduo era relegado a um plano inferior (GUERRA, 2017, p. 105-107).

Surge, então, a compreensão de que o ser humano não é objeto de Direito Internacional público, mas é sujeito, podendo reivindicar seus direitos na esfera internacional de proteção dos direitos humanos. A alteração causada pela internacionalização dos direitos humanos é que se afeta a soberania estatal, pois os direitos saem do domínio reservado do Estado, migrando para uma posição supranacional. "[...] essa nova concepção afasta de vez o velho conceito de soberania estatal absoluta, que considerava, na acepção tradicional, os Estados os únicos sujeitos do direito internacional público" (MAZZUOLI, 2014, p. 52).

O ciclo desse reconhecimento, contudo, não está completo, pois, paradoxalmente, ao mesmo tempo em que é crescente o reconhecimento do indivíduo como detentor de direitos independentemente de sua nacionalidade, ainda há a implementação desses direitos pelos Estados. Atualmente, não há nação que negue uma carta de direitos, o que não significa uma garantia de justiça concreta, pois cada direito varia conforme o pensamento político e filosófico do Estado a que está submetido. (GUERRA, 2015, p.40).

No caso específico das migrações, o Estado continua a possuir o monopólio da legitimidade da mobilidade, como um fundamento de sua soberania. Observa-se que, na esfera internacional, as nações concordam com a proteção de direitos humanos a todos, contudo, quando esse "todos" escolhe ultrapassar suas barreiras, volta-se à ideia fechada dos Estados-nações.

Assim, embora o direito de migrar seja um direito humano, o que se verifica, atualmente, é o crescimento de políticas restritivas quanto à migração, que geram a construção de muros entre as nações, ao invés de pontes, que poderiam (e deveriam) servir de cooperação para o auxílio aos migrantes. Todas essas variáveis e contradições são as causadoras da desumanização dos migrantes, pessoas desprovidas de significação.

Nesse contexto, portanto, a desumanização vira exclusão, que leva a consequências nefastas para os indivíduos, que saem da esfera ética e passam à da segurança e criminalidade. A função da fronteira, além de ser de inclusão/exclusão das porções territoriais, também é de inclusão/exclusão de pessoas, já que fora dos limites do Estado está o outro, o alienígena, aquele que não pertence à vida pública por ser "diferente".

Essa visão traz consequências negativas para os direitos humanos e para os fluxos migratórios, pois a vida do migrante fica condicionada à identificação com algum Estado, não sendo uma vida simplesmente por ser humano. As perdas que envolvem a vida do refugiado são tantas, que ele acaba por perder sua própria condição de ser humano.

Constata-se que as políticas migratórias restritivas são mais presentes em países desenvolvidos, já nos países em desenvolvimento, de modo geral, não há tamanha restrição, contudo a ausência de políticas migratórias efetivas produz efeitos equivalentes aos das políticas restritivas.

Ao cruzar fronteiras porosas, encontra-se dificuldade com a regularização migratória, criando-se uma situação migratória irregular, que torna a pessoa mais suscetível a precarizações (trabalho saúde, inclusão social e econômica). Isso ocorre, por exemplo, no BRICS (Brasil, Rússia, Índia, China e África do Sul). E o número de pessoas deslocadas só aumenta.

Segundo dados do ACNUR – Alto Comissariado das Nações Unidas para Refugiados (2018, p. 2-3), ao final de 2017, havia 68,5 milhões de pessoas deslocadas forçadamente no mundo, por conta de guerras, conflitos e violência generalizada. Desse número, 25,4 milhões eram refugiados, 40 milhões eram deslocados internos e 3,1 milhões eram solicitantes de asilo.[2] Esse número representa 16,2 milhões de

---

[2] Para o relatório do ACNUR, o solicitante de asilo é entendido como a pessoa que busca proteção internacional, mas a solicitação de refúgio está pendente de análise (ACNUR, 2018, p.61, tradução nossa). "[...] *son las personas que han solicitado protección internacional y*

novos deslocados, 44.400 a cada dia. As regiões em desenvolvimento acolhem 85% dos refugiados do mundo, o Líbano é o país que mais acolhe refugiados em relação à sua população, 1 em cada 6 pessoas é refugiada no Líbano. A Turquia, por sua vez, é o país que mais acolhe refugiados no geral.[3]

O grande desafio relacionado ao estudo dos fluxos migratórios diz respeito à compreensão, por parte das nações, de que esses são comuns na história da humanidade e, na atualidade, observam-se mudanças nesses fluxos, diante do agravamento de crises econômicas, sociais e políticas em muitas nações.

Assim, os Estados precisam de políticas a longo prazo, para que os direitos humanos dos migrantes não sejam ameaçados e violados. No caso brasileiro, a publicação de uma Nova Lei de Migrações apresenta a mudança de uma visão do migrante voltada para a segurança nacional, como acontecia no Estatuto do Estrangeiro, da década de 1980, para uma visão dos direitos humanos.

II Direitos socioeconômicos e refúgio no contexto interamericano- caso Venezuela

Foster (2007) traz a possibilidade de incluir a violação de direitos socioeconômicos como um critério para determinar perseguição nos termos da Convenção de Genebra de 1951. Hathaway e Foster (2014) veem ameaças à vida através da violação do direito a um padrão adequado de vida, comparando-os aos direitos de primeira geração previstos no Pacto de Direitos Civis e Políticos, como o fundamental direito à vida.

Ambos os autores dão exemplos de como seria possível considerar direitos socioeconômicos de acordo com a jurisprudência, mas que apenas aqueles resultando de demandas de acumulação, por exemplo, uma violação concomitante do direito à alimentação, saúde e educação, tendem a obter sucesso. Um caso emblemático citado por ambos é *Cheung vs. Canadá*, no qual o tribunal manteve o pedido de

---

cuya solicitud de la condición de refugiado está pendiente de resolución. A efectos de este informe, se ha tenido en cuenta a los solicitantes cuya petición de asilo individual estaba pendiente de resolución al final de 2017, sin tener en cuenta cuándo fue presentada" (ACNUR, 2018, p. 61).

[3] "Esses dados demonstram que o atual fluxo de migrantes e refugiados em direção à Europa, embora ascendente, tem merecido uma repercussão política desproporcional à dimensão global do fenômeno, gerando a falsa ideia de que o 'problema' da migração e do refúgio concerne principalmente ao mundo desenvolvido" (VENTURA, 2015, p. 59).

refúgio para uma criança nascida além da política do filho único da China que, caso retornada, seria submetida a privações concomitantes dos seus direitos à saúde e educação, entre outros.[4]

Hathaway e Foster (2014) argumentam que o direito à alimentação é de suma importância à sobrevivência humana e sua falta resultaria numa violação ao direito de um nível de vida adequado. Esta noção poderia ser facilmente aplicada nas circunstâncias conforme evidenciadas no relatório da CIDH. A centralidade do direito à alimentação como uma equiparação ao direito à vida, assim como o fato de haver violações concomitantes como ao direito à saúde, poderiam ajudar a fundamentar uma demanda por acumulação.

Ainda que a jurisprudência tenha se desenvolvido, é controverso como direitos de segunda geração deveriam ser aplicados, pois são considerados inferiores aos direitos de primeira geração, fazendo o teste para aplicá-los em refúgio mais severo do que deveria ser.[5] Neste sentido, é importante ressaltar que, em nenhuma ocasião nos relatórios e resoluções a respeito da questão venezuelana, estes direitos são considerados como menos importantes do que os civis e políticos. Estes foram, inclusive, comumente referidos como interligados aos danos à pessoa. A CIDH em seu comentário anual em 1993 afirmou que sempre reconheceu um laço estrito entre a violação da integridade física e a negação de direitos econômicos e sociais.[6]

Neste mesmo sentido, Cançado Trindade (1997) vê como interligadas as causas do movimento de refugiados, como as relacionadas às violações de direitos humanos, que devem ser considerados levando o panorama completo, inclusive, direitos de segunda geração, com o objetivo comum de reforçar a proteção dos seres humanos. O autor vê a definição de Cartagena como uma resposta aos desafios atuais, através da inserção da violação massiva de direitos humanos como uma fonte de proteção, conectando com sucesso os conceitos de Direito Internacional dos Refugiados e direitos humanos.

---

[4] CANADÁ, MINISTÉRIO DO EMPREGO E IMIGRAÇÃO. Cheung vs. Canadá (1993). Disponível em: https://www.refworld.org/cases,CAN_FCA,3ae6b70b18.html.
[5] FOSTER, Michelle. *International Refugee Law and Socio-Economic Rights*: refuge from deprivation. Cambridge: Cambridge University Press, 2007.
[6] COMISSÃO INTERAMERICANA DE DIREITOS HUMANOS. Campos en los cuales han de tomarse medidas para dar mayor vigencia a los derechos humanos, de conformidad con la Declaración Americana de los Derechos y Deberes del Hombre y la Convención Americana Sobre Derechos Humanos (1993). Disponível em: http://www.cidh.oas.org/annualrep/93span/cap.v.htm.

A definição expandida de refugiado de acordo com a Declaração de Cartagena comporta aqueles que fogem dos seus países devido à sua vida, segurança ou liberdade estarem ameaçadas por questões como "violência generalizada, agressão estrangeira, conflitos internos, violação massiva de direitos humanos ou outras circunstâncias que tenham seriamente perturbado a ordem pública".[7]

A definição regional, segundo Reed-Hurtado (2013), foi criada no espírito de superar as lacunas deixadas pela definição na Convenção de Genebra para que fossem cobertos todos aqueles afetados por questões regionais, inclusive a de violação massiva de direitos humanos. Regras para estabelecer a interpretação deste requerimento foram escritas durante a CIREFCA, Convenção Internacional sobre os Refugiados Centro-americanos. A CIREFCA é vista como a continuação do processo de Cartagena, através da composição e do reforço dos princípios protetivos.[8] No documento resultante da Conferência, é possível verificar que os compositores do tratado estabeleceram que direitos socioeconômicos devem ser considerados. O documento define violações massivas de direitos humanos como aquelas envolvendo a negação de direitos, tais quais os sociais e econômicos, de forma preocupante e sistemática.[9]

O continente americano é visto como possuindo uma tradição em refúgio e asilo e a Corte Interamericana emitiu uma Opinião Consultiva na qual considera este direito um direito humano.[10] O órgão interpretou este direito sob a ótica da Declaração Americana sobre os Direitos e Deveres do Homem, que estabelece o direito de buscar e obter refúgio, diferenciando o da provisão constante na Declaração Universal dos Direitos Humanos.[11]

A Corte mencionou também a tradição do continente em conceder asilo político e considera a elaboração da Declaração de Cartagena como

---

[7] ORGANIZAÇÃO DOS ESTADOS AMERICANOS, Declaração de Cartagena de 1984.
[8] BETTS, Alexander. Comprehensive Plans of Action: Insights from CIREFCA and the Indochinese CPA' UNHCR New Issues in Refugee Research Working Paper 120, 2016, Genebra. Disponível em: https://www.unhcr.org/research/working/43eb6a152/comprehensive-plans-action-insights-cirefca-indochinese-cpa-alexanderbetts.html.
[9] CIREFCA. Principles and Criteria for the Protection of and Assistance to Central American Refugees, Returnees and Displaced Persons in Latin America. Disponível em: https://www.refworld.org/docid/4370ca8b4.html.
[10] CORTE INTERAMERICANA DE DIREITOS HUMANOS, The institution of asylum, and its recognition as a human right under the Inter-American System of Protection (interpretation and scope of Articles 5, 22(7) and 22(8) in relation to Article 1(1) of the American Convention on Human Rights), Advisory Opinion OC-25/18. https://www.refworld.org/cases,IACRTHR,5c87ec454.html.
[11] Ibid.

uma forma de abranger os desafios contemporâneos da região.[12] A opinião concluiu por estabelecer que há um direito humano a receber refúgio que deve ser cumprido de acordo com tratados internacionais assim como regionais sobre o assunto.[13]

A interpretação dada ao direito de ser concedido refúgio a ser interpretado conjuntamente com outros documentos legais pode ser visto como um ponto favorável à aplicação da definição estendida de refugiado na região. As regras do ACNUR sobre proteção internacional estabelecem que, para que uma situação seja considerada de violação massiva de direitos humanos, ela pode ser evidenciada por julgamentos ou medidas provisórias tomadas pela CIDH, assim como pronunciamentos de órgãos de direitos humanos.[14]

Há julgamentos favoráveis da Corte Interamericana de Direitos Humanos pela aplicação das definições estendidas, assim como um relatório e uma resolução da CIDH. Isso pode ser usado como um argumento para iniciar a aplicação da definição expandida na dimensão de violação massiva de direitos humanos à atual questão crítica de refugiados venezuelanos.

É importante considerar, porém, que, enquanto há uma definição estendida em termos legislativos, ela é raramente aplicada no contexto prático.[15] Isto causa efeitos devastadores no desenvolvimento prático do uso da definição expandida. Segundo Jubilut, os trabalhadores do CONARE (Conselho Nacional para os Refugiados) também se pronunciaram sobre a falta de aplicabilidade das noções da definição, tais como a violação massiva de direitos humanos, devido ao seu caráter vago.[16]

Pesquisas sobre os órgãos decisivos de refúgio na região apontaram que há um uso generalizado da definição da Convenção de Genebra como hierarquicamente superior à de Cartagena, aplicando

---

[12] *Ibid.*
[13] *Ibid.*
[14] ALTO COMISSARIADO DAS NAÇÕES UNIDAS PARA REFUGIADOS. Guidelines on International Protection No. 12: Claims for refugee status related to situations of armed conflict and violence under Article 1A(2) of the 1951 Convention and/or 1967 Protocol relating to the Status of Refugees and the regional refugee definitions. Disponível em: https://www.refworld.org/docid/583595ff4.html.
[15] REED-HURTADO, Michael. The Cartagena Declaration on Refugees and the Protection of People Fleeing Armed Conflict and Other Situations of Violence in Latin America, ACNUR, Genebra, 2013. Disponível em: https://www.unhcr.org/protection/globalconsult/51c800fe9/32-cartagena-declaration-refugees-protectionpeople-fleeing-armed-conflict.html.
[16] LYRA JUBILUT, Liliana *et al.* Human Rights in Refugee Protection in Brazil. International Refugee Law series, vol. 5.

a primeira e, apenas caso sejam cumpridos os seus requerimentos, a segunda.[17] Segundo Tinker e Sartoretto (2015) isto também é seguido no Brasil na hora de determinar o *status* de refugiado; ainda há uma visão de superioridade do conceito da Convenção de Genebra à definição expandida.

Há também de se considerar o fato de que muitos destes órgãos estão estritamente ligados aos ministérios de relações exteriores dos países e isso seria como se aceitar pessoas como refugiados utilizando Cartagena pudesse caracterizar indiretamente um país como 'violador massivo', o que seria politicamente indesejável em termos diplomáticos.[18]

Porém, esta falta de aplicação prática não deveria ser vista como um obstáculo intransponível, mas sim como algo que deve ser superado para que sejam utilizadas mais medidas protetivas. Isto é claramente permitido pelo regulamento regional, e uma aplicação prática mais generalizada iria, de fato, conceder à região um título progressivo em se tratando de proteção aos refugiados. O mero fato de que há uma definição expandida para cobrir especificidades regionais deveria apontar para o seu uso mais generalizado. Isto seria compatível com o 'espírito de Cartagena'.[19]

Algo importante a se adicionar é que a abordagem brasileira à questão venezuelana tem dado recentemente certo foco ao reconhecimento do *status* de refugiado *prima facie*, ou seja, o reconhecimento em massa de venezuelanos como refugiados desde que não tenham acolhimento em outra categoria como de residência temporária ou permanente.[20] Isto, ao ser considerado conjuntamente às disposições da Lei Brasileira, mais especificamente do Estatuto do Refugiado, pode indicar um passo em direção ao reconhecimento do refúgio àqueles que sofrem violações massivas de seus direitos humanos.[21] O fato da ação ter sido reconhecida pelo ACNUR como boa

---

[17] REED-HURTADO, Michael. The Cartagena Declaration on Refugees and the Protection of People Fleeing Armed Conflict and Other Situations of Violence in Latin America, ACNUR, Genebra, 2013. Disponível em: https://www.unhcr.org/protection/globalconsult/51c800fe9/32-cartagena-declaration-refugees-protectionpeople-fleeing-armed-conflict.html.

[18] Ibid.

[19] Ibid.

[20] ALTO COMISSARIADO DAS NAÇÕES UNIDAS PARA OS REFUGIADOS. ACNUR parabeniza Brasil por reconhecer milhares de venezuelanos como refugiados. Disponível em: https://www.acnur.org/portugues/2019/12/06/acnur-parabeniza-brasil-por-reconhecer-milhares-de-venezuelanos-como-refugiados/.

[21] BRASIL. Estatuto do Refugiado: Lei nº 9.474, de 22 de julho de 1997.

prática regional também pode indicar um reforço da posição de *soft law* do órgão da ONU em relação à questão venezuelana na América Latina.

III Migrações no Brasil: do Estatuto do Estrangeiro à Nova Lei de Migrações

Desde novembro de 2017, o Brasil conta com uma Nova Lei de Migrações, a Lei nº 13.445, que revogou o defasado Estatuto do Estrangeiro da época militar. Para compreender como se chegou até essa legislação atualmente em vigor, importante fazer um breve estudo acerca do reconhecimento dos migrantes no Brasil.

Na década de 1980, em plena ditadura militar, vigorava no Brasil a Lei nº 6.815, conhecida como Estatuto do Estrangeiro. Durante este período, o Brasil caracterizou-se como um país de emigrantes, já que muitos cidadãos fugiam em função das ações de um governo violador de direitos humanos.

Morais e Barros (2015, p.149) reconhecem que o Brasil e a maior parte dos países da América Latina, nessa década, tiveram a legislação migratória e de segurança nacional contagiada pela ideia de inimizade, impedindo o reconhecimento do outro como sujeito de direitos fundamentais. "A questão por trás de tais instrumentos legislativos foi justamente transverter a inimizade entre Estados em uma inimizade entre pessoas, cidadãos, de modo a desconhecer os seus direitos fundamentais" (MORAIS; BARROS, 2015, p. 156).

A principal mudança ocorreu com a redemocratização, em 1988, que apresenta a Constituição Federal como proteção maior dos migrantes.[22] Por meio do preâmbulo,[23] indicou valores supremos de uma sociedade fraterna a ser alcançada. Diante desse compromisso, todos, Estados, governo, povo e sociedade civil, passaram a ser responsáveis pela construção de uma sociedade voltada a todos, não somente aos

---

[22] "Na esfera constitucional, a Carta de 1988, apesar de seus avanços em relação aos direitos e garantias fundamentais, nega o exercício dos direitos relativos a cidadania aos estrangeiros quando lhes veda o alistamento eleitoral em seu art. 14, §2º, e, assim, exclui-os da categoria dos "cidadãos", que podem influenciar nas decisões sobre políticas que lhes digam respeito" (AMARAL; COSTA, 2017, p.214).

[23] "Nós, representantes do povo brasileiro, reunidos em Assembleia Nacional Constituinte para instituir um Estado Democrático, destinado a assegurar o exercício dos direitos sociais e individuais, a liberdade, a segurança, o bem-estar, o desenvolvimento, a igualdade e a justiça como valores supremos de uma sociedade fraterna, pluralista e sem preconceitos, fundada na harmonia social e comprometida, na ordem interna e internacional, com a solução pacífica das controvérsias, promulgamos, sob a proteção de Deus, a seguinte CONSTITUIÇÃO DA REPÚBLICA FEDERATIVA DO BRASIL" (BRASIL, 1988).

nacionais. Dispositivos constitucionais, ainda, auxiliam no fundamento da proteção desses migrantes.

No artigo 1º, inciso III, observa-se que: "A República Federativa do Brasil, formada pela união indissolúvel dos Estados e Municípios e do Distrito Federal, constitui-se em Estado Democrático de Direito e tem como fundamentos: [...] III - a dignidade da pessoa humana; [...]" (BRASIL, 1988). O reconhecimento da dignidade do outro somente é possível através da cooperação, do compartilhamento de responsabilidades e da integração com respeito às diferenças.

Na ordem internacional, tais práticas são muito importantes para que as nações possam obter auxílio mútuo nas questões migratórias e, por isso, foram elencadas por meio dos princípios do artigo 4º, merecendo atenção o inciso II, prevalência dos direitos humanos, o inciso IX, cooperação entre os povos, e o inciso X, concessão de asilo político (BRASIL, 1988).

Jubilut (2007, p.181) entende que:

> Com base nesses princípios, pode-se afirmar que os alicerces da concessão do refúgio, vertente dos direitos humanos e espécie do direito de asilo, são expressamente assegurados pela Constituição Federal de 1988, sendo ainda elevados à categoria de princípios de nossa ordem jurídica. Sendo assim, a Constituição Federal de 1988 estabelece, ainda que indiretamente, os fundamentos legais para a aplicação do instituto do refúgio pelo ordenamento jurídico brasileiro.

Contudo, frisa-se que, mesmo com a Constituição Federal de 1988, o Estatuto do Estrangeiro ainda estava em vigor como a legislação responsável pela política migratória brasileira, o que é visivelmente contraditório.

O cenário da política migratória brasileira era, então, conflitante e acrescenta-se a esse dado o fato de que as imigrações cresciam paulatinamente na década de 1990, conforme observa Sartoretto (2018, p.181-182):

> [...] fluxos migratórios para o território brasileiro também apresentaram crescimento paulatino, sobretudo a partir do final da década de 90. A realidade desses fluxos denota um caráter misto na migração que se destina ao país, tanto do ponto de vista dos países de origem, que se diversificaram, quanto em relação aos motivos pelos quais as pessoas migravam para o Brasil, algumas em função da perseguição que sofriam, outras fugindo da violação de direitos humanos, outras, ainda, por razões econômicas.

Tornaram-se necessárias as discussões, principalmente no meio acadêmico e entre especialistas em fluxos migratórios, sobre a necessidade da revogação do Estatuto do Estrangeiro por uma legislação migratória que estivesse de acordo com os princípios expostos na Constituição Federal de 1998.

A Nova Lei traz como principais mudanças: a desburocratização do processo de regularização migratória, a institucionalização da política de vistos humanitários e a não criminalização por razões migratórias. A Nova Lei de Migrações foi toda elaborada com a participação das entidades da sociedade civil que atuam na causa dos fluxos migratórios, objetivando apresentar um rol de direitos, mas também deveres, dos migrantes que chegam ao Brasil. Para Sartoretto (2018, p.219),

> A nova lei representa avanços à visão eurocêntrica que marcou a elaboração do marco legal internacional para a proteção de refugiados nos anos 50. Na teoria, ambos os instrumentos aumentaram a proteção às pessoas em situação de migração forçada no país. Na prática, porém, revelam problemas que não podem ser desconsiderados, como ocorreu no caso da migração haitiana para o Brasil.

Ocorre que, para sua implementação, foi publicado o Decreto nº 9.199, sem qualquer participação da sociedade civil, e o seu teor apresenta um retrocesso em relação ao já exposto na Nova Lei.[24] Segundo especialistas que formaram a comissão constituída pelo Ministério da Justiça para elaborar o Anteprojeto de Lei de Migrações e Promoção dos Direitos dos Migrantes no Brasil (2013-2014), a regulamentação da Nova Lei foi submetida a uma brevíssima consulta pública, que durou alguns dias, razão pela qual apresenta disposições que desvirtuam o espírito da Nova Lei. O Decreto nº 9.199 representa uma afronta às conquistas históricas dos direitos dos migrantes e à capacidade do Estado brasileiro de formular políticas adequadas em relação a esta matéria (RAMOS *et al.*, 2017).

> Enfim, não obstante alguns vetos inspirados em visões que defendem medidas restritivas, o país passa a ter uma das legislações mais modernas no trato das políticas migratórias, avançando no tratamento dos pilares

---

[24] "Os principais desafios colocados dizem respeito à regulamentação da Lei e ao enfrentamento dos vetos colocados pela Presidência da República, pois, embora minoritários, os setores conservadores são suficientemente bem articulados para poderem atuar no sentido de desconfigurar alguns aspectos positivos no processo de regulamentação" (OLIVEIRA, 2017, p.176).

que sustentam a integração plena do migrante à sociedade brasileira ao assegurar o pleno acesso aos serviços, garantindo a reunião familiar, reconhecendo a formação acadêmica obtida no exterior, permitindo a associação sindical e política, facilitando a inclusão laboral, repudiando práticas de discriminação e descriminalizando a migração e repudiando práticas de deportações coletivas. (OLIVEIRA, 2017, p.175).

O decreto ainda determina que ato conjunto dos Ministros de Estado da Justiça e Segurança Pública, das Relações Exteriores e do Trabalho estabelecerá os requisitos para a concessão de cada autorização.

Assim, após a publicação da Nova Lei de Migrações, esses ministérios publicaram, e continuam a publicar portarias interministeriais e resoluções que regulamentam algumas formas de autorização de residência.

Observa-se que o Brasil evoluiu de forma discreta em questão de política e legislação migratória. A Nova Lei de Migrações é criada com um olhar voltado aos direitos humanos, ao compartilhamento e ao reconhecimento do outro e também ao empoderamento dos migrantes que chegam ao Brasil. Embora o Decreto nº 9.199 apresente ideias destoantes aos princípios dispostos pela Nova Lei, cabe às entidades da sociedade civil, bem como aos organismos governamentais, que atuam com a causa migratória, fiscalizar e cobrar a aplicação adequada da nova legislação.

Muitas mudanças ainda se mostram necessárias, inclusive já estão acontecendo, mas cabe a todos na sociedade cobrar pela correta aplicação da Nova Lei e pelas melhorias nos procedimentos de autorização de residência, principalmente quanto à necessidade de tratá-la de forma complementar e não excludente ao sistema de refúgio, diante da complexidade dos diversos fatores (econômicos, políticos, sociais, culturais) que caracterizam a ação de migrar, seja de forma voluntária ou involuntária, para que os direitos humanos dos migrantes sejam efetivados em todas as sociedades.

IV Migrações forçadas e saúde global: interfaces entre cosmopolitismo e soberania dos Estados na ordem internacional

A pandemia nos mostrou, de forma demarcada, que seus efeitos recaem de forma muito mais brutal nas camadas mais pobres da sociedade global. A pandemia, definitivamente, acentuará a desigualdade social. Ela já mostrou, de prontidão, que a condição econômica, de Estados e pessoas, é decisiva na forma de enfrentar e sobreviver a ela.

A pandemia tornou invisível a demanda dos migrantes forçados não no sentido de alguém talvez acreditar que ela, além de seguir com as mesmas debilidades de outrora, também não esteja circunscrita ao cenário pandêmico. A diferença é que, no cenário global atual, a atuação estatal e midiática não destina mais tamanha atenção a esta temática, comprimindo ainda mais as medidas sociais a ela destinadas e servindo como uma espécie de viseira naturalizada aos que já se recusavam a ver. A temática das migrações forçadas, em todas as suas variáveis, ocupava o centro do palco no debate sobre garantia e violações de direitos humanos em sede global. Não há quem não reconhecesse que a migração econômica, ambiental ou envolvendo situações de refúgio se impunha diante da sociedade global. Mesmo aqueles que afirmavam não saber, os telejornais, insistiam em trazer essas informações, mesmo que esses depois, em face ao grau reluzente de seus preconceitos e xenofobias – explícitas ou veladas –, transformassem-nas em desinformações. Disseminassem o ódio e o desejo de recrudescimento de fronteiras perante os seres humanos, que, além de buscarem o seu direito humano de migrar, muitas vezes também lutavam pelo próprio sobreviver.

As atuações estatais globais em torno da temática migratória só se mostram como presentes via aproveitamento populista para recrudescer fronteiras e criminalizar ainda mais as migrações indesejadas. Porém agora valendo-se do verniz da "saúde global", da "soberania estatal" e dos "nacionalismos", ou seja, legitimados pela ideia de "boa gestão" em tempos de pandemia. Em um ensaio publicado no final de março pelo jornal francês *Mediapart*, Christian Dardot e Pierre Laval já apontavam os sinais de xenofobia institucional estatal fortalecidos pelo contexto de pandemia:

> O que vimos até agora é preocupante. A xenofobia institucional dos Estados se manifestou ao mesmo tempo em que ficamos conscientes do perigo letal desse novo vírus para toda a humanidade. Os estados europeus deram as primeiras respostas à disseminação do coronavírus de um modo perfeitamente disperso. Muito rapidamente, a maioria dos países europeus, especialmente na Europa Central, se trancou atrás dos muros administrativos do território nacional para proteger as populações do "vírus estrangeiro". O mapa dos primeiros países enclausurados coincide significativamente com o da xenofobia do Estado.[25]

---

[25] Disponível em: https://blogdaboitempo.com.br/2020/03/26/dardot-e-laval-a-prova-politica-da-pandemia/.

Na Hungria, o primeiro-ministro Viktor Orbán, reconhecidamente um dos principais expoentes da política xenofóbica internacional, fez um pronunciamento alegando que o país está "travando uma guerra em duas frentes, a da migração e a do coronavírus, que estão ligadas porque ambas se espalham mediante os deslocamentos das pessoas", em meio a um discurso em que acusava estudantes iranianos de terem introduzido o coronavírus no país. O governo húngaro, desde então, passou a suspender o registro de pedidos gerais de refúgio como medida sanitária para barrar a entrada do vírus.[26]

Não são poucos os estadistas que seguiram Donald Trump na condução de narrativas oportunistas e racistas que se referem à pandemia identificando-a como o "vírus chinês". Oportunismo político utilizado como bandeira de imunização da responsabilidade estatal de encampar medidas econômicas, sociais e sanitárias consistentes para enfrentar a crise, inclusive acusando a OMS de atuar a serviço da China, além de descredibilizar as pesquisas internacionais a ela vinculadas sob a mesma razão.

V Um cosmopolitismo ainda mais por vir

Parecia óbvio que a resposta mais contundente da comunidade internacional diante da pandemia seria investir em um maior desenvolvimento de uma solidariedade relacional e o fortalecimento das organizações multilaterais, na estruturação de uma ordem política e sanitária cosmopolita. A pandemia mostrou o quão globalizado o mundo de fato está. Mas faltava ainda articular a resposta a ela também pelos mecanismos globais, onde a Organização Mundial da Saúde, exemplo maior dessa dinâmica transnacional, protagonizaria. A OMS passou, insistentemente, a lembrar aos líderes políticos, auxiliados pelas autoridades científicas sanitárias de todo o mundo, que a abordagem global à pandemia, assim como a solidariedade intersubjetiva, seria elemento essencial para orientar a ação tanto de indivíduos quanto de Estados.

Por mais que muitas recepções iniciais parecessem conduzir o mundo para essa direção transnacional, o que mais se viu na verdade foi a retomada de discursos nacionalistas e o retorno apressado ao isolamento de soberanias voltadas para si e para os seus. A cooperação internacional foi posta de lado. Na verdade, por mais que esteja presente

---

[26] Disponível em: https://www.liberation.fr/planete/2020/03/14/coronavirus-les-fermetures-de-frontiere-se-multiplient-en-europe_1781594.

dentre os princípios e propósitos estipulados na Carta das Nações Unidas, a cooperação internacional entre os Estados sempre se mostrou frágil, muito embora isso tenha se agravado ainda mais nos últimos anos com a eleição de líderes políticos de países hegemônicos que aspiram romper com a globalização.

A Organização Mundial da Saúde, há décadas, já se mostrava enfraquecida financeiramente, tornando-se dependente de financiamentos privados de empresas, indivíduos e fundações dos quais representam cerca de 80% de seus recursos. Apesar disso, a OMS poderia ter servido, desde o início deste cenário, como o órgão que melhor poderia coordenar e estruturar a cooperação internacional no combate à pandemia (e, no que tange às implicações dela diante das pessoas em situação de refúgio, o respeito também das orientações do ACNUR – Alto Comissariado das Nações Unidas para Refugiados e da OIT – Organização Internacional do Trabalho).

Não foi disposta a atenção necessária às agências especializadas da ONU citadas (em especial da OMS) porque a proposta de paralisação dos poderes econômicos e políticos e de interrupção da produção e do comércio em escala global, que, por óbvio, levaria o mundo a uma crise financeira grandiosa, foi identificada como uma afronta às soberanias e aos interesses de muitas empresas que propõem a retomada da economia, custe as vidas que custar.

Tratar a sério o tema da saúde global em tempos virais, no que toca à questão das migrações forçadas, como visa ilustrar este trabalho, começa pela irresignação e o distanciamento diante de quaisquer discursos que pregam algum sentido emancipador ou desejo "messiânico" trazido pelo contexto pandêmico. E segue caminho através da incessante reivindicação em nome do fortalecimento das agências multilaterais e do respeito perante a comunidade científica sanitária, tendo coragem para encarar o cinismo da xenofobia institucional estatal presente nas relações internacionais.

VI Conclusão

A escrita sobre tal tema, bem como a defesa dos direitos humanos presentes em todas as linhas anteriores, significa a tomada de posição e comprometimento com a luta em torno dessa multiplicidade de temas que envolvem as migrações forçadas. O presente trabalho cumprimenta a dedicação, o respeito, a coragem e o comprometimento com a seriedade acadêmica em busca de um cenário global mais justo, de todos os seres humanos. No momento atual, inacreditavelmente, a ciência e a pesquisa – diríamos a educação no Brasil como um todo – vêm sendo relegadas a segundo e terceiro planos por parte das autoridades políticas nacionais. Pesquisar cientificamente mostra-se, assim, um ato de resistência e comprometimento com o avançar social, tornando-se a análise consistente envolta da dicotomia entre a violação e a garantia do direito de migrar como um direito humano, contida no presente trabalho como algo cada vez mais urgente.

Informação bibliográfica deste texto, conforme a NBR 6023:2018 da Associação Brasileira de Normas Técnicas (ABNT):

TEIXEIRA, Isabel Fernanda Augusto. A dramática condição das migrações forçadas e os direitos humanos. In: SARAIVA FILHO, Oswaldo Othon de Pontes; BERTELLI, Luiz Gonzaga; SIQUEIRA, Julio Homem de (coord.). Direitos dos refugiados. Belo Horizonte: Fórum, 2024. (Coleção Fórum Direito Internacional Humanitário, v. 1, t. 2). p. 345-366. ISBN 978-65-5518-614-7.

O DIREITO MIGRATÓRIO À LUZ DO ORDENAMENTO JURÍDICO BRASILEIRO. EFETIVAÇÃO DA NORMA ATRAVÉS DA AGENDA 2030

ANA CAROLINA GEORGES E CASTRO

VICTÓRIA SOUSA CAGLIARI HERNANDES

I Introdução

A elaboração de políticas públicas voltadas para a migração é uma parte essencial da contenção de crises humanitárias. Estas, presentes ao longo da história, são geralmente motivadas por eventos excepcionais, como guerras, conflitos civis e desastres naturais, e levam aqueles que habitam o país em questão a se deslocarem forçosamente, evento que demanda uma resposta rápida das nações receptoras.

No curso da história, as políticas públicas direcionadas para a regulação dos movimentos migratórios refletiram o contexto histórico vigente, interferindo em maior ou menor grau nos direitos dos não nacionais que aqui ingressaram. A legislação, que inicialmente adotava um posicionamento mais protecionista, vem evoluindo de forma a mudar o estigma dos migrantes e refugiados, como indivíduos que necessitam de assistencialismo em sua forma pura para pessoas que, independentemente do vínculo jurídico estabelecido, são sujeitos de direito e pertencentes ao local onde se encontrem.

As políticas públicas que regulamentam os direitos e deveres dos entrantes no país estão visando cada vez mais à recepção em conformidade aos princípios fundamentais globais que norteiam a relação sujeito-Estado.

De acordo com Mendes e Brasil (2020), o Estado tem o controle de suas fronteiras e a discricionariedade em regular a entrada ou não do imigrante. Entretanto, ao fazê-lo, terá que se nortear pelos tratados internacionais aos quais estão obrigados e aos princípios constantes em sua própria Constituição Federal.

A política migratória brasileira se aproxima de convenções e tratados dos quais o Brasil é signatário, tal qual a Declaração de Direitos Humanos. O Brasil vem demonstrando especial engajamento com os Objetivos de Desenvolvimento Sustentável (ODS) previstos na Agenda 2030 da Organização das Nações Unidas (ONU).

Posto isso, dentre as metas estabelecidas, optou-se por analisar o direito ao trabalho digno para todos (ODS nº 8) como forma de efetivação das normas de Direito Migratório no ordenamento jurídico brasileiro.

II Direito Migratório

A Lei nº 13.445, de 24 de maio de 2017 (Lei de Migração), disciplina a migração no Brasil e estabelece princípios e diretrizes para o cumprimento das políticas públicas em relação aos imigrantes.

A referida norma conceitua imigrante como pessoa nacional de outro país que trabalha ou reside e se estabelece temporária ou definitivamente no Brasil (art. 1º, §1º, inciso II, Lei nº 13.445/2017). A Lei ainda traz outras definições como a de emigrante, residente fronteiriço, visitante e apátrida:

> Art. 1º Esta Lei dispõe sobre os direitos e os deveres do migrante e do visitante, regula a sua entrada e estada no País e estabelece princípios e diretrizes para as políticas públicas para o emigrante.
> § 1º Para os fins desta Lei, considera-se:
> [...]
> II - *imigrante*: pessoa nacional de outro país ou apátrida que trabalha ou reside e se estabelece temporária ou definitivamente no Brasil;
> III - *emigrante*: brasileiro que se estabelece temporária ou definitivamente no exterior;
> IV - *residente fronteiriço*: pessoa nacional de país limítrofe ou apátrida que conserva a sua residência habitual em município fronteiriço de país vizinho;

V - *visitante*: pessoa nacional de outro país ou apátrida que vem ao Brasil para estadas de curta duração, sem pretensão de se estabelecer temporária ou definitivamente no território nacional;

VI - *apátrida*: pessoa que não seja considerada como nacional por nenhum Estado, segundo a sua legislação, nos termos da Convenção sobre o Estatuto dos Apátridas, de 1954, promulgada pelo Decreto nº 4.246, de 22 de maio de 2002, ou assim reconhecida pelo Estado brasileiro.

A Lei de Migração, antes Estatuto do Estrangeiro, alterou a interpretação jurídica – e social – sobre o tratamento de imigrantes a partir da sua entrada em vigor (2017).

Segundo Guerra (2017, p. 7), o legislador preferiu adotar a figura do migrante e do visitante, em conformidade com a política pública consagrada na atualidade em prol dos direitos humanos. De certo modo, o termo empregado na Lei nº 13.445/2017 faz com que o indivíduo que não seja nacional do Estado não se sinta estranho e preterido no local em que se encontra, como se um "forasteiro" fosse.

As definições trazidas pela Lei de Migração reverberam o princípio basilar da sociedade brasileira preconizado no artigo 5º, *caput*, da Constituição Federal: "são iguais perante a lei, sem distinção de qualquer natureza, garantindo-se aos brasileiros e aos estrangeiros residentes no País a inviolabilidade do direito à vida, à liberdade, à igualdade, à segurança e à propriedade".

II.1 Direito dos Refugiados

O refúgio tem diretrizes globais definidas e possui regulação própria por organismo internacional da ONU – Alto Comissariado das Nações Unidas para os Refugiados (ACNUR). No Brasil, o instituto jurídico é regulado pela Constituição Federal, pela Lei nº 9.747/97 (Estatuto Nacional dos Refugiados) e, complementarmente, pela Lei de Migração.

De acordo com a Lei nº 9.474/97, o refúgio é concedido a todo indivíduo que por fundado temor de perseguição por motivos de raça, religião, nacionalidade, grupo social ou opiniões políticas encontre-se fora de seu país de nacionalidade e não possa ou não queira acolher-se à proteção de tal país.

O conceito também abrange aqueles que, não tendo nacionalidade e estando fora do país onde antes tiveram sua residência habitual, não possam ou não queiram regressar a ele, em razão dos motivos anteriormente descritos. A norma se estende aos indivíduos obrigados a deixar seu país de nacionalidade, devido a grave e generalizada violação dos direitos humanos.

A Lei de Migração complementa os critérios e orientações dispostos no Estatuto Nacional dos Refugiados, elencando princípios de não discriminação, a promoção da entrada regular e regularização documental, acolhida humanitária, igualdade, inclusão social, laboral e produtiva.

Por isso que, em caso de ausência de previsão legal no Estatuto do Refugiado, a Lei de Migração é aplicável de forma complementar ao refúgio.

A Constituição Federal, por sua vez, trata das relações internacionais, assegurando a prevalência dos direitos humanos, a defesa da paz, solução pacífica de conflitos e concessão de asilo político (art. 4º, incisos II, VI, VII e X).

Apesar de não tratar dos termos relacionados diretamente ao refúgio, a Carta Magna versa e garante os direitos humanos relacionados às políticas de migração.

II.1.1 Refúgio e asilo

Cumpre diferenciar o referido instituto de asilo, o qual pode ser concedido nas seguintes hipóteses: (i) quando o requerente está em país estrangeiro e pede asilo à embaixada brasileira (diplomático); ou (ii) quando o requerente solicita asilo já estando em território nacional (territorial).

Antes da concessão do asilo, o indivíduo se encontra em situação de ilegalidade caso tenha ingressado no território brasileiro sem o devido reconhecimento.

Uma das principais diferenças entre refúgio e asilo está no aspecto prático da questão. Enquanto o asilo normalmente é empregado em casos de perseguições individualizadas e efetivas, o refúgio vem sendo aplicado a casos de perseguição – ou fundado temor – que atingem um número elevado de pessoas.

Para caracterização e admissão do refúgio, o solicitante deverá estar fora de seu país de nacionalidade. O pedido deve ser encaminhado inicialmente à Polícia Federal brasileira, responsável por tomar as declarações, em seguida o solicitante será encaminhado ao Comitê Nacional para Refugiados (CONARE), órgão vinculado ao Ministério da Justiça, que decidirá quanto ao reconhecimento ou não da condição de refugiado. Já o processo de solicitação do asilo está ligado primeiramente ao Ministério das Relações Exteriores, estando a decisão final a cargo do Ministério da Justiça.

Independente do conceito e aplicação, as duas instituições estão relacionadas à proteção de pessoas vitimadas por perseguições. Por isso, a concessão de refúgio ou asilo exclui a possibilidade de extradição. Sendo que em ambos os casos são fornecidos documento de identidade e carteira de trabalho ao estrangeiro, ficando este assegurado de todos os direitos civis de um estrangeiro no Brasil.

III Políticas públicas vigentes

De acordo com Claro (2020, p. 1), o arcabouço legislativo brasileiro que se refere à migração dispõe de quatro normativas principais. Estas, elaboradas em épocas distintas e em diferentes contextos políticos, acabaram por refletir a maneira como o migrante era visto no país, bem como a forma de tratamento que seria a ele dispensada.

O primeiro dispositivo significativo dentro do tema foi a Lei nº 6.815/1980, conhecida como Estatuto do Estrangeiro. Criada no contexto da ditadura militar, tinha a função principal de "resguardar a soberania nacional e os interesses brasileiros diante da possível ameaça estrangeira", trazendo, assim, a ótica do estrangeiro como inimigo nacional. A legislação infralegal à época também refletia a visão ultranacionalista e protecionista do Estatuto.

Com a promulgação da Constituição Federal de 1988, a visão do não residente como ameaça passa a ser repensada. A ênfase dada aos direitos e garantias fundamentais, bem como à dignidade humana enquanto princípio norteador, tornou o Estatuto do Estrangeiro desconforme com a nova ordem constitucional, e o contexto emancipador pós-ditadura demandou mudanças. Estas vieram não apenas por meio da nova Constituinte, mas, também, por meio de normas infralegais oriundas do Conselho Nacional de Imigração (CNIg), do CONARE e de portarias dos Ministérios da Justiça, do Trabalho e das Relações Exteriores. Destaque foi dado ao fato de que o migrante é detentor de direitos enquanto residente no Brasil, em oposição à legislação anterior, que trazia apenas limitações e obrigações.

Em resposta a demandas da sociedade civil organizada, o senador Aloysio Nunes Ferreira apresentou ao Plenário do Senado Federal, em 2013, o Projeto de Lei nº 288, que acabou por embasar a Lei nº 13.455/2017, conhecida como Lei de Migração. Mendes e Brasil (2020, p. 67) classificam como a principal mudança trazida pela nova legislação a substituição do termo "estrangeiro" por "migrante". Mais que terminológica, a alteração objetivou mudar a forma de percepção dos não nacionais que aqui se encontrem, bem como evitar um sentimento de não pertencimento.

Posteriormente, identificada a necessidade de maior instrumentalização da lei, foi publicado, em 21 de novembro de 2017, o Decreto nº 9.199, que regulamenta diversos aspectos procedimentais, como a concessão de vistos, a autorização de residência e as regras para entrada e saída do território nacional.

Rezende (2021) aponta algumas das principais políticas públicas vigentes voltadas aos migrantes e pessoas em situação de deslocamento forçado, a começar pelas soluções duradouras trazidas pela Lei nº 9.474/1997. O Título VII, integrado pelos artigos 42 a 46 da lei, tem o capítulo I do Estatuto do ACNUR por base e traz disposições acerca da repatriação, da integração local e do reassentamento. O Estatuto, por sua vez, traz o compromisso de encontrar soluções permanentes para a questão do refúgio, "inclusive prestando assistência aos governos e organizações privadas a fim de facilitar a integração dos refugiados nas novas comunidades nacionais ou ainda sua repatriação voluntária" (p. 69).

Em 2018, frente à crise que se iniciava na Venezuela e ao consequente aumento do fluxo de venezuelanos ingressando no Brasil, foi instituída a Medida Provisória nº 820/2018, que ficou conhecida como Operação Acolhida e que se tornou uma das mais importantes políticas públicas capitaneadas pelo Governo Federal no âmbito da migração. A força-tarefa foi executada e coordenada juntamente com agências da ONU e mais de 100 entidades da sociedade civil, visando oferecer assistência emergencial aos migrantes e refugiados venezuelanos que adentram o Brasil pela fronteira com o estado de Roraima. Posteriormente, a medida provisória foi transformada na Lei nº 13.684/2018, que "dispõe sobre medidas de assistência emergencial para acolhimento a pessoas em situação de vulnerabilidade decorrente de fluxo migratório provocado por crise humanitária" (BRASIL, 2018).

De acordo com a Política de Refúgio do Brasil Consolidada (Organização Internacional para as Migrações, 2017), em âmbito federal, destacam-se três ações voltadas para os refugiados: (a) o Plano de Ação Brasil (PAB), que visa ao comprometimento de reforçar a proteção de integração de refugiados em território brasileiro por meio de um plano de dez anos; (b) a política de fronteiras solidárias, que leva o Brasil a ter um ambiente favorável à proteção internacional; e (c) a busca de soluções duradouras, que visa à implementação de soluções permanentes para pessoas em situação de deslocamento, algo imprescindível para a implementação do PAB.

O documento destaca, ainda, o fato de que a legislação do Brasil é avançada no que concerne ao refúgio e que o país é signatário da Declaração de Cartagena, que ampliou o conceito de refugiado e passou a incluir pessoas que deixaram seus países em decorrência de ameaças às suas vidas, sua segurança ou sua liberdade. Tal ampliação foi essencial para que a América Latina assumisse posição de destaque em relação à proteção dos direitos destes grupos (p. 34).

Não obstante, países latino-americanos têm se destacado no compromisso com a proteção de pessoas em situação de deslocamento forçado, com destaque para o Plano de Ação Brasil. Contudo, apesar de uma legislação robusta, programas específicos voltados para o grupo em questão ainda não se consolidaram como política pública nacional e de longo prazo, articuladas apenas em poucas cidades e por entidades humanitárias e coletivos civis (p. 70). De acordo com o que foi constatado pelo ACNUR e pelo CONARE, apesar de haver um esforço por parte do governo brasileiro em "aprimorar questões socioeconômicas relacionadas aos refugiados, ainda é preciso reforçar o compromisso do Estado com reassentamento e integração local" (p. 72).

Dentre as necessidades relatadas pela Secretaria Nacional de Justiça e o ACNUR, foi identificada como demanda recorrente a articulação do governo com a administração no processo decisório de ações voltadas ao refúgio. Os atores envolvidos relataram a necessidade de sintonizar as instâncias governamentais para que se definam com mais clareza as responsabilidades das autoridades municipais, estaduais e federais. Ainda, é necessário definir em quais aspectos essas autoridades devem atuar conjuntamente para otimizar o deslocamento e integração do refugiado. Não obstante, pauta de grande importância é encorajar cada Ministério a incluir a temática do refúgio em suas agendas.

Uma das questões a serem enfrentadas na temática pertinente ao refúgio no Brasil é que a assistência é majoritariamente realizada por organizações não governamentais e pela sociedade civil. Apesar da importância do terceiro setor e das parcerias celebradas com órgãos públicos, as ações voltadas à efetivação do direito humanitário são esparsas, o que evidencia a necessidade de criação de políticas públicas acessíveis.

De acordo com Melo *et al.* (2021, p. 15), "no campo normativo-legal, já existe uma legislação inovadora e mundialmente reconhecida, porém o Estado brasileiro carece de diretrizes para a condução de políticas e ou programas destinados à acolhida e a permanência daqueles que solicitam refúgio". Ainda, como aspectos de maior relevância a serem tratados em termos de políticas públicas para migrantes no Brasil, as entidades da sociedade civil mais atuantes na área destacam saúde, trabalho e educação.

III.1 Agenda 2030 e o Objetivo de Desenvolvimento Sustentável nº 8

Frente às áreas identificadas como de maior relevância para o desenvolvimento de políticas públicas, destaca-se aqui o ODS nº 8, que prega a promoção do crescimento econômico sustentado, inclusivo e sustentável, emprego pleno e produtivo, e trabalho decente para todos. Em específico, a meta 8.8 trata da proteção dos direitos trabalhistas e promoção de ambientes de trabalho seguros e protegidos para todos os trabalhadores, incluindo os migrantes, com particular atenção às mulheres migrantes e pessoas em empregos precários.

Segundo Martins e Xavier (2021, p. 328), pessoas em situação de deslocamento forçado enfrentam dificuldades mais significativas que pessoas em outros tipos de situações migratórias, pois, não apenas enfrentam dificuldades no reconhecimento de suas qualificações e experiências anteriores, como precisam lidar com a barreira cultural e os preconceitos que se impõem quando o indivíduo ganha a denominação "refugiado". A tendência ao direcionamento de tais grupos a políticas assistencialistas que não preveem a capacidade de autossustento dificulta a integração destes indivíduos ao novo ambiente no qual estão inseridos, bem como a sustentabilidade das ações elaboradas.

Hammar (2005), citado no texto, afirma que "faz-se necessário ir além de políticas regulatórias, que garantam o acesso ao trabalho, mas políticas que garantam a oportunidade de um trabalho digno, de modo a evitar que esses grupos estejam mais vulneráveis a trabalhos análogos à escravidão". Assim, volta-se aos pressupostos da Lei de Migração, que teve como uma de suas metas desconstituir a ideia do migrante como um intruso. Para a plena efetivação dos objetivos da nova legislação, políticas que garantam condições dignas de trabalho são essenciais, pois asseguram a plena integração, o sentimento de pertencer.

A preocupação com a garantia dos direitos dos migrantes e de pessoas em situação de deslocamento forçado deve crescer em consonância com o aumento dos fluxos migratórios. O avanço dos direitos trabalhistas para não nacionais inclui a elaboração de políticas específicas, que tornem a vulnerabilidade da situação migratória algo transitório e contornável, e coloca-se como objetivo essencial para o pleno cumprimento do ODS nº 8.

IV Aplicabilidade da Agenda 2030 no Brasil

Desde 2020 o mundo está sofrendo com as consequências socioeconômicas decorrentes da pandemia da covid-19. Segundo o Instituto Brasileiro de Geografia e Estatística (IBGE), quase 9 milhões de pessoas perderam o emprego no Brasil no segundo trimestre de 2020, situação que também se repetiu em diversos outros países.

Com o aumento do desemprego, inflação e insegurança econômica a nível global, observou-se um aumento no fluxo migratório.

Além dos efeitos adversos ocasionados pela pandemia, outros conflitos civis assumiram a pauta, tal como a recente invasão da Rússia na Ucrânia, que gerou a pior crise de refugiados da Europa desde o fim da Segunda Guerra Mundial – cerca de 6 milhões de pessoas.

Assim como outras nações, o Brasil acolheu os estrangeiros que se encontravam em situação de perigo dentro do seu próprio país. Com isso, os indivíduos que adentraram o país na condição de imigrante adquiriram todos os direitos civis de um estrangeiro, tal como trabalho digno e seguro.

Contudo, cumpre destacar que o emprego decente não está limitado ao escopo do direito migratório – foco desta análise –, uma vez que o Brasil vive uma situação de desemprego e dificuldades para a retomada do crescimento econômico.

Em razão da necessidade de retomada da economia e da geração de empregos, o Brasil adotou as metas da Agenda 2030 da ONU para restabelecer-se sustentavelmente, colocando para si objetivos individuais dentro daqueles previstos.

A exemplo disso, tem-se o Objetivo de Desenvolvimento Sustentável nº 8, que dispõe sobre a proteção dos direitos trabalhistas e a promoção de ambientes de trabalhos seguros para todos os trabalhadores, incluindo os trabalhadores migrantes, em particular as mulheres migrantes e pessoas em empregos precários (meta 8.8).

Assim, seguindo a referida disposição o Brasil adequou-se à meta para reduzir o grau de descumprimento da legislação trabalhista, no que diz respeito ao registro, às condições de trabalho, às normas de saúde e segurança no trabalho, com ênfase nos trabalhadores em situação de vulnerabilidade.

V Conclusão

Segundo Fischel de Andrade (2002, p. 171), as inovações constitucionais, a necessidade de o Estado brasileiro reorganizar sua agenda externa, o objetivo de compor uma imagem mais positiva no contexto internacional e a ideia contemporânea de globalização dos direitos humanos facilitaram a inserção da questão dos refugiados na agenda nacional.

O Brasil, por ser signatário de tratados e pactos internacionais, vem adequando suas normas internas ao longo dos anos com a finalidade de diminuir os impactos decorrentes do refúgio e humanizar o processo de imigração.

A própria Constituição da República elenca ao longo do texto princípios relativos aos direitos humanos, o respeito às relações internacionais, a promoção do bem de todos, sem quaisquer formas de discriminação e a dignidade da pessoa humana.

Apesar de efetivas, as normas, e consequentemente o processo de acolhimento de imigrantes, ainda sofrem distinções socioculturais.

Por isso, vê-se na Agenda 2030 uma forma de converter o significado destes institutos para uma política pública que abranja todos os cidadãos, sejam eles brasileiros ou estrangeiros, com um objetivo único de promover melhorias e assegurar os direitos de todos.

Os ODS oferecem soluções basilares aos países, visando à adequação de forma sustentável e ponderada às peculiaridades de cada nação. Com isso cabe aos países adaptarem os termos do documento à sua própria realidade, tal como no caso do Brasil, e cumprirem os objetivos relacionados ao emprego digno e seguro a migrantes.

Referências

BRASIL. Constituição da República Federativa do Brasil de 1988. Disponível em: http://www.planalto.gov.br/ccivil_03/constituicao/constituicao.htm. Acesso em: 31 maio 2022.

BRASIL. Lei nº 9.474, de 22 de julho de 1997. Define mecanismos para implementação do Estatuto dos Refugiados de 1951. Disponível em: http://www.planalto.gov.br/ccivil_03/leis/l9474.htm. Acesso em: 31 maio 2022.

BRASIL. Lei nº 13.445, de 24 de maio de 2017. Institui a Lei de Migração. Disponível em: http://www.planalto.gov.br/ccivil_03/_ato2015-2018/2017/lei/l13445.htm. Acesso em: 31 maio 2022.

BRASIL. Lei nº 13.684, de 21 de junho de 2018. Dispõe sobre medidas de assistência emergencial para acolhimento a pessoas em situação de vulnerabilidade decorrente de fluxo migratório provocado por crise humanitária. Disponível em: http://www.planalto.gov.br/ccivil_03/_ato2015-2018/2018/lei/l13684.htm. Acesso em:31 maio 2022.

CLARO, Carolina de Abreu Batista. Do Estatuto do Estrangeiro à Lei de Migração: avanços e expectativas. *Boletim de Economia e Política Internacional*, n. 26, p. 42-52, set. 2019/abr. 2020.

FISCHEL DE ANDRADE, J. H.; MARCOLINI, A. A política brasileira de proteção e de reassentamento de refugiados: breves comentários sobre suas principais características. *Revista Brasileira de Política Internacional*, Brasília, vol. 45, n. 1, p. 168-176, 2002.

GUERRA, Sidney. A nova lei de migração no Brasil: avanços e melhorias no campo dos direitos humanos. Disponível em: Disponível em: http://www.e-publicacoes.uerj.br/index.php/rdc/article/view/28937/21967. Acesso em: 31 maio 2022.

HAMMAR, Tomas. *European immigration policy*: a comparative study. Cambridge: Cambridge University Press, 2005.

MARTINS, Andreia de Fátima Hoelzle; XAVIER, Wescley Silva. O direito ao trabalho para refugiados: características das políticas migratórias brasileiras do pós-guerra até 2019. *Cadernos EBAPE.BR*, Rio de Janeiro, v. 19, n. 2, p. 325-337, abr./jun. 2021.

MELO, Ana Claudia Piti Candido de *et al*. A efetividade das políticas públicas em favor dos refugiados no Brasil. *Revista Percurso UniCuritiba*, vol. 2, n. 39, p. 29-52. 2021.

MENDES, Aylle de Almeida; BRASIL, Deilton Ribeiro. *A Nova Lei de Migração Brasileira e sua Regulamentação da Concessão de Vistos aos Migrantes*. Scielo, 2020.

ORGANIZAÇÃO INTERNACIONAL PARA AS MIGRAÇÕES. Política de Refúgio do Brasil Consolidada. Brasília: 2017.

REZENDE, Heverton Lopes. *O refúgio no Brasil*: da travessia às políticas públicas para a integração local. 2021. 124f. Dissertação (Mestrado em Direito – Relações Empresariais, Desenvolvimento e Demandas Sociais). Universidade de Marília, Marília, 2021.

8,9 milhões perderam o emprego no 2º tri, no pico da pandemia, diz IBGE. UOL Economia, São Paulo, 08 de junho de 2020. Disponível em: https://economia.uol.com.br/empregos-e-carreiras/noticias/redacao/2020/08/06/pnad-continua-desemprego-ibge.htm. Acesso em: 4 jun. 2022.

Informação bibliográfica deste texto, conforme a NBR 6023:2018 da Associação Brasileira de Normas Técnicas (ABNT):

CASTRO, Ana Carolina Georges e; HERNANDES, Victória Sousa Cagliari O Direito Migratório à luz do ordenamento jurídico brasileiro. Efetivação da norma através da Agenda 2030. *In*: SARAIVA FILHO, Oswaldo Othon de Pontes; BERTELLI, Luiz Gonzaga; SIQUEIRA, Julio Homem de (coord.). *Direitos dos refugiados*. Belo Horizonte: Fórum, 2024. (Coleção Fórum Direito Internacional Humanitário, v. 1, t. 2). p. 367-377. ISBN 978-65-5518-614-7.

A PROTEÇÃO DE PESSOAS REFUGIADAS NO BRASIL – ASPECTOS LEGAIS E A EFETIVIDADE DOS DIREITOS[1]

PAULO SÉRGIO DE ALMEIDA

ANDRÉ DE LIMA MADUREIRA

Introdução

Antes da Segunda Guerra Mundial, pessoas refugiadas tinham sua condição definida por medidas *ad hoc* levando-se em consideração suas origens nacionais.[2] Depois de 1945, a Assembleia Geral da Organização das Nações Unidas (AGNU) decidiu adotar uma definição "geral" de refugiado, que foi incluída no Estatuto do Alto Comissariado das Nações Unidas para Refugiados (ACNUR) de 1950 e, logo depois, na Convenção Relativa ao Status dos Refugiados de 1951[3] (Convenção de 51)

---

[1] As opiniões expressadas neste artigo são dos autores e não representam necessariamente as do ACNUR. Partes deste artigo foram publicadas anteriormente. Cf. MADUREIRA, André de Lima. O conceito de refugiado e os direitos inerentes a esse status. *In:* JUBILUT, Liliana Lyra *et al.* (org.). *Direitos Humanos e Vulnerabilidade e Direito Internacional dos Refugiados.* Boa Vista: Editora da UFRR, 2021. p. 103-138.

[2] UNHCR, *Self-Study Module 2:* Refugee Status Determination. Identifying Who is a Refugee. 2005. p. 4. Disponível em: https://www.refworld.org/docid/43141f5d4.html. Acesso em: 25 mar. 2021.

[3] Disponível em: https://www.acnur.org/portugues/wp-content/uploads/2018/02/Colet%C3%A2nea-de-Instrumentos-de-Prote%C3%A7%C3%A3o-Nacional-e-Internacional.pdf. Atualmente, 146 países são partes da Convenção de 51 e 147 países são partes do Protocolo de 67. O rol desses Estados pode ser encontrado em ACNUR. *Manual de procedimentos e*

e no Protocolo Relativo ao Status dos Refugiados de 1967 (Protocolo de 67).[4] A Convenção de 51 e o Protocolo de 67 continuam sendo a base do Direito Internacional dos Refugiados (DIR), e sua definição de refugiado é a base universal para se estabelecer o *status* de refugiado de uma pessoa. Essa definição universal, no transcorrer da segunda metade do século XX, foi estendida por critérios contidos em instrumentos regionais (como a Declaração da Organização dos Estados Americanos de Cartagena das Índias sobre Refugiados de 1984 – Declaração de Cartagena[5]) e em legislações nacionais (como a lei brasileira de proteção a pessoas refugiadas – Lei nº 9.474/1997).

O Brasil é parte do primeiro grupo de países que adotou a Convenção de 51 por ocasião da Conferência de Plenipotenciários sobre o Status de Refugiados e Apátridas. Em seguida, o país ratificou a Convenção de 51 em 16 de novembro de 1960. Por sua vez, a Lei nº 9.474, promulgada em 22 de julho de 1997, implementa no país os mecanismos da Convenção, sendo considerada uma das mais avançadas legislações nacionais sobre o tema. A Lei nº 9.474/1997 não apenas dispõe sobre os princípios basilares internacionais, como o da não devolução, mas ainda estende a definição universal de refugiado por meio de seu artigo 1º, inciso III, que traz como motivo que pode ensejar a determinação da condição de refugiado a grave e generalizada violação de direitos humanos, tendo sido inspirada pela Declaração de Cartagena de 1984.

Nesse sentido, este artigo (i) explora quem é uma pessoa refugiada tendo em vista os conceitos trazidos pela Convenção de 51 e pela Lei nº 9.474/97; (ii) analisa os direitos das pessoas refugiadas, em especial no Brasil; e (iii) examina em detalhes as especificidades do acesso ao direito ao trabalho para pessoas refugiadas no Brasil.

1 O conceito de quem é uma pessoa refugiada

Desde o momento de sua criação, em 1945, a Organização das Nações Unidas (ONU) demonstrou apreensão com a causa de pessoas refugiadas. Em 12 de fevereiro de 1946, adotou a Resolução

---

critérios para determinar o estatuto de refugiado. Anexo IV. Genebra, 2018. Disponível em: https://www.unhcr.org/publications/legal/5ddfcdc47/handbook-procedures-criteria-determining-refugee-status-under-1951-convention.html. Acesso em: 23 mar. 2021.

[4] Disponível em: https://www.refworld.org/docid/3ae6b3ae4.html. Acesso em: 18 fev. 2021.
[5] Disponível em: https://www.oas.org/dil/1984_cartagena_declaration_on_refugees.pdf. Acesso em: 18 fev. 2021.

A/RES/8 (I),[6] que definiu as diretrizes da ONU acerca do fenômeno dos deslocamentos forçados de pessoas.

Por meio da adoção dessa resolução, a ONU apontou a necessidade de (i) estabelecer um organismo global responsável pela proteção de pessoas refugiadas, (ii) proibir a devolução dessas pessoas aos locais de risco e (iii) apoiá-las para que retornem aos respectivos países de origem assim que possível.

Com a Resolução 319(IV),[7] de 3 de dezembro de 1949, a AGNU decidiu estabelecer um Alto Comissariado para Refugiados a partir de 1º de janeiro de 1951. Por conseguinte, em 14 de dezembro de 1950, a AGNU criou, por meio da Resolução 428(V),[8] o ACNUR. Inicialmente, o mandato de proteção do ACNUR foi determinado em três anos. Não obstante, considerando a manutenção da crise dos deslocamentos forçados, sua competência passou a ser renovada periodicamente, sendo que a última modificação ocorreu em dezembro de 2003 por intermédio da Resolução A/RES/58/153.[9] De acordo com o item 9[10] dessa resolução, o mandato do ACNUR deixou de possuir uma limitação temporal e perdurará até que a causa dos refugiados seja resolvida.

O Estatuto do ACNUR, adotado como Anexo à Resolução 428 (V), já indica definições de pessoas que estão sob a competência do Alto Comissariado.[11] Pouco mais de sete meses depois da criação do ACNUR, em 28 de julho de 1951, a ONU adotou a Convenção de 51, principal instrumento do DIR que determina até os dias de hoje a definição universal de refugiado, com as atualizações trazidas pelo Protocolo de 67.

Tendo em vista essa definição, é considerado refugiado o indivíduo (i) que tenha bem-fundado temor de perseguição em razão

---

[6] Disponível em: http://www.worldlii.org/int/other/UNGA/1946/. Acesso em: 22 mar. 2021.
[7] Disponível em: https://www.unhcr.org/excom/bgares/3ae69ef54/refugees-stateless-persons.html. Acesso em: 22 mar. 2021.
[8] Disponível em: https://www.refworld.org/docid/3ae6b3628.html. Acesso em: 22 mar. 2021.
[9] Disponível em: http://www.un.org/en/ga/search/view_doc.asp?symbol=A/RES/58/153. Acesso em: 22 mar. 2021.
[10] *Ibid*, item 9: *decides to remove the temporal limitation on the continuation of the Office of the High Commissioner contained in its Resolution 57/186 and to continue the Office until the refugee problem is solved*. Tradução livre: decide remover a limitação temporal na continuação do Escritório do Alto Comissário contido em sua Resolução 57/186 e manter o Escritório até que o problema dos refugiados seja resolvido.
[11] Cf. Item 6, A, (i) e (ii), do Estatuto do ACNUR. Assim, uma pessoa que atenda aos critérios do Estatuto do ACNUR se qualifica para a proteção da ONU fornecida pelo Alto Comissário, independentemente de estar ou não em um país que seja parte da Convenção de 51 ou do Protocolo de 67 ou de ser ou não reconhecida por seu país de acolhida como refugiado de acordo com qualquer um desses instrumentos.

de sua raça, nacionalidade, religião, opinião política ou pertencimento a certo grupo social, (ii) que esteja fora de seu território de origem/nacionalidade (extraterritorialidade),[12] (iii) cujas condições dos países de origem denotem a necessidade de proteção internacional (ou seja, que seja uma pessoa que não se enquadre nas cláusulas de cessação também definidas pela Convenção de 51[13]), (iv) que não se encontre protegido por outras formas de proteção internacional[14] e (v) que não se inclua nas cláusulas de exclusão contempladas pela Convenção de 51.[15]

Além desses requisitos, é preciso que o bem-fundado temor seja específico a uma perseguição. A perseguição não precisa ser efetivada, bastando apenas que haja indícios de sua possibilidade.[16]

---

[12] Cf. posicionamento adotado pelo ACNUR no parágrafo 88 de seu "Manual de procedimentos e critérios a aplicar para determinar a condição de refugiado – de acordo com a Convenção de 1951 e o Protocolo de 1967 relativos ao estatuto dos refugiados". Disponível em: https://www.unhcr.org/publications/legal/5ddfcdc47/handbook-procedures-criteria-determining-refugee-status-under-1951-convention.html. Acesso em: 23 mar. 2021

[13] As cláusulas de cessação do *status* de refugiado encontram-se no art. 1º, parágrafo 3º, da Convenção de 51: Esta Convenção cessará, nos casos abaixo, de ser aplicável a qualquer pessoa compreendida nos termos da seção A, acima: 1) se ela voltou a valer-se da proteção do país de que é nacional; ou 2) se havendo perdido a nacionalidade, ela a recuperou voluntariamente; ou 3) se adquiriu nova nacionalidade e goza da proteção do país cuja nacionalidade adquiriu; ou 4) se se estabeleceu de novo, voluntariamente, no país que abandonou ou fora do qual permaneceu por medo de ser perseguido; ou 5) se, por terem deixado de existir as circunstâncias em consequência das quais foi reconhecida como refugiada, ela não pode mais continuar a recusar valer-se da proteção do país de que é nacional; Contanto, porém, que as disposições do presente parágrafo não se apliquem a um refugiado incluído nos termos do parágrafo 1 da seção A do presente artigo que pode invocar, para recusar valer-se da proteção do país de que é nacional, razões imperiosas resultantes de perseguições anteriores; 6) tratando-se de pessoa que não tem nacionalidade, se, por terem deixado de existir as circunstâncias em consequência das quais foi reconhecida como refugiada, ela está em condições de voltar ao país no qual tinha sua residência habitual; contanto, porém, que as disposições do presente parágrafo não se apliquem a um refugiado incluído nos termos do parágrafo 1 da seção A do presente artigo que pode invocar, para recusar voltar ao país no qual tinha sua residência habitual, razões imperiosas resultantes de perseguições anteriores.

[14] Convenção de 51, art. 1º, parágrafo 1º, alínea "d", e parágrafo 4º: esta Convenção não será aplicável às pessoas que atualmente se beneficiam de uma proteção ou assistência da parte de um organismo ou de uma instituição da ONU que não o Alto Comissário das Nações Unidas para refugiados.

[15] As cláusulas de exclusão do status de refugiado encontram-se no art. 1º, parágrafo 6º, da Convenção de 51: As disposições desta Convenção não serão aplicáveis às pessoas a respeito das quais houver razões sérias para pensar que: a) elas cometeram um crime contra a paz, um crime de guerra ou um crime contra a humanidade, no sentido dos instrumentos internacionais elaborados para prever tais crimes; b) elas cometeram um crime grave de direito comum fora do país de refúgio antes de serem nele admitidas como refugiados; c) elas se tornaram culpadas de atos contrários aos fins e princípios da ONU.

[16] ZIMMERMANN, Andreas; MAHLER, Cláudia. Article 1, A, para 2. (Definition of the term "refugee"/Définition du terme réfugié). *In*: ZIMMERMANN, A. (org.). *Commentary on the 1951 Convention Relating to the Status of Refugees and its 1967 Protocol*. Oxford: Oxford University Press, 2011. p. 342.

Ademais de o bem-fundado temor de perseguição, para a caracterização de uma situação que permita o reconhecimento de uma pessoa como refugiado, é preciso que tal temor decorra de uma perseguição atual[17][18] e em virtude de um dos cinco motivos elencados pela Convenção de 51, quais sejam: raça, nacionalidade, religião, opinião política ou pertencimento a um grupo social.[19] Ainda que este último critério não seja definido de forma fixa, permitindo sua aplicação de modo flexível,[20] verifica-se que os motivos para o reconhecimento da condição de refugiado se relacionam especialmente ao *status* civil e político dos indivíduos.[21]

Esses motivos indicam um parâmetro mínimo a ser seguido e respeitado pela comunidade internacional.[22] Destarte, cada país tem a faculdade de expandir o rol de motivos trazidos pela definição universal.

O Brasil, por sua vez, ao promulgar a Lei nº 9.474/97,[23] não apenas adotou a definição universal de refugiado trazida pela Convenção de 51, como também inseriu a grave e generalizada violação de direitos humanos como justificativa para a determinação da condição de refugiado, ampliando seu compromisso na proteção a essas pessoas, inspirado pela Declaração de Cartagena. Segundo o artigo 1º da Lei nº 9.474/97, será reconhecido como refugiado todo indivíduo que (i)

---

[17] ZIMMERMANN; MAHLER. *Op. cit.*, p. 342.

[18] É interessante notar que a perseguição atual pode ser verificada após a saída do solicitante da condição de refugiado de seu país de origem. Isto é, a pessoa pode ter saído de seu país de origem por outro motivo que não a perseguição, mas ao estar no estrangeiro a situação objetiva do país de origem se altera de tal maneira que passam a haver indícios que geram o bem-fundado temor de perseguição. Nesse caso tem-se a possibilidade do reconhecimento do *status* de refugiado como refugiado *sur place*. Essa forma de reconhecimento é regulada, por exemplo, pelo *Manual de procedimentos e critérios para determinar o estatuto de refugiado do ACNUR*, em seus parágrafos 94 a 96. ACNUR. *Op. cit.*, p. 26.

[19] Para mais detalhes sobre cada um dos motivos cf. ACNUR. *Manual de procedimentos e critérios para determinar o estatuto de refugiado*. *Op. cit.*, p. 23 e ss.

[20] "Não existe uma 'lista fechada' dos grupos que podem constituir um 'grupo social específico' no âmbito do significado do Artigo 1A(2). A Convenção não inclui uma lista específica de grupos sociais, nem a história da ratificação reflete uma visão de que existe um conjunto de grupos identificados que podem ser qualificados sob este fundamento. Em vez disso, o termo pertencimento a um determinado grupo social deve ser lido de maneira evolucionária, aberto à natureza diversa e mutante dos grupos em várias sociedades e às normas internacionais de direitos humanos em evolução". Tradução livre. Cf. ACNUR. *Guidelines on International Protection n. 2: "Membership of a particular social group" within the context of Article 1A(2) of the 1951 Convention and/or its 1967 Protocol relating to the Status of Refugees*", para 3. Disponível em: https://www.refworld.org/docid/3d36f23f4.html. Acesso em: 28 mar. 2021.

[21] JUBILUT. *Op. cit.*, p. 44.

[22] Depreende-se do artigo 5º da Convenção de 51 e da 8ª Conclusão da Declaração de Cartagena sobre Refugiados.

[23] Disponível em: http://www.planalto.gov.br/ccivil_03/leis/l9474.htm. Acesso em: 15 maio 2021.

devido a fundados temores de perseguição por motivos de raça, religião, nacionalidade, grupo social ou opiniões políticas encontre-se fora de seu país de nacionalidade e não possa ou não queira acolher-se à proteção de tal país; (ii) não tendo nacionalidade e estando fora do país onde antes teve sua residência habitual, não possa ou não queira regressar a ele, em função das circunstâncias descritas no inciso anterior; (iii) devido à grave e generalizada violação de direitos humanos, é obrigado a deixar seu país de nacionalidade para buscar refúgio em outro país.

2 Os direitos das pessoas refugiadas no Brasil

A Convenção de 51, entre seus artigos 3º e 34, enumera os direitos de pessoas refugiadas tendo em vista seu *status* particular.[24] [25] Alguns desses direitos aplicam-se assim que um refugiado ou solicitante dessa condição está presente em um Estado ou passa a ficar sob sua jurisdição.[26] Outros se aplicam quando uma solicitação da condição de refugiado é feita,[27] quando o *status* de refugiado é reconhecido[28] ou após um certo período de residência.[29]

---

[24] INTER-PARLIAMENTARY UNION AND UNHCR. *A guide to international refugee protection and building state asylum systems:* Handbook for Parliamentarians, n. 27, p. 201 e ss., 2017. Disponível em: https://www.unhcr.org/publications/legal/3d4aba564/refugee-protection-guide-international-refugee-law-handbook-parliamentarians.html. Acesso em: 27 mar. 2021.

[25] É importante frisar que esses são padrões mínimos de direitos impostos pela Convenção de 51 aos Estados partes, sendo possível que aplicações mais favoráveis desses direitos sejam determinadas pelos países em seu contexto específico. Cf. *Introductory Note by the Office of the United Nations High Commissioner for Refugees*, Geneva, 2010. p. 3. Disponível em: https://www.unhcr.org/protection/basic/3b66c2aa10/convention-protocol-relating-status-refugees.html. Acesso em: 28 mar. 2021.

[26] Prática e educação religiosa (art. 4º, nenhuma reserva permitida, tratamento como cidadão nacionais); aquisição de bens móveis e imóveis (art. 13, tratamento tão favorável quanto possível e, em qualquer caso, não menos favorável do que os estrangeiros em geral); acesso aos tribunais e assistência jurídica (artigo 16, não são permitidas reservas, tratamento como nacionais); educação elementar (art. 22(1), tratamento como nacionais); ensino secundário e superior (art. 22(2), tratamento o mais favorável possível e, em qualquer caso, não menos favorável do que os estrangeiros em geral); e documentos de identidade (art. 27).

[27] Trabalho autônomo (art. 18, tratamento o mais favorável possível e, em qualquer caso, não menos favorável do que os estrangeiros em geral); e escolha de residência e liberdade de movimento dentro do território (artigo 26, sujeito a quaisquer regulamentos aplicáveis a estrangeiros em geral).

[28] Direito de associação (art. 15, tratamento mais favorável concedido aos estrangeiros); trabalho assalariado (art. 17, tratamento mais favorável concedido aos estrangeiros); profissões liberais (art. 19, tratamento tão favorável quanto possível e, em qualquer caso, não menos favorável do que os estrangeiros em geral); moradia (art. 21, tratamento o mais favorável possível e, em qualquer caso, não menos favorável do que os estrangeiros em geral); assistência social (art. 23, 24, tratamento como nacionais); e documentos de viagem (art. 28).

[29] Direitos artísticos e direitos de patente (art. 14, tratamento como nacionais).

Além desses direitos, duas das principais proteções garantidas pelo DIR a pessoas refugiadas encontram-se nos art. 31 e 33. O art. 31 dispõe sobre a proteção contra punição por entrada irregular. Com efeito, não é crime atravessar uma fronteira sem autorização para solicitar a condição de refugiado. Esse artigo prevê que refugiados vindos diretamente de um país onde sua vida ou liberdade esteja ameaçada não serão punidos por causa de sua entrada ou presença irregular, desde que venham diretamente desse país, se apresentem sem demora às autoridades e lhes expliquem razoavelmente os motivos de sua entrada ou presença irregular. Por sua vez, o art. 33 da Convenção de 51 preconiza o princípio da não devolução (*non-refoulement*), que constitui a proibição da devolução do solicitante da condição de refugiado e/ou refugiado a território em que sua vida, liberdade ou integridade física estejam em risco.

Tendo as disposições da Convenção de 51 como base, a legislação brasileira prevê uma série de direitos para pessoas refugiadas, por vezes oferecendo tratamento mais benéfico.

Consoante o artigo 5º da Constituição Federal (CF),[30] todas as pessoas são iguais perante a lei, sem distinção de qualquer natureza, garantindo-se às pessoas brasileiras e estrangeiras residentes no país a inviolabilidade do direito à vida, à liberdade (como, por exemplo, o direito de escolher livremente o lugar de residência no território nacional), à igualdade, à segurança e à propriedade. Desse modo, pessoas refugiadas também carregam o direito de não serem discriminadas pelas autoridades governamentais e pela sociedade em geral. Além disso, pessoas refugiadas têm direito à educação, à saúde, à alimentação, ao trabalho, à moradia, ao transporte, ao lazer, à segurança, à previdência social, à proteção à maternidade e à infância, e à assistência aos desamparados, em linha com o disposto pelo artigo 6º da CF. Com efeito, verifica-se que as pessoas refugiadas têm acesso a direitos civis básicos e direitos econômicos, sociais e culturais em condição de igualdade com as pessoas brasileiras.[31] Exceções a essa paridade são poucas, como o acesso a direitos políticos.

---

[30] Frise-se que o §2º do artigo 5º da CF dispõe que os direitos e garantias expressos na CF não excluem outros decorrentes do regime e dos princípios por ela adotados ou dos tratados internacionais de que a República Federativa do Brasil seja parte, como a Convenção de 51.
[31] O artigo 5º da Lei nº 9.474/1997 dispõe nesse sentido que a pessoa refugiada gozará de direitos e estará sujeita aos deveres das pessoas estrangeiras no Brasil, dispostos nesta Lei, na Convenção sobre o Estatuto dos Refugiados de 1951 e no Protocolo sobre o Estatuto dos Refugiados de 1967, cabendo-lhe a obrigação de acatar as leis, regulamentos e providências destinados à manutenção da ordem pública.

Ademais, pessoas refugiadas, por conta de sua condição particular e de suas necessidades de proteção internacional, ainda possuem direitos que levam em consideração suas circunstâncias específicas à luz de seu deslocamento forçado.

Assim, em linha com a Convenção de 51, a legislação brasileira também garante a pessoas refugiadas proteção contra punição por entrada irregular (artigo 8º da Lei nº 9.474/1997[32]) e a observância do princípio da não devolução (artigo 7º, §1º, da Lei nº 9.474/1997[33]). Nesse sentido, essas pessoas também têm o direito de ter acesso ao procedimento de solicitação da condição de refugiado, que deve respeitar os princípios do devido processo legal. Os processos de reconhecimento da condição de refugiado são gratuitos e têm caráter urgente.[34] Aqui vale frisar um dos maiores avanços trazidos pela Lei nº 9.474/1997, a instituição do Comitê Nacional para os Refugiados (Conare), órgão de deliberação coletiva, no âmbito do Ministério da Justiça.[35] Dentre outras competências, o Conare é o órgão responsável por analisar o pedido e declarar o reconhecimento, em primeira instância, da condição de refugiado e por orientar e coordenar as ações necessárias à eficácia da proteção, assistência e apoio jurídico às pessoas refugiadas.

Por outro lado, a pessoa refugiada também terá direito, nos termos da Convenção de 51, a cédula de identidade comprobatória de sua condição jurídica (atualmente, Documento Provisório de Registro Nacional Migratório – DPRNM para solicitantes da condição de refugiado e Carteira de Registro Nacional Migratório – CRNM para pessoas refugiadas já reconhecidas), carteira de trabalho e documento de viagem (pessoas refugiadas já reconhecidas no Brasil têm direito de solicitar um passaporte, que terá validade de dois anos a partir da data de emissão).[36] Ademais, qualquer indivíduo, nacional ou estrangeiro, incluindo pessoas refugiadas, pode solicitar o registro no Cadastro de Pessoa Física (CPF), que é um dos principais documentos para pessoas que residem no Brasil, pois permite o acesso a uma série de serviços,

---

[32] Artigo 8º da Lei nº 9.474/1997: o ingresso irregular no território nacional não constitui impedimento para o estrangeiro solicitar refúgio às autoridades competentes.
[33] Artigo 7º, §1º, da Lei nº 9.474/1997: em hipótese alguma será efetuada sua deportação para fronteira de território em que sua vida ou liberdade esteja ameaçada, em virtude de raça, religião, nacionalidade, grupo social ou opinião política.
[34] Cf. artigo 47 da Lei nº 9.474/1997.
[35] Cf. artigos 11 e seguintes da Lei nº 9.474/1997.
[36] Cf. artigo 6º da Lei nº 9.474/1997.

como o Sistema Único de Saúde (SUS), inscrição em instituições públicas de ensino, abertura de uma conta bancária e realização de outras operações financeiras.

Pessoas refugiadas também têm o direito de solicitar, por meio da reunião familiar, a extensão da condição de refugiado para parentes (cônjuges, ascendentes e descendentes) e demais componentes do grupo familiar que delas dependerem economicamente, desde que tais pessoas se encontrem no território nacional.[37] Para tanto, há ainda a possibilidade de solicitar visto de reunião familiar, a fim de que parentes de pessoas refugiadas que estão fora do Brasil possam viajar ao país para se reencontrarem com seus familiares.[38]

Ademais, no exercício de seus direitos e deveres, a condição atípica das pessoas refugiadas deverá ser considerada quando da necessidade da apresentação de documentos emitidos por seus países de origem ou por suas representações diplomáticas e consulares.[39] Assim, o reconhecimento de certificados e diplomas e o ingresso em instituições acadêmicas de todos os níveis deverão ser facilitados, levando-se em consideração a situação de deslocados forçados vivenciada pelas pessoas refugiadas.[40]

Por fim, pessoas refugiadas podem requerer a naturalização brasileira desde que cumpridos os requisitos legais, como ter capacidade civil; ter residência em território nacional, pelo prazo mínimo de quatro anos; comunicar-se em língua portuguesa, consideradas as condições do naturalizando; e não possuir condenação penal ou estiver reabilitado, nos termos da lei.[41]

3 O acesso ao direito ao trabalho no Brasil[42]

Pessoas refugiadas são de diferentes origens sociais. Podem ser pessoas que tinham uma vida estável e confortável no país de origem, uma profissão, alta ou baixa escolaridade; mas que, por conta da eclosão

---

[37] Cf. artigo 2º da Lei nº 9.474/1997.
[38] Cf. artigos 14 e 37 da Lei de Migração (Lei nº 13.445/2017) e Portaria Interministerial nº 12, de 13 de junho de 2018. Disponível em: https://www.in.gov.br/materia/-/asset_publisher/Kujrw0TZC2Mb/content/id/25601924/do1-2018-06-14-portaria-interministerial-n-12-de-13-de-junho-de-2018-25601731. Acesso em: 2 set. 2022.
[39] Cf. artigo 43 da Lei nº 9.474/1997.
[40] Cf. artigo 44 da Lei nº 9.474/1997.
[41] Cf. artigos 64 e seguintes da Lei de Migração (Lei nº 13.445/2017).
[42] Este item 3 foi elaborado fazendo uso de trechos enviados à obra ANJOS, Newton dos; CALCINI, Ricardo (org.). *ESG – A referência da responsabilidade social empresarial*

de um conflito, ou pelo advento de uma perseguição pelos motivos já explicados, ou ainda em função de grave e generalizada violações de direitos humanos, tiveram que deixar tudo para trás e, para salvar suas vidas, buscaram proteção em outro país.

Uma pesquisa realizada em 2019 e apoiada pelo ACNUR junto com as universidades da Cátedra Sergio Vieira de Melo[43] para determinar o perfil socioeconômico dos refugiados no Brasil demonstrou que 34,4% tinham pelo menos o ensino superior, número que é mais do que o dobro da população brasileira.[44] Outra pesquisa realizada em 2019 pela organização *Reach* sob encomenda do ACNUR[45] indicou que até 20% dos venezuelanos que foram interiorizados voluntariamente de Roraima a outras cidades brasileiras no centro-sul do país tinham ensino superior.

Ou seja, em geral pessoas refugiadas contam com habilidades e conhecimentos importantes para os países que as acolhem.

No entanto, as pesquisas apontam que, apesar disso, pessoas refugiadas enfrentam níveis de desemprego, taxas de trabalho informal e subocupação maiores que a população brasileira. Por exemplo, pesquisa realizada em 2021 pelo Banco Mundial em parceria com o ACNUR[46] para mensurar a integração de pessoas refugiadas e migrantes venezuelanas no Brasil mostrou que essas pessoas têm apenas 1/3 das chances de um brasileiro para acessar uma oportunidade de emprego formal. Além disso, a incidência de rebaixamento profissional no trabalho é maior para venezuelanos com ensino médio e superior (96% e 91%, respectivamente) do que para brasileiros com ensino médio e superior (89% e 62%, respectivamente).

Na verdade, embora haja um ambiente legal favorável no Brasil, com direitos assegurados na legislação vigente, na prática a inserção socioeconômica de pessoas refugiadas e as possibilidades de desenvolvimento de seu potencial humano são ainda muito baixas quando comparadas com a população brasileira.

As causas para esta insuficiente inserção social e econômica são múltiplas. Em primeiro lugar, como dito anteriormente, as leis são favoráveis,

---

[43] Mais informações em: https://www.acnur.org/portugues/catedra-sergio-vieira-de-mello/
[44] Disponível em: https://www.acnur.org/portugues/wp-content/uploads/2019/07/Pesquisa-Perfil-Socioecon%C3%B4mico-Refugiados-ACNUR.pdf.
[45] Disponível em: https://www.acnur.org/portugues/wp-content/uploads/2020/07/REACH_Relat%C3%B3rio-de-Interioriza%C3%A7%C3%A3o_-FINAL_PORTUGUESE.pdf.
[46] Disponível em: https://www.acnur.org/portugues/wp-content/uploads/2021/05/5-pages-Integration-of-Venezuelan-Refugees-and-Migrants-in-Brazil-pt.pdf.

mas as políticas públicas voltadas à integração dessa população são ainda insuficientes. As pessoas têm acesso à documentação e carteira de trabalho, mas não têm apoio para buscar trabalho. Pessoas refugiadas e migrantes, em geral, não têm o mesmo capital social que os brasileiros (redes de amigos, parentes, ex-colegas de trabalho), o que aumenta as chances de acessar oportunidades de emprego. O desconhecimento dos serviços existentes e sobre direitos e deveres se junta a dificuldades linguísticas e diferenças culturais, medos e traumas resultantes do processo de deslocamento e por estarem em um país diferente. De outro lado, os empregadores também desconhecem, em larga medida, quem são essas pessoas, suas qualificações e potencialidades e os direitos que detêm no Brasil, em especial o acesso pleno ao mercado de trabalho em igualdade de condições com os trabalhadores brasileiros.

A partir do reconhecimento de que a questão das pessoas refugiadas é um tema global de alta prioridade, a Assembleia Geral das Nações Unidas afirmou em dezembro de 2018 o Pacto Global sobre Refugiados (PGR)[47] como um novo modelo para resposta abrangente aos desafios trazidos pelos deslocamentos em grande escala de refugiados, reconhecendo que uma resposta só é possível por meio da cooperação internacional e esforços conjuntos para que essa população acesse a integração sustentável, assim como as comunidades que as acolhem tenham mais apoio. A resposta abrangente reconhece que os esforços envolvem toda a sociedade, ou seja, ao lado da responsabilidade primária dos Estados, é fundamental que os esforços sejam compartilhados entre todas as principais organizações da sociedade (*whole of society approach*), em especial, o setor privado. A partir desse conceito, foi criado, no âmbito do PGR, o Fórum Global sobre Refugiados, que se reúne a cada quatro anos e onde compromissos são assumidos não somente por Estados, mas também por atores privados, incluindo empresas e organizações da sociedade civil.

No caso de empresas privadas, há múltiplos compromissos de apoio pela via da empregabilidade, constituindo uma forma inovadora de engajamento de empresas com soluções sustentáveis para uma das mais complexas questões da atualidade.

É importante notar que o maior engajamento do setor privado com o tema do deslocamento forçado de pessoas vem na esteira de uma intensificação dos esforços das empresas em atuar em conformidade com o respeito aos direitos humanos em todas as suas operações.

---

[47] Mais informações em: https://www.unhcr.org/the-global-compact-on-refugees.html.

A responsabilidade das empresas com os direitos humanos abrange, no mínimo, aqueles reconhecidos pela Declaração Universal dos Direitos Humanos e ainda os princípios fundamentais estabelecidos na Declaração da Organização Internacional do Trabalho (OIT) sobre os Princípios e Direitos Fundamentais no Trabalho de 1998. No caso dos refugiados, o direito ao asilo é reconhecido no art. 14 da Declaração Universal dos Direitos Humanos: "Todo ser humano, vítima de perseguição, tem o direito de procurar e de gozar asilo em outros países". Disposição semelhante se encontra no artigo 22 da Convenção Americana sobre Direitos Humanos (Pacto de San José da Costa Rica).

A observância dos direitos humanos pelas empresas significa assumir compromissos adicionais, conforme as circunstâncias do contexto local, em relação aos direitos de determinados grupos populacionais que necessitam, em razão de desigualdades históricas e estruturais, de suas condições sociais e dos indicadores que caracterizam a sua exclusão social e sistêmica, de atenção específica. Este é o caso de povos indígenas, mulheres, minorias étnicas e religiosas, crianças, pessoas com deficiência e refugiados e migrantes.

De outro lado, o aprofundamento do processo de globalização, experimentado desde o final do século passado, trouxe mudanças sociais que estimulam cada vez mais a responsabilidade social das empresas e organizações. Em um mercado cada vez mais globalizado e com acesso à informação cada vez mais amplo, os consumidores e a sociedade em geral tornam-se cada vez mais exigentes em relação à postura ética, mas também em relação ao engajamento das empresas com a solução dos principais problemas que afetam a comunidade onde está inserida, mas também os grandes problemas nacionais e mundiais. Consumidores e a sociedade de forma mais ampla passam a ter expectativas mais abrangentes, o que implica um melhor entendimento do papel que as organizações têm a cumprir e que a sua responsabilidade social vai além de suas obrigações legais.

Empresas que se comprometem com a solução dos problemas das comunidades em que estão inseridas, mas também com grandes questões locais e globais, tendem a ser mais bem avaliadas pelos consumidores. Organizações da sociedade civil, consumidores e investidores têm exercido crescente influência sobre o comportamento das organizações, cobrando maior responsabilidade social, por meio de um comportamento ético e transparente. Isso tem contribuído com alterações nas ações e desempenho das organizações e com a regulamentação das práticas empresariais relacionadas a esse tema por parte de governos. Esse processo também tem afetado a percepção de empresas e consumidores sobre o tema do deslocamento forçado de pessoas. Por exemplo, pesquisa conduzida em 2019 encomendada pela *Tent Partnership for Refugees* indicou que 55% de 4.000 consumidores brasileiros entrevistados, responderam ser mais inclinados a comprar de marcas que apoiam refugiados venezuelanos.[48]

A tendência de que as empresas sejam cobradas para que seus resultados sejam também vinculados a impactos sociais positivos, que levem em conta a sustentabilidade de suas ações do ponto de vista social e humano, mas também ambiental, para além dos resultados meramente financeiros, tem sido mais recentemente relacionada pelo padrão que passou a ser conhecido como "ESG" (*Environmental, Social and Governance*), ou seja, uma forma de medir se a empresa é gerenciada de forma sustentável, produzindo impactos sociais e ambientais positivos. O ESG tem sido levado em conta por investidores e cada vez mais tem sido considerado um critério para avaliação de uma boa governança corporativa.

O padrão ESG tem cada vez mais impulsionado o engajamento de empresas com a população refugiada, uma vez que, no pilar social, a contratação de pessoas refugiadas tem sido cada vez mais incorporada pelas empresas a suas práticas de diversidade e inclusão.

Diversidade no ambiente de trabalho implica uma quantidade considerável de pessoas com diferentes perfis, constituindo uma força de trabalho heterogênea, com características variadas. A promoção da diversidade no ambiente de trabalho passa pela inclusão de pessoas diversas em função de gêneros, idades, religião, raça/etnia, cultura, orientação sexual, educação, aparência física, idiomas, pessoa com deficiência e habilidades diversificadas. Passa ainda por valorizar as diferenças individuais em múltiplas dimensões, eliminando o preconceito, mas reconhecendo a existência de desigualdades estruturais que devem ser enfrentadas para que desvantagens sistêmicas sejam eliminadas.

Empresas que incorporam a diversidade em seus ambientes de trabalho têm, em geral, uma vantagem competitiva em relação a seus concorrentes e acessam melhores resultados e ganhos. Um relatório da Forbes[49] apontou que a diversidade inspira inovação. Ter uma equipe com diferentes experiências, trajetórias e perspectivas é crucial para o desenvolvimento de novas ideias. A pesquisa também reitera como um corpo de funcionários diverso poderá atrair novos talentos,

---

[48] Mais informações em: https://www.tent.org/resources/brazil-hiring-guide/.
[49] Disponível em: https://www.forbes.com/forbesinsights/innovation_diversity/.

que queiram fazer parte de uma empresa que valoriza a diferença e encoraja a inovação.

Neste contexto, muitas empresas já haviam incorporado pessoas refugiadas em suas práticas empresariais, seja em suas ações de responsabilidade social, seja em suas políticas de diversidade e inclusão. Em 2019, o ACNUR junto com a Rede Brasil do Pacto Global[50] lançou uma iniciativa com vistas a convergir essas práticas em uma única plataforma, de modo a que fossem visíveis para as empresas que já atuavam com refugiados e para outras empresas que poderiam se inspirar nessas iniciativas e iniciar projetos voltados a essa população. Essas práticas foram segmentadas em ações de empregabilidade, contratação de jovens aprendizes, educação profissional, sensibilização e engajamento e apoio ao empreendedorismo.

A plataforma "Empresas com Refugiados"[51] passou então a disseminar essas boas práticas reunidas em torno de 30 iniciativas empresariais, realizando eventos e buscando incluir novas iniciativas. Interessante notar que a plataforma acabou por se transformar em um local acessado por empresas em busca de contratar profissionais refugiados. Na aba "contratação", há uma série de documentos que ajudam no processo de contratação dessas pessoas e ainda uma lista de organizações, sejam empresas de recrutamento e colocação no mercado de trabalho, sejam organizações da sociedade civil que atuam com essa população, e que detém cadastros de perfis profissionais de refugiados em busca de colocação no mercado de trabalho.

Em 2021, a plataforma deu origem ao "Fórum Empresas com Refugiados"[52] formado por empresas e outras organizações empresariais interessadas em apoiar a inclusão de pessoas refugiadas no mercado de trabalho. O Fórum foi criado nos moldes de outros fóruns empresariais, onde empresas se reúnem para promover a troca de experiências, ações de capacitação para a contratação de pessoas refugiadas e compartilhamento de boas práticas na inclusão dessas pessoas nos ambientes de trabalho, assim como outros tipos de experiências que apoiam esta população.

---

[50] O Pacto Global é uma chamada para as empresas alinharem suas estratégias e operações a 10 princípios universais nas áreas de Direitos Humanos, Trabalho, Meio Ambiente e Anticorrupção e desenvolverem ações que contribuam para o enfrentamento dos desafios da sociedade. É hoje a maior iniciativa de sustentabilidade corporativa do mundo, com mais de 16 mil membros, entre empresas e organizações, distribuídos em 69 redes locais, que abrangem 160 países.
[51] Disponível em: www.empresascomrefugiados.com.br.
[52] Disponível em: www.empresascomrefugiados.com.br/forum.

Ou seja, para que a população refugiada tenha efetivo acesso aos direitos estabelecidos em lei, é necessário que, além do Estado, diferentes atores sociais estejam engajados (*whole of society approach*). Por outro lado, a materialização dos direitos depende ainda de ações concretas dos Estados em todos os níveis de atuação. É por meio do estabelecimento de políticas públicas voltadas à inserção socioeconômica das pessoas refugiadas que os direitos assegurados a essa população serão, na prática, efetivados.

Neste sentido, muito embora o artigo 120 da Lei nº 13. 445/2017 tenha previsto a Política Nacional de Migrações, Refúgio e Apatridia, com a finalidade de coordenar e articular ações setoriais implementadas pelo Poder Executivo Federal em regime de cooperação com os Estados, o Distrito Federal e os Municípios e com a participação de organizações da sociedade civil, organismos internacionais e entidades privadas, ela ainda não foi estabelecida.

Neste contexto, as políticas públicas que propiciam soluções duradouras para as populações refugiadas têm sido em grande medida estabelecidas por estados e municípios conforme as realidades locais. Concorre para este fato o crescente número de conselhos e comitês locais voltados ao acompanhamento, articulação e estabelecimento de políticas voltadas para a materialização dos direitos das pessoas refugiadas. Tais conselhos e comitês, de âmbito estadual ou municipal, buscam o engajamento transversal das diferentes áreas de governo relacionadas às principais políticas públicas locais com a população refugiada, bem como a atuação em rede das diferentes organizações que atuam com essa população, como as organizações do sistema de justiça, organizações da sociedade civil, academia e as organizações formadas pelos próprios refugiados.

Com efeito, algumas legislações locais voltadas para a inserção socioeconômica da população refugiada foram estabelecidas, a exemplo da Lei Municipal nº 16.478, de 8 de julho de 2016, de São Paulo, que institui a Política Municipal para a População Imigrante e formaliza o Conselho Municipal de Imigrantes na capital paulista; e da Lei Municipal nº 7.517, de 20 de junho de 2020, que institui a Política Municipal de Acolhimento a Refugiados e Imigrantes do Município de Esteio, no Rio Grande do Sul.

Tais legislações têm se difundido e suprido, de certa forma, a lacuna de uma política a nível federal voltada a essa população. Conselhos e comitês têm sido essenciais na prevenção, visibilização e encaminhamento para a apuração de denúncias sobre a exploração laboral e mesmo de casos de trabalho análogo a escravo.

Pessoas refugiadas e migrantes são mais vulneráveis a processos de exploração e ultraexploração laboral, na medida em que muitas vezes desconhecem a legislação trabalhista brasileira e necessitam acessar urgentemente o trabalho para suprir suas necessidades imediatas de sobrevivência. Pessoas indocumentadas são ainda mais vulneráveis, pois, por receio de serem deportadas, não denunciam e em algumas situações se veem presas a seus empregadores. Neste caso, os conselhos e comitês, para além de referenciar as pessoas que tiveram seus direitos violados às redes de apoio existentes, têm buscado ainda articular com o governo federal ações que visem prevenir, coibir e punir essas práticas.

Recentemente foi criado um Fórum Nacional de Conselhos e Comitês Estaduais para Refugiados e Migrantes[53] que visa à construção de uma pauta conjunta de políticas públicas voltadas a essa população, contribuindo para a efetivação dos direitos em um processo que tem funcionado a partir das cidades onde vive a população refugiada.

Para além do papel do setor privado e dos Estados, as organizações da sociedade civil têm, historicamente, prestado um papel de importância ímpar no apoio à população refugiada. De fato, na ausência de políticas públicas, são as organizações da sociedade civil, ao lado de outras organizações (acadêmicas, do sistema de justiça, religiosas etc.), que têm promovido ações de incidência com o Poder Público para o estabelecimento de políticas públicas voltadas à materialização dos direitos da população refugiada e também à formação de uma rede de proteção, apoio e oferta de serviços muitas vezes indisponíveis nas regiões onde as pessoas refugiadas se encontram e que são, em muitos casos, a única opção de apoio disponível, a exemplo do apoio para o acesso a documentação, moradia, aulas de português, cursos profissionalizantes, elaboração de currículos e preparação para entrevistas de emprego, cadastramento de perfis profissionais, encaminhamento para oportunidades de emprego, revalidação de diplomas e certificados profissionais, orientação trabalhista, encaminhamento aos CRAS e CREAS e acesso ao CadÚnico, entre outros.

Conclusão

A proteção internacional de pessoas refugiadas inclui um arcabouço legal que envolve tratados internacionais amplamente aceitos

---

[53] Ver mais informações em: https://www.acnur.org/portugues/2022/03/17/acnur-promove-encontro-para-a-criacao-do-forum-nacional-de-conselhos-e-comites-estaduais-para-refugiados-e-migrantes/.

e ratificados pela comunidade internacional, inclusive o Brasil, que garantem às pessoas em busca de asilo não somente o acesso aos territórios dos países de acolhida onde estarão com suas vidas, integridade e liberdade protegidas e a garantia do *non-refoulement* (não devolução), mas também o acesso a direitos que garantam uma vida com dignidade e autônoma. A efetivação dos direitos, no entanto, depende do engajamento dos Estados em todos os níveis, mas também da sociedade como um todo, em particular o setor privado, as organizações da sociedade civil, a academia, o sistema de justiça e outros atores relevantes.

No Brasil, embora haja um ambiente legal favorável, o acesso ao trabalho e à renda pela população refugiada continua sendo um desafio, na medida em que se constitui uma das dimensões mais importantes do processo de integração econômica e social.

Os avanços no tema do engajamento do setor privado são notórios, mas ainda insuficientes, sendo necessário o reforço de conceitos, como o ESG, e o fortalecimento das políticas de inclusão e diversidade nas empresas, considerando as capacidades e potenciais da população refugiada para inovação e aumento de produtividade nas empresas.

Por fim, importante ressaltar a ausência de uma política nacional voltada a pessoas refugiadas, migrantes e apátridas, o que vem sendo suprido pela aprovação de políticas voltadas a essas populações por estados e municípios a partir da constituição de conselhos e comitês que têm conseguido conjugar esforços e o papel das diferentes organizações envolvidas no apoio a essa população.

Referências

CANÇADO TRINDADE, Antônio Augusto. Reflexiones sobre el desarraigo como problema de derechos humanos frente a la conciencia jurídica universal. *In:* CANÇADO TRINDADE, Antônio Augusto; SANTIAGO, J. R. *La nueva dimensión de las necesidades de protección del ser humano en el inicio del siglo XXI*. San José: Corte Interamericana de Derechos Humanos/ACNUR, 2004.

CARVALHO RAMOS, André de. Asilo e Refúgio: semelhanças, diferenças e perspectivas. *In:* CARVALHO RAMOS, André de, RODRIGUES, Gilberto; ALMEIDA, Guilherme de A. (org.). *60 Anos de ACNUR: Perspectivas de Futuro*. São Paulo: Editora CLA Cultural, 2011.

EXECUTIVE COMMITTEE OF THE HIGH COMMISSIONER'S PROGRAMME. *Detention of Refugees and Asylum-Seekers No. 44 (XXXVII)* – 1986.

GOODWIN-GILL, Guy S.; MCADAM, Jane. *The Refugee in International Law*. 3. ed. Oxford: Oxford University Press, 2007.

GOODWIN-GILL, Guy S. The International Law of Refugee Protection. *In:* FIDDIAN-QASMIYEH, Elena; LOESCHER, Gil; LONG, Katy; SIGONA, Nando. *The Oxford Handbook of Refugee and Forced Migration Studies*. Oxford: Oxford University Press, 2014.

HATHAWAY, James C. *The Rights of Refugees under International Law*. Cambridge: Cambridge University Press, 2005.

INTER-PARLIAMENTARY UNION AND UNHCR. *A guide to international refugee protection and building state asylum systems:* Handbook for Parliamentarian, n. 27, 2017.

INTRODUCTORY NOTE BY THE OFFICE OF THE UNITED NATIONS HIGH COMMISSIONER FOR REFUGEES, Geneva, 2010.

JUBILUT, Liliana Lyra. *O Direito Internacional dos Refugiados e sua aplicação no ordenamento jurídico brasileiro*. São Paulo: Método, 2007.

JUBILUT, Liliana Lyra. Os Fundamentos do Direito Internacional Contemporâneo: da Coexistência aos Valores Compartilhados. *Anuário Brasileiro de Direito Internacional*, v. 2, 2010.

JUBILUT, Liliana Lyra; APOLINÁRIO, Silvia Menicucci de O. S. A população refugiada no Brasil: em busca da proteção integral. *Universitas – Relações Internacionais*, v. 6, n. 2, 2008.

JUBILUT, Liliana Lyra; MADUREIRA, André de Lima. Os Desafios de Proteção aos Refugiados e Migrantes Forçados no Marco de Cartagena + 30. REMHU – *Revista Interdisciplinar da Mobilidade Humana*, v. 22, n. 43, p. 11-33, jul./dez. 2014.

OFFICIAL RECORDS OF THE GENERAL ASSEMBLY. Thirty second Session, Supplement n. 12 (A/32/12/Add.1).

PIOVESAN, Flávia; JUBILUT, Liliana Lyra. The 1951 Convention and the Americas: Regional Developments. *In*: ZIMMERMANN, Andreas (org.). *Commentary on the 1951 Convention Relating to the Status of Refugees and its 1967 Protocol*. Oxford: Oxford University Press, 2011.

SPINDLER, William. The Mexico Plan of Action: protecting refugees through international solidarity. *Forced Migration Review*, 24, p. 64-65, November 2005.

STAINSBY, Richard. UNHCR and Individual Refugee Status Determination. *Forced Migration Review*, 32, p. 52-53, 2009.

TÜRK, Volker; DOWD, Rebecca. Protection Gaps. *In*: FIDDIAN-QASMIYEH, Elena; LOESCHER, Gil; LONG, Katy; SIGONA, Nando. *The Oxford Handbook of Refugee and Forced Migration Studies*. Oxford: Oxford University Press, 2014.

UNHCR. *Aide-Memoire & Glossary of case processing modalities, terms and concepts applicable to RSD under UNHCR's Mandate (The Glossary)*, 2020.

UNHCR. *Manual de procedimentos e critérios para determinar o estatuto de refugiado*. Genebra, 2018.

UNHCR. *Self-Study Module 2:* Refugee Status Determination. Identifying Who is a Refugee, September 2005.

UNHCR. *Guidelines on International Protection n. 2:* "Membership of a particular social group" within the context of Article 1A(2) of the 1951 Convention and/or its 1967 Protocol relating to the Status of Refugees.

UNHCR. *Guidelines on International Protection n. 11:* Prima Facie Recognition of Refugee Status.

UNHCR. *Protection of Refugees in Mass Influx Situations: Overall Protection Framework*. 19 February 2001, EC/GC/01/4.

ZIMMERMANN, Andreas; MAHLER, Cláudia. Article 1, A, para 2. (Definition of the term "refugee"/Définition du terme réfugié). *In*: ZIMMERMANN, A. (org.). *Commentary on the 1951 Convention Relating to the Status of Refugees and its 1967 Protocol*. Oxford: Oxford University Press, 2011.

Informação bibliográfica deste texto, conforme a NBR 6023:2018 da Associação Brasileira de Normas Técnicas (ABNT):

ALMEIDA, Paulo Sérgio de; MADUREIRA, André de Lima. A proteção de pessoas refugiadas no Brasil – aspectos legais e a efetividade dos direitos. *In*: SARAIVA FILHO, Oswaldo Othon de Pontes; BERTELLI, Luiz Gonzaga; SIQUEIRA, Julio Homem de (coord.). *Direitos dos refugiados*. Belo Horizonte: Fórum, 2024. (Coleção Fórum Direito Internacional Humanitário, v. 1, t. 2). p. 379-397. ISBN 978-65-5518-614-7.

APONTAMENTOS SOBRE A LEI BRASILEIRA DOS REFUGIADOS

OSWALDO OTHON DE PONTES SARAIVA FILHO

A Lei brasileira nº 9.474, de 22 de julho de 1997, que define mecanismos para a implementação da Convenção relativa ao Estatuto dos Refugiados, concluída em Genebra, em 26 de julho de 1951, e promulgada pelo Decreto promulgador nº 50.215, de 28 de janeiro de 1961, com redação dada pelo Decreto nº 98.602, de 19 de dezembro de 1989, é um dos principais instrumentos de proteção nacional de refugiados no Brasil.[1]

---

[1] A figura de asilo político é bem semelhante com o refúgio: o asilo político é destinado àqueles que se sentem pessoalmente perseguidos em seu país de origem. O refúgio tem, por sua vez, o objetivo de proteger àqueles que tiveram de fugir de seu país porque sua vida ou liberdade estavam em perigo, por questões religiosas, raciais, ou até mesmo ambientais ou econômicas. A principal diferença entre os institutos jurídicos do asilo e do refúgio reside no fato de que o asilo político constitui exercício de um ato decorrente da soberania estatal, sendo decisão política cujo cumprimento não se sujeita a nenhum organismo internacional. Já o refúgio, sendo uma instituição convencional de caráter universal, aplica-se de maneira apolítica, visando a proteção de pessoas com fundado temor de perseguição. Outra marcante diferença encontra-se na prática, uma vez que o asilo normalmente é empregado em casos de perseguição política individualizada. Já o refúgio vem sendo aplicado a casos em que a necessidade de proteção atinge a um número elevado de pessoas ou um grupo social, onde a perseguição tem aspecto mais generalizado. De fato, o asilo normalmente decorre de casos particulares, quando o indivíduo é vítima de perseguição pessoal por motivos de opinião ou de atividades políticas. Quando a dissidência política acarreta perseguição, procura um país onde estará protegido. É comum sua concessão a personalidades notórias. Já nos casos de refúgio, normalmente o indivíduo está fugindo de agressões generalizadas, dando origem na maioria das vezes a fluxo massivo de população que atravessa a fronteira em busca de proteção. Ocorre

Além dessa Lei dos Refugiados, que entrou em vigor na data de sua publicação no *Diário Oficial da União*, ou seja, em 23 de julho de 1997 (art. 49 da Lei nº 9.474, de 22.7.1997), há a Lei de Migração de nº 13.445, de 24 de maio de 2017 (publicada em *DOU* de 25.5.2017), bem como existem as resoluções do Comitê Nacional para Refugiados (CONARE), que regulamentam a situação de pessoas refugiadas e solicitantes de refúgio no País.

De acordo com dados divulgados na última edição do relatório "Refúgio em Números", apenas em 2022, no Brasil, foram feitas 50.355 solicitações da condição de refugiado, provenientes de 139 países. As principais nacionalidades solicitantes em 2022 foram venezuelanas (67%), cubanas (10,9%) e angolanas (6,8%). Em 2022, CONARE reconheceu 5.795 pessoas como refugiadas. Os homens corresponderam a 56% desse total e as mulheres, a 44%. Além disso, 46,8% das pessoas reconhecidas como refugiadas eram crianças, adolescentes e jovens com até 24 anos de idade. Do total, 57,8% das solicitações apreciadas pelo CONARE foram registradas nas Unidades da Federação (UFs) que compõem a região norte do Brasil. O Estado de Roraima concentrou o maior volume de solicitações de refúgio apreciadas pelo CONARE em 2022 (41,6%), seguido por Amazonas (11,3%) e Acre (3,3%). No ano de 2022, a categoria de fundamentação mais aplicada para o reconhecimento da condição de refugiado foi "Grave e Generalizada Violação dos Direitos Humanos (GGVDH)", responsável por 82,4% do total de fundamentações, seguida por "Opinião Política", que representou 10,9% desse total.[2]

---

também em casos de ocupação ou dominação estrangeira, violação dos direitos humanos ou acontecimentos que alterem gravemente a ordem pública interna no país de origem. Ademais, o asilo é uma instituição que visa à proteção frente a perseguição atual e efetiva. Já nos casos de refúgio é suficiente o fundado temor de perseguição. O asilo político pode ser solicitado no próprio país de origem do indivíduo perseguido. O refúgio, por sua vez, somente é admitido quando o indivíduo está fora de seu país. A concessão de asilo político possui caráter constitutivo, já o reconhecimento da condição de refugiado é ato declaratório. Tanto nos casos de asilo quanto nos de refúgio, ao estrangeiro é fornecido documento de identidade e carteira de trabalho, ficando assegurado o exercício de todos os direitos civis de um estrangeiro residente no País. Quando necessário, ao asilado e ao refugiado pode ser concedido passaporte brasileiro e autorização para viagem ao exterior (lições retiradas, na sua grande maioria, do texto de BARRETO, Luiz Paulo Teles F. *Das diferenças entre os Institutos Jurídicos do Asilo e do Refúgio*, publicado pelo Instituto de Migração e Direitos Humanos – IMDH. Disponível em: https://www.migrante.org.br/refugiados-e-refugiadas/das-diferencas-entre-os-institutos-juridicos-do-asilo-e-do refugio/#:~:text=Uma%20 diferen%C3%A7a%20pr%C3%A1tica%20que%20se,persegui%C3%A7%C3%A3o%20 tem%20aspecto%20mais%20generalizado. Acesso em: 5 jun. 2023.

[2] Disponível em: https://www.acnur.org/portugues/dados-sobre-refugio/dados-sobre-refugio-no-brasil/. Acesso em: 5 jun. 2023.

A Constituição da República Federativa do Brasil assegura aos brasileiros, estrangeiros e refugiados os direitos humanos fundamentais, previstos no seu art. 5º, em especial, o direito ao tratamento igualitário, bem como os direitos sociais e econômicos, especialmente os trabalhistas, estipulados nos seus artigos 6º ao 11.[3]
Felizmente, a Lei nº 9.474, de 22.7.1997, define com a adequada extensão as pessoas refugiadas, de modo que reconhece, no seu artigo 1º, como refugiado todo indivíduo que, devido a fundados temores de perseguição por motivos de raça, religião, nacionalidade, grupo social ou opiniões políticas, encontre-se fora de seu país de nacionalidade e não possa ou não queira acolher-se à proteção de tal país (inciso I); não tendo nacionalidade e estando fora do país onde antes teve sua residência habitual, não possa ou não queira regressar a ele, em função das circunstâncias supradescritas (inciso II); e, devido a grave e generalizada violação de direitos humanos, é obrigado a deixar seu país de nacionalidade para buscar refúgio em outro país (inciso III).[4]

---

[3] Da CF/1988, insta destacar os seguintes preceitos: *Art. 1º A República Federativa do Brasil, formada pela união indissolúvel dos Estados e Municípios e do Distrito Federal, constitui-se em Estado Democrático de Direito e tem como fundamentos: I – a soberania; II – a cidadania; III – a dignidade da pessoa humana; IV – os valores sociais do trabalho e da livre iniciativa; V – pluralismo político; Art. 3º Constituem objetivos fundamentais da República Federativa do Brasil: I – construir uma sociedade livre, justa e solidária; ... III – erradicar a pobreza e a marginalização e reduzir as desigualdades sociais e regionais; IV – promover o bem de todos, sem preconceitos de origem, raça, sexo, cor, idade e quaisquer outras formas de discriminação. Art. 4º A República Federativa do Brasil rege-se nas suas relações internacionais pelos seguintes princípios: ... II – prevalência dos direitos humanos; ... VIII – repúdio ao terrorismo e ao racismo; X – concessão de asilo político. Art. 5º Todos são iguais perante a lei, sem distinção de qualquer natureza, garantindo-se aos brasileiros e aos estrangeiros residentes no País a inviolabilidade do direito à vida, à liberdade, à igualdade, à segurança e à propriedade, nos termos seguintes: ... III – ninguém será submetido a tortura nem a tratamento desumano ou degradante; ... VI – é inviolável a liberdade de consciência e de crença, sendo assegurado o livre exercício dos cultos religiosos e garantida, na forma da lei, a proteção aos locais de culto e a suas liturgias; ... VIII – ninguém será privado de direitos por motivo de crença religiosa ou de convicção filosófica ou política, salvo se as invocar para eximir-se de obrigação legal a todos imposta e recusar-se a cumprir prestação alternativa, fixada em lei; ... XV – é livre a locomoção no território nacional em tempo de paz, podendo qualquer pessoa, nos termos da lei, nele entrar, permanecer ou dele sair com seus bens; ... XXII – é garantido o direito de propriedade; ... XXXI – a sucessão de bens de estrangeiros situados no País será regulada pela lei brasileira em benefício do cônjuge ou dos filhos brasileiros, sempre que não lhes seja mais favorável a lei pessoal do "de cujus";... XLI – a lei punirá qualquer discriminação atentatória dos direitos e liberdades fundamentais; XLII – a prática do racismo constitui crime inafiançável e imprescritível, sujeito à pena de reclusão, nos termos da lei; XLIII – a lei considerará crimes inafiançáveis e insuscetíveis de graça ou anistia a prática da tortura , o tráfico ilícito de entorpecentes e drogas afins, o terrorismo e os definidos como crimes hediondos, por eles respondendo os mandantes, os executores e os que, podendo evitá-los, se omitirem; ... LXXVIII – a todos, no âmbito judicial e administrativo, são assegurados a razoável duração do processo e os meios que garantam a celeridade de sua tramitação. ... Art. 203. A assistência social será prestada a quem dela necessitar, independentemente de contribuição à seguridade social, ...*

[4] Até a promulgação interna no Brasil da Convenção relativa ao Estatuto dos Refugiados de 1951, Decreto nº 50.215, de 28.1.1961, o País adotara a chamada "limitação geográfica",

Impende mencionar que o Alto Comissariado das Nações Unidas para os Refugiados – ACNUR – tem admitido como grupos sociais particulares perseguidos, com critério de imutabilidade de característica, o que os distingue do restante da sociedade, pessoas discriminadas e não adequadamente protegidas no país de nacionalidade: mulheres (que, notoriamente, fogem do feminicídio, escravidão sexual, estupros e outras agressões violentas), crianças (alvos de tráfico de órgãos humanos, escravidão e de pedofilia, como denunciado no filme "Som da Liberdade"), homossexuais e transexuais (que chegam a sofrer assassinatos, como infelizmente tem ocorrido em grande número no Brasil, retirada de direitos, como se verifica, por exemplo, na Nicarágua[5] e na Venezuela,[6] e até mesmo criminalização com pena de prisão ou morte, como tem sucedido na Arábia Saudita, no Irã, Iêmen, Mauritânia, Sudão, além de algumas regiões da Nigéria e da Somália).[7]

Insta explicar o que representa, na prática, *a grave e generalizada violação de direitos humanos*, expressão que deve ser interpretada de forma abrangente, que leve em consideração o princípio *pro homine*: verificam-*se* essas lamentáveis situações nos casos de guerras externas ou guerras civis internas, regimes ditatoriais – os chamados eufemisticamente de *regimes democráticos relativos* –, e em casos em que os países são incapazes de garantir a liberdade – inclusive relativa à livre manifestação de convicções políticas, filosóficas ou religiosas –, a segurança física e patrimonial, a sanidade psicológica e emocional ou a vida de indivíduos ou de grupos sociais.[8]

O artigo 2º do Estatuto Brasileiro dos Refugiados estende os efeitos da condição de refugiado ao cônjuge, aos ascendentes e

---

isto é, só admitia receber, na condição de refugiados, imigrantes europeus. Essa limitação geográfica da Convenção de 1951 foi abandonada, através do Decreto nº 98.602, 19.12.1989. Com a Lei nº 9.474, de 22.7.1997, o Brasil adotou conceituação bem mais ampla de *refugiado*, seguindo a definição da Convenção da União Africana, seguida da Declaração de Cartagena. Desde então, o Brasil tem recebido refugiados do Afeganistão, da Venezuela, da Bolívia, de Angola, Serra Leoa, dentre outros países.

[5] Disponível em: https://www.dn.pt/globo/nicaragua-retira-direitos-a-homossexuais-nem-tem-protecao-social-em-caso-de-viuvez-4500338.html. Acesso em: 5 jun. 2023.

[6] Disponível em: https://www.em.com.br/app/noticia/internacional/2021/06/23/interna_internacional,1279585/estao-nos-matando-o-medo-de-ser-trans-na-conservadora-venezuela.shtml. Acesso em: 5 jun. 2023.

[7] Disponível em: https://noticias.uol.com.br/internacional/ultimas-noticias/2013/05/17/pratica-homossexual-ainda-e-crime-em-78-paises-cinco-deles-aplicam-pena-de-morte.htm. Acesso em: 5 jun. 2023.

[8] SARTORETTO, Laura Madrid. *Direito dos refugiados*: do eurocentrismo às abordagens de terceiro mundo, Porto Alegre: Arquipélago Editorial, 2018, p. 186.

descendentes, assim como aos demais membros do grupo familiar que do refugiado dependerem economicamente, desde que se encontrem em território nacional.

Gilberto Rodrigues explica que a Convenção de Genebra de 1951 restringe a inclusão de refugiado como sendo apenas todo indivíduo que seja perseguido ou que tenha um fundado receio de perseguição, por motivo de raça, religião, nacionalidade, opinião política ou grupo social. Nessa definição da convenção, não estariam protegidas as pessoas que fogem de conflitos armados internos em seus países de origem ou que são perseguidos por gangues.[9]

Reconhece o supramencionado autor que é muito difícil ampliar a definição de refugiado dada pela Convenção de 1951, pois haveria muitos interesses em jogo, principalmente dos países desenvolvidos, que não querem ampliar as possibilidades de ingresso de refugiados em seus territórios.

Rodrigues narra que houve uma ampliação dessa definição diante da crise envolvendo refugiados e deslocados internos, vítimas de conflitos armados na Colômbia e na América Central (El Salvador, Guatemala e Nicarágua), com a aprovação de um documento conhecido como Declaração de Cartagena em 1984, em que se recomenda que, para América Latina e Caribe, a definição de refugiado seja ampliada para incluir pessoas que tenham fugido do seu país porque sua vida, segurança ou liberdade foram ameaçadas pela violência generalizada, conflitos internos, violação maciça dos direitos humanos ou outras circunstâncias que tenham perturbado gravemente a ordem pública.

Identifica Gilberto Rodrigues que, na América Latina, há conflitos armados internos gerados por guerrilhas (Colômbia), crime organizado (México), gangues, também conhecidas como marras (Norte da América Central – El Salvador, Guatemala, Honduras), conflitos políticos (Haiti, Venezuela) e violência generalizada do Estado ou milícias (Nicarágua), sendo que todos esses conflitos têm gerado migrantes forçados que se deslocam principalmente para os países vizinhos.

De fato, em 1984, a definição de refugiado, que havia sido ampliada pela Convenção da Organização da Unidade Africana (OUA),[10]

---

[9] RODRIGUES, Gilberto M. A. *Refugiados*: o grande desafio humanitário. São Paulo: Editora Moderna, 2019, p. 22, 26 a 27.
[10] A hodiernamente chamada União Africana sobre Refugiados foi aprovada em 1969. Essa Convenção, com vigência iniciada em 1974, teve o principal mérito de estabelecer, pela primeira vez, a definição ampla de refugiado, passando a considerar como tal o indivíduo ou grupo social que, em virtude de um cenário de graves violações de direitos humanos, foi obrigado a fugir de seu país para buscar refúgio em outro.

foi acatada pela Declaração da Cartagena sobre Refugiados (*soft law*, dirigida aos países da América Latina),[11] de acordo com o seu item 3º:

> Reiterar que, face à experiência adquirida pela afluência em massa de refugiados na América Central, se toma necessário encarar a extensão do conceito de refugiado tendo em conta, no que é pertinente, e de acordo com as características da situação existente na região, o previsto na Convenção da OUA (artigo 1., parágrafo 2) e a doutrina utilizada nos relatórios da Comissão Interamericana dos Direitos Humanos. Deste modo, a definição ou o conceito de refugiado recomendável para sua utilização na região é o que, além de conter os elementos da Convenção de 1951 e do Protocolo de 1967, considere também como refugiados as pessoas que tenham fugido dos seus países porque a sua vida, segurança ou liberdade tenham sido ameaçadas pela violência generalizada, a agressão estrangeira, os conflitos internos, a violação maciça dos direitos humanos ou outras circunstâncias que tenham perturbado gravemente a ordem pública.[12]

Observe-se que o Brasil tem concedido um visto especial por razões humanitárias aos imigrantes econômicos – grande carência de postos de trabalho no país de origem – ou ambientais – catástrofes como secas prolongadas, terremotos, enchentes, dentre outras –, como tem sucedido com os migrantes haitianos, que obtiveram a permanência no Brasil por meio do *visto humanitário*, sem previsão legal, embora, para alguns dedicados ao tema da migração, tais situações se enquadrem na hipótese do inciso III do art. 1º da Lei Brasileira dos Refugiados – *grave e generalizada violação de direitos humanos*.

A esse respeito, Gustavo de Lima Pereira aduz que as diretrizes internacionais proporcionam uma definição mais abrangente do instituto do refúgio, como a Convenção Africana da Organização da Unidade Africana de 1969, que cuida de aspectos específicos dos problemas dos refugiados naquele continente, e a Declaração de Cartagena sobre Refugiados, de 1984, já que ambas estendem a definição de refugiados, inserindo a migração com fins de escapar de *eventos que perturbam seriamente a ordem pública*.[13]

---

[11] A Declaração de Cartagena tem natureza jurídica original de *soft law* (não vinculante), podendo ser considerada posteriormente, pela adesão dos países latino-americanos, como parte do costume regional latino-americano de proteção de refugiados.

[12] Disponível em: https://www.acnur.org/fileadmin/Documentos/portugues/BD_Legal/Instrumentos_Internacionais/Declaracao_de_Cartagena.pdf. Acesso em: 5 jun. 2023.

[13] PEREIRA, Gustavo de Lima. *Direitos humanos e migrações forçadas*: introdução ao direito migratório e ao direito dos refugiados no Brasil e no mundo. Porto Alegre: Editora Universitária PUCRS, 2019, p. 35.

Segundo destaca André de Carvalho Ramos, *in verbis*:

> Na atualidade, o estudo do Direito Internacional dos Refugiados é imperativo, dadas as novas dimensões que o refúgio adquiriu no Brasil. Após a crise dos solicitantes haitianos em 2012 e 2013 (a grande maioria não logrou o reconhecimento do estatuto dos refugiados, restando a via do "visto humanitário") e como o reconhecimento da situação jurídica de refúgio a milhares de venezuelanos em 2019, ficou evidente que o Brasil terá que enfrentar, no século XXI, novos desafios na temática do acolhimento aos refugiados, o que é fomentado, entre outros fatores, pelo (i) seu maior protagonismo econômico mundial e (ii) pelo constante fluxo de pessoas que buscam o refúgio. Em seu histórico, o Brasil já reconheceu a condição de refugiado a mais de 60 mil pessoas e ainda há mais de 116 mil solicitações de refúgio em trâmite (dados de 2021 – fonte: CONARE).[14]

Estão apenas excluídos, pelo artigo 3º da Lei em foco, da condição de refugiado os indivíduos que já desfrutem de proteção ou assistência por parte de organismo ou instituição das Nações Unidas que não o ACNUR; que sejam residentes no território nacional e tenham direitos e obrigações relacionados com a condição de nacional brasileiro; que tenham cometido crime contra a paz, crime de guerra, crime contra a humanidade, crime hediondo, e, obviamente, que tenham participado dos inaceitáveis atos terroristas ou de tráfico de drogas; e, por fim, que sejam considerados culpados de atos contrários aos fins e princípios das Nações Unidas.

Segundo o artigo 5º da Lei nº 9.474, de 22.7.1997, o refugiado gozará de direitos e estará sujeito aos deveres dos estrangeiros no Brasil, ao disposto na referida Lei, na Convenção sobre o Estatuto dos Refugiados de 1951 e no Protocolo sobre o Estatuto dos Refugiados de 1967.

Da mesma forma que os brasileiros e os estrangeiros redidentes no País, as pessoas refugiadadas têm direito, no Brasil, a todos os direitos humanos fundamentais (CF/1988, art. 5º, *caput*), direitos sociais e econômicos, tais como, por exemplo, a inviolabilidade do direito à vida, – o mais relevante e o mais irrenunciável dos direitos humanos –, direitos à igualdade, à saúde e à assistência médica,[15] à educação e à

---

[14] RAMOS, André de Carvalho. *Direito internacional dos refugiados*. São Paulo: Expressa, 2021, p. 4 e 5.

[15] A inclusão do direito à saude e à assistencia médica decorre do art. 196 da Constituição Brasileira de 1988, que estabelece, no art. 196, que a saúde é direito de todos e dever do Estado, realçada, em 2017, com a nova Lei da Imigração – Lei nº 13.445.

escola, sendo adultas, ao trabalho, à propriedade, à moradia, à liberdade de crença religiosa e de seus cultos, à liberdade de expressão de pensamentos e convicções filosóficas ou políticas, à locomoção, à segurança e à proteção contra tortura e tratamento degradante.

Isso tudo, obviamente, dentro do princípio das Finanças Públicas da reserva do possível, ou seja, dentro das possibilidades do País de arrecadação de receitas públicas, nomeadamente as receitas públicas derivadas da espécie tributária, para o custeio dos direitos humanos de brasileiros, estrangeiros e refugiados, sabendo que a melhora dessa arrecadação depende do incentivo e da consequente aceleração do desenvolvimento econômico do país, sendo que o cumprimento do maior atendimento dos direitos humanos deve ser prioritário, assegurando-se sempre o mínimo existencial ou a preservação de pelo menos dotações orçamentárias indispensáveis para a concretização da sobrevivência digna da pessoa humana, incidindo aqui, também, observando-se os princípios constitucionais da razoabilidade e da proporcionalidade (CF/1988, art. 5º, LIV), o princípio da Ciência das Finanças da vedação de retrocessos.

Contudo, embora tenham direito de que a sua própria cultura seja respeitada, os indivíduos refugiados também têm responsabilidade e obrigações, entre elas a de observar as leis, regulamentos e providências destinados à manutenção da ordem pública, bem como respeitar a cultura do país que os acolhe, não sendo razoável, por pecar por exagero, esperar que a cultura da maioria da população do País acolhedor seja apequenada com o escopo de se garantir ainda maior bem-estar aos refugiados em relação aos nacionais (Lei nº 9.474/1997, art. 5º, in fine).

Segundo o artigo 6º da Lei Brasileira sobre refúgio, o refugiado terá direito, nos termos da Convenção sobre o Estatuto dos Refugiados de 1951, a cédula de identidade comprobatória de sua condição jurídica, carteira de trabalho e de previdência social – CTPS –, inscrição no cadastro de contribuintes – CPF – e documento de viagem.

Concernente ao ingresso no Território Nacional e ao pedido de refúgio, rezam os preceptivos dos artigos 7º e 8º da Lei, em foco, que o estrangeiro que chegar ao Brasil, independentemente da regularidade de seu ingresso, poderá expressar sua vontade de solicitar reconhecimento como refugiado a qualquer autoridade migratória que se encontre na fronteira, a qual lhe proporcionará as informações necessárias quanto ao procedimento cabível, não podendo, entretanto, esse benefício ser invocado por refugiado considerado perigoso para a segurança do Brasil, sendo que, em hipótese alguma, em observância ao princípio *non-refoulement* – princípio da não devolução ou vedação de rechaço (art. 33 da Convenção Internacional dos Refugiados de 1951) –, será efetuada sua deportação para fronteira de território em que sua vida ou liberdade esteja ameaçada, em virtude de raça, religião, nacionalidade, grupo social ou opinião política.

A seu turno, dispõem os preceitos dos artigos 9º e 10 da Lei nº 9.474/1997 que a autoridade a quem for apresentada a solicitação deverá ouvir o interessado e preparar termo de declaração, que deverá conter as circunstâncias relativas à entrada no Brasil e às razões que o fizeram deixar o país de origem, suspendendo-se qualquer procedimento administrativo ou criminal pela entrada eventualmente irregular instaurado contra o peticionário e pessoas de seu grupo familiar que o acompanhem, arquivando-se o respectivo procedimento, desde que a condição de refugiado seja reconhecida e demonstrado que a infração correspondente foi determinada pelos mesmos fatos que justificaram o dito reconhecimento, seguindo as comunicações da solicitação de refúgio e da decisão à Polícia Federal, que as transmitirá ao órgão onde tramitar o procedimento administrativo ou criminal.

Acerca do CONARE, cumpre destacar que ele é órgão de deliberação coletiva ligado ao Ministério da Justiça e Segurança Pública, constituído por membros designados pelo Presidente da República, sendo um representante do Ministério da Justiça e Segurança Pública, que o presidirá, um representante do Ministério das Relações Exteriores, um do Ministério do Trabalho, um do Ministério da Saúde, um do Ministério da Educação e do Desporto, um do Departamento de Polícia Federal, um representante de organização não governamental, que se dedique a atividades de assistência e proteção de refugiados no País, além de contar sempre em suas reuniões com um membro convidado, embora sem direito a voz e sem voto, do ACNUR (Lei nº 9.474/1997, arts. 11 e 14).

Consoante o artigo 12 da Lei Brasileira dos Refugiados, compete ao CONARE, em consonância com a Convenção sobre o Estatuto dos Refugiados de 1951, com o Protocolo sobre o Estatuto dos Refugiados de 1967 e com as demais fontes de Direito Internacional dos Refugiados: analisar o pedido e declarar o reconhecimento, em primeira instância, da condição de refugiado; decidir a cessação, em primeira instância, *ex officio* ou mediante requerimento das autoridades competentes, da condição de refugiado; determinar a perda, em primeira instância, da condição de refugiado; orientar e coordenar as ações necessárias à eficácia da proteção, assistência e apoio jurídico aos refugiados; aprovar instruções normativas esclarecedoras à execução desta Lei.

No que tange ao procedimento previsto na Lei nº 9.474/1997, para o reconhecimento da condição de refugiado, o estrangeiro deverá apresentar-se à autoridade competente e externar vontade de solicitar o reconhecimento da condição de refugiado, já esta notificará o solicitante para prestar declarações, ato que marcará a data de abertura dos procedimentos e informará o ACNUR sobre a existência do processo de solicitação de refúgio e facultará a esse organismo a possibilidade de oferecer sugestões que facilitem seu andamento (arts. 17 e 18).

Além das declarações, prestadas se necessário com ajuda de intérprete, deverá o estrangeiro preencher a solicitação de reconhecimento como refugiado, a qual deverá conter identificação completa, qualificação profissional, grau de escolaridade do solicitante e membros do seu grupo familiar, bem como relato das circunstâncias e fatos que fundamentem o pedido de refúgio, indicando os elementos de prova pertinentes. Em seguida, o registro de declaração e a supervisão do preenchimento da solicitação do refúgio devem ser efetuados por funcionários qualificados e em condições que garantam o sigilo das informações (Lei nº 9.474/1997, arts. 19 e 20).

Recebida a solicitação de refúgio, o Departamento de Polícia Federal emitirá protocolo em favor do solicitante e de seu grupo familiar que se encontre no território nacional, o qual autorizará a estada até a decisão final do processo, viabilizando esse protocolo, que a Pasta Ministerial do Trabalho expeça a carteira de trabalho provisória, para o exercício de atividade remunerada no Brasil. No protocolo do solicitante de refúgio serão mencionados, por averbamento, os menores de 14 anos (Lei 9.474/1997, art. 21, *caput* e §§1º e 2º).

Estatui o art. 22 da Lei 9.474/1997 que, enquanto estiver pendente o processo relativo à solicitação de refúgio, ao peticionário será aplicável a legislação sobre estrangeiros, respeitadas as disposições específicas contidas nessa Lei.

No que respeita à instrução e ao relatório, dispõe a Lei, em tela, que a mesma autoridade competente procederá a eventuais diligências requeridas pelo CONARE, devendo averiguar todos os fatos cujo conhecimento seja conveniente para uma justa e rápida decisão, respeitando sempre o princípio da confidencialidade, cabendo a essa autoridade, finda a fase instrutória, elaborar, de imediato, relatório que será enviado ao Secretário do CONARE, para inclusão na pauta da próxima reunião daquele Colegiado, devendo todos os intervenientes nos processos relativos às solicitações de refúgio guardar segredo profissional quanto às informações a que tenham tido acesso no exercício de suas funções (Lei nº 9.474/1997, arts. 23 a 25).

Passemos, a seguir, às anotações acerca da decisão, da respectiva comunicação, do registro e dos recursos cabíveis concernentes aos processos de solicitação de refúgio.

Dispõem os artigos 26 e 27 da Lei nº 9.474/1997 que a decisão pelo reconhecimento da condição de refugiado será considerada ato declaratório e deverá, como toda e qual decisão administrativa, estar devidamente fundamentada, cabendo ao CONARE, ato contínuo do *decisum*, notificar a pessoa que solicitou o refúgio e o Departamento de Polícia Federal, para as medidas administrativas cabíveis,

No caso de decisão positiva, reza o artigo 28 da Lei nº 9.474/1997 que o refugiado será registrado junto ao Departamento de Polícia Federal, devendo assinar termo de responsabilidade e solicitar cédula de identidade pertinente.

Estabelecem os artigos 29 e 30 da Lei, que está sendo anotada, que, na hipótese de indeferimento do pedido de refúgio por parte do CONARE, tal decisão deverá ser fundamentada na notificação ao solicitante, cabendo direito de recurso ao Ministro de Estado da Justiça e Segurança Pública, no prazo de 15 dias, contados do recebimento da notificação, sendo que, nesse período de avaliação do recurso, será permitido ao solicitante de refúgio e aos seus familiares permanecer no território nacional, sendo observado o disposto nos §§1º e 2º do art. 21 dessa Lei.

Por sua vez, o artigo 31 da Lei nº 9.474/1997 determina que a decisão do Ministro de Estado da Justiça e Segurança Pública não será passível de recurso, devendo ser notificada ao CONARE, para ciência do solicitante, e ao Departamento de Polícia Federal, para as providências devidas.

Entretanto, no caso de recusa definitiva de refúgio, ficará o solicitante sujeito à legislação de estrangeiros, não devendo ocorrer sua transferência para o seu país de nacionalidade ou de residência habitual, enquanto permanecerem as circunstâncias que põem em risco sua vida, integridade física e liberdade, salvo nas seguintes situações: tenha o solicitante de refúgio cometido crime contra a paz, crime de guerra, crime contra a humanidade, crime hediondo, participado de atos terroristas ou tráfico de drogas ou tenha sido considerado culpado de atos contrários aos fins e princípios das Nações Unidas (Lei nº 9. 474/1997, art. 32).

Impende realçar que a norma do artigo 47 da Lei Brasileira dos Refugiados dispõe que os processos de reconhecimento da condição de refugiado serão gratuitos e terão caráter urgente.

No que diz respeito à extradição, cabe expressar que o reconhecimento da condição de refugiado obstará o seguimento de qualquer pedido de extradição baseado nos fatos que fundamentaram a concessão de refúgio, sendo que a solicitação de refúgio suspenderá, até decisão definitiva, qualquer processo de extradição pendente, em fase administrativa ou judicial, baseado nos fatos que fundamentaram a concessão de refúgio e, para tanto, a solicitação de reconhecimento como refugiado será comunicada ao órgão onde tramitar o processo de extradição (Lei nº 9. 474/1997, arts. 33 a 35).

Já quanto à expulsão, consoante a regra do artigo 36 do Estatuto Brasileiro dos Refugiados, não será expulso do território nacional o refugiado que esteja regularmente registrado, salvo por motivos de segurança nacional ou de ordem pública, isto é, na hipótese de o refugiado ser considerado perigoso para a segurança do país e de sua população, tendo o dispositivo do artigo 37 do mesmo Diploma Legal o cuidado de voltar a assegurar que a expulsão de refugiado do território nacional não resultará em sua retirada para país onde sua vida, liberdade ou integridade física possam estar em risco, e apenas será efetivada quando da certeza de sua admissão em país onde não haja riscos de perseguição.

Cumpre mencionar, na esteira do art. 38 da Lei nº 9.474/1997, que cessará a condição de refugiado nas hipóteses em que o estrangeiro: voltar a valer-se da proteção do país de que é nacional; recuperar voluntariamente a nacionalidade outrora perdida; adquirir nova nacionalidade e gozar da proteção do país cuja nacionalidade adquiriu; estabelecer-se novamente, de maneira voluntária, no país que abandonou ou fora do qual permaneceu por medo de ser perseguido; não puder mais continuar a recusar a proteção do país de que é nacional por terem deixado de existir as circunstâncias em consequência das quais foi reconhecido como refugiado; sendo apátrida,[16] estiver em condições de voltar ao país no qual tinha sua residência habitual, uma vez que tenham deixado de existir as circunstâncias em consequência das quais foi reconhecido como refugiado.

---

[16] Considera-se *apátrida* a pessoa obrigada a renunciar a sua nacionalidade natural, aceitando a ser exilada em troca de se livrar da pena de privação da liberdade física ou sanção negativa ainda mais grave, como tem sucedido na ditadura nicaraguense, ou a pessoa que não tem sua nacionalidade reconhecida por país algum, ou seja, é a pessoa considerada como sem pátria, que não detém vínculo jurídico-político com país algum. Estima-se que há cerca de dez milhões de apátridas no mundo.

Colime-se que as situações descritas na Lei nº 9.474/1997 são opostas àquelas previstas na mesma Lei para o reconhecimento da pessoa como refugiada.

Já a perda da condição de refugiado, nos termos do artigo 39 da Lei Brasileira dos Refugiados, sucederá nos seguintes casos: renúncia; prova da falsidade dos fundamentos invocados para o reconhecimento da condição de refugiado ou a existência de fatos que, se fossem conhecidos quando do reconhecimento, teriam ensejado uma decisão negativa; exercício de atividades contrárias à segurança nacional ou à ordem pública; a saída do território nacional sem prévia autorização do governo brasileiro; sendo que, na primeira e quarta hipóteses retrocitadas, os então considerados refugiados serão enquadrados no regime geral de permanência de estrangeiros no território nacional, e, na segunda e terceira hipóteses, esses indivíduos estarão sujeitos às medidas contidas na Lei nº 13.445, de 24 de maio de 2017, a Lei de Migração, vale dizer, repatriação, deportação e expulsão.

Consoante o artigo 40 da Lei dos Refugiados, compete ao CONARE decidir em primeira instância sobre cessação ou perda da condição de refugiado, cabendo, dessa decisão, recurso ao Ministro de Estado da Justiça e Segurança Pública, no prazo de 15 dias, contados do recebimento da notificação, e, se não localizado o estrangeiro, sucederá a sua notificação por publicação no Diário Oficial da União, para fins de contagem do prazo de interposição de recurso, devendo aludida notificação conter breve relato dos fatos e fundamentos que ensejaram a decisão, bem como devendo cientificar o refugiado do prazo para interposição do recurso para o Titular das Pastas Ministeriais da Justiça e Segurança Pública.

Segundo o artigo 41 do Estatuto Brasileiro dos Refugiados, a decisão do Ministro de Estado da Justiça e Segurança Pública é irrecorrível e deverá ser notificada ao CONARE, que a informará ao estrangeiro e ao Departamento de Polícia Federal, para as providências cabíveis.

Com supedâneo do princípio da jurisdição universal (CF/1988, art. 5º, XXXV)[17] e na possibilidade de revisão das decisões administrativas inconstitucionais ou ilegais pelo Poder Judiciário, em regra, é possível a revisão judicial de decisões do CONARE ou do Ministro de Estado da Justiça e Segurança Pública relacionadas com a aplicação das normas das convenções internacionais, de lei e de resoluções concernentes às pessoas solicitantes de refúgio e aos refugiados.

---

[17] CF/1988. Art. 5º ... XXXV – *a lei não excluirá da apreciação do Poder Judiciário lesão ou ameaça a direito;*

Obviamente, não cabe a revisão judicial, quando, na decisão sobre matéria relacionada com o refúgio, o órgão ou autoridade administrativa competente agir em estrito cumprimento das normas legais, em legítimo cumprimento do poder discricionário da Administração Pública ou diante de legítima escolha do mérito administrativo.

Já no que respeita à repatriação, estabelece o artigo 42 da Lei, *in tela*, que a repatriação de refugiados aos seus países de origem deve ser caracterizada pelo caráter voluntário do retorno, salvo nos casos em que não possam recusar a proteção do país de que são nacionais, por não mais subsistirem as circunstâncias que determinaram o refúgio.

Quanto à integração do refugiado, rezam os artigos 43 e 44 da Lei nº 9.474/1997 que, no exercício de seus direitos e deveres, a condição atípica dos refugiados deverá ser considerada quando da necessidade da apresentação de documentos emitidos por seus países de origem ou por suas representações diplomáticas e consulares, sendo que o reconhecimento de certificados e diplomas, os requisitos para a obtenção da condição de residente e o ingresso em instituições acadêmicas de todos os níveis deverão ser facilitados, levando-se em consideração a situação desfavorável vivenciada pelos refugiados.

Já no que respeita ao reassentamento de refugiados em outros países, dispõe o artigo 45 da Lei, em foco, que este deve ser caracterizado, sempre que possível, pelo caráter voluntário e o artigo seguinte estatui que o reassentamento de refugiados no Brasil se efetuará de forma planificada e com a participação coordenada dos órgãos estatais e, quando possível, de organizações não governamentais, identificando áreas de cooperação e de determinação de responsabilidades.

Por fim, insta ressaltar o artigo 48 da Lei dos Refugiados, que proclama que os preceitos dessa lei deverão ser interpretados em harmonia com a Declaração Universal dos Direitos do Homem de 1948, com a Convenção sobre o Estatuto dos Refugiados de 1951, com o Protocolo sobre o Estatuto dos Refugiados de 1967 e com todo dispositivo pertinente de instrumento internacional de proteção de direitos humanos com o qual o governo brasileiro estiver comprometido.

Rosita Milesi e Flávia Carlet apresentam o seguinte reconhecimento acerca da implementação no Brasil do Estatuto dos Refugiados:

> A Lei 9.474/1997, além de ser um avanço na internalização do Direito Internacional dos Refugiados, constituiu-se também numa política pública de amplo significado nesta causa. Com o amadurecimento da temática e o debate sobre a importância do acesso dos refugiados à educação, ao trabalho, à saúde, à moradia, ao lazer, o Brasil vem reconhecendo, em termos legais e teóricos, a necessidade de implementação de políticas pú-

blicas específicas e a possibilidade de acesso dos refugiados às políticas existentes, ao amparo, como já dissemos, da disposição constitucional de tratamento paritário entre nacionais e estrangeiros residentes no País.[18]

Impende, em ligeiras palavras, mencionar que a Lei nº 13.445/2017 favorece que o imigrante seja reconhecido ainda mais como sujeito de direitos e obrigações, priorizando a defesa dos direitos humanos, desburocratizando o processo de regularização migratória e a institucionalização da política de vistos humanitários, cabendo destacar que o Estatuto do Migrante elimina a proibição de participação em atividades políticas por estrangeiros do Estatuto do Estrangeiro e garante o direito do imigrante de se associar a reuniões políticas e sindicatos, não chegando, todavia, a nova Lei a deferir o direito ao voto aos imigrantes, mesmo porque isso a Constituição da República Federativa do Brasil não admite.[19]

Para encimar, cabe trazer à colação as considerações críticas de Cesar Augusto da Silva sobre o hodierno sistema brasileiro de refúgio, *ipsis litteris*:

O Brasil apesar de ser visto internacionalmente como um país modelo em termos legislativos devido à aprovação da Lei nº 9.474/97, vanguardista na implementação do direito internacional dos refugiados, combinado com a nova Lei de Migração 13.445/2017, que refletem as diretivas mais modernas do direito internacional, apresenta um sistema nacional de refúgio ainda em construção, provisório e historicamente uma política migratória fragmentada e ambivalente. Necessitando de melhorias, articulações e planos de médio e longo prazo para a criação de um sistema desburocratizado e efetivo na proteção internacional dos refugiados aqui chegados e reconhecidos, além da possibilidade de uma melhor integração local, mediante a adoção de um sistema migratório moderno e eficiente.

Os sucessivos governos nacionais do Brasil vêm adotando um posicionamento diferente dois países protagonistas da comunidade internacional, o que parece minimizar a situação da "inclusão perversa" após o reconhecimento da condição de refugiado, no que tange à participação da sociedade civil organizada na recepção e acolhimento de refugiados, além do empenho de instituições não governamentais que prestem

---

[18] MILESI, Rosita; CARLET, Flávia. Refugiados e políticas públicas. *In*: RODRIGUES, Viviane Mozine (org.). *Direitos humanos e refugiados*. Curitiba: CRV, 2016, p. 119.

[19] CF/1988. Art. 14. ... *§2º Não podem alistar-se como eleitores os estrangeiros e, durante o período do serviço militar obrigatório, os conscritos. §3º São condições de elegibilidade, na forma da lei: I – a nacionalidade brasileira;*

auxílio para a inserção dessas pessoas na sociedade. Assim como mercado de trabalho, sem perderem os seus traços culturais, para que isso consiga manter sua dignidade humana e sua integridade.

Exemplo dessas instituições de auxílio são as universidades, as organizações da Igreja Católica e das Igrejas Pentecostais [cabendo incluir o Instituto SHE – *Sustainable Humanitarian Empowerment* é um *Think and Do Tank* dedicado à pesquisa, ao *advocacy* e à formulação de políticas públicas voltadas à ação humanitária sustentável e integrativa, à promoção do acesso à justiça, do bem-estar e da responsabilidade corporativa, e ao fomento do investimento social privado. Essas ações têm por objetivo contribuir para o desenvolvimento de soluções eficazes aos desafios sociais, econômicos e políticos, relativos, em especial, às questões afetas à migração, refúgio, gênero, participação e inclusão. O Instituto SHE foi criado para construir as bases necessárias para o desenvolvimento de projetos sustentáveis e soluções duradouras, visando a valorizar as formações acadêmicas e profissionais dos refugiados], que trabalham em prol da recepção dos refugiados, aparecendo nomeadamente nos desdobramentos da "Operação Acolhida" desde Boa Vista, no Estado de Roraima, até Dourados, no Estado do Mato Grosso do Sul.

[...]

No caso do Brasil, além da incorporação das legislações de promoção do Direito Internacional dos Refugiados, vem aumentando paulatinamente a presença de migrantes internacionais de todas as partes do mundo, particularmente sírios e venezuelanos enquanto refugiados, e haitianos como imigrantes. Mas além da melhoria de um sistema nacional de refúgio, em torno de melhorias no CONARE, e em comitês estaduais (São Paulo, Rio de Janeiro, Mato Grosso do Sul, Goiás, Minas Gerais) do processamento administrativo das solicitações de refúgio, é necessária a modernização de todo o sistema federativo migratório, em articulação entre entidades municipais, estaduais e federais. Além da adoção de políticas públicas consistentes e de longo prazo para um país do tamanho do Brasil.

As falhas e lacunas na aplicação e promoção do Direito Internacional dos Refugiados em particular, e dos Direitos Humanos em geral, continua[m] perpassando por praticamente todos os países do mundo, e o Brasil não fica alheio à esta realidade, com uma ausência de modernização de sua estrutura migratória como um todo, incluindo todos os estados da federação, e de uma maior efetividade em seu sistema nacional de refúgio. Embora venha tomando paulatinas providências positivas que permitem afirmar provisoriamente que o país continua na contramão da tendência mundial de fechamento de fronteiras, construção de muros e de combate ostensivo aos refugiados.[20]

---

[20] SILVA, Cesar Augusto S. da. Considerações e perspectivas do sistema brasileiro de refúgio no contexto atual. *In*: SILVA, César Augusto S. da (org.). *Direito internacional dos refugiados*:

Referências

BARRETO, Luiz Paulo Teles F. *Das diferenças entre os Institutos Jurídicos do Asilo e do Refúgio*, publicado pelo Instituto de Migração e Direitos Humanos – IMDH. Disponível em: https://www.migrante.org.br/refugiados-e-refugiadas/das-diferencas-entre-os-institutos-juridicos-do-asilo-e-do refugio/#:~:text=Uma%20diferen%C3%A7a%20 pr%C3%A1tica%20que%20se,persegui%C3%A7%C3%A3o%20tem%20aspecto%20 mais%20generalizado. Acesso em: 5 jun. 2023.

MILESI, Rosita; CARLET, Flávia. Refugiados e políticas públicas. *In*: RODRIGUES, Viviane Mozine (org.). *Direitos humanos e refugiados*. Curitiba: CRV, 2016.

PEREIRA, Gustavo de Lima. *Direitos humanos e migrações forçadas*: introdução ao direito migratório e ao direito dos refugiados no Brasil e no mundo. Porto Alegre: Editora Universitária PUCRS, 2019.

RAMOS, André de Carvalho. *Direito internacional dos refugiados*. São Paulo: Editora Expressa, 2021.

SARTORETTO, Laura Madrid. *Direito dos refugiados*: do eurocentrismo às abordagens de terceiro mundo. Porto Alegre: Arquipélago Editorial, 2018.

RODRIGUES, Gilberto M. A. *Refugiados*: o grande desafio humanitário. São Paulo: Editora Moderna, 2019.

SILVA, Cesar Augusto S. da. Considerações e perspectivas do sistema brasileiro de refúgio no contexto atual. *In*: SILVA, César Augusto S. da (org.). *Direito internacional dos refugiados*: o processo de Cartagena de 1984 – Argentina, Chile, Colômbia, Venezuela, México e Brasil. Belo Horizonte: Dialética, e-book, 2020.

Informação bibliográfica deste texto, conforme a NBR 6023:2018 da Associação Brasileira de Normas Técnicas (ABNT):

SARAIVA FILHO, Oswaldo Othon de Pontes. Apontamentos sobre a lei brasileira dos refugiados. *In*: SARAIVA FILHO, Oswaldo Othon de Pontes; BERTELLI, Luiz Gonzaga; SIQUEIRA, Julio Homem de (coord.). *Direitos dos refugiados*. Belo Horizonte: Fórum, 2024. (Coleção Fórum Direito Internacional Humanitário, v. 1, t. 2). p. 399-415. ISBN 978-65-5518-614-7.

---

o processo de Cartagena de 1984 – Argentina, Chile, Colômbia, Venezuela, México e Brasil. Belo Horizonte: Dialética, *e-book*, 2020. p. 145-147.

SOBRE OS AUTORES

Ana Carolina Georges e Castro
Advogada. Graduada em Direito pelo Centro Universitário de Brasília (UniCEUB). Especialização em curso em Economia e Relações Governamentais pela Fundação Getúlio Vargas. Membro da Comissão de Comércio Exterior e Migração da OAB-DF. *E-mail*: ajara@ujaen.es.

Ana María Jara Gómez
Universidad de Jáen, Spain. ORCID ID: https://orcid.org/0000-0002-7565-0214. *E-mail*: ajara@ujaen.es.

Anastasia Chalkia
Ph.D. Sociologist-Criminologist, National and Kapodistrian University of Athens. ORCID ID: https://orcid.org/0000-0002-0597-9778. *E-mail*: anastasia.chalkia@hotmail.com.

André de Lima Madureira
Mestre em Direitos Humanos pela London School of Economics and Political Science. Mestre em Direito Internacional pela Universidade Católica de Santos. Oficial de Proteção do ACNUR. *E-mail*: madureir@unhcr.org.

André L. Costa-Corrêa
Professor, conferencista e consultor em Direito Público. Reitor e professor do Centro Universitário U:VERSE. Professor e pesquisador visitante na Brooklyn Law School. Mestre e Doutor em Direito pela Pontifícia Universidade Católica de São Paulo (PUC-SP). Especialista em Direito Tributário pela PUC-SP e pelo Centro de Extensão Universitária. Membro da Academia Paulista de Letras Jurídicas (APLJ) – cadeira 26. Membro da União dos Juristas Católicos de São Paulo, da International Fiscal Association, da Associação Brasileira de Direito Financeiro, do Conselho Superior de Direito da FECOMERCIO e do Núcleo de Estudos Estratégicos em Tributação (NEET). *E-mail*:andrecorrea@novedoisnove.com.

Arthur Altoé de Araújo
Graduando em Direito pela Faculdade de Direito de Vitória-FDV, membro da Liga Acadêmica de Direito Internacional da FDV e da Sociedade de Debates da FDV. Estagiário da Defensoria Pública do Espírito Santo. *E-mail*: arthuradea@gmail.com.

Claudia Rodrigues Emilio de Carvalho
Doutoranda do PROGRAMA DE DOUTORADO em Ciência Jurídica (PCCJ) – Dinter/U:Verse. Advogada graduada pela FMU – SP (2019). Médica veterinária graduada pela UNESP, campus de Botucatu (2002). Doutora em Ciências pelo IPEN – CNEN/USP (2008).

Cláudio Finkelstein
Livre-docente pela Pontifícia Universidade Católica de São Paulo (PUC-SP). Doutor em Direito também pela PUC-SP. Mestre em Direito Internacional pela University of Miami. Professor da PUC-SP. Coordenador da área de Arbitragem e Comércio Internacional na pós-graduação da PUC-SP. ORCID ID: https://orcid.org/0000-0002-2773-5328. E-mail: claudio@finkelstein.com.br.

Daury Cesar Fabriz
Professor titular em Direito Constitucional do departamento de Direito da UFES. Professor da graduação, mestrado e doutorado da Faculdade de Direito de Vitória (FDV). Presidente da Academia Brasileira de Direitos Humanos (ABDH). Advogado. E-mail: daury@terra.com.br.

Douglas Luis Binda Filho
Graduando em Direito pela Universidade Federal do Espírito Santo (UFES). E-mail: bindadouglas@gmail.com.

Ermanno Vitale
Professore Ordinario di Filosofia Politica, Università della Valle d'Aosta, Italia. E-mail: vitalermanno@libero.it.

Gabrielle Bezerra Sales Sarlet
Advogada, graduada e mestre em Direito pela Universidade Federal do Ceará (UFC), doutora em Direito pela Universidade de Augsburg (UNIA- Alemanha), pós-doutora em Direito pela Universidade de Hamburg (Alemanha) e pela Pontifícia Universidade Católica do Rio Grande do Sul (PUCRS), especialista em Neurociências e Ciências do Comportamento pela PUCRS, professora dos cursos de graduação, mestrado e doutorado da PUCRS. E-mail: gabriellebezerrasales@gmail.com.

Gabrielle Valeri Soares
Mestranda em Filosofia do Direito na Pontifícia Universidade Católica de São Paulo (PUC-SP). Especialista em Direito Civil e Empresarial e em Direito e Processo do Trabalho pela Faculdade de Direito Professor Damásio de Jesus. Graduada em Direito pela Fundação Armando Álvares Penteado. Advogada. ORCID ID: https://orcid.org/0000-0003-4956-1805. E-mail: gabriellevaleriadv@gmail.com.

Isabel Fernanda Augusto Teixeira
Advogada, pós-graduada em Direito Processual Civil e pesquisadora da Universidade do Estado do Rio de Janeiro (UERJ). Autora de artigos acadêmicos de Direito. *E-mail*: isabelaugustoteixeira@gmail.com.

Italo Roberto Fuhrmann
Discente do curso de doutorado em Direito no programa de pós-graduação da PUCRS. Advogado. *E-mail*: italofuhrmann@gmail.com.

Ivan Martins Motta
Doutor e mestre em Direito Penal pela Pontifícia Universidade Católica de São Paulo (PUC-SP). Professor universitário aposentado da disciplina de Direito Penal nos programas de graduação e pós-graduação. Advogado criminalista. *E-mail*: i.motta@terra.com.br.

Jorge Isaac Torres Manrique
Consultor jurídico. Abogado por la UCSM (Arequipa). Doctorados en Derecho y Administración, por la UNFV (Lima). Presidente de la Escuela Interdisciplinar de Derechos Fundamentales Praeeminentia Iustitia (Perú). Director de la Biblioteca: "Recientes y próximos escenarios de los Ordenamientos Jurídicos", publicada por Ediciones Olejnik (Chile). Director Académico de la Revista Dogmática Penal latinoamericana (Perú). Diamont Ambassador of the Organization of World Ambassadors (Argentina). Miembro del Comité Editorial de la EDUCS – Editora da Universidade de Caxias do Sul (Brasil). Miembro del Consejo Académico del Instituto Iberoamericano de Estudios Superiores, adscrito a la Universidad de Santo Tomás de Oriente y Medio Día (Nicaragua). Pesquisador Internacional del Grupo de Responsabilidade Civil e Processo Ambiental de la Escola Superior Dom Helder Câmara (Brasil). Colaborador Extranjero del Grupo de Investigação de Investigação Metamorfose Jurídica y Colaborador do projeto de pesquisa Constitucionalismo e Meio Ambiente: Sustentabilidade, Direitos Fundamentais e o Socioambientalismo na Sociedade Consumocentrista; ambos vinculados ao programa de pós-graduação em Direito da Universidade de Caixas de Sul (Brasil). Miembro de la International Association of Constitutional Law – IACL (Serbia). Autor y coautor de diversos libros y tratados en Derecho Constitucional, Penal, Administrativo. Codirector de los Códigos Penales Comentados de Ecuador, Colombia. Codirector de los Tratados: Lavado de Activos, Litigación Oral Estratégica, Derecho Probatorio, entre otros. ORCID ID: http://orcid.org/0000-0001-5202-3886. CV: http://lattes.cnpq.br/0707774284068716. *E-mail*: kimblellmen@outlook.com.

José Renato Nalini
Reitor da UNIREGISTRAL, docente da pós-graduação da UNINOVE e Presidente da Academia Paulista de Letras (2021-2022). *E-mail*: jose-nalini@uol.com.br.

Marcin Górski
Assistant professor, Uniwersytet Łódzki, Poland. *E-mail*: marcin.gorski@tga.com.pl.

Margareth Vetis Zaganelli
Doutora em Direito (UFMG). Professora titular da Universidade Federal do Espírito Santo (UFES). *E-mail*: mvetis@terra.com.br.

Maria Carolina Barbosa Campos Vita
Advogada. Especialista em Direito Público. *E-mail*: ninabcampos@gmail.com.

Maria Helena Barbosa Campos
Advogada, teóloga, doutora e mestre em Direito Canônico pela Pontifícia Universitas Lateranensis – Roma. Professora da Faculdade de Direito Canônico São Paulo Apóstolo. *E-mail*: mhelenabcampos@hotmail.com.

Mario Caterini
Catedrático de Derecho Penal de la Universitá della Calabria (http://bit.do/mcaterini) y director del Instituto de Estudios Penales "Alimena", Centro de Investigación Interdepartamental (www2.unical.it/dices/ispa). *E-mail*: mario.caterini@unical.it.

Mario Eduardo Maldonado Smith
Profesor de Derecho Penal, Universidad Internacional de la Rioja (https://www.unir.net/profesores/mario-eduardo-maldonado-smith/). *E-mail*: donalf103@hotmail.com.

Michele Saporiti
Associate professor of Philosophy of Law, University of Insubria, Como, Italy. Directeur de programme, Collège International de Philosophie, Paris, France. *E-mail*: michele.saporiti@uninsubria.it.

Oswaldo Othon de Pontes Saraiva Filho
Coordenador e autor de dezenas livros publicados e mais de três centenas de artigos jurídicos veiculados nas mais importantes revistas jurídicas nacionais e de Portugal. Graduado em Direito pela Universidade Federal do Ceará (1983). Mestre em Direito pela Universidade Católica de Brasília (2012). Ex-procurador da Fazenda Nacional de categoria especial (aposentado). Ex-Consultor da União (1996 a 2015). Professor de Direito Financeiro e de Direito Tributário da Faculdade de Direito da Universidade de Brasília (desde 2015). Diretor científico e fundador do periódico *Revista* Fórum de Direito Tributário (desde 2003) e membro do Conselho Editorial da Editora Fórum (desde 2003). Tem vastíssima experiência na área do Direito Constitucional, Direito Tributário, Direito Financeiro e Direito Administrativo, destacando-se como parecerista. É acadêmico da União dos Juristas Católicos de São Paulo (UJUCASP) e membro do Fórum de Integração Brasil Europa (FIBE) e do Instituto Brasileiro

de Estudos de Direito Administrativa, Financeiro e Tributário (IBEDAFT). *E-mail*: othonsaraiva.filho@gmail.com.

Paulo Sérgio de Almeida
Oficial de Meios de Vida e Inclusão Econômica do ACNUR desde março de 2017. É graduado em Direito pela Universidade Federal do Rio de Janeiro. Desde 1995 é Auditor-Fiscal do Trabalho do Ministério do Trabalho e Emprego, cargo em relação ao qual está licenciado. Foi Presidente do Conselho Nacional de Imigração e integrante do Comitê Nacional para os Refugiados entre 2007 e 2017. *E-mail*: almeidap@unhcr.org.

Priscila Gama de Mello Gomes Pamplona
Brazilian Attorney, L.L.M in Business Law – FGV, Notary Public – MA, Foreign Legal Consultant – MA, L.L.M in American Law – Boston University – MA (in progress). *E-mail*: priscilagama.jus@gmail.com.

Regina Vera Villas Bôas
Bidoutora em Direito das Relações Sociais (Direito Privado) e em Direitos Difusos e Coletivos. Mestre em Direito das Relações Sociais, todos pela PUC-SP. Pós-doutora em Democracia e Direitos Humanos pela Universidade de Coimbra/*Ius Gentium Conimbrigae*. Professora e pesquisadora dos programas de graduação e pós-graduação em Direito da PUC-SP. Integrante dos Grupos de Pesquisa Eficácia dos Direitos Humanos e Fundamentais: seus reflexos nas relações sociais da UFSE; e do PP "Diálogo de Fontes: Efetividade dos Direitos, Sustentabilidade, Vulnerabilidades e Responsabilidades" (PUC-SP). CV: http://lattes.cnpq.br/4695452665454054; ORCID ID http://orcid.org/0000-0002-3310-4274. *E-mail*: revillasboas1954@gmail.com.

Rita de Cassia Carvalho Lopes
Doutoranda em Direito das Relações Econômicas Internacionais pela Pontifícia Universidade Católica de São Paulo (PUC-SP). Mestre em Ciências Jurídico-Internacionais pela Faculdade de Direito da Universidade de Lisboa. ORCID ID: https://orcid.org/0000-0001-5577-2858. *E-mail*: rcarvalholopes@hotmail.com.

Sergiu Voicila
Advogado americano. *E-mail*: serav33@gmail.com.

Victória Sousa Cagliari Hernandes
Graduanda em Direito pelo Instituto Brasiliense de Direito Público (IDP). Especialização em International Development pela Centennial College. Graduada em Línguas Estrangeiras Aplicadas pela Universidade de Brasília. *E-mail*: victoria@mjab.adv.br.

Witold Klaus
Institute of Law Studies, Polish Academy of Sciences. *E-mail*: witold.klaus@gmail.com.

Esta obra foi composta em fonte Palatino Linotype, corpo 10
e impressa em papel Chambril Avena 70g (miolo) e
Supremo 250g (capa) pela Gráfica Star7.